TONI CASSIRER

Mein Leben mit
Ernst Cassirer

ERNST CASSIRER

TONI CASSIRER

Mein Leben mit
Ernst Cassirer

FELIX MEINER VERLAG
HAMBURG

Bibliographische Information der Deutschen Nationalbibliothek

Die Deutsche Nationalbibliothek verzeichnet diese Publikation in der
Deutschen Nationalbibliographie; detaillierte bibliographische
Daten sind im Internet über <http://portal.dnb.de> abrufbar.

ISBN 978-3-7873-1432-4
ISBN eBook: 978-3-7873-3573-2

INHALT

TONI CASSIRER
Mein Leben mit Ernst Cassirer

VI

VORBEMERKUNG

Meine Großmutter Toni Cassirer wollte nicht, daß ihre Erinnerungen an das Leben mit meinem Großvater, die sie 1948 als Typoskript unter Familienmitgliedern und Freunden verbreitet hatte, in Deutschland veröffentlicht werden; zu groß waren ihr Schmerz und ihre Verbitterung darüber, was in den Nazijahren geschehen war. Daß ihre Tochter Anne und ich 1981 dennoch unsere Zustimmung zu einer deutschen Ausgabe gaben, beruht auf folgender Begebenheit: Eine ehemalige Studienkollegin, die in Bonn lebte, fragte mich, ob es irgendwelche Dokumente über Ernst Cassirers Emigration gäbe. Es würde in gewissen philosophischen Kreisen behauptet, daß der Anlaß für die Auswanderung Cassirers nicht die nationalsozialistische Gesetzgebung gewesen sei.

Tatsache ist jedoch, daß er mit einem Brief der Hamburger Universitätsverwaltung vom 28. Juli 1933 aufgrund des Gesetzes zur Wiederherstellung des Berufsbeamtentums in den Ruhestand versetzt wurde.

Ausschlaggebend für die Entscheidung, das Buch doch zu veröffentlichen, war für meine Tante und mich, daß es über die politischen Geschehnisse vor und nach der nationalsozialistischen Machtübernahme sehr präzise Auskünfte gibt, und genau dies war auch die Absicht meiner Großmutter. In ihrem Vorwort heißt es: »Ernst selbst hat niemals ein autobiographisches Wort geschrieben, und er hat auch gar nicht autobiographisch gedacht. Sein Interesse galt der Sache – nicht der eigenen Person, die sie zu vertreten hatte. So bleibt der Weg offen zu Behauptungen, Deutungen und Mißverständnissen.«

Seit der Erstausgabe dieser Aufzeichnungen, die 1981 unter dem Titel *Mein Leben mit Ernst Cassirer* erschienen, ist das Interesse an Ernst Cassirer und an seinem Werk weiter gestiegen und das Bedürfnis nach einer neuen Auflage des Buches entstanden. Ich bin überzeugt davon, daß meine Großmutter heute dieser Neuausgabe mit derselben Freude entgegengesehen hätte, wie meine Cousine Irene Sychrava und ich es tun.

Göteborg, im Winter 2002   *Peter Cassirer*

ZU DIESER AUSGABE

Diese Ausgabe gibt die Fassung des 1948 fertiggestellten Typo-
skriptes ungekürzt wieder und enthält somit auch solche Passagen,
die 1981 noch gesperrt waren. Bis 2020 gesperrt sind die hier
abgedruckten Briefe Ernst Cassirers, so daß eine Überprüfung
am Original nicht möglich war. Sie werden – wie der gesamte
Text – in Orthographie und Interpunktion nach Duden, 20. Auflage, modernisiert wiedergegeben. Beigegeben ist eine Übersicht
über sämtliche Schriften Ernst Cassirers sowie ein neues Sach-
und Personenregister.

Der Verlag

TONI CASSIRER

Mein Leben mit
Ernst Cassirer

Unseren Kindern
Heinz Georg Anne

Kurz nach Ernstens Tod versuchten Freunde, mich davon zu überzeugen, daß es wichtig wäre, meine Erinnerungen an ihn niederzuschreiben. Ich lehnte diesen Gedanken unbedingt ab, weil ich das Gefühl hatte, daß er aus einem Hilfebedürfnis für mich entstanden war. Man glaubte, daß die Beschäftigung mit der Vergangenheit mir die Gegenwart erleichtern und mir Ruhe und Festigkeit geben könnte, der neuen Lebenslage Herr zu werden.

Hilfsmittel zu meinem eigenen Schutze aber habe ich niemals weniger erstrebt als gerade damals. Ich brauchte Kraft, das Geschehene zu verstehen und zu ertragen – nicht aber Erleichterung oder Ablenkung.

Heute weiß ich, daß der Prozeß des Verstehens die mögliche Grenze erreicht hat, und ich weiß auch, daß ich die wenige Kraft, die mir geblieben ist, dazu benützen werde, Ernstens Bild für spätere Zeiten zu bewahren. In welcher Form ich – die philosophisch ganz Unzulängliche – dies erreichen kann, bleibt problematisch.

Vor einigen Jahren, als wir noch in Schweden lebten, wurde ein Band »Ernst Cassirer« in der Serie »Living Philosophers« (herausgegeben von Professor P. Schilpp, Northwestern University) geplant. Für diesen Band hatte Ernst es übernommen, seine wissenschaftliche Selbstbiographie zu schreiben. Der Ausbruch des Krieges hat das Erscheinen des Buches sehr verzögert, und es lag nicht einmal die kleinste autobiographische Notiz vor, als Ernst am 13. April 1945 plötzlich starb.

Nun hieß es, jemanden zu finden, dem man diese schwierige Aufgabe anvertrauen konnte. Als unser Sohn Heinrich die Anfrage, ob er seines Vaters Biographie für diesen Zweck schreiben könnte und wollte, verneinte, dachte ich sogleich daran, Dimitry Gawronsky darum zu bitten. Er ist der gründlichste Kenner von Ernstens wissenschaftlicher Leistung und ein naher Freund durch lange, lange Jahre. Er willigte sofort aufs freudigste ein, und seine Arbeit wird besser für ihn sprechen als alles, was ich über sie sagen könnte. An dieser Stelle möchte ich nur aussprechen, wie unendlich dankbar ich dem Zufall bin, der Gawronsky in diesem Augenblick gerade nach New York verschlagen hatte, wohin ja weder er noch wir gehörten. Anders wäre die Biographie wohl niemals zustande gekommen – ganz gewiß nicht in so knapper Form, was viel zu ihrer Lebendigkeit und Unmittelbarkeit beigetragen hat.

Der Band der »Living Philosophers« war als eine wissenschaftliche Biographie vorgesehen. Ernst lediglich als Wissenschaftler zu schildern, wenn man ihn über vierzig Jahre persönlich gekannt hat, war nicht möglich. So hat Gawronsky seine persönlichen Erinnerungen an ihn aufs glücklichste mit der wissenschaftlichen Darstellung des philosophischen Werkes verbunden, und ich war so erfüllt von dem Resultat dieser Arbeit, daß ich eine erweiterte Biographie nicht für notwendig hielt. Vom wissenschaftlichen Standpunkt aus konnte die Biographie auf dem schmalen Raum, der ihr zur Verfügung stand, wohl kaum übertroffen werden. Ebensowenig konnte ein Fernstehender das persönliche Bild wesentlich erweitern.

Allmählich aber überzeugte ich mich davon, daß es doch wohl notwendig wäre, mehr von der Persönlichkeit Ernstens aufzubewahren, als es Gawronsky möglich gewesen ist. Schon wenige Monate nach Ernstens Tod – als die ersten Stimmen aus dem Ausland und vor allem aus Deutschland zu mir drangen – merkte ich, daß diese Äußerungen durchaus subjektiven Charakter trugen. Ernst selbst hat niemals ein autobiographisches Wort geschrieben, und er hat auch gar nicht autobiographisch gedacht. Sein Interesse galt der Sache – nicht der eigenen Person, die sie zu vertreten hatte. So bleibt der Weg offen zu Behauptungen, Deutungen und Mißverständnissen. Wissenschaftlich muß sein Werk es übernehmen, Klarheit zu schaffen; aber nur mir selbst, das fühlte ich wohl, könnte es gelingen, ein Bild des Menschen Ernst Cassirer zu zeichnen. In philosophischer und wissenschaftlicher Beziehung ist mein Urteil belanglos. Ob Ernst denjenigen Rang in der Geschichte der Philosophie einnehmen wird, den seine Anhänger, Schüler und Freunde prophezeien, wage ich nicht zu entscheiden. Der Mensch Ernst Cassirer aber war in seiner Vielseitigkeit und Weite, in seiner Tiefe und Geschlossenheit ein einmaliges Ganzes, an dessen ewigem Wert mir kein Zweifel kommt. Der einzige Zweifel, der sich mir aufdrängt, ist der, ob meine Fähigkeiten ausreichen werden, um dieses Einmalige im Bilde festzuhalten. Wenn ich einen Blick auf die Darstellung künstlerischer und phi-

losophischer Persönlichkeiten werfe, deren es so viele in Ernstens
Werk gibt, möchte ich daran zweifeln. Und ich möchte die Worte
Hugo von Hofmannsthals ausrufen, mit denen er die Berliner
Trauerfeier für den Schauspieler Josef Kainz einleitete: »Oh hätte
ich Deine Stimme – um Dich zu klagen.«

Aber indem ich dies niederschreibe, kommt mir eine andere
Erinnerung in den Sinn, aus Ernstens allerletzten Tagen. Und
wie immer, wenn ich an ihn denke, erhellt sich mein bedrücktes
Gemüt, und ich lasse die Erinnerung auf mich wirken.

Es war nach einer der häufigen ganz harmlosen Kontroversen
zwischen uns (deren Anlaß ich vergessen habe), als er mich mit
seinem schelmischen Lächeln – angeblich ganz erschreckt – ansah
und sagte: »Wenn du nach meinem Tode nur niemals auf den
Gedanken verfallen würdest, etwas über mich zu schreiben; das
würde das scheußlichste Zeug der Welt werden, denn du findest
ja alles falsch, was ich mache.« Dann lachten wir beide.

Das war die erste und einzige Äußerung, die bewies, daß er
wohl daran gedacht haben mochte, daß ich einmal über ihn
schreiben könnte. Ich horchte erstaunt auf, vermied es aber, auf
das Gesagte einzugehen. Nichts lag mir ferner als die Vorstellung,
daß ich Ernstens Biographie schreiben könnte. Aber das hatte
auch er nicht gemeint.

Vor vielen Jahren habe ich einmal in einer autobiographischen
Niederschrift, die einem ganz bestimmten Zweck diente, sein Bild
entworfen. Er liebte diese knappe Skizze sehr, und an sie mochte
er damals gedacht haben.

Zwei Jahre nach seinem Tode holte ich sie hervor. Sie war 17
Jahre zuvor geschrieben worden und war mir weitgehend entfal-
len. Beim Wiederlesen wurde mir klar, daß ich sie nicht umgehen
konnte, wenn ich nun beginnen sollte, meine Erinnerungen an
Ernst niederzuschreiben. Der Hauptgrund ist der, daß er selbst
diese kleine Schrift kannte und anerkannte und zufrieden war
mit der Darstellung seiner Person in ihr und die Details geprüft
hatte. Dann aber gewann ich beim Lesen die Überzeugung, und
ich wurde darin von meinem Freund, dem Schriftsteller Hans
Siemsen, bestärkt, daß ich keine Biographie von Ernst schreiben
konnte, sondern daß ich nur in einer Darstellung meines Lebens
mit ihm seine Persönlichkeit sichtbar machen konnte. So entschloß ich mich, den Anfang der ursprünglichen Skizze gekürzt,

aber wörtlich zu übernehmen und die anderen Teile nur zu streifen. Die detaillierte Schilderung meines Elternhauses und meiner frühen Jugend erscheint mir für den Zweck, den ich jetzt verfolge, freilich zu breit geraten. Da wir derselben Familie angehören, ist dieser Fehler vielleicht verzeihlich. Andererseits habe ich Ernstens Jugend und die Zeit, ehe wir uns trafen, nicht ausführlich behandelt. Ich wollte es vermeiden, über Dinge zu sprechen, die ich nicht aus eigener Erfahrung kannte.

Die autobiographische Form dieser Aufzeichnungen ist nur ein Hilfsmittel. Nicht *mein* Leben soll geschildert werden, sondern Ernstens Persönlichkeit, wie ich sie erlebt und gesehen habe.

Unsere Kinder, Geschwister und nahe Freunde sollen nur so weit erwähnt werden, wie es zur Verdeutlichung von Ernstens Charakter und seiner Handlungsweise notwendig erscheint. Ich glaube damit auch im Sinne meiner Kinder zu handeln. Das Material, das ich zu bearbeiten habe, ist so umfangreich, daß ich mich zu beschränken haben werde, wenn ich nicht Gefahr laufen will, ins Uferlose zu geraten. Ich hoffe, daß es mir gelingen wird, Wichtiges von Unwichtigem zu trennen.

New York, März 1948

ERSTER TEIL

Ich bin im Jahre 1883 in Wien geboren. Die Zeit, die ich mir zu schildern vorgenommen habe, liegt also an ihren entferntesten Punkten kaum sechzig Jahre zurück. Wie schnell läuft die Weltgeschichte! Die Umgebung, in der ich aufgewachsen bin, ist unserer heutigen Jugend schon fast unbekannt. Das Charakteristische dieser Zeit waren ihre politische und materielle Ruhe und Sicherheit, die die Möglichkeit schufen, Kinder so unbekümmert und behütet aufwachsen zu lassen, wie ich aufgewachsen bin. Ich meine damit nicht etwa eine bewußte Fernhaltung der Jugend von den Geschehnissen der Umwelt oder eine absichtliche Verweichlichung. Es passierte in meiner Jugend einfach viel weniger außerhalb des natürlichen Ablaufs als in den späteren Jahren.

Das einzige politische Ereignis, an das ich mich genau erinnere, ist der Dreyfus-Prozeß. Obwohl ich von den tückischen Verwicklungen des Prozesses und der Aufrollung des ganzen internationalen Spitzelsystems eigentlich nichts verstand, hat sich mir dieser Prozeß unauslöschlich eingeprägt, weil ich beim Anhören der Gespräche Erwachsener mehrmals auf zwei Argumente stieß, die mir völlig unerklärlich schienen. Ich hörte, daß es menschlich verständlich wäre, daß Dreyfus verurteilt werden konnte, obwohl seine Unschuld eigentlich für jeden Eingeweihten absolut erwiesen war, weil er »unsympathisch« und »unbeliebt« war. Ich erinnere mich an eine Nacht, in der ich mich in die Lage eines Richters zu versetzen suchte, der ein solches Urteil gefällt hatte. Die Nacht ging vorbei, ohne daß es mir gelungen war, das Problem zu lösen, weil ich bei der Transfiguration in die Seele des Richters von vornherein strauchelte. Ich konnte mich nicht in einen Richter verwandeln, der einen Unschuldigen schuldig sehen konnte.

Das zweite Argument, das sich mir eingeprägt hat, war noch bedrückender, weil es viel komplizierter zu widerlegen war. Ich hörte einen Freund meines Vaters sagen, daß es besser gewesen wäre, Dreyfus, obwohl man von seiner Unschuld überzeugt war, preiszugeben, um die Ehre der französischen Armee und letzten

Endes auch des deutschen Systems zu retten. Das war für mich eine ganz neue Art zu denken, und die Frage, ob man das Recht habe, einen x-beliebigen, vielleicht ganz wertlosen Menschen einer möglicherweise höheren Sache zu opfern, hat mir arg zugesetzt. Ich habe sie aber doch eindeutig entschieden und habe dieser Entscheidung heute nichts hinzuzufügen. Kein Mensch hat das Recht, einen anderen zu opfern. Das Recht des Opfers steht dem Menschen nur dann zu, wenn es sich um ihn selbst handelt. Später habe ich auch über das Problem des Opfers im allgemeinen viel nachgedacht und habe gefunden, daß es einer Schlange gleicht, die sich in den Schwanz beißt. Denn indem der Mensch sich zu opfern vermag, beweist er, daß die Opferfähigkeit seiner Natur entspricht und daß er im Augenblick des Opfers diese Natur erfüllt und damit den allgemeinen Begriff des Opfers aufhebt. Ich will damit nicht sagen, daß ich die opferfähigen Menschen deshalb geringer schätze – aber ich glaube, daß diese Sorte Menschen es schon von Natur aus so gut hat, daß wir sie nicht noch nebenbei zu bewundern brauchen.

Meine Eltern waren die unterschiedlichsten Naturen, die man sich vorstellen kann. Im wichtigsten Punkt aber, auf dem Niveau ihrer Menschlichkeit, waren sie völlig gleich. Deshalb war es auch möglich, daß ihre divergierendsten Eigenschaften und Temperamentsäußerungen sich so glücklich ineinander fügten, daß ihre Ehe die vollkommenste Vereinigung zweier Menschen war. Wenn ich an meine Jugend denke, so versuche ich zu rekonstruieren, wann ich eigentlich entdeckt habe, daß es ein Eheproblem gibt. Es ist sicher spät gewesen. Streit und Tränen hat es freilich öfters gegeben, aber wie dieser Streit endete und wie diese Tränen getrocknet wurden – das war eben gänzlich problemlos.

Meine Mutter war das jüngste von zwölf Geschwistern, ein Jahr vor der silbernen Hochzeit ihrer Eltern geboren und von Jugend an leidend. Sie war groß, kräftig gebaut und hat selbst in den Tagen schwersten Leidens ihre auffallend gerade und edle Haltung nicht eingebüßt. Ihre Gesichtszüge waren ebenmäßig, und nur der Ausdruck ihrer Augen zeugte von der Schwermut ihrer Seele.

Als sie neunzehn Jahre alt war, begleitete sie die Eltern, die eines schwer erkrankten Sohnes wegen eine Reise nach Meran unternehmen mußten, und fiel dort einem älteren Ehepaar aus Prag auf, das sich durch ihre äußere Erscheinung und ihre mütterliche Fürsorge für den Bruder sehr angezogen fühlte. Die beiden Elternpaare wurden bekannt, schlossen enge Freundschaft, und als man sich trennte, hatten die Eltern meines Vaters – denn um diese handelte es sich – den sehnlichsten Wunsch, ihren, wie es schien, der Ehe ganz abgeneigten, schon 33jährigen Sohn mit dem schönen Mädchen zu verheiraten.

Zu Hause angelangt, gingen sie mit genügender Vorsicht zu Werke, da sie den Sohn und somit seine Ablehnung gegen jede Einmischung in seine Lebensgestaltung kannten, und baten ihn nur, gelegentlich seines nächsten geschäftlichen Aufenthalts in Breslau die neuen Freunde von ihnen zu grüßen und sich das Töchterchen, das sie so in ihr Herz geschlossen hatten, einmal anzusehen. Mein Vater hat mir oft erzählt, daß er die Absicht seiner Eltern zwar durchschaut hatte, sich aber so sicher vor jeder Möglichkeit einer Beeinflussung fühlte, daß er den Eltern mit größter Gemütsruhe den Gefallen tun konnte, ihre Grüße zu überbringen.

Er war nicht angemeldet, als er seinen Besuch machte, und traf die Eltern nicht an. Er wurde von der Tochter empfangen. Was weiter geschah, weiß wohl keiner außer den beiden selbst – nur eines ist an die Außenwelt gedrungen und hat sie genügend in Erstaunen versetzt. Nach zweistündiger Abwesenheit nach Hause zurückgekehrt, fanden die Eltern ihr sprödes Töchterchen in den Armen eines ihnen völlig unbekannten Mannes.

Meine Eltern blieben nur zwei Jahre in Prag, in denen die Mutter drei Söhne gebar. Der erste starb als zweitägiger Säugling, weil meine Mutter bei einer Pockenepidemie angesteckt und zu früh entbunden worden war.

Ich kann in diesen Aufzeichnungen meine Geschwister nicht auftreten lassen, obwohl jedes einzelne Stoff genug zu einer eigenen Geschichte liefern könnte. Besonders der ältere Bruder wäre ein dankbares Objekt, teils seiner originellen Wesensart, teils seiner merkwürdigen, vom Vater stammenden, aber stark abgewandelten Charaktereigenschaften wegen. Der ein Jahr später geborene Bruder Hans war ein bildschönes Kind, das aber, in frühem Alter von Zufallserkrankungen in seinem Nervensystem geschädigt, sein Leben lang, das er 36jährig durch Selbstmord beendete, eine schwere Sorge für die Eltern und auch für mich gewesen ist.

Als nächstes Kind wurde ich geboren, und nach mir kamen in Abständen von je 4½ Jahren noch zwei Schwestern. Wir waren also zwei Brüder und drei Schwestern; eine große Kinderstube und viel Arbeit und Sorgen für eine Mutter, die ihre Mission so ernst nahm wie die unsere.

Das Leben meiner Eltern spielte sich fast ausschließlich im engsten Familienkreise ab. Durch Mutters leidenden Zustand war ein sehr geselliges Leben von vornherein ausgeschlossen; aber es lag auch in der Natur des Vaters begründet, daß er sich wirklich wohl nur zu Hause fühlen konnte. Er brauchte die Atmosphäre, die er selbst geschaffen hatte, um frei mit seinen Fähigkeiten schalten zu können.

Der Vater war Kaufmann von Beruf. Als er, schon 36jährig, von Prag nach Wien übersiedelte, entschloß er sich, seinen Beruf insofern zu wechseln, als er, vom rein Kaufmännischen unbefriedigt, sich der Fabrikation zuwandte. Er studierte in den ersten Wiener Jahren Elektrotechnik und gründete die ersten Österreichischen Kabelwerke. Uns Kindern hat er immer versichert, daß er eigentlich ungern arbeite und daß er das Geldverdienen nur als ein Mittel benutze, um sich die ihm wertvoll erscheinenden Güter verschaffen zu können und Frau und Kinder so zu umgeben, wie es ihm richtig erschien. Daß er trotzdem von früh bis zum späten Nachmittag arbeitete, ohne für sich jemals eine Erleichterung gegenüber seinen Angestellten zu beanspruchen, entsprang seiner Überzeugung, daß man nichts von anderen zu verlangen hätte, was man nicht selbst zu leisten gewillt wäre.

Die Mischung zwischen dem Verständnis für die Leiden der Armen und der Überzeugung, daß Distanz zwischen den Menschen erforderlich sei, war ein Merkmal seines Charakters. Sein soziales Empfinden entbehrte jeder Sentimentalität. Es war unbedingter Zwang seiner Überzeugung und verband sich auf das glücklichste mit dem Bewußtsein seiner bürgerlichen Würde. Unzählige Male war ich Zeuge, als er mit der Bewilligung einer Hilfe an irgendeine Stelle die Bedingung verband, dem zu Helfenden ungenannt zu bleiben. Das war keine Affektation. Er empfand »Geben« als eine Pflicht und erfüllte diese Pflicht nicht, weil er seinem Gewissen schmeicheln wollte, sondern weil er Pflichten erfüllte, die er als solche anerkannte. Daß man eine Bitte, die zu erfüllen man in der Lage ist, abschlagen konnte, habe ich sehr spät entdeckt; denn auch die Mutter, die eine dem Vater völlig entgegengesetzte, viel weiblichere und liebevollere Art zu geben hatte, gab nur dort nicht, wo sie unbedingt verweigern mußte.

Welch unermeßlichen Gewinn eine solche Umgebung für das heranwachsende Kind bedeutete, brauche ich nicht zu schildern. Soviel ich auch in meinem Gedächtnis zurückgreife und so gewissenhaft ich auch suche, ich erinnere mich keiner einzigen Tat und keines Wortes der Eltern, das mir Gelegenheit gegeben hätte, mich für sie zu schämen.

Wir sind ohne Religion erzogen worden. Vaters Familie war schon in der dritten Generation nicht mehr rituell, und mein Vater war vom Ghetto-Typus so weit entfernt, daß er allen Ernstes an eine Assimilation glaubte und sie auch wünschte. Von uns fünf Kindern war ich dasjenige, das dieser Einstellung am skeptischsten gegenüberstand.

Der Vater war ein vielseitig begabter und auch produktiver Mensch. Er war sehr musikalisch und zeichnete gut, er las viel und gute Literatur und sammelte leidenschaftlich Bilder und sonstige Kunstwerke. Und doch war er kein wirklich künstlerischer Mensch. Seine Fähigkeiten waren größer als sein Qualitätsgefühl. Schon als sehr junges Kind habe ich angefangen zu bemerken, daß ich in keinem künstlerischen Urteil jemals seiner Meinung war. Er hat uns nicht in so respektvoller Entfernung erzogen, daß ich das etwa nicht alsbald geäußert hätte, was nichts an unserer gegenseitigen Hochschätzung und Liebe geändert hat, und so ist es geblieben, bis er in hohem Alter starb.

Er war ein manuell sehr begabter Mensch, ein Talent, das er auf uns alle in verschiedenem Maße vererbt hat. Der weitaus Begabteste war mein ältester Bruder, der Maler geworden ist und jede handwerkliche Fertigkeit nebenbei vollkommen beherrschte.

Wenn Konvention eine Einrichtung ist, die gewisse Erfahrungen gesammelt hat und sie als Dogma zum Schutze der menschlichen Gesellschaft aufstellt, so war mein Elternhaus frei von aller Konvention. Trotzdem wurde es nach strengen ethischen Grundsätzen verwaltet, die aber alle der eigenen Überzeugung der Eltern entsprangen. Bei der Erziehung der Kinder bediente sich die Mutter, die viel pädagogischer veranlagt war als der Vater, aber aller konventionellen Hilfsmittel, deren sie bedurfte, um ihr Ziel zu erreichen.

Der Vater verlangte sehr ungern etwas von uns, wenn es als strikter Befehl erscheinen, uns aber noch unverständlich bleiben mußte. So war die Erziehung nicht ganz einheitlich, und wir haben das alle ganz gut auszunutzen verstanden.

Mutters Handgelenk saß sehr locker, und oft gab es viel schneller eine schallende Ohrfeige, als jede Erklärung vonstatten gegangen wäre. Vater hat keinem von uns je einen Schlag gegeben, und wenn ich mir vorstelle, daß es in irgendeiner Situation zu irgendeiner Zeit geschehen wäre, daß der Vater mich geschlagen hätte, so habe ich das Gefühl, daß dann die Welt bestimmt hätte stillstehen müssen. Gelegenheit zu Zorn oder Ungeduld habe ich gewiß oft gegeben, und wenn der Schlag trotzdem nicht fiel, so beweist das, daß er wirklich nicht fallen konnte, ohne die Einheit der Welt zu gefährden.

Meine Mutter war das Kind alter Eltern und hatte viel von der Schwere, die die Spätgeborenen oft auszeichnet. Ihre liebliche Erscheinung, ihre echt weiblichen Tugenden, ihr Sinn für Witz und Humor machten sie schnell zum Liebling der kinderreichen Familie und zum Abgott der alten Eltern: »Jedes Wort, jeder Blick dieses Kindes ist von Anfang an Liebe gewesen.« Diesen Satz hat mir einmal eine ihrer Jugendfreundinnen gesagt. Sie ist niemals im landläufigen Sinne jung gewesen und ist es im tieferen Sinne immer geblieben. Daß man sie immer und überall liebte und daß man sich bemühte, ihr alles Liebe zu tun, was im Bereich der Möglichkeit lag, war ihr das Selbstverständlichste von der Welt. Warum auch nicht? Die Menschen hielt sie im allgemeinen für gut, und da sie selbst alles, was sie an Liebe und Kraft in sich hatte, mit verschwenderischen Händen ausstreute, erwartete sie von den anderen dasselbe.

Als Mutter im elften Lebensjahr war, erkrankte sie infolge eines Gelenkrheumatismus an einer lebensbedrohenden Entzündung des Herzens. Von dieser Krankheit ist ein Herzfehler zurückgeblieben, der sich von Jahr zu Jahr quälender verstärkte und an dem sie, erst 54 Jahre alt, nach unendlich schwerem Leiden starb.

Diese Krankheit beherrschte auch meine Jugend in zweierlei Gestalt. Ich liebte meine Mutter mit wahrhaft einzigartiger Leidenschaft und habe sie nur krank und leidend gekannt. Als ich zehn Jahre alt war, hörte ich durch Zufall einen berühmten Spezialisten, der zu ihr gerufen worden war, dem Vater auf die Frage, wie er die Prognose der Krankheit ansehe, antworten, daß sich derartige Leiden oft erstaunlich lange auf demselben Stand hielten, daß sie aber andererseits so tückisch seien, daß Vater abends, wenn er der Mutter gute Nacht sagte, nie wissen könne, ob er sie des Morgens noch lebend antreffen werde. Als ich in meinem ungewollten Versteck diese Äußerung gehört hatte, stürzte meine ganze Kinderwelt mit einem Schlage zusammen, um einer anderen, der Welt der Erwachsenen, Platz zu machen. Wie ein roter Faden zog sich seit diesem Tage die Furcht vor Mutters Tod durch mein Leben, und wie diese Furcht mein Leben bestimmt hat, wird dieser Bericht ausführlich beleuchten.

Das war im August des Jahres 1893. Im Mai des nächsten Jahres erkrankte ich selbst genau an dem gleichen Leiden, an dem im gleichen Alter die Mutter erkrankt war. Viele Tage und Wochen schwebte ich in ernster Lebensgefahr. In dieser Zeit wuchs die Mutter, obwohl selbst schwer beeinträchtigt durch körperliches Leiden, über sich selbst hinaus aus Angst, mich zu verlieren. Sie wachte 36 Nächte neben meinem Bett, ohne jemals die Viertelstunde, in der der damals noch recht umständliche Kaltwasserapparat gewechselt werden mußte, zu versäumen. Sie glaubte nicht, daß es einer Pflegerin möglich sein würde, dieses Letzte an Sorgfalt zu leisten, und vor allem, ihre einzigartige Beobachtungsgabe am Krankenbett zu ersetzen. Ich wurde gerettet, und keiner der Ärzte hat es anders empfunden, als daß ich *durch* sie gerettet wurde. Wie man darüber auch denken mag, eines ist mir von diesem Augenblick an klar gewesen, daß ich *für* sie gerettet worden bin. Und von da ab habe ich nie das Gefühl verloren, daß ein Teil meines Lebens ihr gehörte, solange sie mein Leben teilen würde, das heißt solange sie leben würde.

Als ich vom Krankenbett aufstand, war ich kein Kind mehr, obwohl ich mein elftes Lebensjahr noch nicht erreicht hatte. Ein Bild, das mich ein halbes Jahr später darstellt, ist der Beweis für die Richtigkeit dieser Erinnerung.

Die Schule fiel mir leicht, und ich besuchte sie gern. Leider habe ich aber niemals ernsthaft gearbeitet und mir nicht die Kenntnisse erworben, die meiner Veranlagung entsprochen hätten. Gar zu oft habe ich meine zarte Gesundheit zum Vorwand genommen, um mich bei Eltern und Lehrern, am Ende auch vor mir selbst zu entschuldigen. Ich lernte sehr schnell und war äußerst geschickt, wenn es sich darum handelte, unerwartete Fragen zu beantworten und Verständnis für das Wesentliche zu zeigen. Wenn mein Vater nicht auf dem Standpunkt gestanden hätte, daß ein Mädchen das, was es im Leben benötigt, nicht in der Schule zu lernen brauche, wäre es vielleicht besser um meine Bildung bestellt gewesen. Die Mutter hatte viel mit den Brüdern zu tun, deren Schulaufgaben sie streng überwachte, und merkte kaum, daß ich eigentlich sehr wenig lernte. Die Zeugnisse waren fast immer gut, und ich bewies im praktischen Leben so viel Geschicklichkeit, daß meine mangelnden Kenntnisse nicht recht sichtbar wurden.

Meine schwere Erkrankung im Sommer des Jahres 1894 hat zwar keinen organischen Defekt hinterlassen, aber sie hat den gerade in der Entwicklung begriffenen Organismus auf Jahre hinaus beeinträchtigt und wahrscheinlich doch den Nährboden für mein späteres Leiden günstig vorbereitet. Ich erholte mich damals auffallend schnell und ging mit großer Energie gegen die Folgen der Krankheit an, so daß ich noch im selben Jahr die Schule wieder besuchen konnte. Diese Zeit ist mir nicht so deutlich in Erinnerung geblieben wie die Zeit der Krankheit selbst. Von meinem dreizehnten Geburtstag an aber steht meine Erinnerung wie ein lückenloses Bild vor meinen Augen.

Damals fing ich an, meine Liebe für die Schneiderei zu entdekken, die sich in gleicher Intensität bis zum heutigen Tage erhalten hat. Ich vermochte die Erlaubnis, neben der Schule Schneiderunterricht zu erhalten, nicht zu erlangen, weil der Arzt meinte, daß die gebückte Stellung, die bei der Schneiderei unvermeidlich ist, meinem empfindlichen Herzen und den damals plötzlich und heftig auftretenden Störungen im Gefäßnervensystem nicht zuträglich sein könnte. So betrieb ich denn auf eigene Faust in meinen Freistunden das Schneiderhandwerk und habe es auf diesem Gebiete zu einer großen Vollkommenheit gebracht, ohne jemals angeleitet worden zu sein. Dies ist meine einzige wirkliche Begabung. Wenn es ans Schneidern geht, bringe ich spielend auch das auf, was mir auf sonstigen Gebieten so schwer erreichbar ist, die Liebe zum Detail und eine unendliche Geduld für das Nebensächliche, das heißt für das, was in der Schneiderei in Wahrheit das Hauptsächliche ist, meist aber verkannt wird.

16

Durch eine Reihe von Jahren kaufte ich jeden Sonnabend von meinem wöchentlichen Taschengeld einen ganz billigen Waschstoff und nähte ihn mit immer zunehmender Geschicklichkeit bis zum Abend zu einer Bluse zusammen. Oft glaubten meine Eltern mich längst schlafend, während ich bei einer elenden Beleuchtung, um die bei mir schlafende Schwester nicht zu stören, in unserem gemeinsamen Schlafzimmer saß und der Bluse den letzten Schliff gab. Jeden Montag erschien ich dann, zum Staunen der Mitschülerinnen und zur Freude des Personals, das die abgelegten Versuchsobjekte zum Geschenk erhielt, in einer neuen Bluse. Daß diese Fähigkeit mich in den Augen der weiblichen Altersgenossen unsagbar erhöhte, läßt sich denken. Es ist mir das ganze Leben so gegangen, daß man mich wegen dieses Talentes über Gebühr bewundert hat, und zwar deshalb, weil es so ungeheuer praktisch war und so deutlich in Erscheinung trat. Wie viele wichtigere und stärkere Begabungen sind dazu verurteilt, im Verborgenen zu leben, bloß weil sie nicht der menschlichen Eitelkeit dienen?

Ich selbst aber verdanke meiner handwerklichen Veranlagung mehr, als ich sagen kann. Sie verschafft mir oft die Möglichkeit, Dinge zu überwinden, mit denen ich schwer zu kämpfen habe. Kein spannender Roman, keine Zerstreuung irgendwelcher Art vermag mich so von mir abzulenken oder, wenn man will, so zu mir selbst zurückzuführen wie die Entstehung eines neuen Kleides durch mich selbst.

Als Schwester zweier heranwachsender Brüder habe ich früh gelernt, mit der männlichen Jugend kameradschaftlich zu verkehren. Dem Stil meines Elternhauses entsprechend wurde mir nicht allzuviel Freiheit im Verkehr mit Menschen gewährt; aber ich habe eigentlich nie das Gefühl gehabt, daß ich an Dingen, die mir sehr am Herzen lagen, gehindert worden bin. Es gab auch in der Beschränkung genügend Gelegenheit, allerlei zu erleben. Darüber spreche ich noch später.

Ein Erlebnis, das mich im Winter des Jahres 1897 fast zum Opfer eines Sexualverbrechens werden ließ, hat mir etwas von der Naivität im Verkehr mit den männlichen Freunden genommen. Sicher hat diese Erfahrung einen Schleier auf mein damals noch sehr frohes Gemüt geworfen. Um diese Zeit stürmten von allen Seiten die gewaltigsten Eindrücke auf mich ein. Besonders die Musik offenbarte mir ihre ganze Gewalt. Mein Vater war begeisterter Wagnerianer und beeinflußte mich sehr in dieser Richtung. In der symphonischen Musik ließ er eigentlich nur Beethoven gelten. Als mir Mozart dann begegnete, erinnere ich mich, zum ersten Male dieses zwingende Muß meiner Natur empfunden zu haben, das gar keiner Überlegung und keinem Zweifel zugänglich ist. Wie das Selbstverständlichste von der Welt umfing mich diese Kunst, als wäre sie mein Lebenselement. Der Vater, der kein Verständnis für Mozart hatte, war durch mich ebensowenig zu überzeugen wie ich durch ihn. Trotzdem besuchten wir einträchtig alle vierzehn Tage sonntags die philharmonischen Konzerte, die damals unter Mahlers Leitung eine große Vollkommenheit erreicht hatten.

Unser Verkehr spielte sich in den denkbar harmlosesten Formen ab. Meist sahen wir uns, Freunde und Freundinnen, nur in den jeweiligen Elternhäusern. Auf dem Lande kam es oft zu gemeinsamen Spaziergängen, die aber, was ihre Ausdehnung anbelangte, sehr fest bestimmt und umrissen waren. Heute würden die jungen Menschen diese Art des Verkehrs als eine leichte Gefängnisstrafe betrachten, und manchen unter meinen Altersgenossen ist er auch damals schon so ähnlich vorgekommen. Ich selbst habe mich niemals durch ihn beengt gefühlt, weil ich von jeher inmitten dieses leichten Zwanges den Genuß der eigenen Selbständigkeit empfand. Ich lernte früh zu prüfen, ob es sich in jedem einzelnen Fall lohnte, sich aufzulehnen, und habe durch ehrliches Selbsturteil viele Reibungen mit der Umgebung vermieden, aber auch ernste Kämpfe mit mir selbst auszufechten gehabt.

Zwischen dem dreizehnten und fünfzehnten Lebensjahr war ich vorwiegend heiter und unbeschwert. Damals drückte eigentlich nur mein schlechter Gesundheitszustand auf meine sonst gleichmäßige Stimmung. Mein Migräneleiden trat plötzlich und heftig in Erscheinung und hat mich seither nicht mehr verlassen. Was es aber heißt, an schwerer, echter Migräne zu leiden, wissen die wenigsten. Dabei sollte man immer, ehe man ein Urteil über einen Menschen abgibt, erst wissen, ob er von diesem Übel geplagt wird oder nicht, so sehr vermag es die Handlungen des Betroffenen zu beeinflussen.

In diesen Jahren fingen langsam allerlei wechselseitige Beziehungen zwischen uns jungen Menschen an, teils ernster, teils weniger ernster Natur. Trotz der scheinbar strengen Kontrolle haben eigentlich alle, die mit mir damals einen intimen Kreis bildeten, ihre Jugendliebe so schön und ungetrübt erlebt, wie es durch die Freiheit, die oft durch sich selbst zum Zwang wird, der heutigen Jugend nicht mehr vergönnt ist. Mir selbst aber ist es merkwürdig ergangen.

Die erste Liebe meines Lebens zerbrach am Widerstand meiner Eltern, als ich sechzehn Jahre alt war. Meine herzkranke Mutter hatte, als sie von meinen Beziehungen zu dem Jugendfreund hörte, unerwartet heftig reagiert und war im Laufe einer Auseinandersetzung mit mir ohnmächtig zusammengebrochen. Die Gefühle für den Freund waren trotz meiner Jugend sehr ernste gewesen, und ich wollte dies der Mutter möglichst deutlich machen. Als sie aber wie leblos vor mir lag, stieg unsagbare Angst in mir auf, vor der meine junge Liebe wie eine Schneeflocke im Feuer schmolz, und ich schwor mir, daß ich mich vollkommen nach ihren Wünschen richten würde, wenn sie nur wieder die Augen öffnete. Mein Leben gehörte der Mutter, das hatte ich immer gefühlt. Niemals hätte ich es vermocht, mein Glück auf Kosten ihrer Ruhe zu erkaufen.

Als sie sich dann erholte, versprach ich ihr, mit Rudolf – so hieß der Freund – zu brechen, und ich habe dieses Versprechen gehalten. Ich schilderte ihm, was ich erlebt hatte, ausführlich in einem Briefe und bat ihn dringend, mich richtig zu verstehen. Auf diesen Brief habe ich niemals eine Antwort erhalten – ein Verhalten, das mir ganz unerklärlich war. Mich band das der Mutter gegebene Versprechen – er aber war frei zu handeln, wie es ihm gutdünkte. Ich hatte versprochen, die Verbindung mit ihm zu lösen, nicht aber, mein Gefühl für ihn von heute auf morgen auszulöschen. Ich hoffte, daß er meine Lage begreifen und versuchen würde, um mich zu kämpfen. Als dies nicht geschah, wuchs in mir die Überzeugung, daß ich mich in der Stärke seines Gefühles getäuscht hatte, die Mutter aber in der Einschätzung seines Charakters recht behalten hatte. Denn daß ein echtes Gefühl sterben könnte, glaubte ich nicht. Es war ein sehr schweres Erlebnis in so jungen Jahren.

Im Innersten getroffen und aufgewühlt, stand ich vor einem Rätsel, das zu lösen mir versagt war. In dieser Periode meines Lebens öffnete sich die Pforte zu meiner zweiten Natur, die fortan die Oberhand gewann. Das Leben, das mir bis dahin sein heiterstes, lieblichstes Gesicht gezeigt hatte, wurde mir zum schwersten, drückendsten Problem. Ich fing an, mich ganz in mich zu verschließen und mich scharf zu beobachten und zu erziehen.

Bald fühlte ich mich der Schule entwachsen und hatte den Wunsch, mich ernsthaft zu bilden. Meine Eltern erfüllten meine Bitte, und ich erhielt Privatunterricht in den Fächern, die mich am meisten fesselten – in Literatur und Kunstgeschichte. Die Wahl des Lehrers war eine außerordentlich glückliche. Dr. Fritz Löhr fand vom ersten Tage an den richtigen Weg, mein Interesse zu wecken. Er war die erste rein geistige Persönlichkeit, der ich begegnet bin, und er verband ernstes Wissen mit echtem Sinn für Musik, Literatur und bildende Kunst. Durch ihn angeregt, las ich viel und meist klassische Literatur, vor allem Shakespeare, und versuchte, durch die großen Eindrücke, die diese Kunstwerke mir vermittelten, die Stürme zu besänftigen, die in mir tobten. Äußerlich blieb ich unverändert heiter und lebhaft, und keiner meiner Freunde ahnte die Veränderung, die in mir vorgegangen war.

Seit der Trennung von Rudolf freundete ich mich mit einer kleinen Anzahl junger Leute an und habe dadurch, daß ich innerlich bis zu einem gewissen Grade abgeschlossen war, viel an Freiheit im äußeren Verkehr mit ihnen gewonnen. Ich habe aber immer nur auf einen ganz bestimmten Typus gewirkt, obwohl ich durch mein hübsches Äußeres viele Bewunderer anzog. Das erste ernste Gespräch, das nie lange auf sich warten ließ, erschreckte viele unter ihnen aufs tiefste und kühlte die meisten gründlich ab.

Ich müßte an dieser Stelle einen Mann erwähnen, der zu meinen ältesten Freunden gehört und der ein wichtiges Glied in meiner Lebenskette gewesen ist. Es ist mein Vetter Kurt Goldstein, der später ein hervorragender Neurologe geworden ist. Aber es würde den Rahmen dieser Aufzeichnungen sprengen, wenn es mir nicht gelänge, mich zu beschränken.

Durch die schwere Erschütterung, die ich erlebt hatte, war meine Empfindlichkeit sehr gesteigert worden. Aber man begegnete mir in dieser meiner frühen Jugendzeit meist so herzlich und freundlich, daß diese quälende Eigenschaft meines Charakters wenig Nahrung fand.

Von Zeit zu Zeit hörte ich, daß Rudolf besuchsweise in Wien wäre. In diesen Tagen hoffte ich immer wieder, ihm irgendwo zu begegnen, sei es auf der Straße, sei es im Theater. Obwohl ich mich innerlich schon weitgehend von ihm gelöst hatte, blieb ein ungelöster Rest, der mir oft zu denken gab. Ich sah ihn nicht wieder und erfuhr eines Tages, daß er in die Fabrik seines Vaters eingestiegen sei, die außerhalb Wiens lag.

Im März 1901 fuhr ich mit meinem Bruder Hans zur Hochzeit einer Cousine nach Berlin. Nun sollte ich zum ersten Male die Cassirers, die große Familie meiner Mutter, kennenlernen, auf die sie ihr ganzes Leben so stolz gewesen ist. Sechs ihrer Brüder lebten in Berlin, und alle hatten Kinder; viele von ihnen waren über den Durchschnitt begabt, und die Söhne von drei verschiedenen Brüdern galten als überragend. Der älteste, Richard, ist schon damals ein hervorragender Arzt gewesen; der zweite, Fritz, war Musiker, und der jüngste des Dreigestirns, Ernst, war Gelehrter.

Am Abend meiner Ankunft war der Polterabend des Brautpaares, der mit großem Gepränge gefeiert wurde. Im größten Saale des größten Hotels wimmelte es von Familienmitgliedern und deren Freunden, und ich erlebte zum ersten Male in meinem Leben eine wirkliche Gesellschaft. Ich werde nie vergessen, wie ich, anfangs geblendet von allem Dargebotenen, im Laufe des Abends immer mehr in mich zusammensank und schließlich ganz verzagte. In was für eine Welt war ich durch zwölf Stunden Eisenbahnfahrt geraten, und welche Sprache redeten die meisten Menschen, die hier lebten? Der Berliner Westen im Jahre 1901, das war ein schrecklicher Schock für ein junges Mädchen, das bis dahin allem Unwahren und Unechten ferngeblieben war – teils dank der günstigen Umgebung, in der es lebte, teils aus eigener Veranlagung. Nun stand ich plötzlich in einer lauten, glänzenden Talmi-Atmosphäre unter befrackten Herren und halbnackten Damen.

Ich wurde von einem jungen Verwandten der Braut, einem hochgewachsenen, blonden Manne, zu Tisch geführt, der mir vorher als sehr außergewöhnlich geschildert wurde. Besonders wurde hervorgehoben, daß er ein sehr schneidiger Offizier gewesen war und die besten Umgangsformen hätte. Ich kann mich trotz angestrengten Nachdenkens nicht mehr entsinnen, was dieser erste Tischherr meines Lebens mit mir geredet hat, aber was ich noch sehr genau behalten habe, ist die verzweifelte Stimmung, in die mich sein leeres konventionelles Gerede versetzt hat. Oft sah ich mich sehnsüchtig im Saale um, ob denn von nirgends Hilfe zu erwarten sei. Nach Beendigung des langen Diners standen wir endlich auf, und ich entschlüpfte dem öden Tischherrn, so schnell ich konnte, und stand einsam und beklommen in dem Riesensaale des Berliner Kaiserhofes.

Da kam vom anderen Ende des Saales mein Vetter Ernst auf mich zu. Ich hatte ihn schon des Morgens flüchtig erblickt und gesprochen. Jetzt aber sah ich ihn doch zum ersten Male. Er war damals 26 Jahre alt, und alles, was ihn später auszeichnete, war ihm schon damals eigen. Obwohl körperlich ungeübt und, wie man bei näherer Betrachtung schnell feststellen konnte, sogar sehr ungeschickt, hatte er einen leichten, elastischen Gang. Seine Gesichtszüge ähnelten sehr denen seines Vaters und meiner Mutter, aber es lag in der Art, wie er seinen Kopf mit der überwertigen und merkwürdig gewölbten Stirn beim Gehen nach hinten warf, etwas ganz Neues und Auffallendes. Damals schien es mir, als käme er mir direkt vom Himmel gesandt, um mich aus der scheußlichen Lage, in der ich mich befand, zu befreien. Aber dieser Eindruck entsprang nicht nur der damaligen Situation. Unzählige Male im späteren Leben hat mir seine mir doch so vertraute Erscheinung immer wieder den Eindruck gemacht, als gehöre sie nur halb dem Alltagsleben an. Er hatte schönes, dunkelblondes Haar, das in großen Wellen zurückfiel, und seine blauen Augen blickten ernst und versonnen ins Weite. Plötzlich aber konnten sie so kindlich übermütig lachen, daß man sich verwundert bewußt wurde, daß dieser stille, ernste Jüngling eine große Portion weltlicher Gaben in sich hatte und mit Humor und Ironie durchaus frei zu schalten verstand. Damals kam er schnell und geradewegs auf mich zu, als hätte er meine Lage von seinem Platz aus übersehen, und fragte mich, wie ich mich unterhalten hätte. Da schüttete ich in ungehemmt energischer Form meine Stimmung oder vielmehr meine Verstimmung über ihn aus. Aber das dauerte nicht lange. Schnell hatte ich gemerkt, daß der gelehrte Vetter, den ein großer Sagenkranz von Tugenden umgab, sich gar nicht erhaben über das 17jährige Cousinchen dünkte, und wenige Augenblicke später gingen wir, in ernste Gespräche vertieft, durch den überbeleuchteten und überlauten Ballsaal. Wir sprachen über Konzerte, Bücher, Theater und entdeckten sofort eine sehr weitgehende Übereinstimmung unserer Urteile auf al-

len diesen Gebieten. Von jeher gewohnt, mein eigenes Urteil als
durchaus maßgebend zu betrachten, kam es mir gar nicht in den
Sinn, meine Ansichten auf ihre Richtigkeit zu prüfen, indem ich
sie an den seinen maß. Im Gegenteil – er gefiel mir, und ich wollte nun wissen, ob der erste, so günstige Eindruck seiner ganzen
Persönlichkeit mich auch sicher nicht getäuscht hätte. Wir sprachen über Shakespeare, und er fragte mich, ob ich Kainz, der seit
einigen Jahren im Burgtheater wirkte, genau kannte. Ich liebte
Kainz leidenschaftlich und habe ihn in meinen Wiener Jahren
in jeder Rolle gesehen, die er gespielt hat. Seinen Hamlet habe
ich immer wieder gehört und mich nicht selten seiner Auffassung
wegen mit Freunden und Verwandten ernsthaft überworfen. Ich
fragte Ernst sofort, was er über Kainzens Hamlet-Auffassung
dächte, und ich erinnere mich, daß ich ängstlich aufhorchte, was
er sagen würde, weil ich so sehr fürchtete, daß er, wie ich es für
mich im stillen nannte, etwas »Falsches« sagen würde. Aber er
sagte genau das, was ich empfunden hatte, und formulierte es so
treffend und sicher, wie ich es natürlich nicht gekonnt hätte. So
endete der so böse begonnene Abend harmonisch und freudig.

Am nächsten Mittag war die Hochzeit, die aber im kleineren
Kreise im Hause meines Onkels gefeiert wurde. Dort ging es
viel ruhiger und angenehmer zu, und ich lernte viele interessante
Menschen kennen. Ernst führte mich zu Tisch, und die am vorigen Abend begonnene Freundschaft bekam neue Nahrung.

Nach Tisch saß ich mit ihm im Gespräch in einer Zimmerek-
ke, als ein 15jähriges, gemeinsames Cousinchen auf uns zu kam.
Sie war noch ein vollkommenes Kind mit zwei dicken, blonden
Zöpfen und ganz kurzem Kleidchen. Sie blieb vor uns stehen und
unterhielt sich mit uns. Da stand der soviel ältere Vetter sofort auf,
bot ihr seinen Stuhl an, und als sie ihn nicht annehmen wollte,
holte er ihr einen anderen aus einem benachbarten Zimmer. Die
Selbstverständlichkeit, mit der diese kleine Periode vor sich ging,
erschien mir damals sehr aufschlußreich.

Nach wenigen Tagen reiste ich von Berlin ab und traf mich
mit den Eltern in Baden-Baden, wo die Mutter zur Kur war.
Die mit Blumenduft durchtränkte, weiche Luft und die liebliche
Natur von Baden-Baden paßten nicht zu der Stimmung, in der
ich mich damals befand. Der Entschluß, mich ganz von Rudolf
zu trennen, war in mir gereift, und ich begrub meine Liebe zu

ihm dort endgültig. Ob das Eintreten von Ernst in mein Leben
diese Lösung vollbracht hat, weiß ich nicht. Hingegen erinnere
ich mich wohl daran, daß es mir gar nicht eingefallen war, daß ich
auf ihn irgendeinen besonderen Eindruck gemacht hatte, und daß
ich oft und gerne, aber durchaus kameradschaftlich, an ihn dachte. In Wien angelangt, nahm ich meine Stunden wieder auf, nähte
soviel ich konnte und fühlte mich freier geworden und ruhiger.
Im Oktober desselben Jahres heiratete Kurt Goldsteins jüngste
Schwester in Breslau, und ich freute mich sehr darauf, die Mutter
dorthin zu begleiten, um Kurt wieder einmal ausführlich sprechen
zu können. Die Freundschaft, die wir in der Jugend geschlossen
haben, hat niemals eine Abschwächung oder Änderung erfahren.

Als ich in Breslau ankam, wurde mir berichtet, daß Ernst überraschend aus Berlin zur Hochzeit gekommen wäre und niemand
sich recht erklären könne, aus welchem Grunde, da er sich zu
Festlichkeiten nicht zu drängen pflegte, sie vielmehr, wo er konnte,
ängstlich vermied. Mir selbst kam nicht einen Augenblick der Gedanke, daß es meinetwegen geschehen wäre; aber ich freute mich
sehr über das unverhoffte Wiedersehen. Ich war auch begierig,
wie sich die beiden Vettern Ernst und Kurt, die sich bis dahin
wenig kannten, vertragen würden. In meinen Augen hatten sie
manche Ähnlichkeit. Diese Ansicht erwies sich auch als durchaus
begründet, und die wenigen Breslauer Tage wurden für uns drei
eine herrliche Zeit. Wir verstanden uns sehr gut, und ich genoß
es von ganzem Herzen, daß Ernst und Kurt den Weg zueinander
gefunden hatten – ein Weg, der sie seit damals immer wieder
zusammengeführt hat.

Was Ernst eigentlich studiert hatte und was er arbeitete, war
mir völlig unklar. Er hatte ein vorzügliches Doktorexamen in
Marburg gemacht und hatte einige Wochen vor dem Breslauer
Zusammentreffen den Leibnizpreis der Berliner Akademie bekommen. Das hörte ich von allen Seiten. Aber ich wußte weder, was
Philosophie ist, noch, wer Leibniz war. In unserem Elternhaus gab
es kein einziges philosophisches Buch, und meine Wiener Freunde
sprachen viel über Literatur, bildende Kunst und Musik, niemals
aber über Philosophie. Ich habe die Schule mit 15 verlassen, und
Dr. Löhrs Unterricht hatte so viele Lücken auszufüllen, daß er
sich nicht auch noch damit befassen konnte, mich philosophisch
zu bilden. So stand ich betroffen da, als Ernst mir in Breslau die

ersten Korrekturbogen seines ersten Buches über Leibniz schenkte. In diesem Moment schämte ich mich etwas, meine Unwürdigkeit, dieses Geschenk zu erhalten, einzugestehen.

Als Ernst mir die rätselhaften Bogen gab, kam es mir zum ersten Male in den Sinn, daß ich ihm vielleicht gefallen hätte, und einmal aufmerksam gemacht, glaubte ich auch die Erklärung für seine Breslauer Reise gefunden zu haben. Diese unvermutete Entdeckung machte mich sehr glücklich, und als Ernst mir sagte, daß er Anfang Dezember auf einer Durchreise nach Italien in Wien Station machen würde, ahnte ich, freilich noch in nebelhaften Umrissen, den Zweck dieser Reise.

Nach Wien zurückgekehrt, erzählte ich den Eltern von Ernstens Absicht, Wien zu besuchen, und sie baten mich, ihm zu schreiben, daß sie sich sehr über seinen Besuch freuen würden und daß sie ihn bald erwarteten. Ich fügte dann von mir aus hinzu, er möge die dummen Bücher eine Weile vergessen und die Einladung annehmen. Die zusagende Antwort kam postwendend, und in ihr hieß es unter anderem:

9. November 1901

Ich selbst wünsche mehr, als Du wissen kannst, von den »dummen Büchern« fortzukommen, besonders jetzt, nachdem ich drei Monate lang mein eigenes Buch vorwärts und rückwärts durchlesen mußte, was wirklich zu dem Allerdümmsten gehört, was einem Menschen begegnen kann. Zuletzt hörte ich nur noch eine Folge von Worten und hatte dabei das dumpfe Gefühl, daß sie früher einmal irgend etwas bedeuten sollten, woran ich mich aber mit bestem Willen nicht erinnern konnte. Heute endlich ist der letzte Bogen an die Druckerei abgegangen und ein Strich unter das Ganze gemacht. Dem Bücherschreiben ist für lange Zeit abgeschworen, und ein besseres Leben kann beginnen. Ich komme bestimmt, – nur ist der Zeitpunkt noch fraglich, da es darauf ankommt, wie lange ich hier durch meine Dozentenpläne, die übrigens für Berlin noch Geheimnis sind, festgehalten werden.

Seitdem ich aus Breslau zurück bin, sind mir, da ich aus all der »Gelehrsamkeit« heraus den Wunsch nach etwas unmittelbar Persönlichem und Lebendigem hatte, wieder die Kellerschen Briefe und Tagebücher in die Hände gefallen. Es sind, wie Du Dich vielleicht erinnerst, »Deine Bücher«, die ich schon seit langem für Dich aufhebe. Jetzt, da ich sie von neuem gelesen, kann ich es nicht mehr mit meinem Gewissen vereinen, sie Dir länger vorzuenthalten, und nutze deshalb die Gelegenheit, sie Dir heute mitzuschicken. Für mich sind sie ein ganz köstliches Buch, das »spezifische Geschwätz und Geplauder«, das er selbst das Beste am Grünen Heinrich nennt, nimmt sich hier womöglich noch unverfälschter und naiver aus, und in jedem Wort spürt man dahinter das echte und aufrichtige Wesen eines wirklich bedeutenden Menschen. In der Achtung und Andacht, die es dem Alltäglichen und Unscheinbaren gibt, daneben aber der göttliche Zorn darüber, wirkt es wie ein Kellersches Werk selbst. Auch sieht man recht, wie langsam und menschlich natürlich es bei solcher innerer Selbstentwicklung auch bei den ganz Großen zugeht. In seinem Tagebuch wirst Du finden, wie wenig er noch mit 24 Jahren mit sich und der Welt irgendwie im reinen ist und wie er über Monate der Unterbrechung und der Niedergeschlagenheit klagt. Vielleicht ist dies, dachte ich mir, heilsam und tröstlich für solch ein Kind wie Du, wenn es ungeduldig darüber wird, daß es noch nicht mit *allen* Dingen der Welt fertig geworden ist. Wie Du siehst, hat mir Walter*, mit dem ich oft zusammen bin, vieles verraten, – ich will Dich damit heute nicht weiter quälen, habe mir jedoch vorgenommen, Dir ins Gewissen zu reden, wenn wir erst einmal wieder zusammen sind.

Übrigens haben auch wir alten Leute Zeiten, in denen wir unserer ganzen Gescheitheit nicht mehr trauen und uns vor unserer Gottähnlichkeit bange wird, unsere ganze Klugheit besteht dann darin, daß wir uns nichts anmerken lassen und anderen gegenüber um so sicherer und entschiedener auftreten. Das ist freilich eine fragwürdige Weisheit, und es ist wahrhaftig keine Schande, daß Du es zu ihr noch nicht gebracht hast.

Von den mancherlei anderen Dingen, von denen in dem Buch die Rede ist, werden Dich natürlich die Urteile über Wagner, der mit Keller zusammen in Zürich war, am meisten interessieren, und Du wirst Dich freuen, daß Du wieder einmal gegen mich Recht behältst. Glücklicherweise findet

* Walter Bondy, mein ältester Bruder, T. C.

sich schließlich noch eine kostbare Respektlosigkeit, die Dir hoffentlich nicht den Eindruck des Ganzen verdirbt. –

Ich las diesen Brief mehrmals durch und wunderte mich, wieso Ernst mit mir, der so viel Jüngeren, über so ernste Fragen sprach. Daß ich Keller kannte und liebte, wußte er schon; aber der ganze Ton des Briefes überraschte mich doch sehr.

Am 9. Dezember kam Ernst in Wien an, und ich wurde dem so ganz vertrauenswürdigen, weltfremden Verwandten ohne Bedenken anvertraut. Ich sollte ihn mit Wiens Sehenswürdigkeiten bekannt machen und verbrachte die drei ersten Tage ausschließlich mit ihm allein. Abends besuchten wir die Oper und tagsüber die Stadt und die Umgebung. Mein Vertrauen und meine Liebe zu ihm wuchsen von Stunde zu Stunde, und ich fühlte auch, wie er zu mir stand; aber ich erwartete noch keine Aussprache. Am 11. Dezember nachmittags fuhren wir in den Prater. Als wir eine Weile schweigend nebeneinander die Hauptallee hinuntergegangen waren, fragte mich Ernst plötzlich, ob ich einen Freund hätte, den ich liebte. Er hätte in Berlin irgendwelche Anspielungen gehört, die ihn fürchten ließen, daß ich nicht mehr frei wäre. Da erschien vor meinen Augen plötzlich das Bild des Jugendfreundes, und ich empfand noch einmal den Schmerz, den sein Versagen mir zugefügt hatte, aber er hatte plötzlich alle Schwere verloren, und ich antwortete laut und wahrheitsgetreu, daß ich vollkommen frei wäre. Dann fragte mich Ernst, ob ich ihn wohl lieben könnte, und mit der festesten Überzeugung, daß es das Glück selbst sei, das mich fragte, ob ich es entgegennehmen wolle, reichte ich ihm die Hand. In diesem Augenblick bekam das Vergangene Sinn und Berechtigung. Für diese Stunde hatte ich so viel gelitten. Deutlich kam mir diese Erkenntnis. Ich habe in den wenigen Sekunden, die meiner Antwort auf Ernstens Frage vorangingen, mehr gedacht, als es mir später möglich erschien. Ich habe nicht in besinnungsloser Leidenschaft meine Hand in die seine gelegt. Meine Liebe zu ihm war schon damals von der sicheren Überzeugung getragen, daß er mir die Hilfe, die ich brauchte, bringen würde und daß er ohne Erklärung, ohne Schwanken verstanden hatte, wen er vor sich hatte. Für ihn war ich nicht zwiespältig. Er verlangte nichts von mir, als daß ich so, wie das Schicksal mich gemacht hatte, ihn lieben sollte. Und er ließ sich auch gar nicht davon beirren, daß

ich kaum dem Hörensagen nach kannte, womit er sich das ganze
Leben beschäftigt hatte. Die große Freiheit, mit der er Dinge und
Menschen ansah, war mir ganz neu und begeisterte mich.

Während meines Vaters Wagen die Hauptallee langsam hin-
auffuhr, damit wir ihn, wenn benötigt, heranwinken könnten, folgten wir beide, Arm in Arm – wie im Traum. Unsere Stimmungen
aber waren grundverschieden. Ernst war durch meine Antwort
aufs glücklichste erregt. Er erzählte mir, wie er die letzten Monate
nur meiner gedacht hätte: wie unsicher er meiner Liebe gewesen
wäre und wie unsagbar glücklich ihn meine kurze Antwort gemacht hätte. Er wollte sofort nach Hause fahren, den Eltern von
unserem Entschluß erzählen und überhaupt alle Menschen, die er
liebte, an seinem Glücke teilnehmen lassen. Damals machte ich
zum ersten Male die Bekanntschaft mit einer Seite seines Wesens,
die den allerwenigsten überhaupt sichtbar geworden ist. Er hatte
eine stürmische, leidenschaftliche Natur, und er wollte alles, was
aus dieser Natur kam, nur ganz tun oder ganz lassen.

Nun begann ich langsam zu sprechen, und ich sagte ihm, wie
es um mich stände. Ich war in dieser Stunde nicht weniger glücklich, als er es war; aber ich war viel ruhebedürftiger. Ich war so
sehr erschüttert von der großen Entscheidung, die wir soeben
gefällt hatten, daß ich ihn dringend bat, mir Zeit zu lassen, das
Neue selbst erst ganz zu verstehen, ehe wir es nach außen dringen ließen. Ich wollte mein bisheriges Leben ganz in der alten
Form wieder aufnehmen und mich in ein paar Tagen von Ernst
trennen, wenn er wirklich so schnell nach Berlin zurück müßte;
aber ich wollte nur ihn und die Gedanken an ihn als Vertraute
haben.

Ich war 18 Jahre alt und Ernst 27. Das erklärt wohl den großen Unterschied unserer Einstellung in diesem Augenblick. Ernst
fügte sich sofort meinen Bitten, und wir wanderten weiter, und er
erzählte mir vieles aus seinem Leben und von seinen Plänen und
von den Dingen, die er liebte. Dann fuhren wir zu den Eltern
nach Hause. Als Ernst am nächsten Morgen zu uns kam und ich
ihm die Türe öffnete, steckte er mir schnell einen Brief zu, dessen
Inhalt ich hier teilweise folgen lasse.

Wir werden heute so oft und durch so viele Menschen getrennt werden – ich möchte, daß wir während dieser Zeit gemeinsam fühlen und wissen, wie wir zusammengehören und was seit gestern in jedem vorgegangen ist. Das erste Gefühl in mir war nur das einer großen, leidenschaftlichen Freude, die danach drängte, sich Dir endlich auszusprechen, nachdem ich sie so lange und so mühsam zurückgehalten hatte. So sprach ich Dir ohne Zusammenhang und immer von neuem wieder von all dem, was in den letzten Monaten in mir war und wovon ich Dir vorher beständig in meinem einsamen Denken an Dich erzählt hatte. Ich verstand es freilich nicht im ersten Augenblick, daß Du, so gut und lieb Du mir zuhörtest, doch auf alles dies so still bliebst. Erst nachdem wir uns getrennt hatten, als ich allein zu Hause war und ich in der Ruhe ringsum alles von neuem und stärker fühlte, kam auch über mich das glückliche Gefühl der großen inneren Stille. Ich verstand jetzt erst ganz Dein Schweigen und Deinen Ernst und begriff, daß Du vom ersten Augenblick an besser und tiefer gefühlt hast, wie wir das, was zwischen uns beiden ist, nicht laut werden und nicht nach außen dringen lassen können, wie wir in ihm die Versicherung von etwas Dauerndem besitzen, das die einzelne Stunde nicht fassen und festhalten kann und für dessen Aussprache wir der Zukunft, die wir gemeinsam vor uns haben, versichert sind. Diese Empfindung gab mir erst die Sicherheit von dem, was ich gestern gewonnen und was ich in den ersten Augenblicken mir selbst kaum glauben konnte. Ich schäme mich nicht vor Dir wegen des Vielen und zum Teil so Kleinen, worüber ich zu Dir gesprochen habe, ich weiß, daß das Grundgefühl doch zu Dir durchgedrungen ist und daß Du aus all meinen Worten den innersten Herzschlag meiner Freude herausgehört hast. Dich selbst aber glaube ich erst jetzt besser und ganz zu verstehen. Ich sagte Dir gestern, daß ich Dich zu kennen glaubte – nun erfuhr ich am selben Tage, wie viel Gutes und Liebes es an Dir gibt, daß ich erst geduldig und bescheiden von Dir lernen muß, und wie Du mir darin erst von Tag zu Tag lieber werden mußt. Ich freue mich nun, mit Dir zusammen zu sein und Dir ruhig zuhören zu dürfen, wenn Du von Dir selbst mir erzählst, so wie es Dir in den Sinn kommt und ohne daß Du durch

mich gedrängt wirst. Heute bitte ich Dich nur mit einem Wort
zu sagen, daß ich Dich richtig verstanden habe –

Nun folgte eine Zeit, die ich niemals vergessen habe. Wir hatten
vollkommene Freiheit, uns in Wien herumzutreiben, und nur zu
den Mahlzeiten kamen wir ins Elternhaus zurück. Ich habe oft
nachgedacht, wie solche Tage wohl bei anderen Liebenden verlaufen mögen, und schon damals begann in mir die Überzeugung
feste Form anzunehmen, daß unsere Bindung eine einmalige war.
Nicht tastend und zögernd lernten wir uns kennen. Die wenigen
Stunden, in denen wir uns bis dahin gesprochen und gesehen hatten, hatten vollkommen genügt, um den Grundstein zu legen, auf
dem dann später unser gemeinsames Leben aufgebaut worden ist.
Ich habe soeben in den sehr schönen Erinnerungen von Frau
Enrico Caruso über ihre Ehe mit Caruso gelesen, daß sie und
Caruso sich getroffen hatten, wie zwei Wassertropfen sich treffen,
die sich einander nähern, ineinander fließen und schließlich ein
Ganzes bilden. Als ich das las, fiel mir auf, wie so ganz anders
es bei uns beiden zugegangen ist. Das lag vor allem an Ernstens
Natur, der nichts ferner lag, als irgendein anderes Wesen mit
dem seinen verschmelzen zu wollen. Wie tief diese Veranlagung
in ihm wurzelte, konnte keiner besser erfahren als ich selbst. Ich
war damals, obwohl in vieler Beziehung frühreif, doch ganz in
der Entwicklung begriffen. Nur eines war vollkommen fertig in
mir, und das war mein Drang nach innerer Selbständigkeit. Ich
mußte mein eigenes Ich entwickeln, und wäre diese Aufgabe auch
noch so klein bemessen. Wie Ernst in so kurzen Augenblicken das
komplexe Wesen erkannt haben konnte, in das er sich verliebt
hatte, war mir erst unverständlich. Später verstand ich, daß gerade dieses Erkennen seine größte Begabung war. Denn wie er die
großen Erscheinungen der Weltgeschichte, so verschiedenartig sie
auch sein mochten, aus ihrem eigenen innersten Kern heraus zu
sehen vermochte, war nichts anderes als diese Gabe, die ich in so
jungen Jahren an mir selbst erfuhr.
In einem seiner Briefe aus den allerersten Wochen nach seiner
Abreise heißt es:

Was mir jetzt das Wunderbarste an Deinen Briefen ist, das
ist die große und starke Lebensfreudigkeit, die mir in allem

entgegenströmt; ich weiß ja, wie langsam sie erst erwachen
mußte, und denke immer an die liebe, sanfte, nachdenkliche
Traurigkeit, die das Erste war, was ich von Dir kennengelernt
habe. Ich glaube auch diesen Zug, den so wenige Menschen
bei Dir vermuten, ganz zu verstehen; ich weiß, daß er nichts
Äußerliches ist, sondern irgendwo auf dem Grunde Deiner
lieben Seele verborgen liegt. So will ich denn auch nicht versuchen, ihn hinwegzureden − − − (Später heißt es:) Wir wollen
langsam und allmählich all das wieder aufbauen, was in Dir
lange zerstört war, und es gibt für mich kein tieferes Glück und
keine Sehnsucht mehr als Dir, mein Liebling, dabei zu helfen.

Ernst erzählte mir von seiner Jugend und seinen liebsten Menschen, seiner Arbeit, und er lächelte oft über die groteske Unwissenheit, die ich an den Tag legte, wenn es sich um Fragen der
Universitätslaufbahn handelte, die vor ihm lag. Ich hätte diese
Lücken wohl verschleiern können, aber so etwas fiel mir niemals
ein. Warum sollte ich etwas wissen, was bisher ganz außerhalb
meines Interessenkreises lag?

Schon nach den ersten Tagen unseres ersten gemeinsamen
Lebensabschnittes fühlte ich, wie ungeheuer groß der Abstand
zwischen Ernst und mir und zwischen ihm und all den anderen
Menschen war, die mir je begegnet waren, obwohl ich ja unter
künstlerisch und geistig begabten Menschen aufgewachsen war.
Daß mich diese Erkenntnis nur beglückte, niemals aber ängstlich
bedrückte, lag an Ernstens tiefer Bescheidenheit und seiner großen Liebe zu mir.

Als Ernst nach Wien kam, waren seine Taschen angefüllt
von Konzert- und Opernkarten für die kommenden Monate. Er
erzählte mir von seiner Liebe zur Musik und wie sie ihn immer
ergriffen, beglückt und beschäftigt hätte, obwohl er kein Instrument spielte und keine Note lesen konnte. Seine musikalische
Ausbildung, die mit seinem elften Jahr begonnen hatte, nahm
nach wenigen Wochen aus sehr sonderbaren Gründen ein jähes
Ende. Er hatte bei einer Lehrerin, die er scheinbar sehr ins Herz
geschlossen hatte, angefangen, Klavierunterricht zu nehmen, als
sein Vater eines Tages beschloß, die Kinder von einer anderen
Lehrerin unterrichten zu lassen. Dagegen wehrte sich Ernst aber
energisch, und er erklärte, daß er unter diesen Umständen das

Klavierspiel wieder aufgeben würde. Die Eltern, die seine musikalische Veranlagung früh erkannt hatten, versuchten, ihn umzustimmen, was aber mißlang. Da verlangte der Vater, daß der elfjährige Junge ihm eine Bescheinigung unterschriebe, daß er gegen den Willen der Eltern die Musikstunden aufgegeben habe. Das tat Ernst auch, und als er mir dies erzählte, lächelte er wehmütig und sagte: »Und so ist es gekommen, daß ich niemals ein Instrument spielen gelernt habe, ja nicht einmal Noten lesen kann.«

Aber seine musikalische und künstlerische Aufnahmefähigkeit war sehr groß, sein Gedächtnis auch auf diesem Gebiet ungewöhnlich, und Musik hat von früher Jugend bis zu seinem Tode einen großen Platz in seinem Leben eingenommen. Für mich war seine Art, mit Musik zu leben, immer wieder die schönste Erfahrung. Als wir jung waren, ging er singend durch die Straßen, und später sang er mit Freunden und schließlich mit seinen Kindern, vor allem mit Anne. Er sang mit heller Tenorstimme und in tiefem Baß, und er sang Sopranarien und hohe Koloratur; er sang Buffo-Partien, und er sang Oratorien und Lieder, und er konnte alles auswendig, was er je gehört hatte. Der einzige Mangel seiner musikalischen Begabung war sein unsicherer Rhythmus. Dieser Mangel hätte sicher weitgehend behoben werden können, wenn er, anstatt ausschließlich akustische Erinnerungen zu haben, das Notenbild als Stütze hätte benutzen können. Daß er später nicht versucht hat, das Versäumte nachzuholen, lag am Mangel an Zeit.

Er kannte die klassische Musikliteratur – soweit man sie damals, im radiolosen Zeitalter, kennen konnte – fast lückenlos, und er bewunderte sie und liebte sie. Auch die klassische Operette, vor allem Offenbach und Strauss, gehörten zu seinen Lieblingen. Aber Mozart war sein wahres Element. Die großen Orchesterwerke waren ihm ebenso geläufig wie die Kammermusikwerke. Die Opern – Figaro an der Spitze – gehörten zu der Luft, in der er atmete. Er kannte sie alle auswendig bis auf diejenigen, die in seiner Jugend wenig aufgeführt wurden. Zu denen gehörte Cosi fan tutte – ein schwer aufzuführendes Werk, das wir in Wien unter Mahlers Leitung ein einziges Mal gehört hatten. Als Ernst zu seinem 69. Geburtstag die Grammophonplatten der Glyndebourne-Aufführung unter Fritz Busch als Geschenk bekam, spielte er sich einige Abende hintereinander die Oper von Anfang bis Ende

vor. Nach wenigen Tagen kam er strahlend aus seinem Zimmer
in das meine und sagte: »So, jetzt kenne ich diese Oper endlich
auch genauso gut wie die anderen«, und das hieß, daß er sie
auswendig kannte.

In den ersten Tagen war Ernst so heiter und fröhlich wie ein
glückliches Kind. Er erzählte mir, daß er das früher nicht gewesen
war, daß er vielmehr bis dahin sehr still und zurückgezogen gelebt
habe. Er schilderte seine Eltern und Geschwister und die beiden
Freunde, denen er sich innerhalb der Familie angeschlossen hatte.
Sein intimster Freund war der auch philosophisch begabte Fritz
Cassirer. Soviel ich später erfahren konnte, waren diese beiden
Vettern, besonders während der Studienzeit, viel zusammen gewesen und haben sich wundervoll verstanden. Unsere Verheiratung
brachte eine Abkühlung dieser Beziehung, deren Urheber aber
nur Fritz selbst war. Er konnte den Gedanken nicht ertragen, daß
nach meinem Eintreten in Ernstens Leben seine Stellung zu ihm
eine Änderung erfahren mußte. Ernst nahm dies hin, wie er alles
hinnahm, aber es änderte nichts an seiner Liebe zu Fritz. Als
dieser nach einem sehr tragischen Leben, erst 52 Jahre alt, starb,
sprach Ernst an seinem Grabe. Dieser Nachruf ist der ergreifend-
ste Beweis seiner Liebefähigkeit, an deren Kraft keine räumliche
oder zeitliche Spanne etwas zu ändern vermochte.

Der andere Freund war unser Vetter Richard Cassirer, der seine Freundschaft für Ernst später auch auf mich übertrug. Er war
ein bedeutender Arzt und eine sehr vielseitige echte Persönlichkeit.
Richard war mit Ernstens Lieblingsschwester Hedwig verheiratet,
und in ihrem Hause fühlte Ernst sich ganz mit dazugehörig.

In dem Berliner Kreis gab es noch viele andere sehr begabte
Menschen, die alle Ernstens und meiner Familie und unserer
Generation angehörten. Ich kannte sie fast alle nur flüchtig mit
Ausnahme von Martin und einem Vetter, der bei meinem Vater
ausgebildet worden war, und Ernst versuchte, sie mir zu schildern.
Denn sie waren, von den Studiengenossen abgesehen, sein steter
Verkehr gewesen. Ob irgendein Mädchen eine wichtige Rolle in
seinem Leben gespielt hatte, fragte ich ihn nicht, und er erwähnte
nichts, was darauf schließen ließ.

Von seinem eigentlichen Beruf sprach Ernst wenig. Aber er
erzählte mir von seinen literarischen Studien, und wir entdeckten
immer wieder, wie merkwürdig übereinstimmend wir empfanden.

Was ich bis dahin gelesen hatte, war, mit Ernstens Kenntnissen verglichen, freilich wie ein Wassertröpfchen im Vergleich zu einem Ozean; aber darauf kam es ihm nicht an.

Am 11. Dezember abends waren wir zusammen zum Tristan gegangen, den ich bis dahin nicht kannte und der mich sehr beeindruckte. Ernst bewunderte dieses Werk auch sehr – er war aber im Grunde ein dezidierter Anti-Wagnerianer. Das konnte ich damals nicht recht begreifen, und erst viele, viele Jahre später habe ich ihn auch darin verstehen gelernt.

Die Zeit von Ernstens Abreise näherte sich, und hie und da fragte er mich sehr schüchtern und zögernd, ob ich meine Ansicht in bezug auf die Heimlichkeit unserer Beziehungen nicht geändert hätte. Ihm schien es von Tag zu Tag unnatürlicher, etwas zu verschweigen, was er aus seinem Leben nicht mehr wegdenken konnte. Ich hingegen fühlte immer sicherer, daß die große, glückliche Stimmung, in der wir uns befanden, uns allein zukam. Ich versuchte Ernst zu überzeugen, daß es für uns beide so am besten wäre, und ich dachte ihn auch überzeugt zu haben, als er am 18. Dezember, wie geplant, abreiste.

Aber schon sein erster, noch in der Bahn geschriebener Brief verriet, daß diese Trennung ihn merkwürdig schwer traf. – Er hielt sich zuerst einige Stunden in Breslau auf, wo das jüngere Kind seiner Schwester Clara ernsthaft erkrankt war. In Berlin angelangt, schrieb er mir unter anderem Folgendes:

21. Dezember 1901

In Breslau fand ich das arme Kätel recht krank – Ich konnte das Kind nicht ansehen, ohne im Innersten an Dich zu denken und durch den Gedanken an alles, was Du durchzumachen hattest, noch jetzt ergriffen zu werden. Es war mir oft mitten im frohesten und heitersten Gespräch, als ob Du selbst noch von einer Erinnerung an Deine Krankheit und von der Sorge um sie gequält würdest. Ich weiß, Du hast nicht vergessen, was ich Dir hierüber gesagt habe – jetzt aber, wo mir alles wieder von neuem deutlich vor Augen steht, muß ich Dich wieder und wieder bitten, mir nie das Geringste zu verschweigen. Ich weiß, daß Du es nur aus Schonung für mich tun würdest, aber Du würdest mir damit schlimmer weh tun, als mit allem, was es auch sei, das Du gegen mich offen aussprichst. Wir haben beide keinen Grund zur Sorge – aber Du wirst mir glauben, daß mein Gefühl fest und sicher genug ist, um auch jede Sorge in sich aufzunehmen und zu ertragen. Es gibt für mich nur die eine Furcht, in irgend etwas von Dir getrennt zu sein, und ich könnte jeden Kummer ertragen und lieb haben, wenn ich weiß, daß wir beide dadurch näher miteinander verbunden werden.

Ich erwähne diese Briefstelle deshalb, weil man an ihr erkennen kann, wie Ernst vom ersten Tage an mein Leiden empfand. Bis zu seinem Tode hat es nur wenige Momente gegeben, in denen seine eigenen Nerven so belastet waren, daß er dieses Leiden vergessen hat, und ich besitze fast keinen einzigen Brief, in dem es nicht erwähnt wird. Was er damals mißverstanden hatte, war, daß nicht mein Herzleiden mir Sorge machte, sondern mein Migräneleiden, das mich hinderte, Herr meiner Pläne zu sein, und mich vor allem bei jeder geistigen Beschäftigung wesentlich hemmte. Wie Recht ich mit meinen Befürchtungen hatte, mußte ich schmerzlich erleben.

Nun kam eine Ruhepause für mich, derer ich dringend bedurfte, um die Veränderung in meinem Leben zu begreifen. Ein Zweifel an unserer beider Zusammengehörigkeit ist mir niemals gekommen, wohl aber etwas Furcht vor dem Sprung ins Unbekannte der äußeren Umstände. Ich hatte Angst, meine bisherige Umgebung gegen etwas zu vertauschen, was ohne mich bestanden hatte, gewachsen und gereift war, und in das ich, so jung und so verwundbar wie ich war, einzutreten hatte, weil ich nun dazu gehörte. Die neue Familie! Freilich war sie ja nicht so neu, wie »die neue Familie« gewöhnlich zu sein pflegt; dafür aber – und das wußte ich sehr gut – war sie viel enger zusammengefügt und hatte eine schwierigere Struktur als die meisten Familien. Der Gedanke, meine lückenhafte Ausbildung zu unterbrechen, betrübte mich auch etwas; aber ich hoffte, in den nächsten Monaten noch vieles Begonnene beenden zu können.

Zum ersten Male mir selbst überlassen, seitdem der große Entschluß gefaßt war, versuchte ich mich aus der traumhaften Stimmung, in die er mich versetzt hatte, zu befreien und mir Klarheit zu verschaffen über die Gründe, die mich so uneingeschränkt an die Unfehlbarkeit dieses Entschlusses glauben ließen.

Die Ungewöhnlichkeit von Ernstens Begabung, die große Güte,
die aus jedem seiner Worte sprach, vereint mit seiner schönen Erscheinung – wären ja Grund genug gewesen, mich ganz gefangen-
zunehmen. Aber es kam noch etwas anderes hinzu, was ich über
alles liebte und über das ich mich nicht täuschen konnte – etwas,
was mir von der ersten Stunde an, in der wir uns getroffen hatten,
untrennbar schien von seinem Gesamtbild – und das war seine
wundervolle Stimme. Das ganze spätere Leben habe ich dieser
Stimme gelauscht und viel über sie nachgedacht.

An ihr konnte ich immer erkennen, wie es um ihn stand, und
als ich das erste Mal merkte, daß etwas Wesentliches an dieser
Stimme sich verändert hatte, stieg die schreckliche Angst in mir
auf, die mich nicht mehr verließ, bis die Stimme selbst für immer
verstummt war. Mehr als alle anderen Merkmale seiner Persönlichkeit schien mir diese Stimme zu verraten, und wer an ihr vor-
beiging, ohne der Schicht gewahr zu werden, aus der sie stammte,
ist auch an ihm vorbeigegangen. Es sind sehr viele gewesen, selbst
unter denen, die sich seine besten Freunde glaubten.

Meine Tage nahmen wieder ihre frühere Gestalt an, und
keiner meiner Nächsten ahnte die Veränderung in mir. Aber
Ernstens Briefe, die mir von seinem jüngeren Bruder Martin (der
damals in Wien lebte) überbracht wurden, zeigten in zunehmendem Maße, daß die Trennung für ihn etwas Beängstigendes und
Lähmendes hatte. Zweifeln konnte er an der Festigkeit meiner
Bindung an ihn nicht. Was war es also, das ihn so merkwürdig
unfähig machte, noch einige Zeit zu warten, bis wir uns wiedersehen konnten? Später im Leben hat sich dieser Zug immer wieder
bei ihm gezeigt. Jede Trennung von mir war ihm sehr schwer
erträglich, selbst in den Zeiten, in denen er so tief in seiner Arbeit
steckte, daß er oft monatelang keinen Platz für andere Gedanken
zu haben schien als für diejenigen, die mit seiner Arbeit verbunden waren. Eine Erklärung hat Ernst über sich selbst und sein
Verhalten nicht gerne abgegeben – auch damals nicht. Ich lasse
einen seiner Briefe, der zwei Tage nach seiner Abreise aus Wien
geschrieben ist, folgen.

Ich werde ruhiger werden, wenn ich erst die Sicherheit über die nächste Zukunft habe, die mir, wie ich hoffe, Dein nächster Brief bringen wird. – Sobald ich erst von Dir etwas weiß, werde ich mich gewiß in alles, wofür Dein Gefühl sich entscheidet, einwilligen – nur eine längere Trennung unter der Unsicherheit und dem Zwange der Heimlichkeit mußt Du von mir nicht verlangen. –

Wenn ich einen Augenblick versuche, das Gefühl für Dich wieder aus meinem Leben fortzudenken, so erscheint mir alles, was übrig bleibt, so ärmlich, daß mir alle meine und Deine »Klugheit« über diese innere Leere nicht hinweghelfen könnte. Wenn es aber, wie wir beide wissen, dauern wird und muß, wovor fürchtest Du dich denn? Aber nicht wahr, Du tust es nicht – Du weißt zu gut, was Du mir alles gegeben hast, schon in diesen wenigen Tagen gegeben hast, und wie ich gegen Dich ein Gefühl der Beschämung und der glücklichen frohen Bescheidenheit empfinde. Ich habe mir niemals vorstellen können, daß meinem Leben einst so viel Gutes und Liebliches und Anmutiges geschenkt werden würde. Ich nehme es, ohne darüber nachzugrübeln, als unverdientes Geschenk. – Ich weiß, daß ich es durch nichts, was ich tun oder leisten könnte, jemals verdienen kann. Mich bedrückt dies nicht – denn ich sehe ein, daß es bei allem Schönen und menschlich Besten so sein muß. Ich will gegen die Vergangenheit nicht undankbar sein – in diesem Augenblick am allerwenigsten. Aber auch in den frohesten und reinsten Stunden ungehemmter Arbeitsfreude und sicherstem Vertrauen zu dem Fortschritt der Sache habe ich keine solche innerliche Erhöhung des persönlichen Lebensgefühls gekannt, wie in den Tagen des Zusammenseins mit Dir. Mein Gefühl für Dich, das mußt Du begreifen, ist mir nichts Einzelnes und Losgelöstes – es ist für mich schon jetzt eins geworden mit allem Guten und Wichtigen und Wertvollen, das ich kenne, und wird mit ihm immer fester verschmelzen. Glaub nur nicht, daß meine Empfindung weniger fest und sicher ist, weil sie sich schon im ersten Moment entschieden. Ich bin meiner ganzen Natur nach kein Mensch, der sich von dem ersten Eindruck bestimmen läßt, ich muß, so unlieb es mir oft ist, über alles nachgrübeln und mir alles zur Klarheit zu bringen suchen, ehe ich handeln kann. Ich habe dies, wie Du weißt, während langer Monate redlich getan. Es ist nicht meine Schuld, daß das Gefühl der ersten Stunde von all diesem so ganz unbeeinflußt blieb – ich weiß jetzt, daß es nichts, nichts mehr gibt, das dagegen etwas vermöchte. –

Die nächsten Briefe wurden immer ungeduldiger und unruhiger, und schließlich erhielt ich am 27. Dezember die Mitteilung, daß er beschlossen hätte, nach Wien zu fahren, und daß er am Morgen des 28. bei meinen Eltern eintreffen würde, und er bat mich, sie vorher von allem zu unterrichten.

Nun hieß es vor die Eltern zu treten und ihnen Dinge zu sagen, die für mich keinen Namen hatten. Daß ich mit Ernst verlobt war, war mir nicht in den Sinn gekommen. Wie sollte ich eine Bindung ausdrücken, für die es meiner Empfindung nach kein Beispiel gab? Aber es mußte sein. Ich half mir auf die einfachste Art, indem ich der Mutter wortlos Ernstens Telegramm in die Hände legte. Daß mir dabei ein paar Tränen über die Wangen gelaufen sind, weiß ich nur aus dem ersten Satz, den sie zu mir sprach: »Dabei ist gar nichts zu weinen, mein Kind«, sagte sie, »du hast das große Los gezogen.« Dann drückte sie mich an ihr Herz und sagte lachend: »Aber ein Heuchler ist er doch, dein Ernst – er hat uns ja ganz und gar hinters Licht geführt.« Der Vater war anfangs sprachlos vor Staunen. Auch er hatte nicht den leisesten Verdacht gehabt.

Die Eltern waren sehr glücklich und erwarteten den neuen Sohn mit offenen Armen. Sie hatten ihn immer sehr geliebt und waren stolz auf ihn, schon als er nur ihr Neffe war. Ernst kam am 28sten morgens an, und nun war ich plötzlich wirklich verlobt. Das war ein sonderbares Erlebnis, und ich mußte mich erst langsam daran gewöhnen. Nun mußte ich die Freunde benachrichtigen, mit Ernstens Geschwistern und Eltern telefonieren, ich mußte mir von hundert Menschen gratulieren lassen. Plötzlich hatte ich einen Bräutigam und er eine Braut. Die Eltern hatten einen Sohn mehr, und ich sollte plötzlich die Tochter anderer Eltern sein. Das war alles nicht so ganz nach meinem Sinn. Ich wollte denken, fühlen, mit Ernst sprechen und meine und seine Liebe verstehen lernen, aber ich wollte nicht die Nebenstraßen des neuen Lebens gehen. Aber die Welt wollte es anders, und ich wollte in der Fülle meines Glückes niemandem weh tun. So

fügte ich mich, schrieb Briefe, telefonierte, nahm Glückwünsche
entgegen und tat, was ich sollte.

Das Sonderbare war, daß Ernst an all diesen störenden Neben-
umständen gar keinen Anstoß nahm. Er tat alles, was zur neuen
Situation gehörte, vollkommen willig und selbstverständlich. Ich
kannte ihn damals schon gut genug, um zu wissen, daß das nicht
wirklich seiner Lebensform entsprach. Aber später zeigte es sich
bei jeder Gelegenheit wieder, daß Ernst nur dann Widerstand leistete, wenn etwas wirklich Wesensfremdes, nicht aber etwas Gleich-
gültiges von ihm verlangt wurde. Diese Art der Reaktion machte
das Leben mit ihm so leicht und reibungslos, und sie verschleierte
gleichzeitig die ungeheure Festigkeit seiner Grundanlagen.

Ernst hatte eine kleine Narbe an der Schläfe, sehr nahe dem
linken Auge. Ich fragte ihn, woher diese Narbe stamme, und er
erzählte mir, etwas verlegen lächelnd, von ihrem Ursprung. Eine
junge Engländerin, die er eines Abends in Marburg nach Hause begleitet hatte, war von betrunkenen Studenten angerempelt
worden, und er hatte beim Versuch, sie zu schützen, von den An-
greifern einen Stockhieb bekommen, der ihn so schwer verletzte,
daß es ihn fast das eine Auge gekostet hätte. Ernst liebte es nicht,
diese Episode zu erwähnen, und ich vermutete damals, daß die
junge Engländerin ihm vielleicht nähergestanden haben mochte,
als aus dem Bericht hervorging. Später aber habe ich beim Ordnen von Ernstens Jugendbriefen auch die Briefe des Mädchens
gefunden, die ein ganz kameradschaftliches Verhältnis bezeugten.
Daß Ernst von der Begebenheit nicht sprechen wollte, lag daran,
daß er sich nicht gerne als Held aufspielte, noch mehr aber an
seiner ausgesprochenen Abneigung vor allen Zeichen, die auf
die Gebrechlichkeit des menschlichen Körpers hinwiesen. Seine
Scheu diesen Dingen gegenüber wurde erst in der allerletzten Periode seines Lebens geringer, verschwand aber niemals ganz. Das
Betreten eines Krankenzimmers oder gar eines Krankenhauses
kostete ihn viel Überwindung. Auch Romane, Theaterstücke oder
Kinoaufführungen, die sich mit sehr realistischen Beschreibungen
von körperlichen Gebrechen beschäftigten, waren ihm höchst unangenehm; und er vermied sie, wo und wann er nur konnte.

Ernst erzählte mir damals, daß sein Lehrer Hermann Cohen
ihn so schnell als möglich dazu veranlassen wollte, sich zu habilitieren, und daß er in Berlin seinetwegen angefragt habe, daß er

selbst aber noch gar nicht danach strebte, sich einer Universität zu verbinden. Ich wunderte mich, warum Ernst von irgendeinem Menschen, wer es auch immer sei, zu irgend etwas veranlaßt werden sollte, was er selbst nicht für notwendig hielt und nicht wünschte. Es ist sehr bezeichnend für die Zeit, in der wir aufgewachsen sind, daß der Gedanke mir gar nicht kam, daß ein 27jähriger Mann einen Beruf wählen müßte, der sein äußeres Dasein sicherte, und daß ich es als ganz selbstverständlich betrachtete, daß man einen begabten Menschen ungehemmt seinen Weg gehen lassen müsse, wenn die finanzielle Lage dies erlaubte. Daß Ernstens Vater sehr wohlhabend war, wußte ich, und Ernst erzählte mir auch, daß von seiten seiner Eltern kein Druck auf ihn ausgeübt worden war, daß er meinetwegen jetzt aber doch wünschte, die Habilitation zu versuchen.

Ich erfuhr damals manches, was mir bis dahin ganz unbekannt war. Ernst schilderte mir Hermann Cohen, den er außerordentlich bewunderte und liebte, und seine Studienzeit in Marburg. Er erzählte von der schwierigen Situation, in der sich Cohen befand, der damals der einzige jüdische Ordinarius für Philosophie in ganz Deutschland war, und allmählich verstand ich, daß Ernstens Habilitation nicht so sehr seiner selbst wegen sehr wichtig war, sondern vor allem der Verbreitung von Cohens eigenen Ideen dienen sollte, die überall auf großen Widerstand stießen. Ich verstand von der wissenschaftlichen Seite, um die der Kampf zu gehen schien, noch gar nichts; aber die Erzählungen eröffneten mir zum ersten Male einen Einblick in das allgemeine Getriebe der deutschen Universitäten, und, was noch wesentlicher für mich war, sie vermittelten mir die Bekanntschaft mit den antisemitischen Strömungen dieser Zeit.

Als Tochter eines angesehenen Kaufmannes hatte ich bis dahin keinen Kampf gegen den Antisemitismus zu führen gehabt. Meine Brüder und deren Freunde waren noch jung und meist in künstlerischen Berufen tätig; sie suchten keine Stellen an staatlichen Instituten, und wir hatten es noch nicht erlebt, daß wir mit dem »zweiten Maßstab« gemessen wurden, der der heutigen jüdischen Jugend selbstverständlich geworden ist. Ernst war es bis zum Abschluß seines Examens genauso ergangen. Daß es Antisemitismus gab, wußten wir alle; auch daß uns viele Berufe aus diesem Grund verschlossen waren. Aber nach diesen Berufen strebten wir gar nicht. Ernst hatte unter seinen Freunden ebenso viele Nichtjuden als Juden, und es kam ihm niemals in den Sinn, nach der Abstammung eines Menschen zu forschen. In Künstlerkreisen gab es wenig Antisemitismus. Durch Cohen, der ein sehr überzeugter Jude war, und durch seine Absicht, Universitätslehrer zu werden, wurde Ernst eigentlich erst auf das Ausmaß dieser Frage aufmerksam gemacht. Aber als wir uns trafen, spielte sie in seinem Denken noch immer eine sehr geringe Rolle. Ähnlich ging es auch mir.

Es ist heute vielleicht nicht mehr ganz klar zu beschreiben, wie es möglich war, daß wir so naiv und selbstverständlich einer Situation begegneten, die für unzählige andere schon damals die schwersten Konflikte zur Folge hatte. Vielleicht lag es zum Teil daran, daß wir beide unsere Herkunft niemals als etwas Negatives empfunden haben und daß wir gewohnt waren, gegebene Tatsachen hinzunehmen und sie in Einklang mit der Ganzheit unseres Lebens zu verarbeiten.

Ernst mußte am 31. Dezember wieder in Berlin sein, wollte aber nach kurzer Zeit zurückkommen, und wir vereinbarten, wie wir die nächsten Monate nach seiner Rückkehr einrichten wollten. Meine Eltern unterstützten mich, schon meiner zarten Gesundheit wegen, als ich den Wunsch äußerte, nicht vor Ablauf eines Jahres zu heiraten. Ernst war frei, seinen Aufenthalt zu bestimmen, und wir planten, daß er die Monate bis zu unserer Hochzeit in Wien verbringen sollte, wenn seine Arbeit es erlaubte. Ich war anfangs etwas ängstlich, daß er sich durch das ganz veränderte Leben in seiner Arbeit stören lassen könnte. Aber dieser Gedanke konnte mir nur deshalb kommen, weil ich noch nicht wußte, daß nur schwebende Zustände ihn beunruhigten. In jeder festumrissenen Situation fand er sich sofort zurecht, und das war gleichbedeutend mit Arbeitslust und Produktivität. Die Briefe, die seiner Abreise folgten, zeigten auch sehr deutlich, daß er seine Ruhe wiedergewonnen hatte.

In dieser Periode unseres Lebens begann der Kampf um die Universitätsdozentur, der viele Jahre anhielt und dessen Urheber Hermann Cohen war. Bis zum Jahre 1906 vergingen wenige Monate, in denen sich nicht genau dieselben Dinge abspielten, wie sie in folgenden Briefen zum ersten Mal in Erscheinung traten:

Eben ist Dr. Buchenau, mit dem ich zusammen an der Leibniz-Übersetzung und -Ausgabe arbeite, weggegangen. – Zum ersten Mal seit langer Zeit habe ich mir wieder stundenlang Dinge des Berufs und des Fachs durch den Kopf gehen lassen. Ich habe dabei gesehen, daß es mit mir doch nicht ganz so schlimm steht, als Du es mich glauben machen willst. In mir ist wirklich augenblicklich eine große und starke Arbeitsfreude, und ich verlange danach, gleich in der nächsten Zeit mit der Ausarbeitung einer neuen Schrift* zu beginnen, deren Plan mir seit langem feststeht. Du brauchst Dir also keine Vorwürfe zu machen – ich verspreche Dir, daß sie besser werden soll, als das, was ich bisher getan. Aber im Grunde ist dies freilich doch nur Großsprecherei – denn ich weiß wohl, daß ich hier und wenn ich von Dir getrennt bin die Ruhe und Sammlung, die besonders zum Beginn einer Arbeit notwendig ist, nicht finden kann. Ich setze meine Hoffnung auf Wien und auf die Wochen beständigen und ungestörten Zusammenseins mit Dir. Ich stelle mir vor, wie wir uns gemeinsam unser Leben ganz besonnen und vernünftig einrichten, wie Du während der Zeit, in der ich in der Bibliothek oder zu Hause bin, Deine Stunden nimmst und Deine gewohnte Beschäftigung einhältst und wie ich mich in jeder Minute meiner Arbeit darauf freue, Dich bald, zu Mittag oder zum Abend, wiederzusehen. Dieses Leben wäre mir für den Augenblick, wo ich mich so sehr nach dem Alleinsein mit Dir sehne, lieber und erwünschter, als ein Zusammensein in Berlin, wo man sich doch niemals selbst gehört. Nur dann, wenn ich es nicht ermöglichen könnte, für längere Zeit von hier fort zu sein, müßtest Du unbedingt herkommen – ich brauche Dich ja jetzt so notwendig.

Ich muß Dir nun endlich, wie ich Dir schon lange versprochen, von meinen Unterhaltungen mit Cohen erzählen. Ich freue mich so sehr auf den Augenblick, wenn Du ihn kennenlernst. – Du wirst sehen, wie er, der ein wirklich bedeutender und seltener Mensch ist, zugleich innerlich an allem Persönlichen teilnimmt und mit welchem tiefen Verständnis er alle

---

* Das Erkenntnisproblem in der Philosophie und Wissenschaft der neueren Zeit (Bd. 1: 1906, Bd. 2: 1907).

Lebensdinge ansieht. Du brauchst nicht zu fürchten, daß mein
Verhältnis zu ihm durch Dich auch nur im geringsten gestört
werden könnte. Ich fühle mich auch hier von dem sechzigjäh-
rigen Manne besser verstanden und richtiger beurteilt, als von
vielen anderen, er kennt mich und glaubt mir und meinem
Gefühl. Jetzt ist er freilich ganz und gar mit der Sorge beschäftigt, daß ich so schnell als möglich Dozent werde, und sucht
mich immer wieder zu rascher Entscheidung zu drängen. Im
Gespräch zwischen uns gab es schon manches Mißverständnis,
wenn er von meiner »Sache« sprach – denn ich nehme es
immer ganz naiv und selbstverständlich an, daß es in diesem
Moment nur eine einzige große Hauptsache gibt, und antworte
ihm daher oft verkehrt. – In Berlin hat sich inzwischen meine
Angelegenheit entschieden. Die hiesigen maßgebenden Herren
wollen mich nicht – sie loben meine Arbeit über alle Maßen,
aber mit dem ausgesprochenen Zwecke, mich loszuwerden,
indem sie zugleich erklären, daß sie mich wegen meines
»Standpunktes« und meiner »Methode« ablehnen müssen. Ich
will Dir hiervon nicht mehr erzählen – Du brauchst nicht hinter die Kulissen dieses Universitätstreibens zu sehen, und ich
selbst bin jetzt viel zu sicher und viel zu glücklich, als daß ich
mich von ihm sollte verstimmen lassen. – – – Für mich hätte
es einen besonderen Reiz, wenn wir beide in den ersten Jahren
zunächst allein versuchen müßten, uns ein Leben zu zimmern,
wie wir es brauchen – und oft erscheint mir dies jetzt locken-
der und besser, als wenn wir gleich von Anfang an hier in das
Fachwerk des Verwandtschafts- und Familienverkehrs einge-
reiht würden. Aber freilich ist dies vielleicht egoistisch gedacht
– denn mir selbst ist es jetzt von geringer Bedeutung, wo ich
mich aufhalte, da ich mich überall, wo ich Dich und meinen
Beruf habe, innerlich befriedigt und glücklich fühlen werde.
Wir wollen beide gemeinsam auch an die sachlichen Interessen
denken und ihnen ihr Recht lassen. – – – Selbst der Gedanke,
auf die Universität für jetzt zu verzichten und unser Leben
ganz nach eigenen und freien Wünschen zu gestalten, läge mir
jetzt nicht fern – ich könnte dann ruhig einige Jahre allein weiter arbeiten und mir schließlich, davon bin ich überzeugt, die
Zulassung in Berlin erkämpfen. Nur Cohen ist noch sehr gegen
diesen Plan und drängt mich auf baldige Dozententätigkeit

und auf eine feste Bindung. Jetzt hat er mir vorgeschlagen, es
mit Straßburg zu versuchen, und will nun in seiner impulsiven
Art sogleich selbst hinfahren, um sich dort für mich zu verwenden. Er hat mir dringend zugeredet, sofort mitzukommen, und
ich kann ihn, da er gegen mein beständiges Zureden und allein
für mich das Opfer dieser Reise bringt, den weiten Weg nicht
allein machen lassen. – – –

Vor der Abreise nach Straßburg schrieb Ernst nochmals:

Zu der Reise nach Straßburg habe ich mich nicht gern entschlossen. Es widerstrebt meiner Natur, irgend etwas zu tun,
um nach außen hin ein bestimmtes Ziel zu erreichen. – Worauf es mir auch in meiner Sache ankommt, ist einzig und allein
meine innere Entwicklung und der Fortschritt in mir selbst, an
dem ich auch ohne jeden äußeren Erfolg meine ruhige Freude
haben könnte. Was mich für jetzt schließlich bestimmt und
gefestigt hat, ist, daß ich diese Reise für uns beide und für die
äußere Gestaltung unseres Lebens tue. Es geht mir damit seltsam – in der ersten Zeit war es mir, als wäre ich durch Dich
und das ganz Neue, was Du mir gegeben hast, allem, was ich
sonst getrieben und was gewöhnlich Menschen beschäftigt,
entfremdet. Nun fühle ich immer mehr, wie das Frühere mir
doch nicht verloren ist, wie ich aber Schritt für Schritt wieder
von neuem lernen muß, es lieb zu gewinnen, um Deinetwillen
lieb zu gewinnen.

Der Versuch in Straßburg scheiterte genau in der gleichen Art,
wie der in Berlin gescheitert war, und Ernst entschloß sich nun,
nach Wien zu kommen und dort zu arbeiten. Wir fanden ein nettes Zimmer, nicht weit von unserem Hause, und nun begann eine
wundervolle Zeit für uns beide, die ich noch heute als unsere Pro-
bezeit betrachte. Als ich Dr. Löhr erzählt hatte, daß mein künf-
tiger Mann Philosoph wäre, hatte er erschreckt ausgerufen: »Da
müssen wir uns aber schnell vorbereiten – sonst ist die Blamage
zu groß.« Er brachte mir ein Reclambändchen über griechische
Philosophie und begann mit mir, die philosophischen Grundlagen
zu studieren. Wir waren gerade bei den Eleaten angelangt, als
Ernst sich in Wien niederließ und uns riet, wieder zu unseren

44

Fächern zurückzukehren, da er von nun ab meine philosophische Ausbildung übernehmen würde. Daß es dazu niemals gekommen ist, lag an meinem Widerstand, mich von Ernst in einer Wissenschaft unterrichten zu lassen, für die ich keine Begabung hatte. So ist es gekommen, daß meine philosophische Bildung bei den Eleaten stehengeblieben ist.

Ernst glaubte mir meine philosophische Unbegabung nicht nur nicht – er blieb das ganze Leben bei seiner früh gefaßten Meinung, daß ich ein durch und durch philosophischer Mensch wäre – ja, daß ich gar nicht anders als philosophisch denken könne. Ich weiß noch heute nicht, ob er mit dieser Idee recht hatte oder nicht. Sicherlich aber hätte ich mich niemals so eingehend mit seinem Werk beschäftigen können, wie ich es dieser Arbeit gegenüber für nötig hielt. Ein Mißverhältnis zwischen Wollen und Können aber mochte ich nicht schaffen. Wieso die Ablehnung, mich mit Philosophie zu beschäftigen, niemals zu einer Enttäuschung oder Erschwerung unserer Beziehungen geführt hat, wird im Laufe dieser Aufzeichnungen klar werden.

Ich war so überwältigt von der Weite und Tiefe von Ernstens Kenntnissen auf all den Gebieten, die mir zugänglich waren, daß meine Unbegabung für sein Hauptinteresse mich gar nicht beschwerte. Ich merkte sehr bald, daß er kein reiner Wissenschaftler war und daß seine großen Kenntnisse nicht das Wesentliche an ihm waren und mehr das Rüstzeug bildeten, dessen er bedurfte, um seine Ideen zu begründen.

Ernst arbeitete in diesen ersten Monaten von morgens bis zum Mittagessen in seinem Zimmer; dann kam er zu uns zu Tisch, und die zweite Hälfte des Tages gehörte uns gemeinsam. Er erzählte mir damals, daß er an einem Plan für ein neues Buch arbeitete, das er bald zu beendigen hoffte. Das waren die ersten Anfänge seines großen, vierbändigen historischen Werkes über das Erkenntnisproblem, dessen letzter Band noch unveröffentlicht im Manuskript vorlag, als er starb.

Es fiel mir sehr bald auf, wie anspruchslos Ernst in bezug auf die äußerlichen Bedingungen für seine Arbeit war, und wie merkwürdig schnell er sich in alles Neue fügte. Die sehr altmodischen Bibliotheksverhältnisse in Wien störten ihn merkwürdig wenig. Zum Teil hatte er sich schon in München an die sogenannte süddeutsche Gemütlichkeit gewöhnt, und er erzählte oft von einem alten Bibliotheksdiener in München, der ihm, wenn das von ihm angeforderte Buch auf einem zu entlegenen Regal stand oder aber wenn der Alte einer Erkältung wegen nicht auf die Leiter in den kalten Archiven steigen wollte, den Vorschlag machte, lieber ein anderes Buch zu leihen, das einen ähnlich klingenden Titel hatte. Ernst verlor solchen Menschen gegenüber niemals die Geduld. Im Gegenteil – er fühlte in ihnen Geistesverwandte der kleinen Shakespearischen Gestalten, an deren Einfalt und Güte er stets die größte Freude hatte. Und wenn er ihrer gedachte, lachte er sein helles, fröhliches Lachen, daß er bis zu allerletzt unverändert behalten hat.

Wenn ich an diese Zeit denke, kann ich es nicht vermeiden, an das damalige Wien zu denken – ein Rückblick, der mir heute fremd und fast schmerzhaft geworden ist. Aber das Wien, in dem ich geboren und aufgewachsen bin und in dem ich mein Leben mit Ernst begonnen habe, ist ein Faktor, den ich nicht ganz wegzuschieben vermag. Wenn Menschen, die sich lieben, durch die Straßen einer Stadt wandern, mag es im allgemeinen nicht so wichtig sein, durch welche Stadt und welche Straßen sie wandern. Als Ernst aber mit mir zusammen durch die Straßen Wiens ging, bekam diese Stadt plötzlich Bewegung und Glanz. Die großen Geister der Vergangenheit, die sie gebildet hatten, schienen zu neuem Leben erwacht. Immer wieder entdeckte er Denkmäler seiner geistigen Helden. Wir wanderten durch die Straße, in der das kleine Opernhaus stand, in dem die Zauberflöte zum ersten Mal aufgeführt worden war und die den Namen ihres Textdichters Schikaneder führte; wir besuchten das Grab Beethovens in Heiligenstadt. Das Haus, in dem Schubert geboren wurde, lag auf unserem Wege, und wo immer wir uns befanden, trat uns Geschichte in ihrer schönsten Gestalt entgegen. Der kaiserliche Park Schönbrunn gehörte zu unseren liebsten Spaziergängen, und die innere Stadt mit ihren engen, winkeligen Gäßchen, an deren Kreuzungen man die Türme des Stefansdoms auftauchen sah, hatte an jeder Ecke eine neue Überraschung für uns bereit. Barock- und Renaissance-Architektur in edelster Form, wo immer man zufällig hinblickte.

Ich war oft durch diese Straßen gewandelt, deren historische Denkmäler für mich nur ästhetischen Reiz hatten, mit gleichgültigen, unverständigen – und mit künstlerisch empfindenden

Begleitern; zuletzt am häufigsten mit Dr. Löhr, der ein vorzüglicher Kenner der Stadt Wien war und sie sehr liebte. Aber jetzt wurde ich ihrer erst ganz gewahr; durch die Besonderheit, mit der Ernst Dinge der Vergangenheit zu beleben verstand. Zum ersten Male wurde mir damals eine sehr wesentliche Seite seiner Natur sichtbar – die Fähigkeit, alles Große und Schöne ganz naiv zu erfassen und begeistert in sich aufzunehmen. Sein großes Wissen ermöglichte ihm die schnelle Orientierung; aber es stand niemals seiner künstlerischen Eindrucksfähigkeit im Wege. Freude und Ergriffenheit vor den Wundern der Kunst stumpften sich niemals in ihm ab, auch in den letzten schweren Jahren nicht. In den wenigen Stunden eines einzigen Nachmittags in den Straßen Wiens lernte ich mehr von dem wahren Wesen dieser Stadt kennen als in den achtzehn vergangenen Jahren.

Als Ernst fühlte, wie ich ihn verstehen lernte, wurde er immer glücklicher, gelöster und fröhlicher. Der Ernst und die Versonnenheit seiner hellen blauen Augen traten oft zurück und machten einem schelmischen, kindlich glücklichen Ausdruck Platz. Je sicherer er sich mit mir verbunden fühlte, um so mehr trat auch eine andere Seite seines Wesens zutage – sein Sinn für Komik und Humor. Er las mir damals schon viel vor und machte mich mit seinen Lieblingen in der deutschen, französischen, englischen und italienischen Literatur bekannt. Manches kannte ich – vieles nicht. Meiner Veranlagung entsprechend fühlte ich mich mehr zu den großen Tragödien in der Dichtkunst hingezogen. Ernst aber sah beide Seiten der Kunst, wie er beide Seiten des Lebens erkannte, und er eröffnete mir erst das volle Verständnis für die Gleichberechtigung aller Gegensätze. Zu den kleinen Shakespearischen Gestalten, die ich schon erwähnte, hatte er ein besonderes Verhältnis, und wenn er die Gespräche der Totengräber aus dem Hamlet oder ähnliche Szenen aus den Lustspielen vorlas, hatte man den Eindruck, daß er diese einfältigen, komischen Menschen in seine Hände nahm und mit unsagbarer Zärtlichkeit streichelte und sie genauso liebte wie der Dichter, der sie gestaltet hatte.

Las er aber den Misanthropen von Molière, so sah die Welt plötzlich so aus, wie Alceste sie schmerzlich fühlte, und Othellos Eifersucht und die unmittelbare Erkenntnis seines Irrtums, Richards III. Schandtaten, Lady Macbeths oder Ophelias Wahn-

sinn – all dies erschien, von Ernst dargestellt, plötzlich näher-
gerückt und nicht mehr einer uns ganz fremden Gefühlsschicht
anzugehören. Genau wie ihm in der Musik alle Register zur
Verfügung standen, war ihm ein fast unbegrenztes Verstehen der
Vielfältigkeit der menschlichen Gestalten zu eigen.

Aus eigener Erfahrung hatte Ernst von all dem nichts geschöpft;
er hat das äußerlich geschützte Leben eines wohlhabenden jungen
Menschen des 19. Jahrhunderts geführt und nicht einmal soviel
erlebt, wie heute ein zehnjähriges Kind erlebt.

Inmitten der neuen Welt, die mir erschlossen wurde, war ich
nicht willig, mich um die praktischen Dinge zu bekümmern, die
eine Verlobung meist mit sich bringt. Ich lehnte es ab, mich mit
Einrichtung, Aussteuer oder Vorbereitung zur Wirtschaftsführung
zu beschäftigen. Meine arme Mutter hatte es in dieser Zeit nicht
leicht mit mir. Aber sie fühlte sehr bald, daß ich nicht aus Widerspruch so handelte, und sie verstand, daß ich den Weg zur praktischen Auswirkung eines so wesentlich inneren Vorgangs einfach
nicht finden konnte.

Nach einigen Monaten mußte Ernst nach Berlin zurück
– praktischer Erledigungen wegen. Ein neuer Plan zur Habili-
tierung in Göttingen lag auch wieder vor. Als wir uns diesmal
trennten, waren wir nicht mehr zwei Liebende, die sich trennten.
Eine merkwürdige innere Zusammengehörigkeit bestand zwischen uns, trotz unserer fast entgegengesetzten Temperamente.
Ernst – der Weise, Gelassene, Heitere, Verzeihende; ich – das
halbe Kind, voller Kampflust und Kritik und mit einem Hang
zur Schwermut. Ernstens Glaube an meinen persönlichen Wert
und sein Verstehen der entgegengesetzen Züge meines Charakters
beglückten mich mehr noch als seine Liebe, und er gab mir die
lang verlorene Sicherheit wieder. Ich fühlte auch mit jedem Tag
stärker, welchen Platz ich in seinem Leben einzunehmen begann.
Seine alte Umgebung begann ihm fremd zu werden, und er fühlte
sich in Berlin verlassen und einsam.

Kurz nach seiner Abreise schrieb er mir:

13. März 1901

Ich hatte in Wien die Ruhe zur Arbeit fast ganz wiedergewonnen – ich wußte, daß die Stunden mit Dir umso ruhiger und
besser und gesammelter würden, je mehr ich mich zuvor auf

die Arbeit konzentriert hatte und je vollkommener ich in mir
selbst mit ihr fertig geworden war. Jetzt, wo ich mich unaufhörlich nach Dir sehne, finde ich auf die Dauer auch in der
Arbeit keine Ruhe – fortwährend drängt es mich, irgend etwas
vorzunehmen, worin ich mir eine Beziehung auf Dich, eine
Erinnerung an Dich vorspiegeln kann, ein Buch aufzuschlagen,
das wir zusammen gelesen, einen Menschen aufzusuchen, mit
dem ich von Dir sprechen kann. Ich muß es erst wieder lernen,
mich in meine alte Umgebung einzufinden, und darin, mein
Liebling, kannst nur Du mir helfen. Mein Zimmer wird mir
wieder gewohnt und heimisch werden, wenn Du es erst gesehen hast. Auch die kleinen Gewohnheiten des hiesigen Lebens
werden mir wieder näher kommen, wenn wir beide sie erst
einmal zusammen kennengelernt und wenn sich mir Erinnerungen an Dich daran geknüpft haben. Gestern abend hatten
wir Besuch von Onkel Julius, von Richard und Walter, lauter
Menschen, die ich gern habe und mit denen ich früher so oft
ganze Stunden verbracht habe. Nun verstand ich es gar nicht
mehr, daß mir dies alles so fremd geworden war und daß ich
mich unter Ihnen so verlassen fühlen konnte.

Weiter schreibt er:

Gestern hatte ich über meine Zukunftspläne ein langes Gespräch mit Cohen geführt, das ganz freundschaftlich war, in
dem unsere Ansichten sich jedoch ziemlich schroff gegenüber-
standen. Cohen hat nur den einen Wunsch, daß ich mit allen
Mitteln danach strebe, meine Habilitation so bald als möglich
zu erreichen, und stellt mir dies dauernd als meine Pflicht gegen die Sache und gegen mich selbst vor. Auch ich würde es,
vor allem um Deinetwillen, um unseretwillen wünschen, daß
die äußeren Dinge so bald als möglich zur Klarheit und zum
Abschluß kommen. Aber ich bin durch meine persönlichen Erfahrungen in Berlin und Straßburg in einem Punkt sicher und
hartnäckig geworden: ich will allein die unbedingt notwendi-
gen sachlichen Schritte tun, ich rechne mit keiner persönlichen
Förderung und will keine persönliche Empfehlung mehr. In
Göttingen habe ich daher meiner Überzeugung nach alles getan – was nur zu tun erlaubt war: Das Buch ist in den Händen

der dortigen Professoren – alles andere muß ich abwarten und den Erfolg allein der Sache überlassen. Cohen stellt es mir unaufhörlich als Pflicht vor, den Kampf für meine Tätigkeit und meinen Beruf aufzunehmen – auch will ich ihm wahrhaftig nicht aus dem Wege gehen – nur auf den Kampf gegen unsachliche Vorurteile, den ich mit unsachlichen Mitteln führen müßte, verzichte ich von Anfang an – der kann einen innerlich nicht kräftigen, sondern nur mitten in all das kleinliche Treiben hineinziehen, dem ich kein Opfer bringen will.

Viel später wußte ich erst, daß ich der erste Mensch gewesen bin, mit dem Ernst jemals über sich selbst gesprochen hat, und ich bin auch der einzige geblieben. Einmal schrieb er:

Ich weiß jetzt erst, wie viele tüchtige und liebe Menschen ich kenne, die mir innerlich sympathisch sind und von denen ich nur nach außen hin lange getrennt war. Und doch – mein Liebling, wie gern ich sie auch habe – doch ist es mir altem Menschen nun zum ersten Male begegnet, daß ich mich einem anderen ganz geben konnte, und wenn ich an früher zurückdenke, ist mir, als hätte ich dies immer und unaufhörlich vermißt.

In anderen Briefen heißt es:

Das eine Wort Dankbarkeit drängt sich mir immer wieder auf die Lippen. – Auch ich habe die Jugend der meisten Menschen gehabt, die sich ihren Weg und ihren Beruf erst suchen müssen, die sich fortwährend mit Zweifeln an sich selbst und ihre Begabung quälen und sich dadurch die naive Freude und Glückszuversicht zerstören. Später kam dann die Freude an meiner Arbeit und zum Teil der äußere Erfolg. Aber das Gefühl jener ersten Jahre habe ich doch nie ganz verloren. Und immer war mir doch ein Stachel des Mißtrauens, eine Art Ungläubigkeit gegen ein ganz großes Lebensglück, das mir zufallen könnte, geblieben. Auch jetzt brauche ich Zeit, um mich in meinem Denken ganz daran zu gewöhnen, und es ist mir oft wie ein Wunder, daß ich, der Zurückgezogene, Schwerfällige, Ungeschickte, dies alles nun erlebe. Vielleicht,

mein Lieb, verstehst Du nicht alles, was ich sage; denn Du
kennst mich nicht, wie ich war, bevor ich Dich kannte, Du
kennst nur den lebensfrohen, glücklichen, fast leichtsinnig und
übermütig glücklichen Menschen, der ich durch Dich geworden bin. Du hast recht, wenn Du aus meinen letzten Briefen
große Arbeitslust herausliest; denn auch die Arbeit ist mir jetzt
etwas ganz Neues geworden, und ich fühle, wie sie mir nun
rascher und besser vonstatten gehen wird. – – – Dabei ist mir
doch der Gedanke so fremd, daß ich durch das Zusammensein
mit Dir jemals in irgend etwas innerlich Wichtigem und We-
sentlichem gehemmt werden könnte; ich habe niemals stärkere
innere Arbeitslust und auch unmittelbares Vertrauen in mir
gefühlt als eben jetzt.

In einem anderen Brief schreibt er:

Ich bemerke es jetzt so unmittelbar deutlich, wieviel die
tägliche Arbeit wert ist, wenn auf ihrem Grunde immer der
Gedanke an einen lieben Menschen liegt, und wie leicht sie
vonstatten geht. Die Erinnerung an Dich, die mich doch niemals verläßt, zerstreut mich nicht, sondern bringt mir, wie
alles Gute und Beste, Sammlung und Konzentration. Ich habe
nun die Sicherheit, daß wenn ich erst ganz mit Dir zusammen
bin, auch alles, was mich früher störte und hemmte, von mir
genommen sein wird.

Zwei Tage später schreibt er:

Mein Tag vergeht nun ruhig und gleichmäßig. Den Zugang zur
Arbeit glaube ich nun sicher gefunden zu haben; nur habe ich
noch nicht damit begonnen, irgend etwas zu Papier zu bringen,
sondern bin noch damit beschäftigt, im Kopf nochmals alles
zu sichten und durchzudenken.* Ist dies einmal geschehen, so
pflegt die erste Niederschrift bei mir schnell vonstatten zu gehen, und sie ist es, auf die es mir zunächst vor allem ankommt;
so gewinne ich Zeit für die Sommermonate und kann dann
in Ruhe an der zweiten und dritten Fassung arbeiten, die mir

* Das Erkenntnisproblem, Bd. 1.

doch immer notwendig ist, ehe ich ganz abschließe. Für jetzt bin ich wenigstens an dem Punkt, an dem ich von dem Interesse für mein Thema ergriffen bin; es hilft nun nichts mehr, ich muß hindurch, ehe ich mit etwas anderem beginnen kann. Das Ende wird freilich wohl weiter hinaus reichen, als ich geglaubt habe; ich sehe jetzt bei der vorläufigen Sichtung erst wieder, wie umfangreich der Gesamtplan ist – um so besser; so bleibt mir für das nächste Jahr und darüber hinaus Arbeit genug.

Einmal schreibt er:

Wie fängst Du es nur an, mich so ganz zu verstehen und zu erraten? – und so immer nur das eine Wort zu finden, das ich brauche, das alles in mir beschwichtigt und zur Klarheit bringt. – – – Mir ist, als wüßte ich nun erst, was in mir selbst vorging und was ich Dir sagen wollte, wenn es mir aus Deinen Worten so lieb und gut zurückklingt. Nun brauche ich nicht länger zu grübeln – ich kann ganz so sprechen, wie es mir im Augenblick kommt; ich fühle, daß dies alles Dich erreicht. Du sagst immer, daß ich so einfach schreibe – nun, mein Liebling, das ist kein Verdienst von mir, sondern die bloße innere Notwendigkeit, der ich folge. Ich kann nicht anders, als Dir ganz aufrichtig und einfach alles zu sagen; im Gespräch mit Dir ist mir immer, als gäbe es gar nichts Unnatürliches und Verzwicktes und Verkünsteltes mehr. Ich fühle, daß es so für immer sein und bleiben muß – ich weiß, wie mir der Gedanke an Dich unwillkürlich immer mehr zum inneren Maße für Menschen und Dinge wird – und ich freue mich daran – mein Kind – mein »Stückchen Natur«.

In dem, was Du über mein Analysieren sagst, gebe ich Dir ganz recht. Auch hier hast Du gleich eine meiner schwachen Seiten abgesehen. Es ist wirklich so, daß meine Art der »Melancholie« und Verstimmung zumeist ganz von innen heraus entsteht; sie sucht sich erst nachträglich ihre Gründe und deutet die äußeren Dinge nach sich um. Dies ist ein Erbteil meiner Mutter, das ich schon lange kenne und das ich nun schon ganz gleichmütig hinnehme; ich weiß, daß alles vorüber ist, sobald ich nur eine Zeitlang ganz mit mir allein sein und arbeiten kann. Dies war wenigstens früher das sichere Mittel;

nun freilich wird es noch ein anderes, besseres geben: Ich muß
eine Zeitlang ungestört mit Dir sprechen dürfen und mich von
Dir auslachen lassen.

Aber selbst mir gegenüber ist Ernst in späteren Jahren weniger
mitteilsam gewesen. Dessen bedurfte es auch nicht so sehr; denn
im Grunde war er kein komplizierter Charakter, und von dem
Augenblick an, in dem mir die Grundlinien seines Wesens klar
wurden, waren Erklärungen überflüssig geworden.

Die große Freundlichkeit, mit der Ernst allen Menschen begegnete und die mit zunehmendem Alter immer stärker hervortrat,
trug keinen Zug von konventioneller Heuchelei, und die Kargheit
seiner Mitteilungen über sich selbst war kein Beweis irgendeiner absichtlichen Verschlossenheit. Sein Weg, mit menschlichen
Problemen fertig zu werden, war nicht der der Aussprache. Er
machte sich die Ursachen der Schwierigkeiten, die ihm begegneten, so klar, wie er sie sich machen konnte, und sein Geist, dessen
größte Stärke Klarheit und Logik war, konnte dies viel besser
allein erreichen als durch Diskussionen mit anderen. Dann kam
für ihn oft der Augenblick, in dem er zu entscheiden hatte, ob er
das eben Durchdachte zu einer brauchbaren Lösung verwenden
konnte oder nicht. In den vielen Jahren unseres gemeinsamen
Lebens habe ich diesen stillen Prozeß von seinem Gesicht ablesen
gelernt, und ich wußte sehr bald auch ohne Erklärung, wie die
Entscheidung ausgefallen war. In dem Augenblick, in dem er gefunden hatte, daß eine Lösung *nicht* möglich war – nahm er seine
Arbeit wieder auf, und das Problem wurde weggeräumt; meist
für immer. Vor Belastung durch die Unlösbarkeit einer Situation
schützten ihn die Aufgaben, die ihn in seiner Arbeit erwarteten,
und da er immer und unausgesetzt gearbeitet hat, versagte dieser
Schutz niemals.

Von Berlin schrieb Ernst anfangs zufrieden, aber sehr bald
traten dieselben Symptome auf wie bei unseren früheren Trennungen; er bat mich, nach Berlin zu kommen. Der Göttinger
Plan schwebte damals noch; aber Ernstens Wunsch, sich einer
Universität zu verpflichten, wurde immer geringer. In einem
seiner Briefe schreibt er mir über seinen Freund Fritz, der seit
einiger Zeit eine feste Stellung als Dirigent eines Orchesters in
der Provinz hatte:

Fritz fühle ich mich trotz allem, worin die Jahre uns auseinandergebracht haben, immer wieder sehr nahe, wenn ich Gelegenheit habe, näher mit ihm zu verkehren. Er hat von seinen jüngeren Jahren her noch immer das allseitig Interessierte und Anregende in seinem Wesen, obgleich sein Zwangsberuf es nicht mehr wie früher zur Entwicklung kommen läßt. Ich denke oft darüber nach, wie eine solche äußere Bindung einen Menschen hemmen kann, und mit Rücksicht auf Göttingen erscheint er mir bisweilen als warnendes Beispiel.

Ich fuhr mit meinen Eltern nach Berlin und lernte nun die engere und weitere Familie näher kennen. Die große Liebe, mit der ich empfangen wurde, freute mich, und Ernstens bisheriges »Zuhause« wurde mir bereitwilligst geöffnet. Aber in mir war ein deutliches Gefühl, daß ich inmitten dieser Menschen mein Leben mit Ernst nicht beginnen konnte. Zum Teil lag es an meinem starken Drang nach eigener Selbständigkeit – zum Teil aber daran, daß ich eine dunkle Ahnung davon hatte, daß all diese Menschen, die Ernst so liebten und bewunderten, ihn eigentlich nicht kannten.

Den Göttinger Plan hatte Ernst plötzlich aufgegeben. Er wollte vollkommen frei sein und unsere unmittelbare Zukunft nicht mit anderen Problemen als unseren eigenen belasten. Er stellte es mir also vollkommen frei, ob ich mich für ein Leben in Wien oder Berlin entscheiden wollte. Ihm waren ernste Bedenken gekommen, ob wir Berlin wählen sollten, und er schrieb mir:

Vielleicht ist es Unrecht, daß ich Dir von all diesen Dingen gesprochen habe, die Dich nun so sehr beschäftigen und für die Du, wie ich wohl begreife, in Dir selbst kein Verständnis finden kannst. Denke nicht zuviel darüber nach; die Menschen, um die es sich hier handelt, sind schon von Natur anders geartet und haben sich noch durch unklare und sinnlose Begriffe immer mehr darin bestärkt, das, was sie von einer natürlichen und einfachen Auffassung unterscheidet, für das Wertvolle an sich zu halten. In einfachen Gefühls- und Lebensdingen habe ich mich schon früher niemals mit ihnen verstanden. Auch jetzt fühle ich mich, sooft ich mit ihnen zusammen bin, niemals ganz frei und unbefangen. Du hast ganz recht, mein

Liebling, auch Du würdest die Luft hier oft genug drückend empfinden.

Ich entschied mich gegen Berlin, und Ernst fragte mich, ob ich in Wien bleiben wolle, wo er sich sehr wohl fühlte. Da aber überraschte ich ihn und fast mich selbst mit einer negativen Entscheidung. In einem Augenblick war mir klar geworden, daß die sehr enge Bindung zwischen mir und meiner Mutter dem im Wege stehen mußte, was ich aus unserer Ehe zu machen wünschte und auf dessen Erfüllung unser Glück beruhte. Ich sprach darüber erst mit Ernst und dann mit der Mutter selbst. Wie sie diesen Entschluß aufgenommen hat und wie sie die Motive, die zu ihm führten, verstanden hat, erscheint mir heute rückblickend noch viel bewunderungswürdiger als damals. Denn damals ahnte ich noch nicht, was ich ihr raubte und wie schmerzlich ihr die Trennung war. Sie fügte sich wortlos und begann mit uns gemeinsam zu beraten, wo wir uns niederlassen sollten. Glückliche Zeiten, in denen zwei junge Menschen so bewußt ihr Leben planen konnten ohne jede Rücksicht auf irgend etwas, was außerhalb dessen lag, was ihnen wünschenswert erschien!

Unsere Wahl fiel auf München – die Stadt, die nicht allzuweit von Berlin und Wien entfernt lag und die Ernst aus seiner Studienzeit sehr gut kannte. Mein Bruder Walter erklärte sofort, daß er uns dorthin folgen würde, da München für einen Maler ein außerordentlich anziehender Platz sei. Dieser Plan hatte den Beifall aller Beteiligten, und ich freute mich sehr auf ein Zusammensein mit Walter, zu dem ich eine sehr enge Beziehung hatte. Er war ein anregender Gesellschafter, voll scharfer Kritik und mit liebenswürdigstem Humor, und er war ein echter Künstler. Er stand auch mit Ernst sehr freundschaftlich, und er versprach, uns bei der Wahl unserer Einrichtung zu helfen, um uns, wie er sagte, »vor den größten Scheußlichkeiten« zu bewahren.

Nun fuhr Ernst nach München, um eine Wohnung zu suchen und Möbel zu besorgen. Er wollte mich selbstverständlich bei sich haben bei dieser Aufgabe, die so ganz außerhalb seines bisherigen Interessenkreises lag; aber das stieß auf allerhand Schwierigkeiten. Die erste war die, daß ich mir gar keine Möbel ansehen wollte, und die zweite, daß ich die Mutter, die sehr leidend war, nicht verlassen konnte. Die dritte und wesentlichste Schwierigkeit aber war die, daß man damals kein 18jähriges Mädchen mit seinem Bräutigam reisen ließ – wenigstens nicht in unseren Kreisen. So blieb ich denn in Wien, und der ganz unerfahrene Philosoph machte sich auf die Wohnungs- und Möbelsuche – ganz allein, und zu meiner größten Überraschung sehr bereitwillig. Im Laufe der letzten Wochen hatte er mir fast unbemerkt drei Monate des geplanten Verlobungsjahres abgehandelt, und unsere Hochzeit war für Mitte September festgesetzt worden. Von München aus schrieb er mir:

Die Sorge um unsere Wohnung und Einrichtung füllte mich ganz aus; jede Kleinigkeit gewann mir wirklich solches Interesse, daß darüber alles andere zurücktrat. Das mag Unrecht sein, aber nicht Du kannst dafür, sondern meine Natur, die nun einmal in allem auf ein solches Entweder-Oder gestellt ist. Ich hätte freilich nicht gedacht, daß mich praktische Dinge wie die, mit denen wir uns in der letzten Zeit beschäftigen, jemals so ganz in Anspruch nehmen würden – aber damals kannte ich den Wert dieser Dinge nicht, den man nur versteht, wenn man sie im Zusammenhang mit einem lieben Menschen denkt. Ich finde auch nicht, daß die Liebe zu Dir mich stumpf und gleichgültig gegen alles andere macht; mir ist, als hätte sie mich in vielem sehend gemacht und als verstünde ich jetzt erst die äußeren Dinge und brauchte nicht mehr, wie früher so oft, an ihnen vorbeizugehen oder sie mir umzudeuten, um mit ihnen leben zu können. Auch das darf ich Dir gestehen, daß ich fühle, wie ich gerade in dieser Zeit der äußeren Muße innerlich weiterkomme und für mich selbst und meinen Beruf gewinne. Es kommt für den Menschen wirklich nicht darauf an, was er gelernt, sondern darauf, was er verstanden, was er auch nur einmal in seinem Leben wirklich aus sich selbst heraus verstanden hat. Und hierin, das fühlst Du wohl, kann sich keine Zeit diesen letzten Monaten vergleichen.

Vor Ernstens Abreise nach München hatten wir zweimal eine ausgezeichnete Aufführung des Fidelio unter Mahlers Leitung besucht. In München hatte Ernst seine Abende ganz für sich und ging öfters ins Theater. Zuletzt hatte er sich die Orestie angesehen. Einen Tag später schrieb er mir:

Gestern abend hörte ich hier zum dritten Male den Fidelio. Ich hatte mir vorgenommen fortzubleiben, um die Sehnsucht nach den beiden letzten Malen und nach Dir nicht zu stark werden zu lassen. Unglücklicherweise geht mein Hotelzimmer gerade auf die Oper hinaus, und als ich gegen Abend vors Fenster trat, glaubte ich, von drüben her die Töne so deutlich hören zu können, daß ich nun doch nicht recht widerstehen konnte. So nahm ich mir noch im letzten Moment den billigsten Platz, um vielleicht, wie ich es als Student oft getan hatte, nur einen Teil zu hören, und, sobald ich wollte, auf und davon gehen zu können. Dann aber hielt es mich doch wieder fest, und ich hielt stehend und ohne Spur von Ermüdung bis zum letzten Takte aus. Der Eindruck des Ganzen war so unmittelbar, als ob ich es zum ersten Male hörte – und oft ertappte ich mich darauf, daß ich mich nach Dir umsah, um von Deinem Gesicht die Bestätigung für meine Empfindung abzulesen. Dann wuchs freilich meine Bangigkeit – aber alles war doch auch wieder beschwichtigt durch dieses wunderbare Werk. Die Orestie und Fidelio an zwei aufeinanderfolgenden Tagen – wie freue ich mich auf die Zeit, wo ich Dir all das zeigen kann.

Als Ernst eine Wohnung gefunden hatte, fuhr ich mit Vater nach München, um die letzte Entscheidung zu treffen. Ernst hatte inzwischen sehr hübsche alte Möbel gekauft, und den Rest der Einrichtung bestellte er in München und Berlin, wo er gut beraten wurde. Als diese recht zeitraubende Arbeit gerade beendet war, schrieb Cohen an Ernst, daß Professor Natorp aus Marburg nach Tübingen berufen worden war und daß er nun den Plan hatte, Ernst in Marburg zu habilitieren. Diese Nachricht brachte mich ganz aus der Fassung. Gerade war alles so geregelt, wie wir es uns gewünscht hatten, und schon wieder kam die Beunruhigung durch Cohens Übereifer und störte unsere Pläne. Aber wie jeder bisher verlief auch dieser Habilitationsplan im Sande. Natorp blieb in Marburg, und wenn er nicht geblieben wäre, hätte man Ernst sicherlich nicht zur Verstärkung des »Cohenblocks« herangeholt.

Die Sommermonate verbrachten wir in Pressbaum, einem hübschen Ort im Wiener Wald, wo meine Eltern ein Landhaus hatten, und Ernst kam nach wenigen Tagen nachgereist. Wir hatten ein Zimmer in der Nähe unserer Villa für ihn gemietet, wo er ungestört arbeiten konnte. Nun sah ich Ernst zum erstenmal in der Natur – nicht in einer sehr großartigen und nicht in einer sehr anregenden Natur, aber in einer Landschaft, die ich sehr liebte, und die mir seit früher Kindheit vertraut war. Wieder überraschte mich Ernst durch die Vielseitigkeit seines Wesens und die Unmittelbarkeit seines Temperaments. Er war gelöst, glücklich, und seine stille Heiterkeit steigerte sich in der freien Natur fast zur Ausgelassenheit. Die alten Wege, auf denen ich so viele Male mit Freunden und Geschwistern gewandert war und die manchen trüben Gedanken mit mir geteilt hatten, wurden plötzlich bewegter, heiterer, vielfältiger als bisher. Ernst erzählte mir auf unseren Wanderungen viel von sich, und er erzählte von den Büchern, die er gelesen, von der Musik, die er gehört hatte. Er zitierte oft seitenlang aus Shakespeareschen Lustspielen, vor allem aus »Viel Lärm um nichts«, das er ganz auswendig kannte, und er sang, soviel er nur singen konnte.

Aber auch in diesen Monaten arbeitete er sehr fleißig an seiner neuen großen Arbeit, und ich nahm meine Stunden weiter bis vierzehn Tage vor unserer Hochzeit. Daß die kommende Trennung von Eltern und Geschwistern – vor allem von der Mutter – einen leichten Schatten auf diese schöne Zeit warf, verstand Ernst ohne viele Worte. Bis zum letzten Tage, ehe er nochmals kurz nach Berlin zurückfuhr, fragte er mich von Zeit zu Zeit, ob ich nicht doch lieber in Wien, in der Nähe meiner Eltern bleiben wollte, obwohl alle Vorbereitungen für unsere Übersiedlung längst beendet waren. Aber ich schwankte nicht; ich wußte, wo ich hingehörte und daß ich unser Leben fern von elterlicher Liebe und Bindung beginnen mußte.

Vier Wochen vor unserer Hochzeit fuhr Ernst nach Berlin zurück, um noch eine Weile mit Eltern und Geschwistern zu verbringen. Seine Schwester Hedwig erwartete ihr zweites Kind, und er wollte sie nicht verlassen, ehe die Geburt glücklich überstanden war, wenn er sich, wie er sagte, auch noch so sehr nach Wien zurücksehnen sollte.

Schon nach zwei Tagen trat die mir nun schon ganz bekannte Stimmung in ihm auf. Er schreibt:

Es ist doch schwerer zu ertragen, als ich gedacht hatte; heute früh vor allem, als ich erwachte, fühlte ich mit einem Male ganz, wie vereinsamt ich bin. Ich mußte an die Tage in Pressbaum denken, an denen ich gleich morgens mich so froh und glücklich und so arbeitsfreudig gefühlt hatte. Jetzt freilich begreife ich mich auch darin kaum mehr; ich verstehe nun, da ich mich so sehr nach einem einzigen Blick von Dir sehne, nicht mehr, wie ich es den ganzen Vormittag allein bei mir zu Hause aushalten konnte, wie ich sitzen und arbeiten konnte, während ich mit ein paar Schritten hätte bei Dir sein können. Das Gefühl Deiner Nähe stimmte mich dort so ruhig und sicher und half mir über alles hinweg. Ich habe Dir oft erzählt, unter welchen Hemmungen und Skrupeln ich sonst bei der Arbeit zu leiden hatte und wie ich gegen sie beständig kämpfen mußte. Diesmal wußte ich von alledem nichts, alles ging mir wie im Fluge und mit einem so sicheren Vertrauen darauf, daß es mir gelingen würde. Auch dies, das weiß ich jetzt erst ganz, stammt von Dir und von der inneren Freiheit und Leichtigkeit, die ich fühle, wenn ich bei Dir bin. Siehst Du, mein Liebling, ich war ja die ganze Zeit über so glücklich, so übermütig froh, daß ich kaum mehr alles fassen konnte. − − − Jetzt sage ich mir beständig, daß es damit nicht erschöpft ist − daß ich nun einmal ganz wissen sollte, wie gut es das Leben mit mir vorhat, damit ich nun ganz in einem Gefühl an die Zukunft und Dich denken kann.

Eine Woche später hatte er seine Ruhe wiedergefunden und schrieb mir:

Von meiner Arbeit kann ich Dir nichts Neues sagen; sie geht ruhig und gleichmäßig vorwärts. Buchenau hat mir lange nichts geschickt*; so konnte ich ganz bei der Hauptarbeit bleiben, die jetzt soweit ist, daß der Teil, den ich anfangs als besonderes Buch herausgeben wollte, zu Weihnachten bestimmt fertig sein wird. Dann geht es an die größere Schrift, auf die ich mich schon sehr freue und bei der Du mir helfen mußt.

Über diesen letzten Satz konnte ich nur gerührt lächeln.

Aus einer eigentümlichen Vorstellung heraus hatte ich mich, ganz im Gegensatz zu meinem Verhalten in den letzten Mona-

* Leibniz-Übersetzung

ten, zu einer großen Hochzeit entschlossen. Heute kann ich mich beim besten Willen nicht genau erinnern, was mich dazu veranlaßt haben mochte. Ein einziges Motiv scheint mir die treibende Kraft gewesen zu sein, und dieses Motiv war die Angst vor dem Abschied von der Mutter. Die Anwesenheit ihrer geliebten Familie in Wien mußte viel Freude und Unruhe in unser Haus bringen und, wie ich hoffte, der Mutter den schmerzlichen Augenblick der Trennung erleichtern. Ich erinnere mich nicht, daß Ernst mit einem Worte diesem Plan widersprochen hätte. Im Gegenteil, er beteiligte sich sehr eifrig an den Vorbereitungen zu dem Fest. Seine letzten Briefe vor seiner Rückreise nach Wien wiederholten im allgemeinen, was er mir schon gesagt oder geschrieben hatte, und sie waren erfüllt von Glück und Zuversicht. Einmal schreibt er:

Ich habe mich bei dem, was Du schreibst, auch an mich selber in der Zeit vor unserer Verlobung erinnert. Eine Nacht ist mir besonders wieder deutlich geworden: die Nacht, in der ich nach Breslau reiste, um Dich dort zu sehen – voller Zweifel und Sorgen und oft in reiner Verzweiflung, und dann doch wieder für Augenblicke so fest, so ganz sicher überzeugt, daß auch Du mich lieb haben müßtest. So ganz töricht und grundlos meine Sicherheit damals erschien – meine Sehnsucht war so stark, daß mir war, als müßte mein Wunsch die Dinge zwingen können. Ich habe noch jetzt manchesmal den Aberglauben, daß ich Dich so, ohne daß Du es selbst wußtest, gezwungen habe – aber dann denke ich wieder an das, was Du mir von den allerersten Tagen unseres Zusammenseins gesagt hast, und beruhige mich darin wieder; es ist wohl so, daß wir beide ohne ein einziges Wort von Anfang wußten, wie wir zueinander gehörten. Das, was man Glück nennt, Kind, ist wenig gegen das Gefühl, einen anderen Menschen so zu verstehen und ihm so zu gehören.

Das war die Stimmung, in der wir beide unseren gemeinsamen Weg am 16. September 1902 antraten. – Die große Hochzeit wurde ein gelungenes Fest mit schöner Musik und vielen guten Aufführungen und manchem guten Witz. Alle hatten sich zusammengetan, um den Tag zu einer echten Feier zu machen. An der langen Tafel saßen uns gegenüber unsere beiden Lehrer –

60

Hermann Cohen und Fritz Löhr. Cohen hielt eine sehr ausführliche Tischrede, in der er Ernstens Persönlichkeit und seine wissenschaftlichen Fähigkeiten schilderte. Unter anderem sagte er, daß Ernstens Erstlingswerk das Werk eines Vollendeten wäre und daß er ihm eine große Zukunft voraussage.

Tischreden zu Hochzeiten werden gewöhnlich weder von den Sprechern noch den Hörern allzu ernst genommen. Aber ich bedauere heute sehr, daß ich keine Abschrift dieser Rede erhalten habe, die wie vieles, was Cohen gesagt und geschrieben hat, prophetischen Charakter trug.

Nach Cohen sprach mein Lehrer Dr. Löhr. In seiner stillen, sanften Art schilderte er unsere gegenseitige Freundschaft und schloß mit den Worten: »Nach Professor Cohens Rede auf Herrn Cassirer erscheint das, was ich von seiner jungen Frau zu sagen habe, vielleicht gering. Aber ich meine es nicht gering, wenn ich sage, daß sie eine sehr seltene Gabe besitzt, die dem jungen Ehemann gewiß nicht entgangen ist und die ich an ihr sehr liebe. Sie kann wundervoll zuhören.«

So wurde uns beiden von Eltern, Geschwistern, Freunden und Lehrern eine Fülle von Liebe mitgegeben auf den Weg, den wir gemeinsam antraten.

ZWEITER TEIL

Wir fuhren über Salzburg nach München und von da nach Territet am Genfer See, wo wir den Rest unserer für diese Reise geplanten Zeit verbrachten. Wir wohnten in einem sehr feudalen Hotel in Territet, gegenüber dem Dent du Midi. Ernst kannte die Schweiz von früheren Reisen her – ich aber hatte von der Welt noch sehr wenig gesehen. Wie in allen Fragen der Lebensführung waren wir sofort darüber einig geworden, daß wir weder große Städte sehen, noch Museen betrachten wollten, sondern daß wir gemeinsam durch eine schöne Landschaft wandern wollten und daß nichts Äußerliches uns stören sollte.

Ich habe nicht die Absicht, diese Reise zu schildern, will aber ein paar kleine Anekdoten erwähnen, an die wir uns später so oft und gerne erinnert haben. Wir waren beide Kinder reicher Eltern, und als wir abreisten, bekam Ernst für die vierwöchige Reise 4000 Mark von seinem Vater in die Hand gedrückt. Es machte ihm in diesem Augenblick großen Spaß, mich, die ich eigentlich niemals den geringsten Hang zum Luxus gehabt habe, in ein erstklassiges Schweizer Hotel zu führen, und ich erinnere mich sogar daran, daß wir 25 Francs pro Person und Tag dort bezahlt haben, was, an dem damaligen Stand des Geldes gemessen, eine recht hohe Summe war. Das bewies aber keineswegs, daß wir eine Ahnung von dem wirklichen Wert des Geldes hatten. Wenige Wochen vorher – als wir erfuhren, was für eine Summe wir künftighin zu verbrauchen haben würden –, haben wir lange gemeinsam darüber nachgedacht, wie man es fertigbringen sollte, soviel Geld auszugeben, und wofür man es verwenden konnte. Wir haben es später schnell gelernt.

In Territet gingen wir täglich den schönen Weg am See entlang bis nach Montreux, wo Ernst eine kleine Spielhölle entdeckt hatte. Damals merkte ich zum erstenmal, daß er mit großem Interesse und großem Eifer jedes Spiel spielte, daß ihm zufällig begegnete. In Montreux handelte es sich um ein Pferdchenspiel, und wir setzten am ersten Tag, und wir gewannen – wie das immer so zu gehen pflegt –, um in den nächsten Tagen alles oder fast alles wieder zu verlieren. Zweimal täglich kamen wir auf unserem Wege an einem Schuhmacherladen vorbei, in dessen Fenster ein Paar hohe weiße Stiefel ausgestellt waren, die 7,50 Francs kosten sollten. In der ersten Woche traute ich mich nicht, Ernst zu sagen, daß ich diese Stiefel brennend gern besessen hätte, aber als ich 5 Francs im Spiel gewonnen hatte, gestand ich ihm, daß ich sie mir kaufen würde, wenn ich noch 2,50 Franc dazu gewinnen würde. Ernst war ebenso aufgeregt wie ich, ob mir das wohl gelingen würde. Als unsere Zeit um war und ich zu meinem Gewinn noch etwas dazu verloren hatte, reisten wir ohne die Stiefel ab. Ich wäre niemals auf den Gedanken gekommen, daß man sich etwas so Unnötiges ohne diesen Zufallsgewinn hätte kaufen können, und ebensowenig fiel es Ernst ein, daß er es mir hätte schenken können. Wie oft haben wir uns später, als wir sehr wenig Geld hatten und uns oft etwas viel Überflüssigeres gekauft haben, an die weißen Stiefel aus Territet erinnert.

In den Schweizer Hotels aß man damals noch nicht an einzelnen Tischen, sondern man nahm seine Mahlzeiten an der sogenannten Table d'hôte ein – eine lange Tafel, an der man mit einer Unmenge fremder Menschen sitzen mußte. Gesellschaftlich sehr unerfahren und in der fremden Umgebung sehr schüchtern, war uns dies äußerst peinlich, und meine Gespräche mit meinem Nachbarn zur Rechten machten mir viele Schwierigkeiten. Der Nachbar war ein feiner Deutscher mit einem Spitzbärtchen und einem sehr gut sitzenden Cutaway. Eines Tages hörte ich ihn zu seiner Tischnachbarin zur Rechten etwas sagen, was ich falsch verstanden zu haben hoffte. Ich glaubte gehört zu haben, er habe soeben in der Zeitung gelesen, daß man Zola und seine Frau in ihrer Wohnung tot aufgefunden hätte, da der eiserne Ofen in ihrem Schlafzimmer undicht gewesen wäre und Kohlenoxyd entwickelt hätte. Tief erschrocken faßte ich mir ein Herz, wendete mich an den Nachbarn und frage ihn, ob er mir wiederholen könnte, *wen* man tot aufgefunden hätte. Daraufhin drehte der brave Deutsche sich sehr höflich zu mir um und sagte in liebenswürdigem, belehrendem Ton: »Zola ist ein bekannter französischer Dichter.« Das darauf erfolgte helle Auflachen von Ernst – der die kleine Episode belauscht hatte – klang noch lange in meinen Ohren nach. Die Tischgesellschaft aber sah ihn befremdet an.

Auf der Durchreise von Salzburg nach Territet hatten wir
kurz in München Station gemacht, und Ernst fuhr mit mir an
den Starnberger See nach Feldafing, einem kleinen Ort, den er
mir zeigen wollte, da er oft als Student im Sommer dort gewohnt
hatte. Als wir uns in dem kleinen Garten vor dem Gasthof an ein
Tischchen setzten, erschien eine Kellnerin, die Ernst von früher
kannte, und begrüßte ihn herzlichst. Mit unendlichem Stolz stellte
er mich dem Mädchen als seine Frau vor. Da schlug sie die Hände über dem Kopf zusammen und rief aus: »Oh mei, um Sie ist
mir aber leid – Sie waren immer so ein braver Herr!« Ich glaube
nicht, daß Ernst es später oft versäumt hat, unseren Freunden diese Äußerung zu erzählen, ohne hinzuzufügen, daß dies der erste
Mensch gewesen wäre, der seine Situation richtig erkannt hätte.

München

Wir trafen in München gerade rechtzeitig ein, um in unserer eigenen Wohnung meinen 19. Geburtstag zu feiern. Meine Eltern
waren einige Tage vorher nach München gefahren, hatten alles
ausgepackt, und als wir die Wohnung betraten, war nicht das
kleinste Nägelchen vergessen worden einzuschlagen. Ernstens
große, schöne Bibliothek stand genau nach dem Plan aufgestellt,
den er vor dem Einpacken gemacht hatte, auf seinen alten Regalen. Mutter hatte uns für die ersten Wochen sogar eines ihrer
Dienstmädchen mitgebracht. Das war sehr gut, denn meine vollkommene Unwissenheit in Haushaltsführung hätte mich anfangs
wohl doch etwas beunruhigt. Wir waren beide sehr entzückt von
der fertigen Wohnungseinrichtung, die ganz ohne meine Hilfe
entstanden war, feierten den Geburtstag mit den Eltern in glücklichster Stimmung, nahmen den nächsten Morgen Abschied von
ihnen, die nach Wien zurückfuhren, und schlossen zum ersten
Male die Wohnungstür zu unserer eigenen Wohnung.
Nachdem Ernst sich schnell orientiert hatte, wo die wichtigsten
Dinge untergebracht waren, öffnete er den Schreibtisch – den er
aus seiner Berliner Wohnung mitgebracht hatte –, ordnete Reise-
papiere, schloß das restliche Geld in eine kleine eiserne Kassette
ein, nahm ein paar Bogen Schreibpapier aus dem Schreibtisch
und begann zu arbeiten. Ich sah ihn verblüfft an. In den letzten

vier Wochen schien es mir so, als habe er nicht eine Minute lang an seine Arbeit gedacht. Nun aber begann er mit großer Geschwindigkeit Seite auf Seite zu beschreiben, als habe er die ganze Zeit über nichts anderes getan, als an die Formulierung dieser Niederschrift zu denken. Nach einigen Stunden stand er in bester Laune vom Schreibtisch auf, schloß die Arbeit ein und wanderte mit mir erst durch die Wohnung und dann durch die Straßen von München. Er schilderte mir sein früheres Leben, die Freunde dort, und zeigte mir, was er an der Stadt am meisten liebte. München gehörte zu den schönsten deutschen Städten, und die Umgebung war herrlich. Gebirge und Seen und Felder wechselten sich ab, und Mitte Oktober war das Herbstlaub auf den Bäumen noch nicht abgefallen und machte die Landschaft bunt und lebendig.

Ich war begeistert von allem, was ich sah: den schönen Gebäuden und Kirchen und dem reichen Bilderschatz, und ich begann darüber nachzudenken, wie es um Ernstens Sinn für bildende Kunst eigentlich bestellt sein mochte. Sie spielte in seinem Leben nicht dieselbe Rolle wie Dichtkunst und Musik, und er hatte sich viel weniger mit ihr beschäftigt. Soviel wußte ich von ihm selbst und auch schon aus eigener Erfahrung. Aber ich merkte bald, daß er auch für bildende Kunst sehr empfänglich war. Der Sinn für Proportion und Form, den er in so hohem Maße besaß, half ihm auch beim Erfassen von Malerei, Plastik und Architektur, obwohl sein optischer Sinn weniger stark entwickelt war als sein Sinn für Poesie und Musik. Seine Geschmacksurteile waren nicht allzu häufig, niemals aber verfehlt, und es erfreute ihn sehr, als ich anfing, unsere Wohnung nach meinem Geschmack zu verändern. Auch für schöne Menschen, besonders schöne Frauen, hatte er immer eine große Vorliebe.

Unser Leben richtete sich sehr schnell ein und verlief im großen ganzen unverändert vom ersten Tage unserer Ehe an bis zum letzten – solange wir es selbst bestimmen konnten. Ernst hatte die Nachtarbeit, an die er sich als Student gewöhnt hatte, weil er tagsüber zuviel abgelenkt wurde, gleich aufgegeben und begann den Tag nicht allzuspät. Gegen eine leichte Morgen-Melancholie hatte er in den ersten Jahren immer anzukämpfen. Später verlor sie sich ganz und gar. Am Schreibtisch angelangt, arbeitete er meist unausgesetzt bis zum Mittagessen, schlief dann kurz und begann

die Arbeit aufs neue bis zum Abendessen, meist mit einer kurzen
Pause, um ein Glas Tee zu trinken und mit mir in die Stadt zu
gehen. Er zeigte mir alle Läden, in denen ich einkaufen sollte,
und ich glaube, daß er das in seiner gründlichen Art vorher genau
ausgearbeitet hatte. Wenn ich zurückdenke, wie selbständig und
umsichtig er dieses erste Jahr für alles gesorgt hat, was ich noch
nicht selbst erledigen konnte, wundere ich mich darüber. Aber im
Grunde war es genau dieselbe Erfahrung, die ich später immer
wieder mit ihm gemacht habe. Sowie die Situation es verlangte,
war der Wille, sie zu meistern, sofort vorhanden, und seine ungewöhnlichen Fähigkeiten zeigten sich auch auf praktischem Gebiet.
Nur hat er sie gründlich weggepackt, sobald er wußte, daß ich sie
ihm abnehmen konnte.

Er arbeitete damals an einer deutschen Leibnizausgabe und
hatte es übernommen, sie mit Kommentaren zu versehen und
die Übersetzung nachzuprüfen. Der Übersetzer war ein noch
sehr junger Mann, Artur Buchenau, der soeben erst sein Doktorexamen beendet hatte. Er schickte Ernst seine Übersetzung
in regelmäßigen Abständen aus Berlin zu, und Ernst schickte sie
korrigiert zurück. Bald fiel es mir auf, daß Ernstens Korrekturen
ein ungewöhnliches Ausmaß annahmen, und ich fragte ihn, ob es
denn sinnvoll wäre, so viel an einer Übersetzung zu verbessern,
und ob es ihn nicht viel weniger Zeit kosten würde, die Übersetzung selbst zu machen. Da sah er belustigt von seiner langweiligen Beschäftigung auf und antwortete: »Aber selbstverständlich
hätte mich das nur die Hälfte der Zeit gekostet und mir viel Ärger
und Mühe erspart.« Ich fragte ihn, warum er es denn nicht jetzt
noch änderte, da ja erst ein Bruchteil der Übersetzung fertig wäre.
Das aber lehnte er sofort energisch ab. »Ich kann doch Buchenau
nicht kränken«, sagte er, »er hat doch keine Ahnung, daß er es
nicht gut macht.«

Die Hauptarbeit, mit der er begonnen hatte, gleich nachdem
wir uns kennengelernt hatten – das Buch über das Erkenntnisproblem – verlangte eine Änderung des ursprünglichen Plans.
Der Stoff war ins Ungeheure angewachsen, und Ernst mußte
sich entscheiden, in welcher Form er diese Arbeit weiterführen
wollte. Er rief mich eines Morgens in sein Zimmer und erklärte
mir, daß er zu dem Entschluß, den er nun zu fassen hatte, meine
Hilfe brauchte, da er auch mein Leben beeinflussen würde. Er

hatte zwei Möglichkeiten: Die erste war die, den ersten Teil der
Arbeit, der nahezu vollendet war, jetzt zu publizieren; die andere – den großen Plan einer Geschichte des Erkenntnisproblems
auszuführen, was viele Jahre in Anspruch nehmen würde. Er war
fest überzeugt, daß die Publikation des ersten Teiles sehr dazu
beitragen würde, ihn literarisch bekannt zu machen, und daß
sie ihm seine Universitätslaufbahn ebnen würde. Wenn er sich
aber entschlösse, den erweiterten Plan auszuführen, müßten wir
damit rechnen, daß er noch einige Jahre ein unbekannter Pri-
vatgelehrter bleiben würde, und wir müßten auf jeden äußeren
Erfolg verzichten. Ich sah ihn verwundert an, als er mir diese
Alternative stellte. Universitätslaufbahn – äußerer Erfolg – beides
Begriffe, die mir nichts zu bedeuten schienen, und als Gegenge-
wicht die Möglichkeit, einen großen wissenschaftlichen Plan in
Ruhe ausreifen zu lassen! Damals wußte ich gar nicht, daß es
Menschen gab, die in einer ähnlichen Situation wie der unseren
überhaupt anders entscheiden konnten, als ich sofort entschieden
hatte. Später lernte ich an vielen Beispielen, daß der Mangel jedes
äußeren Ehrgeizes zu den wesentlichsten Ähnlichkeiten unserer
Charaktere gehörte. Ernst, der nicht einen Augenblick eine andere Entscheidung von mir erwartet hatte, setzte sich sofort wieder
an seinem Schreibtisch und begann mit der Umgruppierung des
Materials. Er arbeitete damals, in einer Zeit, wo Gasbeleuchtung
schon lange von Elektrizität abgelöst worden war, immer noch bei
einer Petroleumlampe. Er fand dies Licht angenehmer für seine
Augen, die in der Jugend etwas empfindlich waren.

Mein Bruder Walter war unterdessen angekommen, und wir
beide wanderten viel durch die Straßen Münchens, während
Ernst arbeitete. Ernst hatte mir öfters von seinen alten Münchener
Freunden erzählt, aber ich konnte mir nach seinen Erzählungen
kein rechtes Bild von ihnen machen. Sie gehörten fast alle einem
literarischen Kreis an, der sich um den Dichter Stefan George
gruppiert hatte, der in München als eine Art Heiliger verehrt
wurde und dessen Namen ich noch niemals gehört hatte. Ernst
erzählte mir, daß George ein hochbegabter Lyriker sei, aber
daß die merkwürdige Atmosphäre, die ihn umgab, schwer zu
verstehen wäre. Unter anderem hatten er und seine Jünger die
großen Buchstaben der deutschen Sprache abgeschafft, und alle
ihre Werke wurden auf diese Weise gedruckt. Die Verehrung

für Georges Persönlichkeit war so groß, daß man seinen Namen niemals direkt oder gar laut aussprechen durfte. Las jemand seine Gedichte in einem auserwählten Kreise vor, so geschah dies in einem verfinsterten Raume, dessen Vortragstisch mit einem schwarzen Tuch verhängt war. Auf diesem Tuch wurden zu beiden Seiten des Vortragenden brennende Kerzen aufgestellt, was dem Ganzen eine geheimnisvolle Weihe gab. Als ich dies hörte, wurde mir etwas sonderbar zumute, aber ich wurde auch etwas neugierig, und ich verabredete mit Ernst, daß er seine Freunde eines Abends zu uns einladen sollte, damit ich sie kennenlernen konnte. Das tat er auch bald, und dies war die erste Gesellschaft, die ich in meinem Leben gegeben habe. Ich erinnere mich nicht mehr genau, wie alle die sonderbaren Gestalten hießen, die damals bei uns erschienen. Fast alle trugen die Georgesche Uniform – d.h. eine bis an den Hals geschlossene dunkle Bluse ohne sichtbaren Hemdkragen. Nur Franz Dülberg – ein Dichter – hatte eine ähnliche Bluse an, aber in mittlerem Grau, und eine türkisch gemusterte rote Krawatte lugte aus der Kragenöffnung hervor. Dies sollte ihn wohl als ästhetischen Vertreter des Bundes kennzeichnen.

Wir setzten uns alle um unseren Eßzimmertisch herum – mein Bruder Walter war von mir zur Hilfe geholt worden –, und ich bemühte mich ehrlich, etwas Licht in die nebelhafte Unterhaltung zu bringen. Ernst saß freundlich lächelnd und anscheinend sehr beliebt mitten unter diesen sonderbaren Gästen, die mir wie Figuren aus einem Marionettenspiel vorkamen, und er schien zu verstehen, was sie sprachen, denn er gab ganz klare Antworten auf ihre verstiegenen Fragen. Schließlich wollte ich mich auf ein Gebiet begeben, in dem ich glaubte, daß Vernebelung und Unklarheiten nicht allzu leicht heraufzubeschwören wären: Ich fing an, über Musik zu sprechen. Das Thema schlug auch wirklich gut an und schien normalen Verlauf nehmen zu wollen, als ich Franz Dülberg, der mir gegenüber saß, sich plötzlich langsam erheben sah, worauf sofortige vollständige Stille des ganzen Kreises eintrat. Mit abweisendem, verschleiertem Blick sprach er dann langsam die Worte: »Es ist schade, daß ich nicht musikalisch bin – ich hätte viel Schönes über Musik sagen können« – und setzte sich langsam wieder nieder. Ich sah Ernst versteinert an, merkte aber, daß er dem Vorfall keinerlei Bedeutung beimaß und sich mit seinen

Nachbarn über irgendein soeben erschienenes Buch unterhielt. Ganz unruhig geworden, mußte ich die unnatürliche Stimmung mit irgend etwas unterbrechen. Ich klingelte dem Mädchen, es möge das Bier holen. Als dieses dann in den netten Münchener Steinkrügen serviert wurde, stellte ich fest, daß es zu Eis gefroren war, weil ich es bei zu starker Kälte auf den Balkon gestellt hatte. Diese Blamage machte meinen Katzenjammer komplett. Die Gäste fanden wohl weder das Bier noch mich sehr anziehend und verabschiedeten sich bald darauf.

Mit Ernst allein geblieben, machte ich meinem zurückgehaltenen Zorn ungehemmt Luft, und das erste, was ich sagte, war, daß diese blödsinnigen Menschen niemals mehr unsere Schwelle betreten würden. Ernst sah mich halb belustigt, halb erstaunt an und sagte dann: »Ich dachte mir schon, daß sie dir nicht gefallen würden.« Nun wartete ich darauf, daß er mir erklären würde, was an ihnen eigentlich dran wäre und weshalb er überhaupt mit solch unnatürlichen Menschen verkehrt hatte. Ich dachte, daß er sie mir gegenüber in Schutz nehmen und mir sagen würde, daß ich noch zu jung sei, um diese merkwürdige Gesellschaft verstehen zu können. Aber nichts dergleichen erfolgte. Ernst tröstete mich über das gefrorene Bier, und alles, was er über diesen Vorfall noch äußerte, war: »Du brauchst sie nicht wieder einzuladen, wenn du sie nicht magst.«

Ich erinnere mich dieses Vorfalls deshalb so genau, weil ich damals auf ein Problem aufmerksam wurde, an dessen Lösung ich nachher lange Jahre gearbeitet habe. Wie war Ernstens Verhältnis zu seinen Mitmenschen? Er hatte mir soviel von sich erzählt, wie er selbst über sich wußte, und alles andere mußte ich nun allein herausfinden. Es war eine wundervolle Aufgabe, die mich sehr anzog – obwohl sie nicht immer einfach zu lösen war.

Die Beziehungen zur Mutter z. B. waren die einer ganz naiven und kritiklosen Liebe, wie sie sehr oft zwischen Mutter und Sohn besteht, aber mit vertauschten Rollen. Ernst liebte seine Mutter, wie eine Mutter ihr Kind liebt, um dessen Fehler sie weiß, die sie aber nicht als bedrückend empfindet. Er hatte viele Züge von ihr geerbt und merkte kaum, was aus diesen Zügen geworden war im Gegensatz zu ihrem Ursprung.

Die Mutter war eine verträumte, untätige und seltsame Frau. Sie hatte viel Sinn für Humor und war eine stille, heitere Natur.

Ihr musikalischer und literarischer Geschmack war einseitig, aber durchaus künstlerisch. In ihrem Charakter aber hatte sie einen Mangel, den Ernst sehr wohl kannte und von früher Kindheit an bekämpft hatte. Sie reagierte ihren sieben Kindern gegenüber vollkommen verschieden und hatte nicht das geringste Gefühl für Gerechtigkeit und keine Einsicht für die Schäden, die sie den Kindern dadurch zufügte. Ernst war ihr ausgesprochener Liebling, und an ihn und an zwei der anderen Kinder wollte sie alles verschwenden, was ihr zur Verfügung stand. Die anderen vier Kinder wurden beiseite geschoben – ohne daß sie sich auch nur die Mühe gab, diese Härte zu verschleiern. Es mag irgend etwas in diesen Kindern gewesen sein, was ihrem Wesen entgegengesetzt war, oder aber ihre Kraft reichte nicht aus, sich für alle Kinder gleichmäßig zu interessieren. Ernst hatte von Kindheit an ein starkes Gefühl für Gerechtigkeit und weigerte sich stets, irgend etwas von der Mutter anzunehmen, wenn die anderen Kinder nicht daran teilnehmen konnten. Später versuchte er immer wieder, den Geschwistern zu helfen und sie für das Unrecht, das die Mutter ihnen zufügte, zu entschädigen. Niemals aber habe ich ihn tadelnd über sie sprechen hören, und er hat sie gewiß auch in seinem Inneren nicht belastet, obwohl er ihre Schwächen so gut kannte und diese Schwächen seiner eigenen Veranlagung nach eigentlich streng hätte beurteilen müssen.

Der Vater war ein sehr gütiger, sehr kluger und sehr unruhiger Mann. In seiner Jugend war er derjenige der Brüder Cassirer, der die größte Neigung zu geistiger Beschäftigung zeigte. Er wurde in der Familie scherzhaft »der Rechtsanwalt« genannt und hat wohl auch viel gelesen, denn er zitierte bei jeder passenden und unpassenden Gelegenheit Goethe, Heine, Lessing und anderes mehr. Er war ein ideenreicher Kaufmann, hatte viel Witz, eine leichte Auffassungsgabe und ein vorzügliches Gedächtnis. Zwischen ihm und Ernst hat es niemals Differenzen gegeben, obwohl die Verschiedenheit ihrer Naturen auffallend war. Einen sehr wesentlichen Zug aber hat Ernst mit ihm gemeinsam gehabt, und das war das Bedürfnis, in allem, was ihm begegnete, erst das Gute und Positive zu sehen, ehe die Kritik einsetzte. Er ließ es auch sehr ungern zu, daß man in seiner Gegenwart andere bekrittelte – eine Eigenschaft, die in der Familie Cassirer besonders stark entwickelt war.

Die philosophische Veranlagung hatte Ernst jedoch von keinem
der beiden Eltern geerbt. Sie hatten großes Verständnis für den
begabten Sohn und standen seiner Entwicklung niemals im Wege
– die Grundrichtung seiner geistigen Wesensart aber stammte von
seinem Großvater mütterlicherseits. Obwohl beruflich als Pächter
einer Bierbrauerei auf einem gräflichen Gut in Schlesien tätig,
war dieser Großvater in hohem Maße geistig ausgerichtet und soll
auch charakterlich wesentliche Ähnlichkeiten mit Ernst gehabt
haben. In seiner Bibliothek hat Ernst schon als kleiner Junge so
manches entdeckt, was ihn tief beeindruckt hat. Ernst liebte und
bewunderte den Großvater sehr, und er hat sein ganzes Leben
von dem Einfluß berichtet, den er auf ihn ausgeübt hat. Ich kannte ihn nicht. Er starb, als ich erst neun Jahre alt war.

Ähnlich wie das Verhältnis zu den Eltern war auch Ernstens
Beziehung zu den Geschwistern. Liebevoll, selbstverständlich und
unkritisch. Nur das Verhältnis zu seiner ein Jahr älteren Schwester Hedwig bildete eine Ausnahme. Zwischen ihr und Ernst bestand echte Freundschaft, die durch gemeinsame Interessen und
Anlagen bedingt war.

Zu meinen Eltern und Geschwistern hatte er sehr schnell
Zugang gefunden. Meine Mutter, zu deren Hochzeit er als vier-
jähriger Junge, als Schmetterling verkleidet, ein Gedicht aufgesagt
hatte, das er, wie alles, was er je gelernt hatte, noch auswendig
konnte – hatte er immer sehr geliebt. Diese Liebe übertrug er später auf meine jüngste Schwester Edith, die ihr sehr ähnelt. Als wir
heirateten, war sie erst neun Jahre alt. Da wir derselben Familie
angehörten, war es fast selbstverständlich, daß er sich reibungslos
einordnete. Im übrigen ist es niemals vorgekommen, daß er einen
Menschen abgelehnt hat, den ich liebte. Schwierig war es nur, zu
durchschauen, bis zu welchem Grade er sich Menschen wirklich
zugehörig fühlte und wann sie ihm gleichgültig waren. In den
ersten Wochen unseres gemeinsamen Lebens fiel es mir schon auf,
wie sparsam Ernst mit Urteilen umging – über Menschen, über
Geschehnisse, über Leistungen. Da seine erste Regung immer die
war, das Gute vor allem anderen zu sehen, schien es so, als wäre
er unkritisch und nicht allzusehr beteiligt an den Geschehnissen,
die sich vor ihm abspielten.

Während seiner Marburger Studentenzeit hatte er den Spott-
namen »der Olympier« erhalten. Dieser gab auch wirklich einen

Teil seines Wesens wieder. Ich wünschte nur, daß es noch viele seiner damaligen deutschen Kollegen hätten erfahren können, wie auch sein Zorn schließlich durchaus olympisch wurde, als man ihn durch Todsünden gegen seine ethischen und moralischen Überzeugungen gereizt hatte. – Ernstens Vater war sehr heftig, und die Kinder litten oft unter seinen unberechenbaren Temperamentsausbrüchen. Ernst hatte etwas von dieser Reizbarkeit geerbt, und ich sah sie anfangs auch noch von Zeit zu Zeit im Hintergrunde lauern. Nach wenigen Jahren aber waren durch Selbstdisziplin auch diese Reste verschwunden, und sie kehrten erst wieder, als Ernstens Nerven in den letzten Jahren zu sehr angespannt waren. Aber auch dann nur sehr selten und meist nicht bei sehr wichtigen Anlässen.

Das erste Jahr der Ehe gilt im allgemeinen als ein schwieriges Probejahr. Gegensätze müssen sich abschleifen, Gewohnheiten müssen geduldet werden, Fehler erkannt werden. Wir beide haben von alldem nichts gemerkt. Das Fundament, auf dem wir standen, war vom ersten Tage an unerschütterlich. Freilich gab es oft Meinungsverschiedenheiten zwischen uns. Ich habe sie immer sehr deutlich geäußert, und Ernst hat sie schweigend hingenommen. Aber dieses Schweigen gab mir deutlichere Zeichen, als Sprechen es vermocht hätte. Ich hätte es oft vorgezogen, wenn Ernst seine entgegengesetzte Meinung geäußert hätte. Das hätte das Gewicht einer Differenz eher gemildert als verstärkt. Aber gesprochen hat Ernst auch mit mir nur, wenn es in liebevoller Art geschehen konnte, und sein Schweigen bei persönlichen Meinungsverschiedenheiten schien mir immer wie ein Selbstschutz gegen die Reste seiner alten Heftigkeit. Meist nahm er sogar mitten in einem solchen Gespräch ein Buch zur Hand und fing darin zu lesen an, bis ich ihn bat, mir doch lieber zuzuhören und zu antworten. Dann sagte er ganz ruhig: »Aber ich höre dich ja.« Und er hörte mich auch. Aber er las, um ja nicht in Versuchung zu kommen, mir ein unbedachtes, unfreundliches Wort zu sagen. Es ist auch niemals geschehen.

Ich fing bald an, mich für die Art, wie Ernst arbeitete, sehr zu interessieren, obwohl ich dem, was er arbeitete, nicht folgen konnte. Von all den äußeren Störungen, unter denen produktive Menschen so oft zu leiden haben, blieb er ganz unberührt. Er hatte keine Angst, aus seinen Gedankengängen aufgescheucht zu werden. Seine Konzentrationsfähigkeit war so groß, daß er, wenn er mitten in einem Satz unterbrochen wurde, ihn viele Stunden später ohne Schwierigkeiten beenden konnte. Es machte mir immer den Eindruck, als liefen zwei Eisenbahnschienen in seinem Kopfe nebeneinander und als könnte er gleichzeitig alles verfolgen, was auf diesen beiden Schienen vor sich ging. Dadurch hat auch keiner, der mit ihm lebte – mich inbegriffen – es je gelernt, ihn bei der Arbeit nicht zu unterbrechen. Erzieherisch war das ein Fehler, wie manche unserer besten Eigenschaften es bisweilen sind.

Aber es gab eine einzige Ausnahme, bei der Ernstens ganzes Verhalten eine Änderung erfuhr – das war, wenn er Schach spielte. Schach war sein Hobby, wie man im Englischen zu sagen pflegt. Er spielte es leidenschaftlich und mit einem solchen Aufwand von geistiger Sammlung, daß ich es niemals verstehen gelernt habe, wie er ein so anstrengendes Spiel zur Entspannung spielen konnte. Das Merkwürdige war, daß er ziemlich wahllos in bezug auf seine Partner war. Ob er mit dem Schachmeister Lasker oder irgendeinem kleinen Jungen spielte, der kaum mehr als die Zugregeln konnte – das Spiel ergriff ihn sofort und ließ ihn nicht mehr los. Beim Schach trat plötzlich das auf, was man bei seiner philosophischen Arbeit eigentlich hätte erwarten können. Er war so vertieft, wenn er spielte, daß er kaum dazu zu bringen war aufzuhorchen, wenn man eine Frage an ihn richtete. Er, der pünktlichste Mensch, den man sich vorstellen konnte, vergaß Zeit und Ort, wenn er Schach spielte. Diese seltsame Vertieftheit zeigte sich auch äußerlich. Als unsere Enkeltochter Irene erst fünf Jahre als war, sah sie sich einmal ein paar alte Photographien des Großvaters an, zeigte plötzlich auf eines der Bilder und sagte: »Hier macht der Großvater ein Schachgesicht.«

Ich will nicht leugnen, daß ich es nicht sehr liebte, wenn Ernst Schach spielte. Sein Beruf ließ ihm nicht viel Zeit, sich zu entspannen, und ich hätte gerne an dieser Entspannung teilgenommen. Schach schaltete mich vollständiger aus, als es die philosophische Arbeit tat, und ich bat Ernst oft, das Spiel nicht zu übertreiben. Erst auf der Wanderschaft habe ich es sehr wohltuend empfunden, daß es etwas gab, was ihn so ganz ablenken konnte von den bedrückenden Sorgen, die ihn erfüllten.

Im täglichen Leben war Ernst von einer fast unvorstellbaren Bescheidenheit. In den ersten Monaten in München waren meine

Hausfrauentalente noch kaum aus ihrem Dornröschenschlaf erwacht. Ernst aß das furchtbare Essen, das ich ihm vorsetzte, ohne jede Kritik. Mir selbst aber schmeckte es durchaus nicht, und ich fragte ihn einmal, warum er denn niemals darüber klage. »Ist es denn nicht ganz interessant«, antwortete er mir, »wenn man beim Anblick eines Gerichtes nicht ahnen kann, was es vorstellen soll, und, wenn man es schließlich ißt, auch auf schwierige Definitionsprobleme stößt?«

Nicht ganz so geduldig war er abgerissenen Knöpfen gegenüber. Das kam daher, daß er niemals vermocht hätte, ein Kleidungsstück mit einem fehlenden Knopf zu tragen. Dann aber auch, weil ihn Umkleiden nervös machte, was an der Ungeschicklichkeit seiner Hände lag. Diese Hände waren sehr merkwürdig gebildet und hatten beim Schreiben eine sonderbare Stellung. Im Gegensatz zu seiner sonstigen Körperbeschaffenheit, die in der Jugend eher zu Fettansatz neigte, waren seine Hände sehr klein, zart und fettlos. Sie schienen zu nichts anderem geschaffen, als die Feder zu halten. Und bis zu seinem Tode hat Ernst alle seine Manuskripte mit der Hand geschrieben, und seine Handschrift hat kaum jemals eine Änderung erfahren. Nicht nur sein Geist war unermüdlich – auch seine Hände schienen es zu sein.

Ich wünschte mir sehnlichst ein Kind, und Ernst wünschte sich alles, was ich mir wünschte, und unser Wunsch ging bald in Erfüllung. Die ersten Monate der Schwangerschaft waren sehr quälend für mich, und ich hatte oft Angst, daß Ernst durch meinen grauenvollen Zustand gestört werden könnte. Er aber war so ganz erfüllt von unserem Leben, daß er kaum zu merken schien, daß ich ihm vieles erschweren mußte. Meine Nähmaschine trug er mir in sein Arbeitszimmer, und dort nähte ich die ersten kleinen Hemdchen und Jäckchen für unseren ersten Sohn. Unser ganzes Leben hindurch haben wir zusammen in einem Zimmer gearbeitet. Ernstens Schreibtisch stand in jedem seiner Arbeitszimmer waagerecht zum Fenster, so daß man ihn stets von hinten sah, wenn man sein Zimmer betrat. Wenn ich die Augen schließe, sehe ich diese Silhouette immer vor mir. Meist saß ich links von ihm an der Nähmaschine oder rechts in einem Stuhl und las. Das Geräusch der Nähmaschine störte ihn ebensowenig wie die Fragen, die ich von Zeit zu Zeit an ihn richtete. Oft antwortete er, ohne sein Schreiben auch nur für Augenblicke

zu unterbrechen. Nur bei Beginn einer neuen Arbeit oder auch
eines neuen Abschnittes der Arbeit war er empfindlicher gegen
Störungen.

Ich erwartete meine Niederkunft im Hochsommer, und meine
Eltern und Geschwister wollten den Sommer mit uns verbringen.
Wir mieteten ein Sommerhaus in Starnberg am Starnberger See,
wo unser ältester Sohn Heinz am 9. August 1903 geboren wurde.

Wieder erlebte ich es, wie nichts, was sich in unserer Gemeinschaft ereignete, zu Komplikationen oder Mißverständnissen
führte. Ich habe so oft gehört und gelesen, daß die Geburt des
ersten Kindes schwierige Situationen schafft; wie Väter eifersüch-
tig werden auf die Liebe der Mutter zu dem Erstgeborenen – wie
junge Mütter den Schwerpunkt ihres Interesses ganz zugunsten
des Kindes verschieben – und dergleichen mehr. Ich war stets
eine leidenschaftliche Mutter, und wenn Ernst nicht die Veranlagung gehabt hätte, alles, was ich tat, als zu mir gehörend zu
betrachten und zu lieben, hätte er wohl glauben können, daß
ihm etwas verlorenging, was bis dahin ihm allein gehörte. Aber
hier zeigte sich eine der vielen wesentlichen Ähnlichkeiten unserer
Naturen. Eifersucht war eine uns unbekannte Regung – so unbekannt, daß wir es später beide oft übersehen haben, daß andere
sie in hohem Maße besitzen und daß sie zerstörende Wirkungen
haben mußte.

Ernst liebte das Kind vom ersten Tage an mit der einfachen
Natürlichkeit, die ihn zu allem hinzog, was zu ihm gehörte. Bald
fing er an, sich für jeden geistigen und körperlichen Fortschritt zu
interessieren, und wir studierten gemeinsam das Preiersche Buch
»Die Seele des Kindes«: ein Buch, das damals aufsehenerregend
gewesen ist, weil es zum erstenmal genaue kinderpsychologische
Beobachtungen chronologisch aufführte. Anhand dieses Buches
stellte Ernst mit großem Stolz fest, daß sein Sohn ein geistig sehr
früh entwickeltes Kind war und oft einen wesentlichen Vorsprung
vor den von Preier beobachteten Fällen zeigte.

Wenige Wochen nach Heinzens Geburt, als meine Eltern nach
Wien zurückreisen mußten, schlug Ernst vor, daß wir unseren
Wohnsitz in München aufgeben und nach Berlin übersiedeln
sollten. Der Hauptzweck unseres Münchener Aufenthalts war
erreicht. Wir hatten das erste Jahr unseres gemeinsamen Lebens
ohne Störung von außen verbracht, und nun wußten wir, daß es

keine Probleme zwischen uns gab, die nicht aufs einfachste gelöst werden konnten, unabhängig von unserer jeweiligen Umgebung. Hingegen glaubte Ernst, daß ich, noch nicht zwanzig Jahre alt, zu jung wäre, um ohne wirkliche Freunde oder Angehörige das erste Kind aufzuziehen. Ich selbst war etwas unsicher geworden, da Heinz von Anfang an nicht sehr gut gedieh, obwohl er ein gesundes, kräftiges Kind war. Wir zogen im Herbst 1903 nach Berlin, wo wir bis zum Jahre 1919 blieben. In dieser Zeit veränderte sich die Welt, in der wir lebten und aufgewachsen waren, von Grund auf.

Berlin – Oktober 1903 bis Oktober 1919

Das erste Jahr in Berlin brachte uns ernste Erschütterungen. Ich erwartete mein zweites Kind, als Heinz schwer erkrankte. Die Angst, ihn zu verlieren, stand drohend vor uns. Heinz war kräftig und widerstand der Krankheit ohne Schädigung, aber die Angst, die sie in mir erzeugt hatte, beeinflußte mich viele Jahre lang.

Einige Monate später wurde Ernstens Mutter, erst 56 Jahre alt, vom Schlage gerührt und starb noch am selben Tage. Ernst saß die letzten Stunden, in denen sie schon unkenntlich verändert war, an ihrem Bett und hielt ihre Hand. Er, der sich so scheute, der Gebrechlichkeit des Menschen ins Gesicht zu sehen, wußte von dieser Scheu nichts mehr, als der Mensch, der ihm nach mir am nächsten auf der Welt stand, vor seinen Augen verfiel. Still und gefaßt half er später dem Vater das Geschehene zu verstehen, und er sorgte in umsichtigster Weise für alles, was praktisch zu erledigen war. Ich mußte damals körperlich geschont werden und mußte ihn oft allein zu seiner Familie gehen lassen. Aber wenn er nach Hause kam, ließ er mich fühlen, wo Trost und Ausgleich für ihn zu finden war. Er wußte, daß ich seine Mutter nicht ganz verstehen gelernt hatte. Aber das verlangte er auch nicht. Er fühlte, daß ich trotzdem verstand, was die Mutter ihm bedeutet hatte. Das genügte ihm. Und zu seiner Arbeit zurückgekehrt, kam Ruhe, Gleichmaß und Heiterkeit zurück in sein Leben.

In dem ersten Berliner Jahr hatte ich so viele neue Menschen kennengelernt, daß ich mir ein Urteil über den einzelnen kaum bilden konnte. Das lag hauptsächlich daran, daß die Menschen, um die es sich hier handelte, eine Art festen Block bildeten, der schwer zu durchdringen war. Gemeinsam verbrachte Jugend, künstlerisches und geistiges Streben, Erlebnisse aller Art hatten die junge Generation der Familie Cassirer zusammengefügt. Als ich in diesen Kreis kam, war in ihm aber schon eine Art Stagnation eingetreten. Alles, was früher lebendig und produktiv gewesen war, war dogmatisch und unbeweglich geworden. Erst als die nächste Generation heranwuchs, kamen neue Probleme herauf und verlangten neue Stellungnahme. Was ich nach meinem ersten Besuch in Berlin geahnt hatte, bewahrheitete sich in hohem Maße. So eng Ernst mit dem Berliner Kreis auch verwachsen schien und obwohl er gefühlsmäßig zu ihm gehörte, er blieb in ihm merkwürdig anonym, ohne unter dieser Tatsache zu leiden. Das war eine der Reaktionen auf die ihn umgebenden Menschen, die ich erst verstehen lernen mußte. Anfangs glaubte ich, daß er mit allem, was er hörte, einverstanden war, denn er widersprach nur selten und in der mildesten Form. Ich hingegen wollte gehört und verstanden werden, und ich versuchte es auf meine Weise – lebhaft und deutlich. Aber bald merkte ich, daß das, was meine innerste Struktur bildete, von den Menschen, die mich jetzt umgaben, wie eine Art Kinderkrankheit betrachtet wurde, über die man mit mitleidigem Achselzucken hinwegging. Ich blickte auf Ernst, dessen Zustimmung ich gewiß war, aber Ernst schwieg. Mit ihm allein geblieben, fragte ich ihn, warum er mir in den Differenzen nicht beigestanden hätte. Verwundert sagte er: »Merkst du denn nicht, daß sie nicht verstehen, was du sagst?« Ich antwortete ihm, daß er es ihnen doch verständlich machen könnte, da er doch dasselbe empfunden hätte wie ich. Aber da war ich an eine Seite seines Wesens gestoßen, die schwer zu begreifen war. Ernst hatte nicht die Fähigkeit, Menschen, von deren Recht er überzeugt war, zu schützen, auch wenn sie dieses Schutzes bedurften. Er kannte mich und meine fast pathologische Empfindlichkeit, und er selbst hätte es nie vermocht, an ihr auch nur für Augenblicke achtlos vorbeizugehen. Eine Einmischung in das Verhalten eines anderen Menschen mir gegenüber aber lehnte er ganz instinktiv ab. Warum? Später im Leben habe ich diese Eigenschaft in all seinen Handlungen wiedergefunden und sie allmählich begriffen. Als ich jung war, nahm ich sie in der Überzeugung hin, daß sie sinnvoll sein müßte, da sie von Ernst stammte, aber sie bereitete mir manche bittere Stunde. Denn sein Schweigen bedeutete für

80

die anderen nicht nur den Ausfall seiner Zustimmung; es täuschte vielmehr die Ablehnung meiner Einstellung vor.

Als unser zweiter Sohn Georg am 26. Juli 1904 geboren wurde, war Ernst schon weit in seiner Arbeit am »Erkenntnisproblem« fortgeschritten, und sie erfüllte ihn so sehr, daß er mir immer mehr von den praktischen Regelungen des Lebens übertrug. Es ist sehr schwierig, die stete und enge Verbundenheit mit seiner Arbeit zu schildern, ohne Gefahr zu laufen, ein falsches Bild von ihm zu entwerfen. Nichts wäre verfehlter als die Vorstellung, daß er ein weltabgewandter Gelehrter war. Wohl lebte er in einer anderen Welt als der unseren; aber diese Welt war der unseren nicht fremd oder entgegengesetzt; sie war lediglich reicher und weiter. Deshalb verstand er alles, was um ihn herum vorging, ohne daß es einer besonderen Umstellung bedurfte – und wenn er von der Arbeit aufstand, war er nur sehr selten unfähig, sofort an allem teilzunehmen, was mich und die Kinder bewegte. Er liebte das lebhafte, geräuschvolle Temperament seines Ältesten genauso wie die sanfte Stille des kleinen Bruders. Oft spielten die Kinder stundenlang auf dem Teppich in seinem Arbeitszimmer und tobten und lärmten um die Wette, während er ruhig am Schreibtisch saß und arbeitete. Dann aber stand er plötzlich auf und spielte und sang mit den Kindern oder erzählte ihnen ihre Lieblingsgeschichten – um sich nach einer Weile ebenso plötzlich wieder an die Arbeit zu begeben.

Aus dieser Zeit erinnere ich mich einer Begebenheit, deren wir später oft gedacht haben. Es war im Januar 1905, als Georg, sechs Monate alt, gegen Blattern geimpft worden war. Der Kleine war ein blühendes Kind, das bis zu diesem Tage niemals krank gewesen war. Aber er reagierte unerwartet heftig auf die Impfung und schlief hochfiebernd viele Stunden beängstigend tief. Ernst mußte mittags, wie er sagte, auf ganz kurze Zeit in die Bibliothek fahren, versprach mir aber vor dem Weggehen, daß er sich sehr beeilen würde zurückzukommen. Ich war nicht gewohnt, daß Ernst solche Versprechungen mißachtete, und die Sorge um das fiebernde Kind steigerte sich durch die Tatsache, daß er nicht wie verabredet zurückkam, in den späten Nachmittagsstunden zur panischen Angst. Ich stand lange Zeit am Fenster und hoffte ihn endlich nach Hause kommen zu sehen. Es wurde dunkel. Allerlei Gestalten belebten die Straßen, und plötzlich sah ich einen Krüppel ohne Beine im Rollwagen vorbeifahren. Dieser Anblick erschreckte mich derart, daß mein Gehirn die merkwürdigsten Abwege zu beschreiten begann. Ich dachte mir aus, in welchem Zustand ich noch hoffen konnte, Ernst wiederzusehen, und schließlich wartete ich nur noch auf das Vorfahren einer Ambulanz. Da aber sah ich ihn leichten Schrittes in die Münchener Straße, in der wir wohnten, einbiegen, und wenige Minuten später schluchzte und schimpfte ich in seinen Armen. Seine Erklärung, daß er nicht gewußt habe, wie spät es geworden war, schien mir lieblos gegen das kranke Kind, um das ich mich so sehr sorgte, und vermehrte meine sinnlose Erregung. Aber bald war alles vergessen. Es war unmöglich, in Ernstens erstaunte Augen zu sehen, ohne zu fühlen, daß ich ihm Unrecht getan hatte. Später erzählte er mir, daß ihm an diesem Tage der Gedanke des Substanz- und Funktionsbegriffs gekommen war und daß er in der Bibliothek sofort auf die Suche nach Bestätigung gegangen war und die Zeit wirklich vergessen hatte. Damals war ich viel zu jung und viel zu unerfahren, um begreifen zu können, wie merkwürdig Ernstens Verhalten auch bei solchen Anlässen war. Er überließ es mir vollkommen, die Diskrepanz zwischen der Wichtigkeit solch entscheidender Fortschritte seiner Arbeit und meinen kleinlichen Sorgen zu entdecken. Ich glaube sogar, daß er selbst sie gar nicht als solche fühlte. Es gab für ihn keine Wertabstufung eines Erlebnisses außerhalb der Intensität und Echtheit des Erlebnisses selbst. Seine große Achtung vor der Persönlichkeit des anderen ließ das nicht zu.

Ich bin auch niemals einem Menschen begegnet, der so wenig Klassenbewußtsein hatte wie er. Es fiel mir oft auf, daß er gewisse Menschen auf der Straße ganz besonders tief und ehrerbietig grüßte. Jedesmal dachte ich, daß es sich um irgendwelche Personen von Rang oder Bedeutung handelte. Aber schließlich erfuhr ich, daß es im Gegenteil meist Friseure, Bankbeamte oder Universitätsdiener gewesen waren. Die Tatsache, daß diese einfachen Menschen ihm mit großem Respekt begegneten, löste sofort dieselbe Haltung ihnen gegenüber aus. Es geschah auch niemals, daß er sich in Gegenwart eines Hausangestellten in mangelhafter Kleidung sehen ließ oder aber einen Wunsch in Form eines Befehls aussprach.

Als Georg acht Monate alt war, fuhr ich zum ersten Male mit beiden Kindern nach Wien zu meinen Eltern, und Ernst blieb allein in Berlin zurück. Die Briefe, die ich aus diesen Jahren besitze, ähneln sich alle sehr. Immer zeigen sie zuerst große Unruhe und sogar Angst, es könnte mir oder den Kindern auf dieser »Weltreise« etwas zustoßen. Nachher folgte Beruhigung und schließlich Freude an der ungestörten Arbeit. Aber ich glaube nicht, daß ich jemals eine Reise zu den Eltern unternommen habe – und ich fuhr jedes Jahr ein- bis zweimal auf einige Wochen nach Wien –, ohne daß Ernst es fertiggebracht hätte, die geplante Trennungszeit irgendwie abzukürzen. Die Kinder fehlten ihm genau wie ich ihm fehlte, und seine Briefe sprechen dies immer wieder aus.: »Daß Ihr mir an allen Ecken und Enden fehlt, kannst Du Dir denken; ich sage Dir davon nichts, denn es muß eben ertragen werden, und so ist es besser, nicht davon zu sprechen.« Oder er schreibt: »Ich bin entgegen Deinem Mißtrauen um halbacht erwacht und kurz nach acht aufgestanden; länger liegen zu bleiben, verspürte ich nicht die mindeste Lust, da ich auf mein hauptsächliches Vergnügen, mich von Dir hetzen und treiben zu lassen, ja doch verzichten mußte. Beim Frühstück hat mir dann Heinzi freilich gefehlt, da ich gewohnt war, ihn um diese Zeit aus seiner Gefangenschaft zu befreien, um sodann keine ruhige Minute mehr zu haben, da ich immer Angst haben mußte, daß er irgendein Unheil anrichtet.« Es waren die Briefe eines zärtlichen Familienvaters, ungekünstelt, heiter, unkompliziert. Nirgends würde ein Uneingeweihter beim Lesen dieser Briefe das ungewöhnliche Format des Schreibers entdecken können. Die Anonymität, die ich schon früher erwähnt habe, zeigte sich nun auch in Ernstens brieflichen Äußerungen.

Unser Leben in Berlin spielte sich hauptsächlich im Familienkreise ab. Nach dem Tode der Mutter umgab Ernst seinen Vater mit rührender Sorgfalt. Ein schweres Nervenleiden begann sich bei ihm zu zeigen, und der unruhige, lebhafte Mann wurde in zunehmendem Maße in seinen Bewegungen behindert, später ganz und gar gelähmt. Dieses Leiden dauerte bis zu seinem Tode 1916, also zwölf Jahre lang. Durch die ungewöhnlich günstige pekuniäre Lage, in der sich unsere Familie befand, konnte dem Kranken alle erdenkliche Pflege geleistet werden. Aber die Hauptleistung konnte doch nur er selbst vollbringen – den geistigen Kampf gegen das körperliche Versagen. Niemals habe ich in all den langen, qualvollen Jahren ein Wort der Klage aus seinem Munde gehört, und er starb geistig unbesiegt.

In zunehmendem Maße zog er Ernst zu geschäftlichen Entscheidungen heran, und unter seinen vielen sehr witzigen und originellen Aussprüchen befindet sich auch einer, den ich hier beifügen möchte. Einer der Söhne, der ein kluger, künstlerisch interessierter Mensch war, war leider Kaufmann geworden, wofür er sich am allerwenigsten auf dieser Welt eignete. Als er wieder einmal den unvermeidlichen Schiffbruch erlitten hatte, beriet der Vater mit Ernst zusammen, wie man die geschäftliche Lage wohl klären könnte. Nachdem Ernst seine Meinung geäußert hatte, rief sein Vater begeistert aus: »Der Ochse, dein Bruder, hätte studieren sollen, und du gehörst ins Geschäft!«

Auch sonst mußte Ernst dem Vater wichtige Funktionen abnehmen. Seine jüngere Schwester Grete war mit einem verschwenderischen Mann verheiratet, der ihr ansehnliches Vermögen schnell aufgebraucht hatte. Um weiteres Unheil zu verhüten, mußte man die Schwester entmündigen, und Ernst hatte durch viele, viele Jahre das Amt des Vormundes bei ihr zu vertreten. Ungezählte Stunden wurden ihm durch diese Aufgabe von seiner Arbeitszeit genommen, und ich habe erst jetzt die ganze Korrespondenz, die sich auf sie bezieht, wiedergefunden und nochmals einen Einblick gewonnen, wie gewissenhaft und unermüdlich Ernst versucht hat, der Schwester beizustehen. Ich habe niemals gehört, daß er seine Arbeit für zu wertvoll hielt, um sie wichtiger Verpflichtungen wegen zeitweilig zu unterbrechen.

Weimar 1906

Im Mai 1905 machten wir unsere erste gemeinsame Reise seit der Geburt der Kinder. Wir ließen diese in Obhut von Ernstens Schwester Hedwig und fuhren nach Weimar – einem langgehegten Wunsche folgend. Über Ernstens Beziehung zu Goethe muß ein Berufener ausführlicher sprechen, als ich es hier vermag. Ich kann dieses wichtige Kapitel seines Lebens nur streifen.

Als ich Ernst kennenlernte, versuchte ich öfter, ihn zu zeichnen. In dieser Richtung schwach begabt, konnte ich nicht hoffen, irgend etwas Nennenswertes hervorzubringen. Es war auch vielmehr der Drang, mir sein Bild einzuprägen und klarzumachen, als ein zeichnerischer Versuch. Bald fiel es mir auf, daß alle

84

meine Skizzen nicht so sehr Ernst ähnelten, sondern eine auffallende Ähnlichkeit mit verschiedenen Goethe-Bildern aufwiesen. Sehr wesentlich optisch eingestellt, habe ich immer gefunden, daß man dort, wo sich eine starke formale oder ausdrucksmäßige Ähnlichkeit zeigt, recht tut, nach einer *wesentlichen* Ähnlichkeit zu forschen. Die Liebe und das Verständnis für Goethe erklären eine solche Ähnlichkeit nicht. Als ich Ernst begegnete, wußte ich von Goethe nur soviel, wie man mit 18 Jahren von ihm zu wissen pflegt, und ich lehnte, trotz meiner Bewunderung für das große Genie, vieles ab, was man mit 18 Jahren an ihm abzulehnen geneigt ist. Der alte Geheimrat wollte mir durchaus nicht gefallen, und seine Härte gegen den jungen Kleist, den ich von jeher sehr geliebt habe, schien mir Grund genug, ihn lebhaft zu bekämpfen. Nach den ersten Gesprächen mit Ernst – in der üblichen Offenheit gehalten – fiel es mir auf, daß er meinen Vorwürfen nicht mit demselben Gleichmut begegnete, mit dem er sonst abweichende Urteile zu dulden pflegte. Später entdeckte ich sogar ein leichtes, schmerzhaftes Zucken seiner Mundwinkel, als hätte ich an eine sehr empfindsame Stelle seines Inneren gerührt – so oft ich die Äußerungen oder Handlungen Goethes tadelte.

In den ersten Jahren unserer Ehe las Ernst mir viel aus Goetheschen Werken vor. Langsam führte er mich zu tieferem Verständnis der Gestalt Goethes durch alle Epochen seines Lebens und Schaffens. Er hat vieles von dem, was ich aus den Diskussionen, die diesen abendlichen Vorlesungen folgten, kennengelernt habe, später in seinen Goetheschriften veröffentlicht, und es ist kein Zufall, daß er mir das erste Buch, das sich mit einem Goetheschen Zentralproblem beschäftigt – das im Jahre 1916 erschienene Werk »Freiheit und Form« – gewidmet hat, obwohl er sehr wohl wissen mußte, daß ich dieses schwierige Buch nicht wirklich zu begreifen imstande war. Aber er wußte auch, wie ich von jeher danach strebte, eine Synthese zwischen Freiheit und Form zu erreichen – eine Synthese, die seiner Natur als unbedingtes Muß innewohnte.

Von seinen Vettern Fritz und Bruno Cassirer hatte er die große Weimarer Goethe-Ausgabe als Hochzeitsgeschenk erhalten, und er hat bis zu seinem Tode in ihr geforscht und gelesen und sie mit unzähligen kleinen Strichlein versehen. Diese 135bändige schöne

Ausgabe gehörte zu dem eisernen Bestand unserer Bibliothek, und sie begleitete uns gemeinsam mit einer ganz kleinen Auswahl anderer Werke, als wir im Jahre 1941 nach Amerika fuhren, und steht noch heute in Ernstens Arbeitszimmer in meiner Wohnung in New York. In jeder Epoche seines Lebens fühlte Ernst sich Goethe eng verbunden, und ich habe ihn seiner häufigen Goethe-Zitate wegen oft geneckt. Daß es möglich war, daß er mit seinen ungeheuren philosophischen, historischen und naturwissenschaftlichen Kenntnissen das ganze Goethesche Schaffen in seinem Geiste aufbewahrte – stets zur Benützung bereit –, erscheint fast unbegreiflich. Er hätte eigentlich keine Kontrolle gebraucht, wenn er ein Goethesches Zitat zu verwenden beabsichtigte. Mit traumwandlerischer Sicherheit trat er an sein Bücherregal, zog denjenigen Band, der das Zitat enthielt, aus der großen Ausgabe heraus, schlug die Seite auf, auf der es stand, und fand sein Strichlein ohne Mühe. Ob er es vor zehn, zwanzig, dreißig oder vierzig Jahren gemacht hatte, spielte keine Rolle; er hatte den Wortlaut lückenlos behalten.

Unsere Reise nach Weimar steht noch ganz deutlich vor mir. Freilich ist auch diese Erinnerung schmerzlich gestört durch die Vorstellung, was seit damals aus der selbstverständlichen Zugehörigkeit geworden ist, mit der wir diese einzigartige Stätte deutscher Kultur betraten. Ernst folgend, habe ich es mir zu verbieten, dieses Deutschland mit dem heutigen zu vermischen. Ich habe an ihm, der sich schaudernd von dem jetzigen Deutschland abwandte, erlebt, wie eine langgehegte Angst plötzlich von ihm abfiel, als er wenige Tage vor seinem Tode erfuhr, daß die Goetheschen Manuskripte in einem Salzbergwerk in Bayern unbeschädigt aufgefunden worden waren.

Damals in Weimar, vor nun 42 Jahren, gingen wir wie zwei Berauschte durch das bezaubernde Städtchen. Nichts in diesem seltsamen Erdenwinkel machte einen bedrückenden Eindruck, obwohl ja die ganze Stadt wie ein erweitertes Museum wirkte. Ob Goethes Wohnhaus in Weimar der Vernichtung entgangen ist, weiß ich nicht. Damals stand es mit seiner goldgelben Fassade in voller Mittagssonne strahlend vor uns. Wir betraten die Räume mit gemischten Gefühlen – voller Glück und doch gehemmt durch Ehrfurcht vor dem Wunder menschlicher Größe, das sie gebildet und bewohnt hatte. Aber bald wurde Ernst fortgerissen durch den Anblick all der Gegenstände, die ihm aus seinen Studien so wohlbekannt waren und die er nun zum ersten Male handgreiflich vor sich sah. Jede Hemmung verschwand, und dankbare Bewunderung trat an ihre Stelle. Er führte mich von Zimmer zu Zimmer und zeigte mir mit der ihm eigenen Sicherheit das, was er für das Wesentlichste und Wichtigste hielt. Lange blieben wir vor dem reizenden Bilde von Goethes letzter Liebe, Ulrike von Levetzow, stehen, und Ernst rezitierte ohne Hemmung die Marienbader Elegie – fast von Anfang bis zu Ende –, obwohl andere Besucher zeitweise das Zimmer betraten.

In Goethes Schlafzimmer stand der Stuhl, auf dem er gestorben war; das Wasserglas, aus dem er den letzten Schluck getrunken hatte, stand zur Rechten, und auf dem Schreibtisch stand der Gänsekiel, mit dem er zuletzt geschrieben hatte. Alles beeindruckte Ernst aufs tiefste.

Als wir das Haus betreten hatten, war es uns aufgefallen, daß der wachhabende Diener Ernst scharf beobachtete. Beim Ausgang trafen wir auf denselben Diener, und derselbe Blick traf uns. Da faßte ich mir ein Herz und fragte den Mann, der in seiner schönen blauen Livree mit Goldtressen und Knöpfen recht stattlich aussah, warum er uns denn so scharf beobachte, wir wären doch ganz harmlose Leute. Da sagte er sehr freundlich, aber etwas verlegen: »Aber das war es doch gar nicht, meine Dame, daß ich Sie beobachten wollte; nur als der Herr hereinkam, glaubte ich im ersten Augenblick, der Alte wäre vielleicht wiedergekommen – er sieht ihm ja so ähnlich.« Ernst war damals 31 Jahre alt; aber der Vergleich schmeichelte ihm so, daß er glücklich lachend Goethes Wohnhaus verließ.

Zwei Tage noch wanderten wir durch Weimar. Im Museum, in dem jederzeit verschiedene Handschriften, unter Glaskästen aufgeschlagen, zur Schau gestellt waren, verbrachten wir viele Stunden. Später besuchten wir das reizende kleine Gartenhaus, und wir saßen zusammen auf der Steinbank, auf der Goethe viele seiner Gedichte geschrieben hat, und Ernst erzählte mir von Goethes Weimarer Epoche – seine Erzählungen immer wieder durch Wiedergabe Goethescher Worte bereichernd. Heute liegt dieses Häuschen, dessen Zauber kaum wiederzugeben ist, in Schutt und Asche.

Als ich Weimar verließ, war in mir die Überzeugung gereift, daß Ernstens Verhältnis zu Goethe auf einer ganz anderen

Grundlage beruhte als sein Verhältnis zu den anderen großen
Erscheinungen, mit denen seine Arbeit ihn verband. Im Laufe
seines Lebens, und am auffallendsten in den letzten Jahren, wurde
das Wesen dieses Verhältnisses immer deutlicher sichtbar. Keiner,
der sich seine Arbeiten über Goethe zu eigen gemacht hat, wird
an ihm zweifeln können.

Den besten Wegweiser zum Verständnis dieser Wesensverwandtschaft wird man jedoch in den unzähligen Goethe-Zitaten
finden, die sich wie ein verstreutes Muster durch sein ganzes
Schaffen hindurchziehen. Ich glaube sogar, daß sie allein den
Blickpunkt bilden könnten, von dem aus Ernstens Charakter und
Handlungsweise fast fehlerlos zu deuten wäre. Diese Zitate stehen
wie Meilensteine vor uns, und man braucht nur von einem zum
anderen zu wandern, um die tiefe Verbundenheit zu fühlen, die
Ernst zu Goethe hinzog. Seine Geschichtsauffassung; sein Naturgefühl; sein immer stärker hervortretendes Bestreben, sein Blickfeld zu erweitern, seine Kenntnisse auf fast alle Gebiete zu erstrekken, um sein Urteil zu sichern und vor Einseitigkeit zu schützen,
es rein zu halten von Einflüssen persönlicher Erfahrungen, es zu
distanzieren von den augenblicklichen Zeitgeschehnissen – dies
alles weist auf Goethe hin. Sein fester Glaube an den Wert der
menschlichen Persönlichkeit, die Sehnsucht nach Formung und
Harmonie, die Abwehr gegen gewalttätige Zerstörung – sei es des
eigenen Ichs oder der Umwelt –, sein Abscheu vor weltanschaulichen, politischen oder religiösen Schlagworten – kurzum alles,
was die Quintessenz seines Wesens bildet, weist denselben Weg.
Ich habe Goethe durch Ernst und Ernst durch Goethe verstehen
gelernt. Ich habe verstehen gelernt, weshalb Goethe den jungen
Kleist ablehnen mußte – weshalb er die Augen vor den Untiefen
schließen mußte, die Kleist in seiner Penthesilea aufgerissen hat –,
wenn er selbst sich erhalten wollte. Ich habe begriffen, daß nicht
Unkenntnis dieser Untiefen diese Einstellung erzeugt, sondern
daß vielmehr die *zu genaue* Kenntnis der zerstörenden Kräfte, die
drohend aus ihnen aufsteigen, den Selbstschutz erzeugen, der sich
auch wie ein Gnadengeschenk Ernstens Begabung anfügte. Mit
zunehmendem Alter fühlte er selbst in wachsendem Maße, wie
weitgehend Goethe ihn gebildet hatte. Aber er sprach niemals
über sich selbst in diesem Zusammenhang. Seine leidenschaftliche
Liebe blieb keinem seiner Umgebung ein Geheimnis, aber ich

kann mich nur an ganz wenige Äußerungen erinnnern, die den Rahmen scheuer Zurückhaltung überschritten. In einem seiner letzten, noch unveröffentlichten Vorträge, den er in Yale gehalten hat, beschäftigte er sich ausführlich mit dem zweiten Teil Faust. Auf dem Heimwege sagte er mir in gelöster Stimmung: »So, nun habe ich mir eine Meinung über die Goethesche Altersoptik von der Seele geschrieben, und sie ist auch auf mich und überhaupt auf alle produktiven Menschen anzuwenden. Der scheinbare Wirrwarr des zweiten Teiles Faust entsteht dadurch, daß die Vergangenheit im Alter sich nicht mehr wesentlich gliedert und Geschehnisse aus einzelnen Epochen der Geschichte, der Kunst und des eigenen Lebens zusammenfließen und sich zu dem Hintergrund vereinen, auf dem der Gedanke an die Zukunft zu entstehen beginnt. Nur der unproduktive Mensch klagt der Vergangenheit nach – der produktive blickt vorwärts, und was hinter ihm liegt, mag es zehn, hundert, tausend Jahre vergangen sein, ist zur Materie zusammengeschmolzen, aus der das Neue sich zu formen beginnt. Einzelne Geschehnisse der Vergangenheit tauchen in vager Ordnung, wie durch dichten Nebel gesehen, kurz vor uns auf, um wieder zu versinken. Die Schau der Zukunft wird zur Wirklichkeit. Nicht rückblickend stirbt der alte Faust; der Blick in die Zukunft ist es, der ihn erlöst:

> Das ist der Weisheit letzter Schluß:
> Nur der verdient sich Freiheit wie das Leben,
> Der täglich sie erobern muß.
> Und so verbringt, umrungen von Gefahr,
> Hier Kindheit, Mann und Greis sein tüchtig Jahr.
> Solch ein Gewimmel möcht ich sehen,
> Auf freiem Grund mit freiem Volke stehn.
> Zum Augenblicke dürft ich sagen:
> Verweile doch, du bist so schön!
> Es kann die Spur von meinen Erdentagen
> Nicht in Aeonen untergehn. –
> Im Vorgefühl von solchem hohen Glück
> Genieß ich jetzt den höchsten Augenblick!

Ich habe mir oft überlegt, welche lebenden Persönlichkeiten auf Ernstens Entwicklung entscheidenden Einfluß gehabt haben mögen. Es scheint mir so, als wären es sehr wenige gewesen. Daß sein Großvater Siegfried Cassirer zu dieser kleinen Auswahl gehörte, hat er oft berichtet. Ich selbst habe eigentlich nur in einem einzigen Falle – im Falle Cohens – den Eindruck gehabt, daß Ernst unter einem »Einfluß« stand. Freilich hatte auch dieser Einfluß begonnen, lange ehe ein persönlicher Kontakt zwischen Cohen und dem mehr als dreißig Jahre jüngeren Schüler hergestellt war.

Ernst selbst hat unzählige Male berichtet, wie er den Weg zu Cohen gefunden hat, und Gawronsky hat diese Anekdote ausführlich in seiner Biographie geschildert. Ich will sie hier nicht nochmals wiederholen. Statt dessen möchte ich einige Zeilen einfügen, die ich Ernstens Aufzeichnungen über Cohen entnehme:

Ich lernte Cohen aus seinen Büchern kennen. Hier trat mir ein neues Verständnis Kants und damit ein neues Verständnis der Philosophie, ein neues Verständnis des Lebens selbst entgegen. Fast ohne Vorkenntnisse – Schwierigkeiten genug. Aber mich bezwang die sachliche Überzeugung, die sachliche *Kraft und Hingabe,* die aus diesen Büchern sprach.

Spät erst entschloß ich mich, mich persönlich zu nähern. Ich tat es mit einer wirklichen Befangenheit. Denn hinter diesen Büchern hatte ich doch vor allem den außerordentlichen Ernst, fast möchte ich sagen die *sachliche Strenge* des *Gedankens* empfunden.

Durfte ich es wagen, diesem Mann, der mir wie die Verkörperung der Philosophie selbst erschien, von persönlichen Dingen zu sprechen? Ich schwieg daher, ich wollte es der Zeit überlassen, eine persönliche Bekanntschaft zu vermitteln. Aber nun geschah das Merkwürdige. – Nach den ersten Worten, die ich mit ihm gesprochen hatte, sah ich fast nur den Menschen, die Persönlichkeit selbst. Und immer näher fühlte ich mich zu ihm hingezogen: – das Gefühl der schlichtesten herzlichen Freundschaft. Hatte mich zuvor die Sache bezwungen, so bezwang mich jetzt die Persönlichkeit. Und hier gab es keine Zurückhaltung mehr. Und eben dies ist das Erlebnis – Einheit des Menschen mit seinem Werk. Unbeugsam in den Forderungen der Sache und doch voll des liebevollsten Verständnisses, voll der zartesten Schonung für die Bedingtheiten, für die Zufälligkeit, für die Mängel des einzelnen Individuums selbst. Kant nennt die *Achtung*, in der er den höchsten sittlichen Affekt sieht, ein Doppelgefühl, das den Menschen zugleich niederschlägt und erhebt. Aber hier fehlte fast jeder niederschlagende Eindruck, weil er alsbald aufgehoben wird durch die *Liebe*, zu der sich jeder ihm gegenüber gezwungen sieht.

Als ich Cohen begegnete, war ich gegen ihn voreingenommen. Die Art, wie er in Ernstens akademische Laufbahn und damit in unser beider Leben einzugreifen sich berechtigt fühlte, erweckte meinen Widerstand. Aber auch ich wurde schnellstens besiegt durch Cohens hinreißende Persönlichkeit und durch seinen Glauben an Ernst und seine Liebe zu ihm. Es entwickelte sich zwischen uns Jungen und den beiden Alten – denn auch Martha Cohen gehörte unzertrennlich zu ihrem Mann – ein enges, ungetrübtes Freundschaftsverhältnis, das bis zu Cohens Tod im Frühjahr 1918 anhielt. Während der siebzehn Jahre, die diese Freundschaft dauerte, gab es so manche divergierende Anschauung zwischen Ernst und Cohen, und es war eine Quelle des Staunens für mich, mit welcher Wucht Cohen seinen Standpunkt Ernst gegenüber vertrat, und wie unbeirrbar und ruhig Ernst den seinigen verteidigte. Eines Tages sagte Cohen zu mir: »Sehen Sie, liebe Frau Cassirer, das ist eben das Schöne in unserer Marburger Schule, daß alle Temperamente in ihr vertreten sind – von der ungestümen Jugend bis zum abgeklärten Alter. Wobei« – schloß er schmunzelnd – »ich natürlich die Jugend und Ihr Mann das Alter vertritt.«

Immer wieder versuchte Ernst, Cohen von zu heftigen Angriffen auf seine philosophischen Kollegen abzubringen. Er fürchtete mit Recht, daß Cohen sich mit dieser Art der Polemik, die oft sehr persönliche Gründe hatte, ganz isolieren würde. Cohens enge Verbundenheit mit dem Judentum und seine Verletzbarkeit gegen Äußerungen antisemitischer Natur ließen ihn überall Verrat wittern, und er war besonders empfindlich, wenn er bei Gelehrten jüdischer Konfession auf Lauheiten stieß, die ihm gesinnungslos erschienen. Sein Mißtrauen war dann so sehr geweckt, daß er den

Maßstab verlor für das, was man sagen, geschweige denn drucken kann. Ernst wurde unzählige Male von Cohen zu Rate gezogen, wenn er, was er wohl fühlte, über die Strenge geschlagen hatte. Ich erinnere mich an eine Begebenheit – ich glaube, es handelte sich um die Vorrede zu Cohens Buch »Die Religion der Vernunft aus den Quellen des Judentums«, in der er einen wilden Ausfall gegen Bergson gemacht hatte, gegen den er überhaupt schweres Mißtrauen empfand. Als Ernst diese Vorrede las, versuchte er Cohen davon zu überzeugen, daß der Ton des Angriffs in dieser Vorrede einem Manne wie Bergson gegenüber vollkommen unmöglich wäre, und bat Cohen, die Sache nochmals zu überarbeiten, obwohl das Manuskript schon zum Drucker abgegangen war. Cohen war ehrlich betroffen über Ernstens Kritik und versprach, sich die Sache zu überlegen. Ich erinnere mich sehr wohl daran, wie wir beide Cohen an diesem Nachmittag verließen und ich, beeindruckt von Cohens Bestürzung, zu Ernst sagte, daß ich es falsch fände, daß er Cohens Temperament beschneiden wolle. »Wenn das sein Altersstil ist, soll dieser Stil als zu ihm gehörig erhalten bleiben«, sagte ich zu Ernst, und im übrigen wäre ich sicher, daß er nichts mit seinem Willen, Cohen in eine andere Form zu zwingen, erreichen würde.

Wir hatten einen kurzen Weg von Cohens Wohnung zu der unseren. Kaum angelangt, klingelte das Telefon, und Cohen wünschte Ernst zu sprechen. Ich nahm – begierig, was nun kommen würde – den zweiten Hörer ans Ohr und hörte Cohen mit freundlichster, sanftester Stimme sagen: »Hören Sie, lieber Cassirer, ich habe mich davon überzeugt, daß Sie ganz recht haben, und ich habe den Passus über Bergson jetzt sehr gemildert. Ich habe jetzt nur geschrieben, ›daß diese Stelle von Bergson das belangloseste, hohlste, sinnloseste Geschwätz ist, was ich in meinem Leben gelesen habe.‹« Ernst blieb stumm; aber ich lachte hell auf und hatte meine Freude daran, da meine Voraussage eingetroffen war. Das ist das letzte Mal gewesen, in dem Ernst versucht hat, Cohens Temperamentsausbrüche zu dämpfen.

Daß Ernst – wie er in der vorher von mir zitierten Stelle seiner Notizen sagt – den Eindruck gehabt hatte, daß Cohen wie die Verkörperung der Philosophie selbst wirkte, lag daran, daß er Cohen damals noch nicht persönlich kannte. Für mich war es im ersten Augenblick klar, daß dieser kleine Mann mit dem

Riesenschädel und den stechenden Augen hinter den schwarzen Brillengläsern einer anderen Kategorie angehörte. Der geniale Zug seines Wesens mußte jedem klar sein, der einigermaßen zu sehen verstand; aber ich gestand Ernst wenige Tage nach der engeren Bekanntschaft mit Cohen, daß ich zu meinem größten Erstaunen alles eher als einen Philosophen in ihm vermuten würde. Seine Schriften zeugten von ganz überragender philosophischer Begabung und Schärfe – das wußte ich ja von Ernst. Aber der Mensch Cohen war seiner Haltung nach viel eher der Typus eines alttestamentarischen Propheten als der eines modernen Philosophen. Mit einem stürmischen Temperament verband er den brennenden Wunsch, das, was ihm nahe und wichtig schien, zu zwingen – mit allen Mitteln, die ihm zu Gebote standen. In dieser Hinsicht, wie in mancher anderen, war er Ernstens vollkommenes Gegenteil. Man konnte diese Verschiedenheit bis in die kleinsten Handlungen verfolgen, und das Merkwürdige war, daß die gegenseitige Schätzung und Liebe der beiden von alldem unberührt blieb. Cohen war ein Eiferer, der Widerspruch nicht verstehen und nicht dulden konnte. Ernst prüfte jede abweichende Meinung mit größter Achtung und Geduld. Cohen fühlte sich mit großem Stolz als das Oberhaupt der von ihm gegründeten »Marburger Schule«. Ernstens Bestreben war, seine eigenen Ideen so rein, so vielfach beleuchtet als nur möglich der Wahrheit allein zur Prüfung zu unterbreiten. Deshalb war er auch als Lehrer viel weniger richtunggebend, als Cohen es war. Cohens Stärke war das Bewußtsein, daß er in seinem Denken etwas erreicht hatte, was ihm unentbehrlich für die ganze Menschheit erschien. Ernst war immer bereit umzudenken, wenn der Gegner ihn überzeugt hatte. Cohen *wollte* auf seine Schüler wirken, mit all der heißen Liebe zur Wahrheit, die in ihm war. Jede Abweichung seiner Anschauungen aber schien ihm wie Verrat. Ernst wollte niemals auf einen Schüler durch etwas anderes wirken als durch die Sache selbst. *Wer* die Wahrheit gefunden hatte – darauf kam es ihm nicht an. Noch wenige Tage vor seinem Tode konnte ich diesen Grundzug seines Wesens verfolgen. Es war, als er sein Manuskript zu dem Vortrag über Thomas Manns Goethebild suchte und nicht fand. Plötzlich sagte er mir, daß er sich nun erinnerte, es Fritz Kaufmann geschickt zu haben, der über Thomas Mann arbeitete. Ich fragte ihn verwundert, warum er denn ein ungedrucktes

Manuskript aus der Hand gäbe, da es doch fast unmöglich wäre, den Inhalt nicht zu benützen, wenn er überzeugend gewirkt habe. Darauf antwortete er mir: »Darauf kommt es doch nicht an; es kommt darauf an, ob ich mit meiner Deutung recht habe. Um so besser, wenn Kaufmann sie dann annimmt.«

Ich könnte Seite auf Seite füllen mit Beispielen dieser Art. Es erscheint mir jedoch unnötig. Das Wichtige ist, daß Ernst in Cohen den Lehrer gefunden hatte, der ihm in einem wesentlichen Abschnitt seiner Entwicklung diejenige Unterstützung geben konnte, deren er bedurfte. In seinen Notizen nennt Ernst Cohen »den magister perfectionis« – »den Lehrer im Ideal«. »Es ist *die Idee, die Aufgabe der Philosophie selbst,* die er uns vorbildlich gedeutet hat«, fährt er fort.

Für Cohen andererseits war Ernst der lang ersehnte »Nachfolger« – der Schüler, der ihm imponierte, dessen abweichende Meinung er ohne Widerstand ertragen konnte und gegen den er niemals Mißtrauen gehegt hat. Cohen war ein begeisterter Lehrer. Er glaubte an die Macht der persönlichen Wirkung und suchte sie, wo er nur konnte. Er verstand es niemals vollkommen, daß Ernst – in der Jugend zumindest – gerne auf jede äußere Wirkung verzichtet hätte, um sich seinen schriftstellerischen Plänen zu widmen. Als es sich später zeigte, daß Ernstens Weg ihn von Cohen wegführte, war das eine harte Probe für den alten Lehrer und Freund. Aber auch diese Probe ist bestanden worden, ohne schwere Wunden zu hinterlassen. Als Ernst darangehen wollte, seine Selbstbiographie für den Band der »Living Philosophers« zu schreiben, war er ziemlich ratlos, wie er das am besten anfangen sollte – er, der niemals über sich nachgedacht hatte. Die einzige Äußerung, an die ich mich in diesem Zusammenhang erinnere, ist die, daß er zu mir sagte: »Nun werde ich mein Verhältnis zu Cohen endlich doch für die anderen klarmachen, und darauf freue ich mich. Meine Bindung an ihn und meine spätere Loslösung von ihm – beides ist wichtig.« Ich habe diese Äußerung Gawronsky mit der Bitte wiedergegeben, Ernstens Absicht so weit als möglich zu realisieren. Ich glaube, es ist ihm vollkommen gelungen.

Cohens Verhältnis zum Judentum war auch ein ganz anderes als Ernstens oder meines oder als das irgendeines unserer Freunde oder Familienmitglieder. Mir war es etwas ganz Neues, daß ein

Wissenschaftler von Cohens Format – der Neukantianer Cohen, der glühende deutsche Patriot Cohen – ganz gebunden war an jüdische Tradition und sich vollkommen identifizierte mit den Leiden des jüdischen Volkes – wo immer es auf dieser Erde in Erscheinung trat. Uns war das Judentum, in das wir hineingeboren waren, etwas Selbstverständliches, zu dem wir uns zugehörig fühlten. Aber im Grunde wußten wir wenig von alledem, was es für Cohen bedeutete. Für uns gab es jüdische *Deutsche*, jüdische *Polen*, jüdische *Russen* usw. Für Cohen lag der Akzent an einer anderen Stelle. Für ihn gab es deutsche *Juden*, polnische *Juden*, russische *Juden* usw. Wir waren in liberalen Familien aufgewachsen mit jüdischer Familientradition, aber mit ungenauer Kenntnis der jüdischen Geschichte. Cohen hingegen war der Sohn eines jüdischen Lehrers, seiner Begabung wegen schon als kleiner Junge für das Studium der Theologie auserwählt und zum Rabbiner bestimmt. Später entdeckte er seine Begabung zur Philosophie und entschloß sich, der theologischen Laufbahn zu entsagen. Aber er war auf einem anderen Boden gewachsen als wir, und obwohl ihn diese Tatsache nicht daran hinderte, der bedeutendste deutsche Philosoph seiner Zeit zu werden, Kant neu zu entdecken und, was noch viel merkwürdiger war, im 1. Weltkriege schließlich zu einem fanatischen, kurzsichtigen, deutschen Patrioten zu werden, blieb er mit seinen tiefsten Wurzeln seiner Herkunft aufs innigste verbunden. Sein Schmerz über das Schicksal der verfolgten Juden in Polen und Rußland war ergreifend mitzuerleben. Als wir ihn das letztemal an seinem Krankenbett besuchten, wurde Pesach gefeiert. Cohen lag, schwer atmend, hoch aufgebettet in seinem Schlafzimmer. Die schneeweißen Locken fielen zu beiden Seiten seines von Leiden gequälten Gesichtes feucht auf das Kopfkissen, und das Sprechen wurde ihm schwer. Da brachte die Krankenschwester ihm eine Tasse Kaffee mit einem Stück Mazze herein. Cohen sah auf, ergriff die Mazze, und sein Ausdruck veränderte sich plötzlich ganz und gar. Mit zorniger Stimme und gehobenem Arm begann er die Lüge des Ritualmordes zu brandmarken. »Diese gemeine Lüge, an die keiner, der sie verbreitet, je geglaubt hat, ist erfunden worden, um uns zu vernichten«, schrie er plötzlich ganz laut. »Aber dies wird ihnen niemals gelingen – glauben Sie mir das, meine Freunde, und halten Sie an unserer Religion fest.« Wir gaben ihm die Hand und verließen das Krankenzimmer. We-

nige Stunden danach starb Cohen. Als ich das hörte, sagte ich zu
Ernst: »Glaubst du nicht, daß wir heute einen Propheten haben
sterben sehen?« Fünfzehn Jahre später, im April 1933, begriffen
wir erst ganz, welchen Weg Cohens Gedanken in dieser letzten
Stunde durchwandert hatten.

Zu seinem anderen philosophischen Lehrer – dem früheren
Schüler Cohens und Mitbegründer der »Marburger Schule« Paul
Natorp – fühlte sich Ernst sehr hingezogen. Seine »schlichte Tiefe
und schlichte Güte«, wie er Natorps Wesen kennzeichnete, fanden Widerhall in seiner eigenen Natur. Im Gegensatz zu Cohen
ist Natorp stets ein Forscher, ein Sucher geblieben, und, wie Ernst
in seinem Nachruf sagt, »wurde er zum großen Lehrer, weil er
Zeit seines Lebens ein Lernender geblieben ist«. Die Tatsache allein, daß Cohen mit Natorp und Natorp mit Cohen eine Einheit
bilden konnte, ist von unsagbarem pädagogischen Nutzen für die
heranwachsenden Schüler gewesen und hat viel dazu beigetragen,
Ernstens natürlichen Hang zur Objektivität zu stärken.

Im Januar 1905 begann Ernst mit der Niederschrift der endgültigen Fassung des »Erkenntnisproblems«, Band I, und genau
ein Jahr später lag das Buch gedruckt vor. Daneben hatte er
begonnen, sich mit einem neuen Problem, dem Substanz- und
Funktionsbegriff, zu beschäftigen. Es ist unschwer zu verstehen,
daß er in diesen Jahren fast ununterbrochen gearbeitet hat. Trotzdem blieb ihm Zeit genug, den Verkehr mit der Familie und
nahen Freunden aufrechtzuerhalten und unsere Vorlesungsaben-
de weiterzuführen. Er arbeitete auch in dieser Zeit nur bis zum
Abendessen. Aber im Gegensatz zu früher ließ er sich nur sehr
selten überreden, zu Konzerten oder Theateraufführungen zu
gehen, was bedeutet hätte, daß er seine Arbeit um eine bis zwei
Stunden eher hätte unterbrechen müssen. Die Umgebung, in der
er lebte, schien ihn vollkommen zu erfüllen, und er wollte keine
Stunde seiner Arbeitszeit verlieren.

Das Merkwürdige war, daß er diese Haltung in demselben
Augenblick aufgab, in dem ich zeitweise Berlin verließ, um zu
den Eltern nach Wien zu fahren. Dann kam sofort das Gefühl
des »Verlassenseins« über ihn, und er änderte seine Tageseintei-
lung, um, wie in der frühen Jugend, die Abende außerhalb des
Hauses zuzubringen. Er hörte viel Musik und besuchte Theater
und Konzerte. Darüber berichtete er mir dann ausführlich in

seinen Briefen, und ich verdanke diesem Zufall die einzigen
schriftlichen Äußerungen über seine Eindrücke. In einem Brief
vom 20. Oktober 1905 erwähnt er die Aufführung des Käthchen
von Heilbronn, mit der Reinhardt das neue Haus des Deutschen
Theaters eröffnet hatte.

> Gestern hatte ich im Deutschen Theater eine große Enttäu-
> schung. Zwar war es ein interessanter Gesellschaftsabend, den
> man da miterlebte – da sämtliche große und kleine Berühmt-
> heiten anwesend waren. Dem armen Käthchen von Heilbronn
> aber ging es schlecht dabei; es wurde ganz erdrückt von der
> Eleganz im Zuschauerraum und durch das Raffinement der
> Inszenierung. So ausgetüftelt alles war, so stillos war es; das
> Stück verlangt geradezu nach der Shakespeare-Bühne, jeden-
> falls nach einer möglichst einfachen und nirgends aufdringli-
> chen Dekoration. Von dem wundervollen Märchen war unter
> der realistischen Inszenierung nichts übrig geblieben.

Nachdem er den großen Eindruck geschildert hat, den die Insze-
nierung auf das Publikum gemacht hatte, berichtet er, wie ver-
ständnislos man dem Stück selbst gegenübergestanden hätte, und
schließt mit einer falschen Prophezeiung:

> Übrigens ist die Sache am Ende nicht so schlimm; es ist eben
> eine vorübergehende Mode, die wie die ganze sonstige Deko-
> ration – Allkunst und Überbrettlwut – verschwinden wird.

In einem späten Brief schreibt er:

> Die nächsten Tage werden übrigens ganz mit Musik ausgefüllt
> sein: heute abend Figaro; morgen vormittag Generalprobe,
> übermorgen abend Aufführung der H-Moll-Messe und zum
> Schluß, am Mittwoch, noch die Matthäuspassion. Du würdest
> mich, wenn Du hier wärst, schön auslachen; ich freue mich
> aber auf alles ganz außerordentlich, da ich Bach seit langem
> nicht gehört habe.

Unterdessen hatte ich in Wien auch eine Figaro-Aufführung gehört, und auf diesen Bericht spielt Ernst in folgendem Brief an:

Herzlichen Dank für Deinen Bericht über die Figaro-Aufführung. Er hat mich sehr interessiert, er erfüllt mich aber doch mit Sorge. Wohin soll es führen, mein Kindel, wenn wir in allen Punkten so einig werden? Ich sehe mit Schrecken den Tag voraus, wo wir beide uns über nichts mehr zu streiten haben werden, und ohne Streit – dies weiß ich doch – kann mein armes Kindel nicht leben. Was Du über die Musik sagst, unterschreibe ich Wort für Wort. Das Wunderbare an ihr ist, daß sie, so »gescheit« und »gebildet« man wird, einem immer unverändert bleibt; ich empfinde noch bei jeder Aufführung dasselbe naive und unmittelbare Entzücken an ihr wie damals, als ich sie zum ersten Male hörte. Für diese Kunst kann man niemals zu klug werden; man kann sie niemals, wie so vieles andere, – durchschauen.

Gestern abend war ich bei der Bachschen Messe, die mir, wie ich vorausgesehen hatte, einen noch größeren und einheitlicheren Eindruck gemacht hat als tags zuvor bei der Generalprobe. Es ist ein Werk von einer Größe, die kaum zu fassen und kaum zu ertragen ist. Mein Vater sagte, ich wäre ja ein recht vergnügter Strohwitwer, da ich zwei Tage hintereinander ins Konzert liefe! Ein Ausspruch, der, wenn man das Werk kennt, etwas komisch wirkt.

Ich muß Ernst in diesen Tagen wohl geschrieben haben, wie ich fühlte, wieviel ich durch ihn schon gelernt hätte – denn im nächsten Brief antwortet er:

Du weißt gut, mein Liebling, welch selbständiger und eigenwilliger Trotzkopf Du bist und wie fern es Dir liegt, irgend etwas, was Dir fremd wäre, von außen in Dich aufzunehmen. Was Du jetzt willst und weißt, stammt also wirklich nicht von mir; sondern ich habe es höchstens durch meinen Widerspruch aus Dir herausgetrieben. Aber freilich merke auch ich, sobald wir auch nur einen Augenblick getrennt sind, wie notwendig Dir und mir dieser Widerspruch ist und wie wir uns eben im Streiten verstehen und vertragen. Das ist ja eben das Nichtswürdige, daß wir im Grunde über alle Dinge so einig sind.

Es war die Zeit, in der Ernst beschlossen hatte, seine Habilitation in Berlin nochmals zu versuchen. Der große, schnelle und einstimmige Erfolg des ersten Bandes des »Erkenntnisproblems« wirkte wohltuend und befreiend auf seine Stimmung; aber es galt doch viele wesentliche Hemmungen zu überwinden, wenn er den Schritt aus dem privaten Dasein zur Dozentenkarriere wagen wollte. Er spricht dies auch immer wieder in seinen Briefen aus. Am 1. April 1906 schreibt er mir nach Wien:

> Ich bin eben wirklich ganz talentlos, was ich um so mehr spüre, als ich von morgen ab die nötigen Schritte zu meiner Habilitation tun will. Es ist doch seltsam, mit welcher inneren Befangenheit ich an die Sache herangehe. Ich zweifle gar nicht, daß ich an der Lehrtätigkeit, wenn ich erst einmal mit ihr begonnen haben werde, große Freude haben werde; – für jetzt aber habe ich die schwersten Bedenken und Hemmungen in mir zu überwinden, um überhaupt nur die ersten Schritte zu tun. Für alles Praktische bin ich doch besonders ungeschickt; und ich werde Dich und Deine Vorwürfe jetzt besonders vermissen. Freilich ist ja auch diese ganze Universitätsfrage wieder einer jener Punkte, über die wir im Grunde viel zu einig sind und die wir ganz gleich ansehen; und so ist es mir schließlich doch zweifelhaft, ob Du mich jetzt besonders antreiben würdest.

Ich habe eine Unmenge ähnlich lautender Briefstellen vor mir. Mir erscheint es merkwürdig, daß ich sie erwähnen soll; denn keine von Ernstens »Schwierigkeiten« blieb mir unbekannt. Aber im Laufe unseres Lebens habe ich in zunehmendem Maße empfunden, wie sehr seine äußere Ruhe und Gefaßtheit die Umwelt täuschte. Als 32jähriger, schon sehr erfolgreicher Schriftsteller schreibt er mir:

> Nicht die Antwort der hiesigen Herren Professoren, sondern die Ausarbeitung der Vorlesungen und überhaupt die neue Tätigkeit ist es, die mir Sorge macht und der ich einstweilen noch oft skeptisch gegenüberstehe. Du weißt ja, wie schwer es mir wird, mich in irgendeiner Beziehung nach außen hin mitzuteilen, doch sehe ich wohl ein, daß ich anfange, alt zu werden, und daß diese Scheu endlich einmal überwunden werden muß.

Wenige Jahre später, als Heinz kaum acht Jahre alt war, fragte Ernst ihn einmal, ob er nicht Lust hätte, später denselben Beruf zu ergreifen wie er selbst. Es gehörte zu Ernstens liebsten Erzählungen, daß Heinz ganz erschrocken ausgerufen habe: »Na, das fehlte mir noch – mich vor hundert Menschen hinzustellen und zu reden.« Die Umwelt hatte längst vergessen, daß Ernst jemals die Scheu zu überwinden gehabt hatte, die aus der Äußerung des jungen Sohnes sprach; ihm selbst aber steckte sie noch in allen Gliedern.

Nachdem die Formalitäten zur Erlangung der Habilitation erledigt waren, vergaß Ernst sofort den ganzen Plan und setzte die Arbeit am zweiten Band des »Erkenntnisproblems« fort. Anfang Juli reiste ich mit den beiden Kindern an die Ostsee; Ernst aber mußte die Probevorlesung, die am 26. Juli stattfinden sollte, abwarten, ehe er uns nachkommen konnte. Seine Briefe klingen nun etwas unruhig, aber wie er selbst sagt, eher gelangweilt als aufgeregt.

> Lampenfieber habe ich übrigens nicht, höchstens als gewisses Unbehagen, wie ich es aber auch habe, bevor ich zu irgendeiner gleichgültigen und mir unbequemen Gesellschaft gehe. Es stört mich vor allem, daß ich mich, in Erwartung der baldigen Unterbrechung, nicht ganz auf die Arbeit konzentrieren kann. In Müritz wird das besser sein, denn dort werde ich in den ersten Tagen rasch die Antrittsvorlesung erledigen, um dann gründlich nichts zu tun.

Im nächsten Brief schreibt er, daß er die Antrittsvorlesung schon auf der Fahrt zu uns ausarbeiten würde. Am Morgen der Probevorlesung beschreibt er seine Stimmung nochmals ausführlich:

> An einem guten Ausgang der Sache zweifle ich nicht; doch würde auch das Gegenteil für mich keine zu große Enttäuschung bedeuten. Ich bin so voller Arbeitslust und Arbeitspläne für die nächste Zeit, daß alles Äußere daneben gleichgültig ist.

Als Ernst am nächsten Tage in Müritz anlangte, erzählte er, wie sonderbar seine Habilitation verlaufen wäre. Die Zulassung zur Habilitation bedeutete im allgemeinen schon die venia legendi.

Die Probevorlesung und das anschließende Kolloquium waren eine Rechtfertigung der Entscheidung des engeren Kreises der Fachvertreter vor der gesamten Fakultät. In Ernstens Fall aber ereignete sich das Ungewöhnliche. Nach Abhaltung der Vorlesung versuchten beide Fachvertreter, der Philosoph Riehl und der Psychologe Stumpf, ihn in die Enge zu treiben und schließlich noch im letzten Augenblick zu Fall zu bringen. Durch eine Indiskretion eines der Mitglieder der Kommission erfuhr Ernst später, daß man tatsächlich entschlossen war, ihn abzulehnen, als Wilhelm Dilthey – der damals schon emeritiert war, an der Sitzung aber teilgenommen hatte – seine Stimme zugunsten von Ernst abgab und damit die positive Entscheidung erreichte. »Ich will nicht«, soll er offiziell geäußert haben, »daß man später von mir sagen kann, ich hätte Ernst Cassirer abgewiesen.«

Die Wochen, die zwischen diesem Ereignis und der öffentlichen Vorlesung lagen, verbrachte Ernst mit uns an der See, in glücklichster, freiester Stimmung. Am 11. August fuhr ich mit ihm nach Berlin, um ihn nun das erstemal öffentlich sprechen zu hören, d. h. um ihn überhaupt einen Vortrag halten zu hören. Bis zu diesem Tage hatte Ernst, außer im engsten Kreis der philosophischen Seminare während der Studienzeit, niemals und nirgendwo einen Vortrag gehalten.

Ich glaube nicht, daß ich auch nur vorübergehend daran gedacht habe, daß er in irgendeiner Weise hätte versagen können. Das Betreten des Universitätsgebäudes aber genügte, um mich so befangen zu machen, daß ich mich weit weg wünschte. Ich stieg die Treppen zur Aula hinauf, wie andere vielleicht das Schafott besteigen mögen. Die Aula war dicht besetzt. Das Parterre war für die Universitätsmitglieder reserviert, und Zuschauer und Zuhörer hatten auf der Galerie Platz zu nehmen. Das kam mir sehr gelegen. Ich versteckte mich in den obersten Reihen hinter Freunden und Familienmitgliedern, die mit mir der Vorlesung beiwohnen wollten. Ich versuchte mir vorzustellen, wie Ernst wohl zumute sein mochte. Bei aller äußerlichen Ruhe und Gefaßtheit konnte ihn dieses erste Auftreten in der Öffentlichkeit doch nicht gleichgültig lassen. Er wußte ja, daß die vorderen Reihen für die engere Fakultät reserviert waren, und daß er nun gezwungen war, vor diesen feindlich gesinnten »Kollegen« aufzutreten und seine Sache vorzutragen.

Während ich noch mit diesen Gedanken beschäftigt war, erschien die Fakultät, und Ernst folgte ihr und bestieg das Katheder. Er sah sich ruhig und interessiert im Saale um, entdeckte mich sofort in meinem entlegenen Versteck, faltete das Manuskript auseinander und begann zu sprechen. Kaum hatte ich seine Stimme vernommen, fiel jede Beklemmung von mir ab. Da stand er nun – der ungeübte, scheue Privatdozent – aller Kritik ausgesetzt in der Öffentlichkeit. Von der Umgebung unberührt, behandelte er mit seiner klaren, klingenden Stimme seinen Gegenstand mit größter innerer Sammlung. Nach wenigen Minuten löste er sich vom Manuskript und sprach frei; schloß aber genau zur rechten Zeit nach 45 Minuten wie der routinierteste Redner. Von diesem Tage an habe ich niemals mehr die geringste Aufregung verspürt, wenn Ernst vor die Öffentlichkeit trat. Am Morgen des 12. August fuhren wir zu den Kindern nach Müritz und verbrachten den Rest des Sommers dort.

Ich möchte an dieser Stelle noch von etwas völlig anderem sprechen, das mir den Aufenthalt in dem reizenden kleinen Seebad unvergeßlich gemacht hat. Ich habe schon ausführlich berichtet, wie ich aufgewachsen bin und in welcher Umgebung wir die Sommermonate verbracht haben. Auch die Reisen, die ich bis dahin mit Ernst unternommen hatte, brachten mich nicht in Berührung mit der Gesellschaftsschicht, die ich in der primitiven deutschen Pension in Müritz antraf. Meiner Veranlagung folgend, suchte ich ganz absichtlich, mich von den traditionellen Sommerkurorten und ihren lauten, geschmacklosen Hotels freizumachen und entschloß mich für das kleine Müritz, das man mir als landschaftlich sehr anziehend und als sehr einfach, ja primitiv geschildert hatte. All dies bewahrheitete sich auch. Aber auf eines war ich nicht gefaßt, und gerade davon will ich sprechen. Ich war niemals richtigen Kleinbürgern begegnet – weder in Österreich noch in Deutschland. Nun aber stand ich plötzlich, und zwar ohne Ernstens Rat und Schutz, einer kompakten deutschen Mittelstandsmasse gegenüber, und ich lernte etwas kennen, was später viel dazu beigetragen hat, daß ich die Gefahr des Nazismus so früh erkannt habe. Ich glaube nicht, daß man mir ausgewichen ist oder mich unfreundlich behandelt hat. Mein Aussehen und mein Verhalten brachten es mit sich, daß ich direkten antisemitischen Angriffen niemals ausgesetzt war. Es handelte sich also um etwas,

was viel wesentlicher und erschreckender war – um die Entdek-
kung eines fremden, feindlichen Weltbildes. Und gerade dadurch,
daß ich mich äußerlich wenig unterschied, hielt man mich für
selbstverständlich dazugehörig und schloß den Kreis um mich.
Ungeahnte Vorurteile, hauptsächlich sozialer Natur, traten mir
entgegen. Nicht der leiseste Wunsch nach Gerechtigkeit oder Objektivität kam zum Vorschein. Ich staunte über den Mut, mit dem
diese Menschen ihre Anschauung vortrugen und propagierten;
die Schamlosigkeit, mit der sie die Schwerpunkte zu ihren Gun-
sten verschoben. Ich fühlte mich grenzenlos verlassen inmitten
dieser nett aussehenden, wohlerzogenen, anscheinend harmlosen
Spießbürger und klagte Ernst meine Not. Er antwortete mir, ich
solle mich nicht um die geheimen Gesinnungen und Tendenzen
dieser Menschen kümmern, solange ihr äußeres Verhalten höflich
und wohlerzogen sei, und ich solle mich nicht zu positiver Abwehr hinreißen lassen; denn damit würde ich ihnen nur gewon-
nenes Spiel geben. Das war für mich etwas schwer durchführbar,
weil es meinem Temperament widersprach; aber ich befolgte den
Rat, soweit ich es konnte, und fing an, die Menschen zu studieren
und den Ursachen ihrer Einstellung nachzugehen. Ernst schrieb
mir damals:

> Auch Dein heutiger Brief hat mir wieder viel Freude gemacht,
> und vor allem amüsiert mich das naive Erstaunen, mit dem Du
> Deine Umgebung betrachtest. Du scheinst anfangs angenom-
> men zu haben, Du wärest unter lauter Kannibalen geraten,
> und wunderst Dich nun sehr, noch immer nicht aufgefressen
> zu sein.

Was ich damals entdeckt habe, war, daß der geistige Kannibalismus dieser Menschengruppe, bei gegebener Gelegenheit, leicht
einen wirklichen Kannibalismus hervorbringen konnte. Auf dem
Boden solcher Ungüte und Ungeistigkeit konnte jede Saat aufge-
hen – ausgenommen diejenige der Güte und des Geistes. Schon
damals entdeckte ich den merkwürdigen Widerspruch, der im
Verhalten dieser Menschen zu ihrer jeweiligen Umgebung lag.
Die Männer waren die zärtlichsten Väter und die ritterlichsten
Beschützer ihrer Frauen; die Frauen die besten, liebevollsten Mütter und Ehegattinnen – während sie gleichzeitig den Kampf gegen

den »Andersartigen« mit skrupellosen Mitteln und skrupellosen Ausdrücken führten. Als ich vierzig Jahre später hörte, daß die deutschen Aufseher der Konzentrationslager ihre eigene dort befindliche Wohnung aufs sorgsamste ausgeschmückt hätten und ein normales Familienleben mit Frauen und Kindern führen konnten, während sie die Schreie der zu Tode Gemarterten hörten, mußte ich an Müritz zurückdenken und an die netten, blonden, blauäugigen Kinder, aus deren Mitte vielleicht einer dieser Verbrecher hervorgegangen ist.

Die Vorlesungen an der Universität machten Ernst wenig Mühe, und mit zunehmendem Erfolg seiner Lehrtätigkeit setzte auch die erwartete Freude an dem neuen Beruf ein, und sein Interesse an den Schülern wuchs. Er richtete es meist so ein, daß er in Vorlesungen und Übungen denjenigen Stoff behandelte, an dem er gerade arbeitete. Später mußte er, dem gesamten Lehrplan folgend, neue Gebiete mit einbeziehen; aber sein Hauptaugenmerk blieb das ganze Leben hindurch auf die schriftstellerische Tätigkeit gerichtet.

Nach einer sehr schweren Schwangerschaft wurde am 3. Juni 1908 unsere Tochter Anne geboren. Ich wünschte, ich könnte Ernstens Bindung an seine drei sehr verschiedenartigen Kinder schildern und dem Leser klarmachen, welchen Platz sie in seinem Leben eingenommen haben. Dies aber würde den Rahmen dieser Aufzeichnungen sprengen. Ich besitze unzählige Briefe, die angefüllt sind mit Berichten über die Kinder und deren Verhalten; ihre Aussprüche während meiner Abwesenheit in lebendigster Form aufgezeichnet. Der logische Verstand des Ältesten, die liebevolle Güte Georgs und das schillernde Wesen der kleinen Tochter, alles erfreute sein zärtliches Gemüt. Später – als sich bei Heinz das philosophische, bei Georg das literarische Interesse und bei Anne die nahe Bindung an die Musik zeigten – erfüllte ihn dies mit großem Stolz. Er hat den Kindern viel Zeit gewidmet, viel vorgelesen, viele Märchen erzählt, viel mit ihnen gesungen, und sie liebten ihn, wie er sie liebte. Es gab jedoch einen Punkt, in dem er und ich auseinandergingen, und zwar in der Erziehung der Kinder. Es lag nicht in Ernstens Natur, sich ein Wesen, das nun einmal dieses bestimmte Wesen war, anders zu wünschen, als es war, und er nahm die weniger guten Seiten der Kinder hin wie ihre guten, ohne den Versuch zu machen, sie zu beeinflussen. Ich fragte ihn öfters, ob diese Reaktion einem bestimmten Erziehungsplan folgte oder aber ob er an Erziehung nicht recht glaubte. Niemals habe ich auf diese Frage eine klare Antwort bekommen. Es wurde mit der Zeit eine viel zu schwierige Aufgabe für mich – da ich damals noch an Erziehung glaubte, diese auf eigene Faust durchzuführen. Heute weiß ich, daß ich dieser Aufgabe nicht gewachsen war und daß Ernstens – freilich ungewollte – passive Erziehung der meinen doch wohl vorzuziehen war. Denn dies ist mir klar geworden, daß so verletzbare Menschen, wie ich einer bin, überhaupt nicht zur Erziehung geeignet sind; denn Erziehung verlangt vor allem die Fähigkeit, sich selbst als »leidenden« Faktor auszuschalten. Ich erinnere mich nur an ganz seltene Handlungen oder Unterlassungen der Kinder, die Ernst wirklich verletzt hätten. Und wenn man nicht verletzt ist, vergißt man leichter und vermag eine menschliche Beziehung jederzeit mit ungebrochener Kraft wieder aufzunehmen.

Im Frühjahr 1910 begleitete ich meine Mutter nach Nauheim, wo sie eine Badekur machte, und fuhr von dort aus mit Ernst nach dem benachbarten Marburg. Es war meine erste Begegnung mit einer kleinen deutschen Universitätsstadt. Vieles bedrückte mich, aber anderes beeindruckte mich sehr. Ich konnte nun die Studienjahre von Ernst nachfühlen und die hochgespannte geistige Atmosphäre, die die »Marburger Schule« geschaffen hatte, lebend vor mir sehen. Ernst wurde überall, wo immer er sich zeigte, aufs herzlichste begrüßt, und ich konnte fühlen, wie einfachmenschlich er sich die verschiedenartigsten Sympathien erworben hatte. Cohen zeigte mir alle Schönheiten des Städtchens und seine liebliche Umgebung. Als wir den Hügel bestiegen hatten, von dem aus man die ganze Stadt übersehen konnte, erzählte uns Cohen eine Anekdote, die ich hier wiedergeben möchte, obwohl sie nicht zur Sache gehört. Cohen hatte sehr viel für das Marburger Musikleben getan, und ihm war es zu verdanken, daß Hans von Bülow einige Jahre hintereinander mit seinen »Meiningern« nach Marburg kam und dort konzertierte. »Eines Tages«, so berichtete Cohen, »zeigte ich Bülow auch unser Städtchen. Wir bestiegen den Hügel und standen genau an dieser Stelle, auf der wir jetzt stehen. Mürrisch folgte Bülow meiner Führung. Ich erklärte ihm die Gebäude im Tale und wies auch auf die Landesirrenanstalt hin, die zur Linken lag. Mißtrauisch und gereizt bemerkte Bülow:

»Dort kommen wohl die Größenwahnsinnigen hin?« – worauf
ich mich schnell zur anderen Seite wandte, und, indem ich auf
ein großes Gebäude deutete, sagte: »Nein, Herr von Bülow, die
Universität liegt dort.« – Cohen lachte jedesmal laut auf, wenn
er diese Anekdote erzählte, und beschrieb, wie die Spannung in
Bülows Gesicht bei seiner Antwort verschwand und sie in bester
Stimmung den Heimweg antraten.

In den Jahren, die nun folgten, versank Ernst immer mehr
in seiner Arbeit. In das Zusammenleben mit dem kunstsinnigen
Teil der Familie Cassirer hatte ich mich eingewöhnt und schloß
mich vielen Mitgliedern unserer Generation eng an. Der Verleger
Bruno Cassirer und seine Frau Else gehörten zu unseren besten
Freunden. Ich erinnere mich aber nicht daran, daß Ernst jemals
über seine eigene Arbeit mit irgend jemandem diskutiert oder
auch nur gesprochen hätte. Mein Bruder Walter half mir, die modernen Bewegungen in Malerei und Bildhauerei zu verfolgen, und
er war es auch, der mich gerne in die geselligen Veranstaltungen
der Künstler mitschleppen wollte, da er fand, daß die »hübsche
Schwester« sonst allzusehr in den Hintergrund gedrängt würde.
Ich war jung, zog mich hübsch an und wäre gewiß gerne hie
und da mit fremden Menschen zusammengetroffen, wenn Ernst
mich begleitet hätte. Das mochte er aber ganz und gar nicht. Ich
überlegte im geheimen, daß diese Ablehnung eigentlich ungerecht
wäre: daß man, wenn man eine junge Frau hat, auch daran denken müßte, daß sie vielleicht manchesmal berechtigt wäre, etwas
anderes zu verlangen als das stille Gelehrtenleben, das er führte.
Ich machte schwache Versuche, ihm das klarzumachen, obwohl
ich im Grunde mehr einer theoretischen Maxime als einem Bedürfnis folgte. Ernst aber sagte nur immer wieder, daß er sich sehr
freuen würde, wenn ich mit meinem Bruder ausginge und mich
recht gut amüsieren würde, er aber hätte zu arbeiten. Zwei- oder
dreimal habe ich es dann auch getan und gefunden, daß es für
mich ohne Ernst ganz sinnlos war. Ich sagte ihm das auch; aber
da stieß ich auf eine Seite seines Wesens, die ich im Grunde schon
lange kannte. Man konnte eher einen Berg bewegen als diesen
sanften, gütigen Menschen zu etwas bringen, was außerhalb seiner Natur lag. So blieb ich unserem bisherigen Lebensstil treu, der
in Wahrheit genausosehr der meine war, wie er Ernst zugehörte.
Unser tägliches Leben brauchte wenig Anregung von außen.

In dem Augenblick aber, in dem Ernst sich entschloß, seinen Schreibtisch zu verlassen und eine Reise zu unternehmen, veränderte er seine Haltung vollkommen. Er ließ das Neue, das ihm begegenete, bereitwilligst auf sich wirken, und er schloß nichts als unwichtig aus, wenn es galt, bis dahin Unbekanntes zu erforschen und zu verstehen.

Paris

Im Herbst 1910 fuhren wir zum erstenmal nach Paris, wo mein Bruder Walter seit vielen Jahren lebte. Diesem Umstand ist es zu verdanken, daß wir Paris nicht wie Fremde kennenlernten, sondern mitten in das vielseitig schimmernde Getriebe dieser Stadt hineingestellt wurden. Aber nicht über die Herrlichkeiten von Paris will ich hier sprechen. Es ist etwas anderes, was mir dort erstmals begegnete, oder, richtiger gesagt, was ich zum erstenmal begriff: die formgebende Kraft der politischen Geschichte. Politik und Geschichte gehörten bis dahin zu den Stiefkindern meines Geistes. Als ich unter Ernstens Führung Paris durchwanderte, wich plötzlich der Nebel, der diesen ganzen Komplex verdunkelt hatte, um einer ganz neuen Betrachtungsweise Platz zu machen. Schon die Straßennamen zwangen zur Auseinandersetzung: Place de la Bastille – Place de la Révolution – Rue du Quatre Septembre, usw.; die Denkmäler – Robespierre, Danton, Marat – verlangten geradezu, daß man ihre Bedeutung verstehen sollte. Ernst, der vorher niemals versucht hatte, meine historische und politische Unbildung zu bekämpfen, war sofort bereit, helfend einzuspringen. Es war mir damals, als wanderte ich mit einem historischen Nachschlagewerk unter dem einen Arm durch die Straßen – über die Plätze, durch die Museen von Paris –, während zur anderen Seite die personifizierte Zeitgeschichte Frankreichs mich begleitete, interessiert an allem, was uns begegnete – Modewarenhäuser und Tanzlokale mit eingeschlossen. Damals fühlte ich wieder, wie sehr Ernstens philosophisches Denken von der unmittelbaren Gegenwart mitbestimmt wurde; wie die vergangenen Epochen kein trockenes Gedankengut für ihn waren – wie sie in ihm lebten und sich verbanden mit der Welt, in der er stand.

In dieser Zeit mag auch der Plan für seine »Philosophie der

Aufklärung« entstanden sein. Ich erinnere mich sehr wohl, wie er in der Bibliothek die Bücher von Diderot, von d'Alembert, von Fontenelle, die alle mit Portraitskizzen versehen waren, herausholte, und wie er mich fragte, was ich rein optisch von diesen mir ganz unbekannten Männern zu sagen hätte. Seine Freude war groß, wenn ich – unwissend, wie ich war – sein Urteil, das sich auf genaues Studium der Werke dieser Männer stützte, bestätigte. Wäre ich nur gesünder gewesen – es gab noch so vieles, was er mit mir hätte teilen wollen! Wie viel reichhaltiger hätten diese Erinnerungen werden können, wenn sie nicht verurteilt wären, sich auf meine dilettantischen Eindrücke zu stützen.

Im In- und Ausland war Ernst schon seit Erscheinen des ersten Bandes des »Erkenntnisproblems« ein anerkannter Gelehrter. Weshalb er trotzdem bis zum Jahre 1919 keine Berufung an eine der vielen in dieser Zeit freigewordenen Universitätsstellen erhielt, bedarf keiner besonderen Erklärung. Seine Freunde und Anhänger klagten darüber, und seine Schüler gerieten in eine schwierige Situation, da er als Privatdozent kein Prüfungsrecht hatte. Der einzige, den diese Ungerechtigkeit ganz und gar kalt ließ, war Ernst selbst. »Ich kann niemanden zwingen, mich zu lieben«, sagte er, »und sie mögen mich wirklich nicht. Der Zustimmung meiner Hörer aber bin ich um so sicherer, denn das Studium bei mir hat für sie nur Unbequemlichkeiten zur Folge.« Ernstens Kolleg war schon in diesen Jahren das bestbesuchte der ganzen philosophischen Fakultät.

Zu Vorträgen in philosophischen Gesellschaften in anderen Städten Deutschlands wurde er nun auch eingeladen, und 1911 schreibt er mir aus Jena:

Erst ein Vortrag von 1¼ Stunden; dann eine ebensolange Diskussion, in der ich drei- bis viermal gesprochen habe, und schließlich noch ein gemütliches Zusammensein, bei dem die Debatte bis nachts um halb zwei Uhr fortgesetzt wurde. Am anderen Tag, außer der Besichtigung der Stadt, eine Einladung zum Mittagessen bei Eucken (dem dortigen Philosophen – berühmter Mann und Träger des Nobelpreises, wie ich für Deine akademische Unbildung hinzufüge). Jedenfalls haben mich die Leute sehr gut aufgenommen, und es hat mich amüsiert, was für Dimensionen ein solcher Vortrag im Rahmen einer kleineren Universität annimmt. Sämtliche Dozenten der Philosophie und eine große Menge anderer Leute aus der Stadt erschienen; meine Bücher lagen in den Buchhandlungen mit dem Hinweis auf den Vortrag aus, und diese »Berühmtheit«, die mir Anfangs ziemlich peinlich war, machte mir schließlich, nachdem alles gut verlaufen war und ich mich mit Humor in die Sache gefunden hatte, doch viel Spaß.

Ich erinnere mich nicht, bei irgendeinem von Ernstens Berliner Vorträgen jemals ein Mitglied der Berliner philosophischen Fakultät erblickt zu haben – mit Ausnahme von Max Dessoir, der aber damals noch Extraordinarius war. Äußerlich bekämpft wurde Ernst nicht – nur übersehen und übergangen. Später war es nicht mehr ganz so leicht, ihn einfach zu ignorieren, da sein Name zu allgemein bekannt war. So erschien er schließlich auf jeder Besetzungsliste, aber an zweiter Stelle, und blieb dreizehn Jahre Privatdozent in Berlin.

Ein Überblick über seine Arbeiten in diesen Jahren beweist, daß seine Gleichgültigkeit diesen Dingen gegenüber sehr berechtigt war. Jede Bindung durch eine Stellung hätte seine Zeit arg beschnitten.

Im Frühjahr 1913 brachte die Post Ernst einen Brief aus Amerika. Es ist heute schwer zu beschreiben, welchen Eindruck der Inhalt dieses Briefes auf uns machte. Ich sage absichtlich »uns« in diesem Zusammenhang. Der Brief kam aus Cambridge, Massachusetts, aus dem Department of Philosophy and Psychology of Harvard University, und enthielt eine Einladung für eine Gastprofessur für die Dauer von zwei Terms, von September 1913 bis Juni 1914. Als wir 28 Jahre später endlich Amerika kennenlernten und die vielen Klagen darüber hörten, daß man dort so wenig von Europa wüßte, habe ich oft an die Unwissenheit denken müssen, mit der nicht nur ich, sondern auch Ernst dieser Einladung begegnete. Er war freilich hocherfreut über die Anerkennung, die ihm über den Atlantischen Ozean zuwinkte, aber er war völlig unorientiert darüber, daß diese Einladungen meist nur an sogenannten »berühmte Gelehrte« ergingen – an Inhaber hoher Universitätsstellen oder deren Äquivalente, und eine große Ehre darstellten. Zuerst sah er im Lexikon nach, wo Harvard eigentlich läge, und wir entdeckten erfreut, daß es bei Boston

liegt, einer Stadt, die selbst wir schon als die schönste, Europa
ähnlichste Stadt Amerikas hatten preisen hören. Aber eine Fahrt
nach Amerika auf einige Monate – in diese unbekannte Welt, von
der wir nicht viel mehr wußten, als daß es dort recht wild zuging
und daß man im Winter Erdbeeren zu kaufen bekam – schien
uns schwierig. Wie sollte diese Reise überhaupt in die Tat umge-
setzt werden? Daß wir beide uns über den Ozean hinweg trennen
könnten, fiel keinem von uns ein. Beide Söhne gingen zur Schule
– sie mitzunehmen schien uns ebenso schwierig wie sie zu verlassen, und das kleine Annchen war für eine Weltreise ebensowenig
geeignet, wie es uns möglich schien, uns von ihr zu trennen. Aber
wir kamen in unseren Überlegungen nicht einmal bis zu diesen
Details, weil ich eine Trennung von meiner schwerkranken Mutter nicht wagen konnte. So lehnte Ernst die ehrenvolle Einladung
ab, ohne zu ahnen, daß er damit etwas sehr Ungewöhnliches tat,
was man ihm auch niemals vergessen hat. Als er 1940, ein Flüchtling vor dem Nazi-Regime – in Schweden nochmals bedroht
schien, versuchten Freunde in Amerika, ihm eine Einladung nach
Harvard zu verschaffen, um ihn zu retten. Da bekamen sie zur
Antwort, daß dies nicht durchführbar wäre, weil er früher einmal
eine Einladung nach Harvard abgelehnt hätte.

Als meine Mutter im Mai 1914 in unserem Hause starb, dankte ich dem Schicksal, daß wir in Deutschland geblieben waren.
Später habe ich oft versucht, mir vorzustellen, wie Ernstens ganze
Entwicklung wohl verlaufen wäre, wenn er damals der Einladung
gefolgt und – durch den ersten Weltkrieg an der Rückkehr gehindert – in Amerika geblieben wäre.

Im Sommer 1913 machten wir eine Reise ins Gebirge – nach
dem österreichischen Tirol jenseits des Brennerpasses. Wenige
Tage nach unserer Ankunft erhielt Ernst ein Telegramm von
der Leitung der deutschen Hochschultagung aus Hamburg, ob er
bereit wäre, eine Reihe von Vorträgen anstelle eines erkrankten
Kollegen zu übernehmen. Es war die erste Aufforderung dieser
Art, die an ihn erging, und er nahm sie an. Wahrscheinlich ist seine spätere Berufung nach Hamburg durch diesen Zufall gefördert
worden. Seine Vorlesungen hatten großen Erfolg, und er schreibt
mir am 1. September unter anderem:

Die Berühmtheit, über die Du Dich lustig machst, ist im Wachsen: heut hat ein echter Universitätsprofessor aus Leipzig, der gleichfalls als Dozent hier ist, bei mir gehört, sich mir nachher vorgestellt und sich als genauer Kenner meiner Schriften entpuppt. Das ist ja nun so weit ganz angenehm, aber es hat freilich auch seinen Haken; denn wenn das so weiter geht, getraue ich mich doch nicht ganz, die Vorlesungen so ganz aus dem Stegreif zu halten, wie ich es bisher getan habe.

Ernst hatte von jeher die Angewohnheit, die Vorlesungen im allerletzten Augenblick vorzubereiten, und hat dies bis zu dem Augenblick, in dem er gezwungen war, in einer fremden Sprache vorzutragen, auch beibehalten. Wenn ich ihm in Hamburg manchmal den Vorschlag machte, ihn zur Universität zu begleiten – was fünfzehn Minuten Fahrt in der Elektrischen bedeutete –, antwortete er stets: »Und wann soll ich mein Kolleg vorbereiten?«

Während der sechzehn Jahre, die wir in Berlin lebten, hörte ich Ernst fast niemals über philosophische Probleme diskutieren. Die wenigen Kollegen und Schüler, an die er sich anschloß, traf er in der Universität oder in den philosophischen Gesellschaften; aber es entwickelte sich außerhalb unseres festumrissenen Familienkreises kein persönlicher Verkehr. Das lag zum Teil an der Struktur unserer Familie, zum Teil an Ernst selbst. Er verlangte von keinem seiner Nächsten, daß er Anteil an seiner Arbeit nehmen sollte. Ein Uneingeweihter hätte viele Monate, vielleicht Jahre in unserm Kreis verkehren können, ohne zu ahnen, daß Ernst eigentlich Philosoph war und von früh bis spät an philosophischen Problemen arbeitete. Seine Freundschaft mit Bruno Cassirer z. B. bestand darin, daß Ernst seit frühester Jugend lebendigen Anteil an Brunos Kunstauffassung nahm und ihm, seiner Frau und seinen Kindern aufs herzlichste zugetan war. Daß Bruno jemals eines der bei ihm verlegten Bücher von Ernst anders als äußerlich ästhetisch betrachtet hätte, glaube ich nicht. Ähnlich waren Ernstens Beziehungen auch zu anderen Mitgliedern der Familie. Das Verhältnis zu Richard Cassirer, dem Neurologen, aber war ein wesentlich anderes. Philosophie freilich lag auch diesem Verhältnis nicht zugrunde, wohl aber der beiden Vettern Einstellung zur Wissenschaft überhaupt.

Als ich nach Georgs Einschulung den Ordinarius der Klasse um Auskunft über den Lateinunterricht zu bitten hatte, begegnete ich zum ersten Male Ernst Hoffmann. Er war damals ungefähr dreißig Jahre alt, hatte sich aber schon den Namen erworben, der gerechteste und strengste Lehrer der ganzen Schule zu sein. Er empfing mich mit sehr sachlicher Miene, beantwortete meine Fragen deutlich und kurz, und als ich aufstand, um mich zu verabschieden, fragte er mich plötzlich in ganz verändertem Ton, ob ich für ihn von meinem Mann die Erlaubnis erwirken könnte, seine Vorlesungen zu besuchen. Er wäre, so fügte er hinzu, philosophisch sehr interessiert, benötigte aber die Zustimmung des jeweiligen Dozenten, wenn er eine Vorlesung hören wolle, da er nicht immatrikuliert sei. Ich antwortete ihm, daß ich Ernst gar nicht erst zu fragen brauchte, da ich seiner Antwort gewiß wäre, und wollte mich gerade entfernen, als er unvermittelt sagte: »Wissen Sie eigentlich, Frau Doktor, daß Ihr Mann in weitem Abstand der bedeutendste Philosoph ist, den Deutschland jetzt hat?« Ich mußte über diese unvermutete Eröffnung herzlich lachen. Als ich Hoffmann später genauer kennenlernte, merkte ich erst, wie charakteristisch diese erste Begegnung für diesen sonderbaren Kauz gewesen ist.

Schon äußerlich betrachtet schien er einem ungewöhnlichen Typ anzugehören. Er war hellblond, untersetzt, hatte einen kurzen Hals und einen großen Schädel. Eine hohe, vortretende Stirn und ein nach vorne geschobener Unterkiefer ließen den dazwischenliegenden Teil des Gesichtes unwichtig erscheinen. Er erinnerte mich immer an altdeutsche Holzfiguren, wie sie in deutschen und österreichischen Kirchen zu finden sind. Er selbst pflegte von sich zu sagen, daß er eine »verbotene Visage« habe oder aber daß ihm zum Kellner nur die Serviette unter dem Arm fehle. Diese Art der Selbstkritik entspricht einem sehr wesentlichen Zug seines Charakters. Für ihn – den überzeugten Platoniker, Demokraten und echten Humanisten – sind Wahrheit und Aufrichtigkeit die Grundpfeiler, auf denen sein ganzes Wesen ruht. Daß er sie aber so oft und so deutlich propagierte, schien mir immer zu beweisen, daß er sie nicht von einer guten Fee in die Wiege gelegt bekommen hatte, sondern schwer um sie gerun-

gen hat. Jetzt aber waren sie ganz eins mit ihm geworden, und die
Strenge, die er als Lehrer zeigte, übte er vor allem an sich selbst.
Hinter der etwas rauhen Außenseite, die auf diese Weise entstand,
verbarg sich viel Güte und Wärme. Zu seiner Bewunderung für
Ernst gesellte sich später eine enge persönliche Freundschaft, die
Ernst voll und ganz erwiderte. Hoffmann betrachtete sich durch
all die Jahre, die nun folgten, immer als Ernstens Schüler. Ernst
legte ihm seinerseits fast alle Arbeiten vor, ehe er sie dem Druck
übergab, weil er großes Vertrauen zu Hoffmanns Urteil hatte.

Später wurde Hoffmann auf einen freigewordenen Lehrstuhl
in Hamburg berufen, den er aber zu unserem Kummer ablehnte,
weil ihm gleichzeitig von Heidelberg die Kuno Fischersche Professur angeboten wurde und er der sehr zarten Gesundheit seiner
Frau wegen das Hamburger Klima fürchtete. Die persönliche und
wissenschaftliche Bindung der beiden Freunde blieb von diesem
Entschluß unberührt. Wir Frauen schlossen uns auch einander an,
und Hoffmann besuchte uns selbst nach der Auswanderung öfters
in Schweden. Bei diesen letzten Besuchen konnten wir schon fühlen, wie unendlich schwer es wurde, sich gegen die Einflüsse und
den Zwang des Dritten Reiches zu wehren, obwohl es für diesen
geradlinigen Menschen nichts Furchtbareres gab als die Struktur
des Nationalsozialismus, die den absoluten Gegenpol seines eigenen Wesens darstellte.

Durch viele Jahre hatte ich mit größter Freude die Beziehung
beobachtet, die Ernst und Hoffmann verband. Hoffmann, der
bewußt geradlinige, fast einseitige, gründliche, strenge Gelehrte,
hatte volles Verständnis für den älteren Freund, dessen Phantasie
ihn bei aller Gelehrsamkeit stets zu Eskapaden in bisher von ihm
unerforschte Gebiete trieb. Oft hörte ich Hoffmann mit seiner
tadelnden Stimme (die er aus seiner Oberlehrerzeit beibehalten
hatte), Ernst auf einen Irrtum aufmerksam machen, und wenn ich
dann aufsah, sah ich in Ernstens Augen die spitzbübische Freude
über die gerechte Rüge aufleuchten.

Ich habe Hoffmann seit dem Jahre 1938 nicht mehr gesehen,
und es gibt Leute, die behaupten, daß er nicht so tapfer durchgehalten habe, wie zu erwarten gewesen wäre. Ich kann mir darüber kein Urteil erlauben. Das einzige, was ich zu sagen habe, ist,
daß, wenn Hoffmann es schließlich wirklich an Mut hat fehlen
lassen, seine Gesinnung unmißverständlich zu zeigen (denn nur

darum könnte es sich handeln), dies ein Beweis für mich ist, daß
es Situationen gibt, denen selbst die Besten nicht gewachsen sind.
Als Ernst kurz vor seinem Tode aufgefordert wurde, Männer in
Deutschland zu nennen, für deren Integrität er sich verbürgen
könne, sagte er zu mir: »Ich kann für niemanden einstehen, der
diesem Druck jahrelang ausgesetzt war – nicht einmal für Hoffmann: Ich weiß ja nicht, was man unterdessen aus ihm gemacht
hat.« – Ich sah Ernst erschrocken an – »Nicht einmal für Hoffmann!« – wie tief saß in ihm die Überzeugung von der zerstörenden Kraft des Nationalsozialismus.

Im Jahre 1946 kam ich mit Hoffmann und seiner Frau wieder
in briefliche Verbindung und fand die alten, treuen, unveränderten Freunde wieder, die wir verlassen hatten.

Der Erste Weltkrieg

Der Ermordung des österreichischen Thronfolgers Franz Ferdi-
nand am 28.Juni 1914 folgte am 25.Juli das Ultimatum an Serbi-
en, und am 30.Juli erschienen feindliche Flieger über Nürnberg.

Ich war Anfang Juli mit den Kindern und meinem Vater, der
nach Mutters Tod vereinsamt zurückgeblieben war, an die Ostsee
gereist, während Ernst bis Semesterschluß in Berlin bleiben mußte. Ich lasse die letzten Briefe folgen, die er mir nach Heringsdorf
schrieb.

Berlin, 30.Juli 1914

Hier herrscht heut eine sehr deprimierte Stimmung: Man
erwartet allgemein, daß morgen oder übermorgen die Mobilmachung auch für Deutschland angeordnet werden wird.
Ein Extrablatt des Lokalanzeigers hatte die Nachricht, daß
die Mobilmachung erfolgt sei, sogar schon heut um 3 Uhr
Nachmittag gebracht, ist aber inzwischen wieder dementiert
worden. Auch aus Wloczlaweck kommen ungünstige Nachrichten; so haben heute alle Banken, insbesondere auch die
Filiale der Russischen Staatsbank, ihre Bureaus geschlossen, so-
daß es schwer hält, die Fabrik mit den nötigen Geldmitteln zu
versorgen. Trotz alldem und trotz der ungeheuren Erregung,
die in Berlin herrscht, muß man versuchen, möglichst ruhig zu

114

bleiben. Ich schreibe Dir nur, um mit Dir zu verabreden, was
für den Fall, daß die Mobilisierung morgen wirklich erfolgen
sollte, am besten geschehen soll. Ich wäre für diesen Fall unbedingt für Eure baldige Rückkehr nach Berlin, da später die
Schwierigkeiten der Rückreise sich mehr und mehr steigern
würden. Auch würden wir unter solchen Umständen doch
nicht die Ruhe haben, noch länger in Heringsdorf zu bleiben.
Halte Dich also jedenfalls zur Rückreise bereit, wenngleich Du
sie natürlich in keiner Weise zu überstürzen brauchtest. Wir
wollen uns morgen jedenfalls noch einmal telegraphisch über
alles verständigen; natürlich bin ich, wenn es Dir lieber ist,
auch sehr gern bereit, Dich von Heringsdorf abzuholen. Sollte die Entscheidung bis übermorgen früh noch nicht gefallen
sein, so komme ich auf alle Fälle, und wir können dann alles
Weitere noch einmal in Ruhe überlegen. Richard, mit dem ich
heute sprach, ist gleichfalls dafür, daß Hedchen zurückkehrt,
und wird ihr wohl heut noch darüber schreiben.

Berlin, 31.Juli 1914

Von Hedchen, die eben angekommen ist, höre ich, daß es
Euch gut geht und daß Du Dich über meine Bitte, nach Berlin
zurückzukehren, nicht allzusehr erregt hast. Ich habe lange
gezögert, ehe ich an Dich telegraphiert habe; schließlich erschien es mir aber doch notwendig. Heute um 1 Uhr mittags
ist nun hier der Kriegszustand erklärt worden. Immerhin hoffe
ich, daß Eure Rückreise, zu der Ihr ja, wie Hedchen mir sagt,
bereits feste Plätze habt, gut vonstatten gehen wird. Höchstens
muß man sich auf eine Verspätung des Zuges gefaßt machen.
Versuche nur, ganz ruhig zu bleiben, selbst wenn sich irgendeine unvermutete Schwierigkeit ergeben sollte. Ich habe heute
nicht mehr den Versuch gemacht, Dich telephonisch oder
telegraphisch zu erreichen, da nach Anschlägen auf den Post-
ämtern die regelmäßige Beförderung nicht zu garantieren ist.
Auch von Dir erwarte ich nun keine weitere Nachricht mehr;
ich schreibe Dir nur, um Dir zu sagen, daß Du Dir *um meinetwillen* und um der Schwierigkeit willen, mich zu verständigen,
jedenfalls keine Sorge machen sollst. Ich weiß im voraus, daß
morgen kleine Störungen eintreten können, und werde, ohne
mir schlimme Gedanken zu machen, eventuell in aller Geduld

am Bahnhof warten. Dir entgegenzureisen hat leider keinen
Sinn, da wir uns dann umso leichter verfehlen könnten.

… Beiliegendes Retourbillet kannst Du benutzen oder, falls
Du es nicht mehr brauchst, vom Stationsvorsteher bescheini-
gen lassen, daß es nicht gebraucht worden ist; das Letztere
jedoch nur dann, wenn es Dir gar keine Schwierigkeit macht;
es lohnt nicht, damit Zeit zu verlieren.

Wir verließen am 1. August, dem Tage des Kriegsausbruchs, das
Ostseebad − äußerlich ruhig und innerlich aufgewühlt. Ich mußte
versuchen, der Kinder Aufregung Herr zu werden, die groß war,
aber deren Ursache naturgemäß mehr der ungewohnten Situation als der Einsicht in das große Geschehen zuzuschreiben war.
Wir waren gezwungen, erste Klasse zu reisen, da Platzkarten für
die anderen Klassen nicht mehr erhältlich waren. Diese Tatsache
erfüllte die Söhne mit großem Stolz, denn wir hatten nun das
Recht erworben, anderthalb Abteile für uns allein zu beanspruchen. Bald zeigte es sich freilich, daß diese Art der Betrachtung
ganz und gar keine Geltung mehr hatte. Auf jeder Station stürmten unzählige Passagiere − Frauen, Kinder, Einberufene − den
Zug, und schließlich war unser Erster-Klasse-Abteil angefüllt wie
ein Viehwagen. Die beiden Jungens gerieten in große Aufregung.
Ich konnte sie nur mit Mühe daran hindern, sich bei dem Schaff-
ner zu beklagen, daß man Passagiere mit Dritter-Klasse-Fahrkar-
ten wahllos durch Fenster und Türen zu uns hereinließ. Ich war
gerade im Begriff, mich über dieses Unverständnis der Kinder
zu ärgern, als mir der Passus aus Ernstens letztem Brief in den
Sinn kam: »Beiliegendes Retourbillet kannst Du benutzen«, etc.
etc. So machte ich die Erfahrung, daß kein Mensch imstande
ist, eine gewalttätige, grundlegende Veränderung, die alle bisherigen Gesetze aufhebt, augenblicklich zu begreifen. Der Philosoph
ebensowenig wie die jungen Kinder. Ich entdeckte, daß nicht nur
das Hühnchen, dem man den Kopf abgeschlagen hat, noch eine
Weile ohne diesen davonläuft, sondern daß wir Menschen bei sehr
plötzlicher Veränderung einer Situation genau dasselbe tun.
Als ich am Stettiner Bahnhof den Zug verließ und Berlin
wiedersah, stand die völlige Veränderung, die schon dieser erste
Kriegstag hervorgerufen hatte, kraß vor mir. Mit Ernst allein
geblieben, versuchte ich zu verstehen, was geschehen war. Aber

damals konnte Ernst mir nicht so klar den Weg zum Verständnis weisen, wie er es bis dahin immer vermocht hatte. Er wußte zu viel von Geschichte und ihren historischen Entwicklungen, um sich so völlig überraschen zu lassen wie ich; aber auch er sah sich zum erstenmal unvermittelt in eine vollkommen veränderte Welt gestellt. Unter Künstlern und Wissenschaftlern aufgewachsen, hatten wir bis dahin nur diejenigen Grenzen anerkannt, die unsere Überzeugungen verlangten. Plötzlich, von heute auf morgen, schienen sich neue Blickpunkte gebildet zu haben. Alles Französische z. B. war verdächtig; folglich wurde auch die französische Kunst, die man bisher angebetet hatte, »unerwünscht«. Fremde Sprachen, die man bis dahin mit eisernem Fleiß zu lernen bemüht war, wurden verpönt; gute Freunde – weil sie zufällig Staatsbürger einer der feindlichen Mächte waren – verdächtigt. Warum? Weil Deutschland eingekreist – von seinen Nachbarn überfallen – sich in einem Krieg auf Tod und Leben befand. Es war sehr schwierig für uns zu begreifen, wie das alles so schnell gekommen sein mochte. Wir waren keine Politiker und kannten auch keine Politiker. Aber es gab eine Ausnahme unter unseren Freunden: ein junger Diplomat, der uns, wie wir hofften, vielleicht aufklären konnte. Er hat es dann auch getan, aber in ganz anderem Sinn, als wir es gewünscht und erwartet hätten. Es war ein junger Gelehrter, der die Diplomatenkarriere eingeschlagen hatte.

Er meldete sich einige Tage nach Ausbruch des Krieges, um sich zu verabschieden, da er mit dem Stab ins Hauptquartier abrückte. Gespannt erwarteten wir ihn. Er war bestens orientiert und sollte uns nun seine Ansicht über die Vorgänge geben, die den Krieg unvermeidlich gemacht hatten. Das erste, was mich betroffen machte, war der unveränderte Tonfall, in dem er von diesen furchtbaren Ereignissen sprach. Aus seinem Munde klang das, was in unseren Ohren wie die Posaune des Jüngsten Gerichts tönte, alltäglich, fast unwichtig. Er meinte, es wäre schon richtig gewesen, daß man den Krieg erklärt hätte, obwohl die serbische Antwort auf das Ultimatum eigentlich annehmbar gewesen wäre. Bei dieser Äußerung blieb mit das Herz stehen. »Aber gab es denn noch eine Möglichkeit, die Mobilmachung zu unterlassen, nachdem französische Flieger über Nürnberg erschienen waren?« fragte ich bestürzt. Da lächelte der junge Diplomat und sagte: »Wissen Sie, das mit den Fliegern muß man nicht *zu* genau nehmen – es können ja auch deutsche gewesen sein.« »Aber«, so fügte er hinzu, »es war besser, jetzt loszuschlagen, solange die andern nicht voll gerüstet sind.« Dieser kurze Besuch öffnete mir die Augen, und alles, was ich bis dahin geglaubt hatte, kam ins Wanken. Jetzt hieß es weiterleben in einer Welt, die imstande war, die Jugend ihres eigenen Landes und die Jugend des Feindes in den Tod zu schicken, ohne absoluten Zwang. Diese Erkenntnis machte es doppelt so schwer, die vier folgenden furchtbaren Kriegsjahre zu ertragen – das Massenmorden, den Hunger, das Sinken der Moral in Deutschland zu überleben. Und ungezählte Male hallte es in meinen Ohren wider: »Feindliche Flieger über Nürnberg?«

Ernst war durch einen Zufall vom Militärdienst befreit. Er litt an einem Hautausschlag, der in seinem Falle ganz leicht auftrat, der aber in den Bestimmungen zu den Erkrankungen gehörte, die vom militärischen Dienst befreien, weil er, in schweren Fällen, ein unerträgliches Jucken hervorbringt, das das Tragen einer Uniform unmöglich macht. Die Gefahr, daß er zum aktiven Dienst herangezogen werden könnte, bestand also nicht. Er suchte aber bald nach einer Beschäftigung, mit der er der Allgemeinheit dienen konnte, und da er hörte, daß eine große Menge Lehrer eingezogen waren, stellte er sich als Ersatz zur Verfügung. Er unterrichtete in einem Berliner Knabengymnasium Deutsch und Literaturgeschichte und zwar gerade in Untersekunda – einer Klasse, die wegen des Übergangsalters der Schüler sehr gefürchtet war. Er ging auch – für diesen Beruf ganz unvorbereitet – etwas zögernd an die Sache heran. Bald zeigte es sich aber, daß die Klasse musterhafte Disziplin hielt, und der Unterricht machte ihm viel Freude. Durch Zufall traf mein Bruder eines Tages einen von Ernstens Schülern in irgendeiner Familie, wo er zu Gast war, und fragte den Jungen, wieso denn die ganzen Rowdys aus seiner Klasse während Ernstens Unterricht so still und gesittet wären. »Wir haben ihn uns das erstemal genau angesehen«, antwortete der Vierzehnjährige, »und haben beschlossen, Ruhe zu halten, weil man gegen einen so wehrlosen Menschen doch nicht mit Gewalt vorgehen kann.«

Über das Weiterrollen des Krieges kann ich hier nicht ausführlich sprechen. Wir beide waren in unserer Beurteilung des Geschehens ganz einig – wir fanden aber wenig Widerhall bei unserer Umgebung und vereinsamten in diesen Jahren in zunehmendem Maße. Um uns herum – angefangen bei den geistigen Führern Deutschlands bis zu den jüngsten Kindern – blühte der blindeste Nationalismus auf. Jede Spur von Objektivität war verschwunden. Es gab in dieser Zeit nichts »Deutscheres« als die deutschen Juden – niemanden, der sie an patriotischer Kurzsichtigkeit übertroffen hätte.

Ernst arbeitete an dem elften Band der großen Kant-Ausgabe, deren Herausgeber er war. Dieser Band, »Kants Leben und Lehre«, erschien noch während des Krieges.

1916 wurde Ernst als Zivilbeamter in die französische Sektion des Kriegspresseamtes berufen. An dieser Stelle machte er eine atemberaubende Karriere. Er ersetzte durch seine organisatorische Fähigkeit und sein schnelles Arbeitstempo bald viele Unterbeamte und schließlich auch die Vorgesetzten, die zum aktiven Kriegsdienst eingezogen wurden. Er erhielt den Rang eines Offizierstellvertreters und wurde Leiter seiner Sektion, durfte aber keine Uniform tragen, weil er einer Anzahl höherer Militärpersonen vorstand.

Die Arbeit in diesem Amte interessierte ihn zuerst sehr; aber sie brachte es mit sich, daß sie jede Illusion über den Krieg und insbesondere über die »deutsche Sache« in ihm zerstörte. Seine Aufgabe war es, alle französischen Zeitungen genau zu studieren und gewisse Stellen aus ihnen herauszusuchen, die er dann mit Hilfe einer Schere so lange zu bearbeiten hatte, bis sie zur Irreführung der deutschen allgemeinen Meinung verwendbar waren. Dieses verwerfliche Gesellschaftsspiel führte er vorbildlich aus, und wenn er abends nach Hause kam, brauchte er das Amtsgeheimnis nicht zu verletzen, um mir klarzumachen, was in ihm vorging. Es war nicht nur seine Tagesarbeit, die ihn bedrückte. Er fühlte sich bis zu einem hohen Grade im Amte zur Maschine verwandelt und wie jeder Soldat der persönlichen Verantwortung beraubt; aber er wußte zwei Jahre vor Ende des Krieges, daß dieser für Deutschland verloren war. Der Stimmung, die diese Einsicht zur Folge hatte, begegnete er dann auf eine für ihn charakteristische Art. Trotz seiner Überlastung im Dienste arbeitete er in seinem Büro an einem neuen Buch »Freiheit und Form« und schloß das Manuskript jeden Abend in seinen Schreibtisch im Kriegspresseamt ein, da er an ihm zu Hause ohnehin nicht

weiterarbeiten konnte. Auf diese Weise rettete er für sich selbst
das Bild des unzerstörbaren, unvergänglichen Deutschland, das
im Begriffe war, durch die Schlacken, die es ansetzte, ganz und
gar unkenntlich zu werden.

Den Sommer 1917 – nach dem schlimmsten »Kohlrübenwin-
ter«, den wir erlebt haben – verbrachten wir in Westend, in der
Nähe unseres kleinen Grundstückes, auf dem Kohl und Kartoffeln
anstelle eines Hauses wuchsen. Von dort hatte Ernst 1½ Stunden
in der über und über besetzten Elektrischen zu fahren, bis er das
Kriegspresseamt erreichte. Wenige Male machte ich diese Fahrt
mit ihm gemeinsam und konnte beobachten, wie er selbst in einer
derart grotesken Situation zu arbeiten imstande war. Er versuchte niemals, einen Sitzplatz zu erreichen, da er sicher war, daß
er diesen sehr bald an Frauen, ältere Leute oder Kriegsinvaliden
würde abgeben müssen. Er suchte bis zum oberen Ende des Wa-
gens durchzudringen und stand dort auf einen minimalen Raum
beengt, mit der einen Hand nach einer Stütze greifend, um
nicht umzufallen, und in der anderen Hand das Buch haltend,
in dem er las. Lärm, Gedränge, elende Beleuchtung, schlechte
Luft – dies alles bildete kein Hindernis. Auf diese Weise ist der
Plan der drei Bände der »Symbolischen Formen« ausgearbeitet
worden.

In die Jahre 1916–18 fallen schwere persönliche Verluste für
uns. Der Tod von Ernstens Vater, Cohens Tod, der Selbstmord
meines Bruders Hans, um nur die wichtigsten zu nennen. Persönliches Erleben verblaßte angesichts des allgemeinen Elends. Am
9. November 1918 endete der Krieg – durch eine Bewegung, die
uns wie eine Revolution erschien und auch diesen Namen führte. Im Grunde war es nur der selbstverständliche Schlußakt des
längst verlorenen Krieges.

Wie wenig revolutionär die Stimmung des deutschen Volkes
war, konnte man sehr bald danach erkennen. Aber in den ersten
Wochen wurde doch viel geschossen in den Straßen Berlins, und
Ernst fuhr öfters inmitten von Maschinengewehrfeuer zur Universität, um seine Vorlesungen zu halten. Einmal war bei einem
dieser Straßenkämpfe die elektrische Leitung des Universitätsgebäudes durchschossen worden, während Ernst vortrug. Er liebte
es, nachher zu berichten, wie er seine Studenten gefragt habe,
ob er schließen oder weiterlesen solle, und wie sie einstimmig für

»Weiterlesen« gestimmt hätten. Die jungen Menschen waren ausgehungert – geistig ebenso wie körperlich – und wollten kein Wort verlieren, das ihnen zustand. So beendete Ernst diese Vorlesung in dem stockfinsteren Hörsaal, während draußen ununterbrochen Maschinengewehrfeuer zu hören war.

Wie Ernst die verschiedenen großen politischen Strömungen beurteilte, muß sein philosophisches Gesamtwerk aufzeigen. Seiner ganzen Natur entsprechend stand er den Bewegungen, deren unmittelbares Auftreten er miterlebte, immer abwartend gegenüber. Sein natürlicher Instinkt trieb ihn nach vorwärts; seine Gesinnung war fortschrittlich, niemals aber umstürzlerisch gefärbt. So blieb er auch 1918, als die deutsche Revolution begann, im Hintergrund, wenn es galt, das »Alte« von heute auf morgen zu verwerfen oder aber das »Neue« als den Teufel selbst zu brandmarken, und oft hörte ich ihn in diesem Zusammenhang Hermann und Dorothea zitieren:

> »Denn der Mensch, der in schwankender Zeit auch
>   schwankend gesinnt ist,
> Der vermehret das Übel und breitet es weiter und weiter.«

Gawronsky

Wenige Tage nach Kriegsende – mitten in der größten Unruhe, gleich nach der Ermordung Liebknechts und Rosa Luxemburgs – erschien ganz überraschend Dimitry Gawronsky bei uns. Die Sympathie, die Ernst und später auch mich zu diesem ungewöhnlichen Menschen hinzog, soll hier nicht geschildert werden. Ebensowenig ist es möglich, seine vielseitige, schillernde Begabung aufzuzeigen oder gar seinen Lebensweg zu beschreiben. Sein damaliges, ganz unerwartetes Erscheinen erwähne ich deshalb, weil seine Berichte großen Eindruck auf uns gemacht haben und weil seine Erzählungen, die freilich anderen Zwecken dienen wollten, uns Klarheit darüber gebracht haben, daß die Revolution, die in Deutschland gerade begonnen hatte, in keinem Verhältnis zu den russischen Ereignissen stand.

Gawronsky – zehn Jahre jünger als Ernst – einer von Cohens meistgeschätzten und -geliebten Schülern, war einer der aktiven

russischen Revolutionäre, war Kerenskis Sekretär gewesen, war
mit ihm gestürzt; siebzehnmal zum Tode verurteilt, aber glücklicherweise entkommen und bei Frau und Kindern in der Schweiz
gelandet. Von dort aus war er in den ersten Tagen nach Kriegsende nach Deutschland gereist. Der Zweck dieser Reise war wohl,
seine sozialistischen Freunde vor der Gefahr des Bolschewismus
zu warnen. Kurz nachdem er es erlebt hatte, daß seine Partei, die
zahlenmäßig der Leninschen weit überlegen war, gestürzt wurde, glaubte er, daß die Revolution in Deutschland dem gleichen
Schicksal entgegenging. Mit seiner unvergleichlichen Rednergabe
zauberte er die russischen Ereignisse vor uns hin und verlieh
ihnen durch sein hinreißendes Temperament lebendige Kraft.
Aber gerade durch diese große Fähigkeit machte er uns, ohne es
zu wollen, den gewaltigen Unterschied zwischen der russischen
und der deutschen Mentalität klar. Die oberen und mittleren
Schichten Rußlands waren aus ganz anderem Stoff gemacht als
diejenigen Deutschlands, und Ernst sagte Gawronsky dies auch
immer wieder. »Sie unterschätzen die Macht und den Mut der
deutschen Reaktion«, sagte er. »Die Revolution wird hier ganz
anders verlaufen, als Sie befürchten.«

Hamburg

Wenige Monate waren vergangen – es war im Juni 1919 –, als
Ernst eine Berufung an die neu gegründete Universität Hamburg
erhielt und annahm. Die Trennung von der vertrauten Umgebung, von Familie und guten Freunden war schwierig; aber
die Berufung war in jeder Hinsicht erfreulich, und der Zwang,
nach den schweren letzten Kriegsjahren eine neue Situation zu
meistern, war verführerisch. Die Hoffnung, daß die klimatische
Veränderung günstig auf mein Leiden wirken würde, erwies sich
leider als trügerisch.

Vom praktischen Standpunkt aus gesehen war die Berufung
nach Hamburg ein uns zur rechten Zeit zugeworfener Rettungs-
ring. Die große Zellulose-Fabrik, an deren Gewinn wir beteiligt
waren, war in polnische Hände übergegangen, und die Geldent-
wertung hatte bereits begonnen. Der Ertrag der Bücher und die
Kolleggelder deckten nur einen Bruchteil unserer Ausgaben.

Die deutsche Revolution hatte in Bremen begonnen, war auf
Hamburg übersprungen, und dort konnte man tatsächlich den
frischen Luftzug spüren, der eingedrungen war. Diesem Luftzug
hatte auch die neue Universität ihr Leben zu verdanken, und bis
zum Einzug des Nationalsozialismus – sogar weit darüber hinaus
– hat Hamburg stärkere Abwehrkräfte gezeigt als die übrigen
deutschen Universitäten. Als wir das erstemal, bei der Besichtigung der Stadt, auf dem Balkon des mit Einschüssen besäten
Rathauses standen, erzählte man uns, wie der Vorkämpfer der
Universität, der Regierende Bürgermeister Werner von Melle,
während der Beschießung des Rathauses durch die aufständi-
schen Truppen plötzlich ausgerufen hätte: »Jetzt bekomme ich
meine Universität!« Er hatte jahrelang gegen den Widerstand der
hanseatischen Kaufmannschaft gefochten, die Hamburg nicht in
ein intellektuelles Zentrum verwandelt sehen wollte, und er war in
seinen Bemühungen von nur wenigen unterstützt worden. Als wir
Hamburg im Jahre 1933 verließen, war Herr von Melle seit vielen
Jahren Ehrenrektor der Universität, aber längst von seinem Po-
sten als Bürgermeister entbunden. Er war seinen Idealen jedoch
niemals untreu geworden, wie aus folgendem Brief hervorgeht,
den er Ernst im November 1933 (also schon viele Monate nach
der Verwandlung Deutschlands in eine Diktatur) nach Oxford
schrieb:

Sehr verehrter Herr Professor.

Als wir uns vor längerer Zeit in Hamburg in der Straßenbahn trafen, konnte ich Ihnen nur durch einen Händedruck
andeuten, wie sehr ich bedauerte, daß Ihre erfolgreiche Tätigkeit in Hamburg ein Ende finden sollte. Jetzt möchte ich Ihnen
dieses mein lebhaftes Bedauern doch noch einmal schriftlich
aussprechen.

Eine Philosophieprofessur in Hamburg hatte ich seiner Zeit
lange vergeblich erstrebt. Als sie endlich bewilligt war, freute
ich mich sehr, in Ihnen einen so hervorragenden Vertreter
für sie gewinnen zu können. Sie waren jahrelang ein Stolz
unserer Universität. Ich brauche Ihnen das nicht besonders zu
bestätigen. Vielleicht darf ich es Ihnen heute doch noch einmal
aussprechen.

Stets der Ihre W. v. Melle.

Ehe wir im Oktober 1919 nach Hamburg übersiedelten, erhielt Ernst einen Brief des Hamburger Psychologen William Stern, der ihm eine sehr unerwartete und beängstigende Nachricht brachte. Stern schrieb, daß sich in der Hamburger Universität ein kompakter rechter Studentenblock gebildet hätte, der unter anderem Flugblätter verteilte, die zum Boykott jüdischer Professoren aufforderten. Das war ein bisher in Deutschland nicht übliches Verhalten. In Österreich gab es immer einzelne antisemitische Studentengruppen, und es kam in Wien oft zu richtigen Prügeleien im Universitätsgebäude. Daß nun gerade in dem demokratischen Hamburg unter der ersten sozialistischen Regierung des neuen Deutschland so etwas geschehen konnte, war ein deutliches Warnsignal. Durch das Eingreifen des Universitätssenats wurden diese ersten Vorläufer des Nationalsozialismus aber schnell zum Schweigen gebracht, und als Ernst Anfang Oktober in Hamburg anlangte, wurde er ausnahmslos aufs freundlichste empfangen.

Die Veränderung, die dieser neue Abschnitt in unser aller Leben brachte, war sehr groß. Ernstens Privatdozentendasein hatte ein Ende gefunden, und die neue Stellung zwang ihn zur Teilnahme an Fakultätssitzungen, zur Leitung der Seminare, zur Verwaltung der Seminarbibliothek und so weiter. William Stern – ein treuer Freund vom Tage unseres Einzuges in Hamburg bis zu unserer erzwungenen Trennung – teilte all diese Verantwortungen mit ihm und trug sehr viel dazu bei, daß er sich rasch zurechtfand in der ungewohnten Umgebung. Aber neben diesem praktischen Problem galt es menschliche Probleme zu lösen. Eine desorientierte Menge junger Menschen strömte in die Universitäten zurück und bedurfte des Rates und der Führung. Geldmittel waren knapp, die Preise stiegen, das Anschaffen von Büchern wurde unerschwinglich. Dieser Zustand verschlimmerte sich erst langsam, dann in immer zunehmendem Tempo bis 1924, als die Stabilisierung der Mark ihm ein Ende bereitete.

Ich genoß es, daß ich nach vielen, vielen Jahren endlich wieder von den Großstadtmauern befreit war, daß ich die Abende ungestört mit Ernst verbringen konnte und mehr innere Sammlung gewann, mich um die heranwachsenden Kinder zu kümmern. Das Leben war äußerlich sehr schwierig geworden, hatte sich aber doch mehr dem zugeneigt, was wir an ihm liebten.

Ernstens Verhältnis zu den meisten seiner Kollegen erwies sich
als unproblematisch. Er hatte sich freilich in vieler Hinsicht umzustellen – wichtig zu nehmen, was ihm unwichtig schien –, aber
wirkliche Reibungen gab es nicht. Schon in den ersten Wochen
des ersten Semesters schloß er sich an den Anglisten der Universität, Emil Wolff, mit einer Spontaneität an, die bei ihm ungewöhnlich war. Als ich Wolff bald darauf kennenlernte, konnte ich
verstehen, daß Ernst von ihm gefangengenommen worden war.
Weit über sein Spezialfach interessiert, allgemein gebildet und von
sprühender Geistigkeit, war er eine seltsame Mischung zwischen
Künstler und Wissenschaftler – ein äußerst feines Instrument, das
alles, was ihm begegnete, mit übermäßig starken Ausschlägen anzeigte. Philosophisch war er ganz Hegelianer, politisch reaktionär –
menschlich Individualist. All dies bewies aber nicht, daß er sich
nicht plötzlich aus irgendeinem Anlaß in sein absolutes Gegenteil
verwandeln konnte. Ernst liebte und verstand ihn vom ersten
Tage an, und Wolff zeigte weitgehendes Verständnis für Ernst.

Nach einigen Jahren engsten Zusammenlebens zerbrach die
Freundschaft mit Wolff aus irgendeinem Anlaß, der mir nicht
ausreichend erschien. Dieser Bruch war eine der wenigen großen
Enttäuschungen in Ernstens Leben, wie seine Sympathie für Wolff
etwas ganz Einmaliges gewesen war. Trotzdem reihte er ihn ein
wie frühere Erlebnisse ähnlicher Art, ohne viel darüber zu sprechen. Aber erst als im Winter 1934 Wolff einige Zeit in Oxford
anwesend war, um dort Vorträge zu halten, und es fertiggebracht
hat, abzureisen, ohne den alten Freund – den Vertriebenen, Entrechteten – wiederzusehen, wurde dieses Kapitel ein für allemal
abgeschlossen. Politische Gründe haben dieses Verhalten nicht
bedingt. Wolff hat dem Nationalsozialismus tapfer widerstanden
und wurde nach dem Kriege – als man noch genauer sichtete als
heute – Rektor der Hamburger Universität.

Bibliothek Warburg

Erst nach seinem Antritt in Hamburg erfuhr Ernst von der
Existenz von Aby Warburg, dem Besitzer und Gründer der
»Bibliothek Warburg« – einer eigenartigen kulturgeschichtlichen
Sammlung; und er erfuhr gleichzeitig, daß Warburg schwer ner-

venleidend sei und nicht mehr imstande, regelmäßig zu arbeiten. Als Ernst ihn damals besuchte, machte Warburg großen Eindruck auf ihn, aber zur Besichtigung der Bibliothek kam es nicht, da Warburg die Führung nicht selbst übernehmen konnte, sich aber die Freude, es zu tun, nicht rauben lassen wollte. Kurze Zeit darauf mußte Warburg in eine Nervenheilanstalt gebracht werden, die er erst 5 Jahre später wieder verließ. Ernst arbeitete damals an dem ersten Band der »Symbolischen Formen«, und man riet ihm an maßgebender Stelle, sich die Bibliothek Warburg genau anzusehen, da sie anscheinend das Material enthielt, das er für seine Studien benötigte. Leiter der Bibliothek war – so erfuhren wir – während Warburgs Abwesenheit einer seiner Schüler, ein junger Österreicher, Fritz Saxl.

Ich erinnere mich, wie Ernst nach dem ersten Besuch der Bibliothek in einer für ihn sehr ungewöhnlichen Erregung nach Hause kam und mir erzählte, daß diese Bibliothek etwas unerhört Einmaliges und Großartiges wäre, und Dr. Saxl, der sie ihm gezeigt hatte, ein äußerst merkwürdiger, origineller Mann zu sein schien, daß Ernst ihm aber nach der Führung durch die langen Bücherreihen gesagt habe, daß er nie wiederkommen würde, da er sonst ganz sicherlich in diesem Labyrinth verlorengehen würde. Ich konnte nicht ganz verstehen, was Ernst damit meinte, aber ich war um so sicherer, daß er sehr bald wieder hingehen würde und daß er in keinem Labyrinth jemals verlorengehen würde. Wenige Tage später fuhr ich mit ihm in der Straßenbahn zur Stadt, als er auf einen Mitfahrenden zeigte und mir leise sagte, daß dies Dr. Saxl, der Bibliothekar von Warburg, wäre. Erstaunt sah ich mir den Mann näher an. Das, was mir zuerst auffiel, war, daß er eine alte österreichische Uniform trug, von der die Abzeichen entfernt waren, und daß er sich in einer undefinierbaren Anordnung seiner Beine scheu in die Ecke der Straßenbahn drückte und an allem und jedem vorbeisah. Ernst trat an ihn heran, begrüßte ihn und sagte: »Dr. Saxl, ich möchte Sie mit meiner Frau bekannt machen – Sie sind ja Landsleute.« Da blickte Saxl auf, und ich merkte, daß er eine schöne, hohe Stirn und wundervolle Augen hatte. Es vergingen keine zwei Minuten, und unsere gegenseitige Bekanntschaft war gemacht, und sie verwandelte sich schnell in Freundschaft, die bis zu Saxls plötzlichem Tod im Frühjahr 1948 unvermindert bestand.

126

Um das Verhältnis von Ernst und Saxl zu schildern, müßte ich Saxl selbst schildern können. Dies aber könnte nur einem großen Künstler gelingen. Vierzehn Jahre haben wir seine Entwicklung aus unmittelbarer Nähe beobachten können: als Wissenschaftler, als Leiter der Bibliothek, als Mensch. Sprungartig und doch wiederum ganz unbeirrbar war diese Entwicklung, und immer war sie segensreich und fruchtbar für die Menschen, denen er sich zur Verfügung gestellt hatte. Dieses »Sich-zu-Verfügung-Stellen« – das war eine seiner Haupteigenschaften. Sich selbst mit verknoteten Beinen in eine Ecke zu drücken, um dem anderen soviel Platz zu lassen, wie er benötigte – immer auf dem Sprung sein, um zur Hilfe zu eilen – das war Saxl, und vieles, vieles mehr als das. Ein Skeptiker und ein Gläubiger in einer Person, ein Träumer und ein gewissenhafter Forscher gleichzeitig, und immer bereit, sich zu verschenken ohne Bedenken.

Die Entdeckung der Bibliothek Warburg glich der Entdeckung einer Fundgrube, in der Ernst einen Schatz nach dem anderen zu Tage förderte. Saxl war glücklich, daß er jemanden gefunden hatte, der die Fragestellung, auf der die ganze Sammlung aufgebaut war, sofort erfaßt hatte. Warburg, dessen Erkrankung ihm stets zwei bis drei Stunden täglich gönnte, in denen seine Gedanken vollkommen normal funktionierten, stand mit Saxl in dauerndem Briefwechsel und erfuhr von jeder Kleinigkeit, die sich in der Bibliothek abspielte. Unzählige Fäden zwischen seiner und Ernstens Arbeit waren schon geknüpft, als er im Jahre 1925 geheilt nach Hamburg zurückkehrte. In der Zeit seiner Abwesenheit ordnete und katalogisierte Saxl mit seinen Mitarbeitern die ganze Bibliothek und veranstaltete Vorträge, deren Themen um Warburgs Problemstellung kreisten, und veröffentlichte diese später in zwei Serien, den »Studien« und »Vorträgen« der Bibliothek Warburg. Ein Blick auf diese Sammlung und Ernstens Anteil an ihr wird am besten aufzeigen, wie wechselseitig und fruchtbar sich die Beziehungen zwischen ihm und der Bibliothek Warburg gestalteten. Ernstens Beschäftigung mit dem Problem der symbolischen Formen erforderte das Studium einer Literatur, die ihm nirgends in der Welt so geschlossen hätte zur Verfügung stehen können. Wir lebten damals in einer Zeit, in der durch die Inflation der Mark das private Anschaffen von Büchern zur Unmöglichkeit geworden war. Die Bibliothek Warburg war von der amerikanischen Familie

Warburg subventioniert und war daher imstande, alle Bücher, die
sie brauchte, mit Dollars zu bezahlen. Saxl, in seiner impulsiven
Art, stellte Ernst und vielen Wissenschaftlern frei, ihm diejenigen
Bücher zu nennen, die zur Weiterarbeit unentbehrlich schienen.
Sofort wurde jedes Buch, dessen Ernst bedurfte, bestellt und ihm
ins Haus geschickt. Auf diese Weise bekam die Bibliothek ihrer-
seits eine Erweiterung, die zu ihrer Vielseitigkeit beigetragen hat.
Jeden Sommer, wenn wir auf Reisen gingen, ließ Saxl die ange-
sammelten Bände in Waschkörben von unserem Haus abholen.
Es waren immer einige hundert Bände.

Wenn Saxl in seiner Arbeit auf ein Problem stieß, dessen Behandlung er in die Hände eines Sachverständigen legen wollte,
bat er denjenigen Benutzer der Bibliothek, der ihm für diesen
Zweck am geeignetsten erschien, sich die Sache genau anzusehen
und einen Vortrag über das Thema auszuarbeiten. Oft kam Ernst
mit der Nachricht nach Hause, daß sein »geistiger Sklavenhalter«
Saxl wieder einmal eine Arbeit bei ihm »bestellt« hätte. So entstanden »Die Begriffsform im mythischen Denken«, »Sprache und
Mythos«, »Shaftesbury und die Renaissance«, »Der Platonismus
in England« und vieles mehr.

Saxl – ein äußerst lebhaftes Wesen, stets auf dem Sprung, seinen Standort aufzugeben, wenn es galt, einem Problem nachzu-
spüren – wollte Ernst immer davon überzeugen, daß es ein Fehler
sei, daß er so seßhaft wäre. Er wollte, daß er reisen solle, daß er
sich mit fremden Ländern, neuen Situationen auseinandersetzen
solle. Er übersah dabei, daß diese Lebensweise Ernstens Arbeitsweise widersprach; daß Ernst ununterbrochen in fremden Ländern reiste, sich mit neuen Situationen auseinandersetzte, ohne
seinen Standort zu verlassen. Später, als das Schicksal Ernst aufgescheucht hatte, als er gezwungen war zu wandern, fanden beide
Freunde voneinander, daß der andere damals recht gehabt hätte.
Ernst empfand die Bereicherung durch die Auseinandersetzung
mit der neuen Situation, und Saxl fand, daß Ernstens Werk in der
Abgeschlossenheit doch wohl seine Vollendung gefunden hätte.

Als Ernst seine Professur in Hamburg antrat, war er in philosophischen Kreisen des In- und Auslandes schon weitgehend
bekannt; aber er war nicht das, was man »berühmt« nennt. Das
»Erkenntnisproblem« gehörte freilich zu den meistgelesenen Werken dieser Periode; aber der »Substanzbegriff« setzte sich nur

langsam durch, und man hatte noch keine Vorstellung von der
Weite und Vielseitigkeit seines Schaffens. Es ist schwer zu rekonstruieren, wann seine sogenannte »Berühmtheit« einsetzte. Das
liegt hauptsächlich daran, daß er ihrer niemals gewahr wurde.
Staunend wurde ihm allmählich bewußt, daß er eine Stufe des
äußeren Erfolges erklommen hatte, die er niemals erstrebt hatte.
Am deutlichsten zeigte sich dies an der Eifersucht, die er erweckte
und der er sein ganzes Leben lang vollkommen wehrlos gegenüberstand, weil er sie nicht begriff. Ich versuchte oft, ihn darauf
aufmerksam zu machen, daß man seine kindlich-bescheidenen
Äußerungen mißverstand, weil man ihm seinen völligen Mangel
an Ehrgeiz einfach nicht glauben konnte.

Die Nachkriegsjahre, die die völlige Entwertung der Mark
mit sich brachten, weckten Ernstens Interesse an einem ihm
bis dahin fremden Gebiet. Die merkwürdigen Bewegungen der
Weltwirtschaft und Geldwirtschaft fesselten ihn. Daß wir, wie fast
das ganze übrige Deutschland, völlig verarmten, nahm er zuerst
nicht schwer. Solange er das Gefühl hatte, daß es für »morgen«
reichte, kümmerte er sich nicht um das »Übermorgen«. Das war
eine Einstellung, die für den bis dahin Gesicherten, Geschützten
neu war. Das Gehalt, das er von der Universität bezog, wurde erst
alle drei Monate, dann jeden Monat, jede Woche und schließlich
dreimal die Woche ausbezahlt. Der Pedell der Universität holte
die Summe für alle Gehälter frühmorgens von der Bank und fuhr
dann von einem Professor oder Assistenten zum anderen – in
möglichster Eile, damit die Auszahlung vor 12 Uhr mittags beendet sein konnte. Um diese Zeit wechselte die Notierung der Mark,
d. h. sie fiel täglich mindestens um die Hälfte ihres Wertes, so daß
man nach 12 Uhr für dieselbe Summe nur noch halb soviel Waren zu kaufen bekam wie vor 12 Uhr. Als die Route des Pedells
festgesetzt wurde, erklärte sich Ernst sofort bereit, das Geld als
Letzter empfangen zu wollen. Auf diese Weise erhielten wir sein
Gehalt stets so knapp vor 12 Uhr, daß wir eigentlich immer nur
die Hälfte des Wertes bekamen. Ich bat Ernst, doch zu versuchen,
ob der Pedell nicht die Route jedes zweite Mal in umgekehrter
Richtung beginnen könnte, aber davon wollte er nichts wissen.
»Wir sind ja bisher satt geworden«, gab er zur Antwort. Freilich
belastete er mich dadurch mit allerhand Problemen, von deren
Existenz er keine Notiz nahm. Eines Tages stürzte ich zu ihm her-

ein und sagte: »Ernst, heute kostet ein Dutzend Eier schon 10.000 Mark«, worauf er kaum von der Arbeit aufsah und erstaunt fragte: »Wozu brauchst Du ein Dutzend Eier?«

Als die Entwertung weit genug gegangen war, begann das Problem ihn plötzlich zu interessieren, und von dieser Zeit an bis zu seinem Tode hat er dieses Interesse behalten. Der ganze Wirtschaftsprozeß war für ihn lebendig geworden. Wenn ich ihm früh die Zeitung brachte, bemerkte ich, daß er sie stets von hinten zu lesen begann. Für Sportberichte hatte er − der ganz Unsportliche − schon immer ein merkwürdiges Interesse gehabt. Er verfolgte jedes Tennis-, jedes Fußballmatch, jeden Boxkampf. Nun fing er an, den Kurszettel zu lesen, die Geschäftsberichte aus dem In- und Ausland zu studieren, und erst wenn er damit fertig war, wandte er sein Interesse dem Hauptblatt zu, überflog es aber meist ohne besondere Aufmerksamkeit.

Eines Morgens, als ich die Zeitung zur Hand nahm, er aber noch nicht vollkommen wach war, fiel mir die Riesenüberschrift der ersten Seite auf: »Löwenstein im Flugzeug verunglückt«. »Kannst du mir sagen«, fragte ich Ernst, »wer dieser Löwenstein ist, der da verunglückt ist, und wieso sein Tod so wichtig ist, daß die Zeitung so ein Aufhebens von ihm macht?« − Als stände sein Lebensglück auf dem Spiel, rief Ernst, plötzlich völlig wach, aus: »Schnell, sieh auf der letzten Seite nach, wie Kunstseide steht, dann werde ich dir sagen, ob das ein Unglücksfall oder Selbstmord war.« Nachher erklärte er mir, daß Löwenstein der Kunstseidenkönig Deutschlands wäre und daß sein Tod leicht eine Folge des geschäftlichen Niedergangs sein könnte. Ich glaube, daß das Interesse für dieses ihm ganz fremde Gebiet sich mit seinem Spieltrieb berührte. Denn obwohl er niemals Zeit hatte, viel zu spielen, und kein Kartenspiel wirklich gut beherrschte, hatte er ein ausgesprochenes Spielertemperament. Auch seine Vorliebe für die Lektüre möglichst komplizierter Detektivgeschichten mag derselben Kategorie angehört haben.

Als wir im Frühjahr 1914 das erste und einzige Mal nach Monte Carlo fuhren, um meine Eltern dort zu besuchen, konnte ich beobachten, wie sehr auch Glücksspiele ihn fesselten. Obwohl er zeit seines Lebens sehr sparsam gewesen ist, besonders dann, wenn es sich um Ausgaben für seine eigene Person handelte, spielte er in Monte Carlo viele Stunden lang leidenschaftlich Roulette, was nicht immer ohne Verluste abging. Es machte mir großen Spaß zu beobachten, wie er zwischen seiner Liebe zur Natur und der Freude am Spiel hin und her schwankte, und wie schwer es ihm wurde, das Kasino zu passieren, ohne noch schnell auf kurze Zeit hineinzugehen – auch wenn er wenige Minuten vorher beteuert hatte, daß es schierer Wahnsinn wäre, sich bei herrlichstem Sonnenschein in dieser Spielhölle aufzuhalten.

In den ersten Nachkriegsjahren machten wir zum ersten Male die persönliche Bekanntschaft mit dem wachsenden Antisemitismus in Deutschland. An der Universität ereignete sich anfangs wenig oder fast gar nichts, was beunruhigend hätte wirken können; aber um so deutlicher konnte man ihn auf der Straße, in den Schulen, in der Nachbarschaft entdecken, ohne erst nach ihm zu suchen. Unsere Kinder, die im Berliner Westen niemals unter Antisemitismus zu leiden gehabt hatten, waren sehr betroffen über diese neuen Erfahrungen. Georg hatte es besonders schlecht, da die einzige Schule, die seinem bisherigen Schulplan entsprach, allgemein als antisemitisch bekannt war. Anne wurde auf ihrem Schulweg durch Zurufe aus den Nachbarhäusern belästigt, und ich selbst stand im ersten Hamburger Sommer zum erstenmal einem antisemitischen Angriff gegenüber.

Unser Garten mündete auf einen schmalen Alsterkanal, und am gegenüberliegenden Ufer lag der Garten einer kinderreichen Familie, deren jüngster, siebenjähriger Sprößling uns immer wieder durch allerlei absichtlich lärmende Spiele störte. Wir duldeten diese Störungen, um ja keine Konflikte mit den Nachbarn hervorzurufen. Als wir – mein damals 76jähriger Vater und ich – aber eines Tages im Garten lesen wollten und der Junge unerträglich lärmte, bat ich ihn sehr freundlich, entweder den Lärm ganz zu lassen oder aber in einem anderen Teil des Gartens zu spielen. Der Kleine verschwand und kam wenige Minuten später an der Hand seines uns völlig unbekannten Vaters zurück, der mir in schroffster Form über den Kanal zurief, daß sein Sohn ja nichts weiter machte als zu spielen. Darauf erwiderte ich, daß die Spiele, die er spielte, aber sehr lärmend wären und uns sehr störten, worauf der Herr mir mit Donnerstimme zurief: »Glauben Sie denn, daß Sie uns nicht stören?« Erstaunt fragte ich, wodurch dies wohl geschehen sein könnte, worauf er brüllend antwortete: »Durch Ihren puren Anblick – Sie gehören ja alle nach Palästina.« Mein

Vater wurde kreidebleich, ebenso Georg, der gerade erschienen war, und ich hatte Mühe, beide ins Haus zurückzubringen, ohne daß es zu einem öffentlichen Skandal kam.

Als Ernst nach Hause kam und wir ihm den Vorfall berichteten, sah ich zum ersten Male etwas in seinem Gesicht aufblitzen, was mir bis dahin unbekannt war, was ich aber späterhin oft Gelegenheit hatte wiederzufinden. Es war das Zeichen, daß etwas eingetreten war, das seine fast unerschöpfliche Geduld beiseiteschob – etwas, was er nicht zu dulden gewillt war. Er schickte am nächsten Morgen folgenden Brief an unseren Nachbarn ab:

Hamburg, 10.Juni 1922

Sehr geehrter Herr!

Sie haben gestern Nachmittag meine Abwesenheit von Hause dazu benutzt, sich meiner Frau und meinem Schwiegervater zu nähern, sich in ein Gespräch mit ihnen einzulassen und ihnen schließlich irgendwelche Schimpfworte über den Kanal hinüberzurufen. Ein solches Benehmen gegen eine Dame, die Ihnen gar nicht vorgestellt war, und gegen einen 76jährigen alten Herrn kennzeichnet sich selbst: es wäre überflüssig, irgend etwas zu seiner Charakteristik hinzufügen zu wollen. Ich habe, seit ich in Ihrer Nachbarschaft wohne, die Grenze gegen Sie sehr scharf und deutlich gezogen – und ich muß Sie dringend bitten, keine weiteren Versuche zu unternehmen, diese Grenzen zu überschreiten. Ich war bisher immer mit Erfolg bemüht, den Verkehr mit Leuten Ihres Schlages gänzlich zu meiden, und ich muß gleich anderen Vätern aus unserer Nachbarschaft auch im Interesse der Erziehung meiner Kinder darauf bestehen, daß jede Berührung mit Ihrem Sohn unterbleibt. Ich darf Sie wohl ersuchen, diese Gründe, auch wenn sie Ihnen nicht verständlich sind, zu respektieren und künftig jede Annäherung an Mitglieder meiner Familie zu unterlassen; ich müßte sonst Schritte unternehmen, um meine Frau und die Gäste meines Hauses vor weiteren Zudringlichkeiten zu schützen.

Hochachtungsvoll   Prof. Ernst Cassirer

Schon die Form dieses Briefes weicht so stark von Ernstens sonstigen Äußerungen ab, daß man unschwer erkennen kann, wie diese erste Bekanntschaft mit den Vorläufern des Nationalsozialismus

ihn berührt hat. Herr Hachmann gehörte einer der vornehmsten
Hamburger Familien an; er war der Sohn des früheren Regie-
renden Bürgermeisters von Hamburg, und die Tatsache, daß ein
Mann dieser Gesellschaftsschicht sich so decouvrieren konnte, war
erschreckend. Nach allem, was wir seither erlebt haben, ist es
jedoch schwer, verständlich zu machen, wieso diese Episode für
mich eine einschneidende Bedeutung behielt. Von diesem Tage
an erfolgte meine Loslösung von Deutschland – schrittweise erst
und ganz langsam, aber doch ununterbrochen und in steigendem
Maße. Als Herr Hachmann mir über den Kanal zurief, daß wir
alle nach Palästina gehörten, war dies in seinem Munde genau
dasselbe, als wenn er gesagt hätte, daß wir auf den Misthaufen
gehörten. Palästina war damals in den Köpfen dieser Menschen
einfach ein Schimpfwort. Für uns war es die Stätte, wohin sich
die eng mit religiöser Tradition verbundenen Juden oder aber die
russischen oder polnischen Flüchtlinge wandten, um ein neues
Vaterland zu finden.

Unser Vaterland war Deutschland – Ernst war ein deutscher
Philosoph, sein Interesse galt seiner eigenen Arbeit und der Erziehung deutscher Studenten. Daß nun irgendein Unbekannter
gewagt hatte, uns zu beschimpfen, war nicht das Problem, das
mich beschäftigte. Für mich war es viel aufschlußreicher, daß er
es getan hatte, während sich viele besetzte Boote auf dem Kanal
befanden, und daß kein einziger Insasse sich gegen ihn gewandt
hatte. Noch wenige Jahre zuvor wäre so etwas in Deutschland
unmöglich gewesen.

Die Reaktion all unserer Hamburger Freunde auf diesen Vorgang war jedoch so einstimmig verurteilend, daß sie Ernst ganz
und gar aussöhnte. Auch andere, weniger gewichtige Erfahrungen
zeigten deutliche Abwehr gegen die bedrohlichen Symptome. Als
Heinz sich z. B. eines Tages entschloß, Anne auf ihrem Schulweg
zu folgen und jeden Jungen, der ihr eine Beschimpfung zurief,
jammervoll zu verprügeln, erfolgte von keinem der Eltern eine
Beschwerde, obwohl Heinz den Kindern oft bis ins Innerste ihrer
Häuser nachlaufen mußte, um sie zu erreichen. Als ich wenige
Tage nach dieser Strafexpedition eine Nachbarin darum bat, ihren noch sehr jungen Sohn darauf aufmerksam zu machen, was
ihm drohte, falls Heinz ihn je wieder Anne ein Schimpfwort würde zurufen hören – sagte sie nur: »Ach bitte, Frau Cassirer, lassen

Sie Ihren Sohn den Jungen nur ordentlich verprügeln – das wird am besten helfen.« Ernst hatte seine alte Ruhe schnell wiedererlangt, und ich bewunderte ihn oft, wie er es vermochte, immer objektiv zu bleiben und sich auch in diejenigen seiner Kollegen einzufühlen, die politisch äußerst reaktionär waren. Gegen ihn selbst benahm man sich tadellos, und er versuchte – wie es seiner Natur entsprach – immer beide Seiten zu sehen, solange die abweichende Meinung nicht deutlich feindliche oder bösartige Tendenzen zeigte.

Im Sommer 1921, also kaum drei Jahre nach Kriegsende, trat in der Person des Geographen Passarge der erste Nationalsozialist an der Universität in Erscheinung. Das Rundschreiben, das dieser Mann damals gegen den Strafrechtler Moritz Liepmann verfaßte, befindet sich noch in meinem Besitz. Es enthält bereits alle rassetheoretischen Behauptungen der nationalsozialistischen Bewegung und ist reich an antisemitischen Beschimpfungen wüstester Art. Der Universtitätssenat und die Professorenschaft Hamburgs nahmen diese Angriffe nicht ernst. Noch war das Gift nicht soweit eingedrungen, daß man sich vorstellen konnte, daß ein Wissenschaftler von Rang, der normalen Verstandes war, so etwas verfassen konnte. Man stempelte ihn also einfach zum »Narren« und ging zur Tagesordnung über. Als Ernst während der Kampagne gegen Liepmann einmal persönlich mit Passarge zu tun hatte, hatte dieser sofort eine Erklärung zur Hand, die Ernst ganz und gar ausnahm von seinen antisemitischen Theorien. Es gäbe, so sagte er, einen kleinen Stamm von Juden, der nicht der »armenoiden« Rasse angehörte und den er »Beduinen« nannte. Diese besaßen die schädlichen Charaktereigenschaften der anderen Juden ebensowenig wie ihre äußere Bildung. Ernst dankte sehr für dieses Kompliment, bat Herrn Passarge aber, die Theorie, die er soeben vertreten hatte, nicht auf ihn anzuwenden, da er sie für völligen Unsinn hielte.

Nachdem Passarge einige Mahnungen erhalten hatte und mundtot gemacht worden war, trat wieder völlige Ruhe an der Universität ein, die die nächsten zehn Jahre unverändert anhielt, während andere deutsche Universitäten sich bereits im Aufruhr befanden.

In Hamburg hatten wir viele neue Freundschaften geschlossen, teils innerhalb des Universitätskreises, teils außerhalb. Wir hätten uns vollkommen glücklich fühlen können, wenn meine schlechte Gesundheit dem nicht im Wege gestanden hätte. Die heranwachsenden Kinder brachten neue Problem in unser Dasein; aber im allgemeinen verlief die Auseinandersetzung der »neuen« mit der »alten« Generation nicht allzu heftig. Heinz, dessen Begabung deutliche Ähnlichkeit mit der seines Vaters aufwies, wollte nach seinem Abitur sofort Philosophie studieren, wogegen Ernst aber scharfen Einspruch erhob. »Zur Philosophie«, so sagte er ihm, »muß man auf dem Wege über eine Spezialwissenschaft gelangen.« Heinz war sehr sprachbegabt, und so einigte er sich mit Ernst auf das Studium alter Sprachen. Es war eine von Ernstens unerschütterlichen Überzeugungen, daß Philosophie niemals isoliert stehen dürfte, daß sie sich vielmehr durch das Studium anderer Wissenschaften von selbst ergeben müsse.

Albert Einstein

Im Winter 1921 hielt Albert Einstein einen populären Vortrag über seine Relativitätstheorie in Hamburg. Ernst hatte gerade seine kleine Schrift über die philosophischen Grundlagen dieser Theorie beendet, und Einsteins Anwesenheit beeindruckte ihn sehr. Nach dem Vortrag hatten Wissenschaftler verschiedener Fakultäten den Wunsch geäußert, Einstein einige Fragen vorlegen zu dürfen, die ihnen noch nicht völlig geklärt schienen, und Einstein erklärte sich sofort bereit, Auskunft zu geben. Als Treffpunkt wurde unser Haus in der Blumenstraße bestimmt. Diese erste Begegnung ist mir unvergeßlich geblieben, obwohl ich mich ganz verborgen hielt und von Einstein – wie ich glaube – nicht einmal entdeckt worden bin.

Schon Einsteins äußere Erscheinung war ergreifend – seine merkwürdige Ähnlichkeit mit den Rembrandtschen Selbstportraits unverkennbar. Irgendwie paßte sein Gesicht weder zu seiner Kleidung noch zu der modernen Umgebung, in der er sich befand, noch zu der übrigen Gesellschaft, die sich um ihn versammelt hatte. Jeder der Anwesenden hatte seine Frage wohl vorbereitet, und Einstein beantwortete alle bereitwillig. Kaum war die Frage von dem jeweiligen Notizzettelchen abgelesen, erfolgte die klare Antwort, als wäre sie ebenfalls auf einem Zettelchen zur Benutzung in einer Schublade bereitgelegt worden, aus der Einstein sie mühelos herausholen konnte. Ernst sah ihn die ganze Zeit voller Bewunderung an und half Unklarheiten der Fragestellungen zu korrigieren. Als letzter stellte der Mathematiker Hecke seine Frage – deren Inhalt ich vergessen habe, die aber ein leichtes Stirnrunzeln Einsteins zur Folge hatte. Erst antwortete er gar nicht; dann sagte er zögernd ein paar Worte und brach plötzlich und unvermittelt in ein helles Lachen aus. Dann fuhr er fort: »Darüber kann ich Ihnen noch nichts sagen, Herr Hecke – ich habe nämlich noch gar nicht darüber nachgedacht.« Diese Antwort und das merkwürdig kindliche Auflachen machten mir Einsteins Persönlichkeit plötzlich klar und lebendig. Mir schien es so, als lachte das Genie Einstein den Menschen Einstein aus – vielleicht war es auch umgekehrt. Jedenfalls hatte ich zum ersten Male das Gefühl, als lauschte da ein Mensch auf das, was sein Genie ihm zu offenbaren hatte, ohne viel dafür oder dagegen tun zu können.

Als wir später, im Herbst 1933, Einstein in London wiedersahen – als Deutschland schon eine Riesensumme auf seinen Kopf ausgesetzt hatte –, bestätigte sich mein erster Eindruck durch die persönliche Bekanntschaft. Er war vollkommen unbekümmert von all den Drohungen gegen seine Person und hielt eine flammende Rede gegen den Nationalsozialismus in der 8000 Personen fassenden Albert Hall, obwohl er dringend davor gewarnt worden war, sich derart zu exponieren. Er überließ die Entscheidung über sein Leben einer höheren Instanz und ließ sich sein helles, kindliches Lachen von niemandem verbieten.

Ich hatte von dem, was die Einsteinsche Theorie bedeutete, nur eine vage Vorstellung, als Einstein nach Hamburg kam. Wie immer mußte ich Ernstens Autorität anrufen, um zu erfahren, ob das große Aufsehen, das sie hervorrief, berechtigt wäre. In diesem Zusammenhang bekam ich eins der wenigen spontanen und eindeutigen Urteile zu hören: »Einstein«, so sagte er, »ist ein Genie vom Range Newtons« – und nach kurzem Nachdenken fügte er hinzu: »Vielleicht sogar ist er ein größeres Genie.«

Wenn ich heute das Verhalten erwachsener Kinder zu ihren Eltern beobachte, denke ich oft an die Zeit zurück, in der wir die Kinder waren und mein Vater als einzig Überlebender der beiderseitigen Eltern verarmt und einsam zurückgeblieben war. Wir wollten ihn durchaus bei uns in Hamburg behalten und

stellten ihm für sich und seine alte Hausdame zwei große, schöne
Zimmer zur Verfügung. Aber nach einem vier Monate langen
ersten Versuchsaufenthalt lehnte er die Einladung ab. Der Grund
hierfür war ein sehr sonderbarer, aber für mich – aus Kenntnis
seines Wesens – verständlicher. Er konnte Ernstens Vertieftheit
in seine Arbeit nicht ganz begreifen, weil er selbst eine überaus
wache Natur war. Er mißverstand Ernstens Verhalten ganz und
gar und fühlte sich als Eindringling und war verletzt. Ich lasse
einen Brief folgen, den Ernst ihm in diesem Zusammenhang im
Frühjahr 1922 schrieb.

Hamburg, 16. März 1922

... Ich bin seit langer Zeit aufrichtig betrübt darüber, daß es
mir so gar nicht gelingen will, Dich von meiner wirklichen
Gesinnung Dir gegenüber zu überzeugen – daß Du in Deinen
Briefen immer wieder andeutest, daß Du an einen längeren
Besuch in Hamburg nicht denken kannst, weil Du uns nur zur
Last fallen und vor allem mich in meiner Arbeit und meinem
Wohlbehagen stören würdest. Ob ich Dir zu dieser Annahme
durch mein Benehmen, als Du hier warst, ein *Recht* gegeben
habe: das, lieber Vater, will ich nicht untersuchen. Ich will
mich auch nicht von jeder Schuld freisprechen: ich weiß, daß
ich, wenn mich irgend etwas sehr beschäftigt und wenn mir
eine bestimmte Arbeit im Sinne liegt, nicht immer zu den
umgänglichsten Menschen gehöre. Aber über meine innere
Gesinnung gegen Dich muß ich doch wohl Bescheid wissen.
Sie ist für mich so selbstverständlich, daß es mir eigentlich
widerstrebt, von ihr zu sprechen; aber das eine darf ich sagen,
daß sie in all den Jahren nicht ein einziges Mal geschwankt
hat, daß sie sich immer gleich und immer gleich natürlich und
gleich herzlich geblieben ist. Das Verhältnis, das Menschen
untereinander haben, läßt sich ja nicht geben und nicht nehmen; Dir gegenüber aber habe ich niemals das Gefühl gehabt,
irgend etwas von mir erzwingen zu wollen, sondern ich fühlte
mich innerlich hier immer so sicher, ich empfand unsern Zusammenhang als etwas für mich so absolut Notwendiges, daß
ich im äußeren Ausdruck vielleicht manchmal etwas versehen
haben mag. Heute weiß ich nur das Eine, daß, wenn Du Dich
wieder entschließt, zu uns zu kommen, sich niemand herzlicher

137

darüber freuen könnte als ich. Von einer Störung könnte gar
keine Rede sein: Du weißt ja selbst, wie gut ich im vorigen Jahre gerade während Deiner Anwesenheit gearbeitet habe. Selbst
die traditionelle Unterbrechung durch unsere Piquet-Partie
könnte meiner Arbeit nur heilsam sein …

Ernst arbeitete in dieser Zeit sehr intensiv. Die Arbeit an den
symbolischen Formen ging weiter, und nebenher arbeitete er an
allgemeinen geistesgeschichtlichen Problemen. Im Frühjahr 1922
veröffentlichte er »Idee und Gestalt« und vollendete seine Studie
über »Das mythische Denken« (Warburg).

Im Sommer 1922 war Heinz, noch nicht 19 Jahre alt, zum
Studium nach Heidelberg gegangen, hatte sich bei einem Oster-
ausflug durch das Abstürzen von einem beschneiten Steinfeld
verletzt und mußte seinen Aufenthalt in Heidelberg unterbrechen.
Er fuhr mit mir und den beiden andern Kindern zu meinen Geschwistern ins österreichische Gebirge, während Ernst bis Semesterschluß in Hamburg blieb. Der Schreck über Heinzens Unfall
hatte Ernstens Nerven erschüttert, und seine Briefe sprechen dies
auch aus. Aber sie zeugen andererseits von wieder erlangter Ruhe
und guter Laune. Er schreibt mir unter anderem:

Hamburg, 5.Juli 1922

… Um mich brauchst Du Dir wirklich keine Gedanken zu
machen: Ich ertrage nicht nur, wie immer, die Einsamkeit
ausgezeichnet, sondern ich suche sie geradezu, da sie für
meine in letzter Zeit etwas überreizten Nerven das beste und
absolut probate Heilmittel ist. Welch ein herrliches Gefühl ist
es z.B., daß heute die gesamte Kollengenschaft, nebst Frauen
und Kindern, auf der Elbe schwimmt, während Du gemütlich
bei Dattl sitzt und ich mich hier an meinem Schreibtisch mit
Dir unterhalten kann. Selbst das Letzte, wozu Du mir völlig
unentbehrlich warst, ist nun, wie ich Dir zu Deinem Schmerz
mitteilen muß, behoben: ich habe am ersten Tag Deiner Abwesenheit das Geheimnis wiederentdeckt, mir meine Krawatte
tadellos zu binden – eine Leistung, auf die ich nicht wenig stolz
bin und über die Du geradezu staunen wirst! Schwierig ist es
nur, wenn irgendwelche Anfragen kommen, die ich natürlich
ohne Dich nicht erledigen kann. So fragt heute Dessoir, ob

138

ich nicht an einem Gesamtwerk über Geschichte der Philosophie mitarbeiten und die Darstellung der antiken Philosophie übernehmen will. Solche Dinge kannst natürlich nur Du entscheiden – andererseits ist es mir doch etwas genant, ihm das zu antworten …

Vierzehn Tage später, als Ernst in Wien ankam, traf er nur Georg am Bahnhof, der die schwierige Aufgabe hatte, ihm mitzuteilen, daß Heinz an den Folgen seines Unfalles schwer erkrankt sei und ich mich mit ihm in Wien im Krankenhaus befände. Ich kann die Vorgeschichte dieses Ereignisses hier nicht schildern. Ich will nur berichten, daß die Bindung zwischen Ernst und Heinz eine so enge war, daß ich in diesem Augenblick nicht wußte, um welchen der beiden ich mehr zu bangen hätte. Heinz hatte einige Stunden vor Ernstens Ankunft die Besinnung verloren, und der Arzt wartete mit größter Spannung auf Ernstens Zustimmung zu einer Schädeloperation. Als dieser aber das Krankenzimmer betrat, öffnete Heinz plötzlich die Augen und berichtete dem Vater alles, was geschehen war, in vollkommen klaren, zusammenhängenden Sätzen, so daß die Hoffnung wieder stieg, die Operation könnte vermieden werden. Kurze Zeit darauf verfiel er jedoch in tiefe Bewußtlosigkeit, und der herangerufene Neurologe drängte auf eine schnelle Entscheidung, da die Kräfte nachließen und man leicht zu spät kommen konnte. Ernst, der sich im Zusammenhang mit seinen Sprachstudien viel mit den Folgen von Gehirnverletzungen beschäftigt hatte, wußte sehr wohl, was die Operation bedeuten konnte, und er erklärte plötzlich, daß er die Einwilligung zu dem gefährlichen Eingriff nicht geben würde, und daß er nicht gewalttätig in ein Schicksal eingreifen würde. Dem aber mußte ich widersprechen, und ich bat ihn, anders zu entscheiden. Da es diese Art Operation gab, hatte ich die Überzeugung, daß es ein viel aktiveres Eingreifen in des Jungen und unser Schicksal wäre, sie zu unterlassen als sie zu riskieren. Die Unterlassung wäre der sichere Tod gewesen – die Operation konnte glücken.

Nach wenigen Minuten fand Ernst den Mut, seine Einwilligung zu geben, und Heinz ist von dem Unfall und der Operation vollständig genesen. Das war das erste Mal, daß ich Ernst schwach gesehen habe; aber diese Schwäche bedeutete nichts anderes als seine große Liebe zu dem Sohn, den er unter keinen Umständen in seiner Ganzheit gehindert sich vorstellen wollte und konnte.

Der Schock, den Heinzens Operation und die Art der Gefahr, in der er schwebte, zur Folge hatte, brachte eine Entscheidung in Georgs Leben, die wir nachher oft bedauert haben. Georg, 18 Jahre alt und noch im Wachstum begriffen, war durch die mangelhafte Ernährung der Kriegs- und Nachkriegsjahre in seiner Widerstandskraft geschädigt, und die großen Aufregungen, die Heinzens Genesung vorangingen, hatten ihn derart erschreckt und ermüdet, daß er erklärte, die Schule verlassen und sich dem kaufmännischen Beruf zuwenden zu wollen. Ich habe niemals eingegriffen, wenn eines der Kinder einen Entschluß gefaßt hat, der mir begründet erschien. Georg war ein erwachsener Junge mit einer echten Leidenschaft für Literatur und Theater, und wenn er glaubte, daß seine Zukunft dennoch abseits dieser Interessen lag, wollte ich ihm nichts in den Weg legen, besonders deshalb, weil wir ihn von dem Gedanken, Schauspieler zu werden, abgebracht hatten.

Ernst hingegen hatte schon sehr ungern zugestimmt, als es galt, ihn vom humanistischen zum Realgymnasium umzuschulen. Er hielt Georg für sehr befähigt, und er war so überzeugt von dem Wert humanistischer Bildung, daß er erst gezwungen zustimmte, als die maßgebenden Lehrer Georgs ihm rieten, den Jungen nicht mit dem Lernen alter Sprachen zu belasten, für die er anscheinend wenig Begabung hatte. Ihn nun, vor der Abschlußprüfung, ganz aus der Schule zu nehmen, schien ihm grundsätzlich verkehrt, weil dies Georg ein Universitätsstudium ein für allemal verschloß. Aber Georg blieb fest. Die sich immer steigernde Inflation und unsere damit verbundene Verarmung mag eine Rolle bei diesem Entschluß gespielt haben. Ernst schätzte den kaufmännischen Beruf durchaus nicht gering ein. Ich habe ja schon erwähnt, daß er Begabung und Interesse für ihn hatte; aber es war und blieb ihm doch ein fremder Gedanke, daß gerade sein Sohn sich von der Wissenschaft abwandte. Noch in den letzten Wochen unseres gemeinschaftlichen Lebens in Schweden, als Ernst an seinem Thomas-Mann-Aufsatz schrieb und Georg ihm bei der Auffindung der verschiedenen Goethestellen sehr hilfreich zur Hand ging, sagte er wiederholt zu mir: »Es ist ein Jammer, daß Georg nicht bei seiner Literatur geblieben ist. Er hat echten Spürsinn für das Wesentliche.«

Die Zeit von Heinzens Erkrankung vertiefte Ernstens Verhältnis zu meinen Wiener Geschwistern, und er hat es niemals vergessen, daß sie damals so ganz verstanden hatten, was für uns auf dem Spiele stand und wie sehr sie unsere Sorge zu der ihren gemacht hatten.

Die Beziehung zu meiner jüngsten Schwester Edith war schon vor dieser Zeit eine sehr ungewöhnliche gewesen. Als Kind war sie stets sein Liebling. Als heranwachsendes Mädchen kam sie jedes Jahr viele Wochen lang zu uns nach Berlin, und wir betrachteten sie als vollkommen zu uns gehörig. Als sie heiratete und Mann und Kinder nicht leicht verlassen konnte, besuchten wir sie in Wien oder auf dem Sommersitz der Familie am Fuße des Semmerings im österreichischen Gebirge, so oft wir konnten. Oft haben mich Freunde im geheimen gefragt, wie Ernstens Verhältnis zu Frauen eigentlich gewesen ist und ob es denn in unserer Ehe niemals einen Augenblick gegeben hätte, in dem er mir zu entgleiten drohte. Ich konnte diese Fragen nur mit einem ehrlichen »Nein« beantworten. Es hat niemals einen solchen Augenblick gegeben. Aber mir selbst ist oft die Frage gekommen, wieso dies wohl so gewesen ist, obwohl Ernst das ganze Leben hindurch durchaus empfänglich geblieben ist für weibliche Schönheit und weibliches Wesen. An dem Verhältnis zu den jungen Schwestern konnte ich mir so manches klarmachen, was mir schwer zu entwirren war, wenn es sich um Fernerstehende handelte.

Edith ist von jeher ein ungewöhnlich schönes Mädchen gewesen. Zu ihren äußeren Vorzügen gesellte sich ein sehr stilles, dabei aber sehr entscheidendes Verhalten der Umwelt gegenüber und ein scharfer Intellekt. Ernst bewunderte ihre Schönheit, liebte ihre Stille und freute sich an ihrer Geistigkeit. Sie ist fast zehn Jahre jünger als ich, und da mein Leiden mich immer älter erscheinen ließ, als ich war, schien der Altersunterschied zwischen uns noch größer, als er in Wirklichkeit ist. Aus dem anfänglich väterlichen Gefühl zu der »Kleinen« entwickelte sich in späteren Jahren eine echte Freundschaft und eine enge Zusammengehörigkeit. Ernst fühlte sich in Ediths Gegenwart heimisch beglückt und angeregt, und er zeigte ihr das auch sehr deutlich. Aber weder diese noch eine der anderen Freundschaften, die er im Laufe der Zeit schloß, hat seine Beziehung zu mir auch nur für Augenblicke berührt. Das lag an dem, was er selbst das »Entweder-Oder« seiner Natur nannte. Es war nichts anderes als seine Stellung zum Leben überhaupt. Von allen Seiten ließ er alles an sich herankommen; er wollte alles von allen Standpunkten aus sehen, alles Lebendige begreifen und verstehen. Aber sein Mittelpunkt, das, was sein inneres Wesen bestimmte, stand ein für allemal fest. In diesem Kern seines Wesens hatte die Bindung an mich ihren Platz. Er hatte niemals die Absicht gehabt, mich zu formen nach »seinem Ebenbilde«, mich von sich abhängig zu machen, sei es geistig oder in praktischer Beziehung, mich zu besitzen oder über mich zu bestimmen. Aber die Stelle, die ich in seinem Leben einnahm, konnte mir, nachdem er sie mir einmal eingeräumt hatte, niemals streitig gemacht werden.

Ich kann das, was ich soeben zu erklären versucht habe, vielleicht an einer humoristischen Stelle verdeutlichen, die sich in einem seiner Briefe befindet, den er mir nach Wien schrieb. Edith hatte sich wohl darüber beschwert, daß Ernst den Klagen ihres Mannes über sie zugestimmt hatte, und darauf antwortete er mit einer Anspielung auf die mythische Vorstellung irgendeines Negerstammes, über den er gerade arbeitete. Die Religion dieses Stammes enthält die Vorstellung, daß jeder Mensch vor der Geburt alle Schicksale vorgelegt bekommt, aus denen er das seine frei zu wählen hat. Nach dieser Wahl aber hat der Mensch kein Recht mehr, sich über dieses Schicksal − der *Tondi* genannt − zu beklagen, außer bei sich selbst. In diesem Zusammenhang schreibt Ernst:

Dattl [dies der Kosename meiner Schwester] bitte ich herzlich zu danken, ihr aber gleichzeitig zu sagen, daß es sich um ein ganz »odioses Mißverständnis« handelt. Wie ich sie verehre, brauche ich ihr ja nicht erst zu sagen − und hätte mein »Tondi« nicht anders entschieden, so würde *ich* sie geheiratet haben. Meine Mitteilung an Max sollte nur bedeuten, daß er, wie die Sache steht, für seine Heirat allein verantwortlich ist und nun auch die Kosten tragen muß. Ich meine natürlich nur die materiellen Kosten, die ihn wohl manchesmal etwas hart ankommen; im übrigen hat er selbstverständlich den Himmel auf Erden und kann sich bei seinem Tondi bedanken, daß er solch eine Frau angenommen hat.

142

Sein Mangel an männlicher Eitelkeit und das Fehlen jedwedes Interesses an Dingen, die ihn nicht wirklich innerlich berührten, brachten es mit sich, daß er den Verführungen, die sein Beruf als Lehrer mit sich brachte, nicht unterlag. Mädchen und Frauen aller Altersstufen saßen zu seinen Füßen, bewunderten und verehrten ihn, und oft ging diese Verehrung in Anbetung über, die sich dann je nach dem Temperament der Betroffenen mehr oder weniger poetisch äußerte. Komische und tragische Ausbrüche dieser Art haben wir erlebt, aber für Ernst waren sie immer nur ein etwas peinliches Geschehen, dem er sich nicht recht gewachsen fühlte. Sein liebenswürdiges Wesen brachte es mit sich, daß er – da er die Absicht viel zu spät entdeckte – seine Opfer ahnungslos täuschte. Das machte ihn oft auf einige Tage unsicher, geriet aber schnell in Vergessenheit.

Ernstens Verhältnis zu seinen Schülern habe ich schon in dem Abschnitt über Cohen berührt. Im Grunde herrschten in diesem Verhältnis dieselben Regeln wie in all seinen menschlichen Beziehungen – nur war der Anspruch ein anderer. Je älter er wurde, je mehr er als Persönlichkeit wuchs, je gewichtiger seine Stellung in der Wissenschaft wurde, um so größer fühlten die Schüler die Distanz zwischen sich und ihm und seinem Können. Sie erwarteten eine Führung, ein geplantes Lehrsystem, dem sie sich bereitwillig unterordnen wollten. Was sie aber fanden, war etwas völlig anderes, und es gehörte viel Selbständigkeit von seiten besonders der ganz jungen Menschen dazu, dies zu begreifen. Freilich gab es stets einige unter den Schülern, die sofort verstanden, wen sie vor sich hatten; aber ich versuchte, Ernst immer wieder auf das Problem aufmerksam zu machen, daß es eben doch nur einige waren. Aber vergebens. Er war ein Erzieher nur durch die Tatsache seiner eigenen Existenz. Seine Schüler – genau wie seine Kinder – waren für ihn selbständige Wesen, an deren Fähigkeiten er sich freute und deren Weg er voller Interesse verfolgte. Er wollte ihnen zeigen, *was* und *wie* sie zu *lernen* hätten, nicht *was* und *wie* sie zu *denken* hätten. Oft versuchte ich, ihm klarzumachen, daß er durch die naive Selbstunterschätzung, die ihm eigen war, unwillkürlich viel zu hohe Ansprüche an die Schüler stellte. Er verstand es niemals ganz, daß seine Begabung ungewöhnlich war, und sein Unterscheidungsvermögen für das, was für andere schwierig und was für sie leicht war, war dadurch merkwürdig getrübt.

Ganz spät erst, als er das englische und, am Ende seines Lebens, das amerikanische Unterrichtssystem kennenlernte, verstand er wirklich, was ich mit meinen Einwendungen gemeint hatte, und er dachte zum ersten Male ernsthaft über sich selbst als Lehrer nach. Der einzige Wunsch, den er äußerte, als die Beiträge zu dem Band der »Living Philosophers« geplant wurden, war, daß Walter Solmitz, einer seiner liebsten und ältesten Schüler, einen Beitrag über ihn als Lehrer schreiben sollte. Ich wunderte mich über diesen Wunsch, weil ich wußte, daß gerade Solmitz zu den strittigen Fällen gehörte, und daß er oft mehr Hilfe von Ernst erwartet hatte, als er ihm geben konnte. Als ich ihn fragte, weshalb er gerade Solmitz dieses Kapitel übergeben wollte, sagte er zu mir: »Weil ich ihm darauf antworten will.« Dazu ist es nicht mehr gekommen, und ich betrachte gerade diesen Ausfall als einen der schmerzlichsten in der langen Reihe des »Unvollendeten«, das er uns hinterlassen hat.

Nach allem, was ich bisher berichtet habe, wird es klar geworden sein, daß Ernst wenige Feinde besaß. War ihm aber jemand unfreundlich gesinnt, wurde er sich dessen meist gar nicht bewußt, weil er niemals Mißtrauen gegen seine Mitmenschen hegte und immer annahm, daß Anfeindungen sachliche Motive haben müßten, die er zu verstehen und zu widerlegen suchte.

Es gab aber einen Mann, der ihm immer wieder zu schaffen machte, einen, der seine Objektivität, seine Geduld und Toleranz nicht verstand, weil er selbst die Unobjektivität, die Ungeduld und Intoleranz in Person war. Dieser Mann war Albert Görland, ein Schüler Cohens und zehn Jahre älter als Ernst. Er stammte von armen Eltern, war Lehrer gewesen und mußte der bedrängten Lebensumstände wegen sein Interesse und seine Liebe zur Philosophie lange zurückstellen. Spät erst war es ihm vergönnt, seinen Wunsch, Philosophie zu studieren, zu erfüllen, und er wurde nachher einer der hervorragendsten Vertreter der Marburger Schule, die er sich zum Studium gewählt hatte. Soviel ich von Cohen und Natorp erfahren habe, verband er mit großem Scharfsinn und brennender Liebe zur Sache leider ein ganz unphilosophisches Temperament, was ihn zum »Sorgenkind« der Schule stempelte. Der harte Kampf, den er bestanden hatte, um sein Ziel zu erreichen, verschob seine Selbstkritik in gefährlichem Ausmaß. Er litt sein ganzes Leben unter der Tatsache, daß seine bedrängte Lage und seine einfache Herkunft ihn gehemmt hatten, und überkompensierte die daraus entstandenen Minderwertigkeitsgefühle, indem er sie politischen Zwecken unterstellte. Er war radikaler Sozialist, immer voll Kampflust und Verachtung für das »Bürgerliche«. Als Ernst in Marburg auftauchte und Cohens Schätzung für ihn sichtbar wurde, war das für Görland äußerst peinlich. Ich glaube nicht, daß er im Grunde an Ernstens Bedeutung gezweifelt hätte; aber er konnte es einfach nicht ertragen, daß dieser stille, sanfte Junge, der immer alles gehabt hatte, was ihm, Görland, fehlte, der seinen Weg unbekümmert von Geldsorgen und sozialem Zwang gehen durfte, mit ihm sollte konkurrieren können. Görland hatte sich mit Haut und Haaren Cohen verschrieben. Jeder Gedanke, den er dachte, ging Cohens Wege, und er glaubte in seiner Naivität, daß dieses Verhältnis eine Gegenseitigkeit zu beanspruchen berechtigt wäre. Ich traf Görland in Marburg zu Cohens 65. Geburtstag. Er war eine auffallende Erscheinung. Sein Kopf hatte viel Ähnlichkeit mit dem Lassalles. Er sprach merkwürdig schnell und fast immer etwas ironisierend, besonders wenn er sich an Ernst wandte. Aber ich glaubte doch, eine gewisse Neigung gegen den Bekämpften herauszufühlen, so sehr er sich auch bemühte, dies zu verbergen.

Görlands Weg blieb schwierig. Als Cohen-Schüler – viel Cohenscher als Cohen selbst – und als radikaler Sozialist war die Erfüllung seines Traumes, Universitätslehrer zu werden, nicht sehr aussichtsreich. So blieb er Lehrer in Hamburg und hielt philosophische Kurse an der dortigen Volkshochschule. Als im Jahre 1919 die neue Universität Hamburg gegründet wurde, glaubte Görland, daß seine Stunde nun geschlagen habe. Als es dann geschah, daß nicht nur ein anderer den Lehrstuhl für Philosophie erhielt, sondern daß dieser andere ein Neukantianer, der Cohen-Schüler Cassirer war, war dies ein schwerer Schock für Görland. Die Regierung hatte keinen Radikalen gewünscht, die Fakultät wünschte eine ausgeglichenere Persönlichkeit, als Görland eine war, und die Fachvertreter beanstandeten seine äußerst einseitige philosophische Einstellung und seine überkomplizierte Dialektik.

Als wir in Hamburg erschienen, wußte ich von alldem, was ich soeben geschildert habe, nur Bruchstücke, und Ernst hatte sich gar nicht klargemacht, daß Görland auf die Hamburger Stelle ein Anrecht zu haben glaubte, und er freute sich sehr, ihn wie-

derzusehen. Ich will mich bei den Problemen, die diese Situation
schuf, nicht zu lange aufhalten. Was ich berichten will, ist, daß
vom ersten bis zum letzten Tag unseres Hamburger Aufenthalts
ein merkwürdiges Verhältnis zwischen den beiden »Marburgern«
bestand. Ernst tat alles, was er tun konnte, um Görlands Stellung
in der Universität zu erleichtern, und er mußte in diesem Zusammenhang Schritte unternehmen, die er niemals für sich selbst
unternommen hätte. Und er erreichte es auch, aber nur langsam
und immer gegen größten Widerstand, daß Görland erst habilitiert wurde und später eine Professur mit Prüfungsrecht erhielt,
so daß er seine eigenen Schüler fördern konnte. Aber all das war
für Görland viel zu wenig. Immer wieder überschüttete er Ernst
mit den schwersten Vorwürfen, weil er sich für ihn angeblich
nicht genügend einsetzte. »Sie tun nichts für mich«, das war sein
ständiger Vorwurf. Ernst stand diesen Ausbrüchen zuerst wehrlos
gegenüber; später, als er älter wurde, konnte er sich manchesmal
recht scharf gegen sie verteidigen. Aber als Hitler zur Macht kam,
war sein erster Gedanke Görlands Schicksal, da er als »Radikaler«
abgestempelt war und sehr gefährdet schien.

Das Jahr 1923 ist für alle, die es in Deutschland erlebt haben,
unvergeßlich geblieben. Die Inflation bewegte sich in grotesken
Sprüngen und verschlang Kraft und Zeit derjenigen, die nicht
durch sie profitierten. Unser Haushalt bestand aus acht Personen,
und es wurde täglich schwieriger, das Ernährungsproblem zu lösen. Gegen Ende dieser Zeit schickte uns meine Schwester Marta
jeden zweiten Tag einen Laib Brot aus Wien (als Expreßpaket),
damit die Kinder ihre gewohnten »Stullen« nicht entbehren mußten. Ernst schrieb mir in einem Brief vom April 1923:

Heute erhielt ich von Bruno (Verlag Cassirer) die Abrechnung
über das erste Vierteljahr 1923. Er hat in diesen drei Monaten
1240 Exemplare meiner Bücher verkauft, was für mich ein
Honorar von über 1 Million Mark ergibt. So sind jetzt nicht
nur meine Schulden bezahlt, sondern ich habe noch über
½ Million herausbekommen.

Wenn diese Summe schon phantastisch klingt, mag man sich ver-
gegenwärtigen, daß sie einen Monat später nicht mehr ausreichte,
um sich eine Schachtel Streichhölzer zu kaufen. Mich deprimierte

146

dieser Zustand in immer zunehmendem Maße, weil ich mich schließlich mit nichts anderem mehr beschäftigen konnte. Als ich im Frühjahr meinen Vater in Wien besuchte, lebte ich wieder etwas auf. Österreich hatte seine Währung stabilisiert. (75.000 Schillinge hatten den Wert einer Vorkriegskrone erhalten), und es war etwas Ruhe eingetreten, die sich auch mir mitteilte.

Auf meinen Bericht über die Aufführung des Fidelio im Wiener Opernhaus, der ich beigewohnt hatte, antwortete Ernst:

Hamburg, 25. April 1923

Dein heutiger Brief, der ganz erfüllt war von dem großen Eindruck, den die Fidelio-Aufführung auf Dich gemacht hat, hat mich herzlich gefreut. Ich gönne Dir diesen Genuß von Herzen – und ich habe aus Deiner Schilderung entnommen, daß Dein und unser aller Leiden doch an einer ganz anderen Stelle liegt, als dort, wo wir es manchmal suchen. Es ließe sich an so manche »Misere« gewöhnen – wenn nur die geistigen Dinge darüber nicht allmählich zu kurz kämen. Sobald man sich in sie retten kann, fühlt man sich doch immer wieder ganz geborgen. Und in dieser Hinsicht muß ich eingestehen, daß ich Dir vielleicht oft Unrecht getan habe, weil ich mich doch nicht immer ganz deutlich in Deine Stimmung hineinzuversetzen vermochte. Geht es mir doch – wie ich gerade jetzt während dieser Ferien wieder gemerkt habe – in dieser Beziehung viel zu gut; da ich mich doch immer in solche Eindrücke retten kann, wie Du ihn jetzt einmal nach Monaten wieder gehabt hast. Ich habe es eben jetzt wieder an meiner Plato-Lektüre, die ich in den letzten Tagen intensiv getrieben habe, bemerkt: Die unbegreiflich hohen Werke sind herrlich wie am ersten Tag. Manche Dinge, die ich seit fast dreißig Jahren kenne, sind mir ganz neu erschienen. So ist es für mich, zumal jetzt die Arbeit besser als seit langer Zeit vorwärts geht, wahrlich keine Kunst, zufrieden zu sein, und ich wünschte bisweilen nur, daß ich Dir mehr von meiner Stimmung abgeben könnte …

In den ganzen Jahren der Inflation war Ernstens Arbeitskraft und Laune ungetrübt. Er war voller Optimismus und glaubte nicht, daß der Wahnsinn, der die Geldwirtschaft ergriffen hatte, ewig dauern könne, und er wartete geduldig auf eine Regelung. In dieser Zeit starb der Philosoph Troeltsch noch jung und unerwartet, und eine der großen Berliner Professuren wurde dadurch frei. Ernst wäre der selbstverständlichste Anwärter auf diese Stelle gewesen, und ich fürchtete, daß wir nach Berlin würden zurückziehen müssen. Aber dazu kam es nicht. Im Dezember 1923 schreibt mir Ernst:

Hamburg, 28. Dezember 1923

… Noch eine Nachricht, die Dich erfreuen wird: Die Berliner Berufungsfrage ist endgültig entschieden. Da man diesmal auf nichts Besseres verfiel, hat die Fakultät sich entschlossen, gar keine Vorschläge zu machen, sondern die Stelle von Tr. ganz unbesetzt zu lassen. Eine wiederum höchst geniale Wendung, die als Symptom sehr charakteristisch ist. Wie ich selbst zu diesen Dingen stehe, weißt Du ja – und in diesem Falle habe ich schon mit Rücksicht auf Dich diese Lösung persönlich als eine große Erleichterung begrüßt. Und auch rein sachlich hat sie, wie Dir wohl auch meine Briefe in den letzten Tagen gezeigt haben werden, meine Laune nicht einen Augenblick getrübt. Solange mir Gott mein glückliches Temperament und solange er es Dir und den Kindern gutgehen läßt, werden alle Fakultäten der Welt nicht die Macht haben, mich aus dieser meiner guten Laune herauszuschrecken.

1924 endete die Inflation und damit das Gefühl der Abgeschlossenheit von der übrigen Welt. Denn mit dem Gegenwert von einer Billion Mark für eine Friedensmark war jede Umwechslung in eine andere Währung unmöglich geworden. Fast zehn Jahre waren wir in Deutschland festgehalten, und zwar in einer Zeit tiefster Depression, die dem verlorenen Krieg folgte. Am Ende dieser Periode war meine Widerstandskraft nicht mehr intakt und meine Gesundheit sehr geschwächt.

Ich glaube, daß der angegriffene Körperzustand, in dem ich mich befand, mich hellsichtiger machte für diejenigen Dinge, die sich in Deutschland vorbereiteten. Jede Reise innerhalb der Reichsgrenzen war eine Qual für mich. Ich spürte an allen Ecken, woher der Wind zu wehen begann. Wenn ich bedenke, daß dies zehn Jahre vor dem nationalsozialistischen Siege war, staune ich noch heute darüber. Wenn ich in Wien meinen Vater und meine Geschwister besuchte, hatte ich fast Angst vor der Heimreise, trotz der Sehnsucht nach Ernst und den Kindern. Ernst half mir immer wieder weiter durch seine wunderbare Fähigkeit, sich nicht unterkriegen zu lassen. In einem Brief vom Januar 1924 heißt es:

Hamburg, 4.Januar 1924

… Seit ich weiß, daß Du die Rückreise angetreten, also doch irgendwelche Anstalten unternommen hast, zu uns zurückzukehren, ist mir fast, als ob ich Dich schon wieder zu Hause hätte. Und das ist mir diesmal, wie ich Dir nun gestehen muß, ein Ziel aufs innigste zu wünschen. Denn obgleich ich im Prinzip nichts dagegen habe, daß Du Dich von Zeit zu Zeit von Deinem Haushalt, Deinen Kindern und von mir zu erholen suchst, so hast Du dies für dieses Mal doch etwas allzu gründlich und – mit einer fast beleidigenden Deutlichkeit – getan. Stand doch in jedem Deiner Briefe zu lesen, wie sehr Du Dich vor der Rückkehr in das »Gefängnis« in der Blumenstraße fürchtest. Nun, um im Hamlet-Stil zu bleiben, so will ich Dir nach dieser Rückkehr zu beweisen suchen, daß, wenn Deutschland ein Gefängnis ist, es doch ein stattliches ist, worin es viele Verschläge und Löcher gibt, und daß die Blumenstraße keines der schlimmsten ist. Solltest Du das aber nicht wünschen, so habe ich mir fest vorgenommen, den Spieß einmal umzukehren. Es liegt schon so etwas wie eine kleine Weltreise von mir (zum Philosophenkongreß in *Neapel)* in der Luft, und dann werde ich meine Revanche nehmen.

Von mir ist noch nicht viel zu berichten. Ich stecke sehr stark in der Arbeit, und das Neueste ist, daß ich mit Deiner Abreise ein ganz neues Buch zu schreiben begonnen habe, für das der »Sklavenhalter« Saxl verantwortlich ist. Bei der Ausarbeitung meines Warburg-Vortrags über »Sprache und Mythos« hat sich nämlich der Stoff so gehäuft, daß ich das Ganze wahrscheinlich nicht als Vortrag werde drucken lassen, sondern es als selbständige, ziemlich umfangreiche Studie veröffentlichen werde. Ich bin aber einstweilen noch im Anfang – und so kannst Du Dich auch aus diesem Grunde beglückwünschen, daß Du noch nicht wieder hier bist. – …

Die erste Einladung zu Vorträgen außerhalb Deutschlands bekam
Ernst aus der Schweiz. Er nahm sie voller Freude an, und als
ich ihn in den Eisenbahnwagen einsteigen sah, der ihn über die
Schweizer Grenze befördern sollte, wurde mir klar, wie sehr er
diesen ersten Schritt ins Freie genoß. Ich konnte ihn aus finanziellen Gründen nicht begleiten.

Warburg befand sich damals noch in der geschlossenen Anstalt
von Dr. Binswanger in Kreuzlingen bei Konstanz. Seine Genesung war schon weit fortgeschritten; aber zur Rückkehr nach
Hamburg wollte der Arzt seine Zustimmung nicht recht geben,
hauptsächlich deshalb, weil Warburg selbst sich der Situation, die
ihn erwartete, nicht gewachsen zu fühlen glaubte. Saxl hingegen
war anderer Meinung, und er versprach sich viel von einem Treffen zwischen Warburg und Ernst, weil er glaubte, daß Ernst die
geeignete Persönlichkeit wäre, Warburg von der Notwendigkeit
seiner Rückkehr zu überzeugen. So wurde, anläßlich der Schweizer Reise, ein Besuch bei Warburg vorbereitet. Saxl war nach
Kreuzlingen gereist, um Warburg die Situation zu erleichtern,
denn er war damals noch ganz abgeschlossen von der Außenwelt und hatte nur seine Frau oder eines seiner Kinder zeitweise
um sich. Dieser Besuch erreichte seinen Zweck. Ernst hat mir
später immer wieder berichtet, wie sonderbar es ihn anmutete,
den Kranken vollkommen normal diskutieren zu hören – immer
in höchster geistiger Spannung und Klarheit – und ihn dann
plötzlich zurückfallen zu sehen in die merkwürdig mystischen und
mythischen Vorstellungen, die den Hintergrund bildeten, auf dem
seine Krankheit sich abspielte.

Der ersten Postkarte, die ich aus Kreuzlingen erhielt, fügte
Warburg folgende Worte bei: »Herzliche Grüße sendet Ihnen Ihr
A. Warburg, der glücklich ist, daß der Besuch wirklich geglückt ist.«

Wenige Tage nach Ernstens Abreise von Kreuzlingen schreibt
ihm Warburg:

In letzter Zeit hat mir kaum etwas eine so große Freude gemacht wie Ihr Brief, der mir das Klopfen auf der anderen Seite des Tunnels beim Durchbruchs-Versuch so wahrnehmbar
machte, so daß ich mein weggelegtes Handwerkszeug wieder
anfasse und den Mut zu finden versuche, unter dem alten Ge-
röll aufzuräumen.

Auf ganz verschiedenen Wegen waren die beiden Forscher auf dieselben Probleme gestoßen, und einige Jahre fruchtbarster Zusammenarbeit folgten Warburgs Wiederkehr. Ich habe weder die Begabung noch die genügenden Unterlagen, um Warburg zu schildern, obwohl es mir wichtig erscheinen würde im Zusammenhang mit diesen Berichten. Ich bin gewiß, daß von anderer Seite der Versuch gemacht werden wird, seine ganz einmalige Persönlichkeit festzuhalten. Nur zwei kurze Berichte will ich hier anführen, um zu verdeutlichen, wie krank Warburg noch kurz vor seiner Rückkehr gewesen ist.

Saxl erzählte uns, daß er sich tagelang auf Ernstens Besuch vorbereitet habe. Er hätte unzählige Fragen, die er an ihn zu stellen hatte, aufnotiert, und hatte es fertiggebracht, alles, was nicht »zur Sache« gehörte, auszuschalten, um die kurze Zeit, die ihm vom Arzt für diesen Besuch freigestellt worden war, auch ganz ausnützen zu können. Als Ernst aber zur festgesetzten Stunde ankam, mußte er eine halbe Stunde darauf warten, in Warburgs Arbeitszimmer eingelassen zu werden. Im letzten Augenblick hatte Warburg panische Angst ergriffen, und er bestand darauf, alle Dinge, die auf seinem Schreibtisch lagen oder standen, erst wegzuräumen, ehe er Ernst die Türe öffnete. Die alte Vorstellung, daß alle diese Dinge tabu wären, ließ ihn nicht los.

Später, als er am Arm seiner Frau mit Ernst durch den Sanatoriumsgarten ging, zeigte er plötzlich auf irgendein Zimmer des Hauses und sagte: »Sehen Sie, Cassirer, dort oben hält man meine Frau gefangen.«

Nach seiner Rückkehr waren diese Reste seiner Krankheit so weit verschwunden, daß sie für den Fernerstehenden nicht mehr sichtbar waren. Er hatte die bösen Geister besiegt und spielte seine Rolle als »Revenant« (wie er sich selbst bezeichnete) mit wahrhafter Größe.

Ernstens Gesundheitszustand war ein ungewöhnlich guter. Von Zeit zu Zeit litt er an einer unaufgeklärt gebliebenen Gallenstörung; sonst aber waren es nur die üblichen Infektionskrankheiten, die ihn hier und da belästigten: Schnupfen, Angina oder Influenza. Der Verlauf dieser Krankheiten aber war immer überaus heftig und erschreckte jeden seiner Ärzte bei der ersten Begegnung. Sie setzten mit sehr hohem Fieber ein, das fast immer von leichtem Phantasieren begleitet war. In diesem Zustand sang

er oft ganze Opern mit heller, kräftiger Stimme und war schwer
zu unterbrechen. Er hatte sich im Laufe der Zeit eine eigene Behandlung zurechtgelegt, die ihm auch immer half, die Krankheiten sehr schnell zu überwinden. Er nahm, wenn das Fieber seinen
Höhepunkt erreicht hatte, eine starke Dosis Aspirin, worauf er
derart zu schwitzen begann, daß er nach einiger Zeit buchstäblich
in Wasser gebadet war. Dann zog er sich um und erklärte sich
als gesundet, was freilich nur teilweise stimmte, da diese Pfer-
dekuren seine Nerven sehr angriffen. Alle Ärzte rieten ihm von
dieser Behandlung ab und baten ihn, damit wenigstens solange zu
warten, bis die Diagnose feststand. Darauf ging er aber nicht ein.
Er erklärte mir – schon als wir noch sehr jung waren –, daß die
Ärzte alle einen großen Fehler machten, indem sie Krankheiten
anstatt Menschen behandelten. »Mein Schnupfen«, so sagte er,
»hat mit meinem Typhus mehr Ähnlichkeit als mein Typhus mit
dem Typhus eines anderen, und von diesem Gesichtspunkt aus
muß man mich behandeln.« Heute klingt diese Theorie, selbst für
fachmännische Ohren, nicht mehr so absurd wie damals.

Was Kopfschmerzen sind, wußte Ernst eigentlich nicht. Um so
erstaunlicher war es, wie er die Qual, die dieses Leiden mir verur-
sachte, nachfühlen konnte, und mit welcher Geduld er die Hemmungen meiner Handlungen, die dadurch entstanden, ertrug.

Kurz nach Beendigung der Inflation erfuhren wir, daß aus
einem der Familienunternehmen eine beträchtliche Summe Geldes zur Auszahlung gelangen würde, an der wir Anteil hatten. In
unserer damals recht betrüblichen Finanzlage war diese Aussicht
eine wahre Erlösung. Ernst schmunzelte bei der unerwarteten
Nachricht und meinte, daß er es sich auch gar nicht anders vorgestellt hätte. Wir konnten – so meinte er – doch nicht für immer
so arm bleiben, jetzt wo die Kinder unsere Hilfe am dringendsten
brauchten.

Diese scherzhafte Äußerung, wie so manches andere in seinem Verhalten, beschäftigte mich lange Zeit. Sein Gleichmut,
sein heiteres Temperament, seine Bescheidenheit – all dies war
ohne Zweifel. Aber hatte er eigentlich schon jemals im Leben
eine schwere Probe bestanden, und wie würde es um seine schöne Gemütsbeschaffenheit bestellt sein, wenn diese Probe eines
Tages käme? Freilich hatte er den Krieg erlebt, er hatte Heinz
in schwerster Gefahr gesehen, er hatte die Inflation durchge-

macht – aber all dies hatte ja für ihn gut geendet. Er war vom Kriegsdienst befreit, seine Söhne noch nicht im wehrfähigen Alter. Heinz war von seiner Operation restlos genesen, und als das Kriegsende unsere Lage sehr erschwerte, war er nach Hamburg berufen worden. Und zuletzt kam noch auf rätselhaften Wegen dieses unerwartete Geld zum Vorschein, was uns ermöglichte, unser Haus zu erhalten und die Kinder ausbilden zu lassen. Unser gegenseitiges Verhältnis war so unbeschattet, so ungefährdet wie nur denkbar; seine Beziehungen zu den Kindern so liebevoll und selbstverständlich. Alles, was ihn anging, glückte. Oft sah ich ihn besorgt an: Wie, wenn es eines Tages anders käme? Freilich hatte auch er schon viel Kummer erlebt. Der Tod von Richard und Fritz Cassirer hatte ihn tief erschüttert. Aber solche Trennungen sind Menschenschicksal, und er ertrug sie – wenn auch innerlich verwundet – mit Gefaßtheit und Ruhe. Das Leben, das für ihn so unerschöpfliche Reichtümer barg, trug ihn schützend seiner Vollendung entgegen.

Inmitten der produktivsten und glücklichsten Periode seines Lebens klopfte das Schicksal plötzlich ganz leise an unsere Tür. Nicht wirklich bedrohlich, aber doch vernehmlich, und gerade von einer Seite, von der wir beide es am allerwenigsten erwarten konnten. Ich habe in meinen ersten Aufzeichnungen die Geschichte, die nun folgt, ausführlich behandelt. Hier soll sie nur skizziert werden. Damals galt meine Niederschrift einem anderen Zweck; heute will ich das Erlebnis, das ihr zugrunde lag, nur soweit berühren, wie es zur Beleuchtung von Ernstens Verhalten notwendig erscheint.

Im Jahre 1927 brachte mir die Post – ich traute meinen Augen kaum, als ich die Handschrift erkannte – einen Brief meines Jugendfreundes Rudolf. In kurzen Sätzen teilte er mir mit, daß er ein Sterbender wäre und daß er den Wunsch habe, mich, solange dies noch möglich wäre, wiederzusehen, da – wie er schrieb – allzuviel Ungelöstes auf seiner Seele ruhte.

Blitzartig stand die Tragödie vor mir, die sich dann langsam und stückweise enthüllte. Das erste, was ich tat, war, daß ich Ernst den Brief brachte und ihn um Rat fragte, was ich tun sollte. Er konnte den Brief nicht so sicher deuten wie ich; aber um so sicherer konnte er das deuten, was er in mir aufgewühlt hatte, dessen ich selbst mir jedoch gar nicht voll bewußt war. Die Mutter,

die in meinen Augen unfehlbar gewesen war, hatte ein Unrecht
begangen, und sie hatte mich zu einem Unrecht veranlaßt, und
diesem Unrecht verdankte ich mein Glück. Ganz gleichgültig, wie
weit die Episode hinter mir lag, ganz gleichgültig, wie jung ich
damals gewesen war, Ernst zweifelte keinen Augenblick daran,
daß wir einen Weg finden müßten, Rudolf Gehör zu verschaffen,
wenn ich meine Ruhe wiederfinden sollte.

Die Schilderung des Wiedersehens mit dem Schwerkranken
gehört nicht hierher, wohl aber der Bericht über die Konsequenzen, die meine Aussprache mit ihm zur Folge hatten. Ich bekam
Einblick in den Seelenzustand eines wertvollen, aber ganz merkwürdigen Menschen, in dessen Leben ich ahnungslos eine verhee-
rende Rolle gespielt hatte. Nie war ihm der Gedanke gekommen,
auf mich zu verzichten. Er wollte schweigen, bis er selbst die
Gewißheit haben würde, daß er ein Recht hätte, zu sprechen. Er
arbeitete wie ein Rasender, um in seinem Beruf schnell vorwärts-
zukommen, und eignete sich nebenher eine sehr umfangreiche
Bildung an. Er führte ein ganz zurückgezogenes Leben in einer
kleinen Provinzstadt, als ihm seine Schwester eines Tages die
Nachricht zuschickte, daß ich mich verlobt hätte.

Von diesem Tag an begrub er, wie er sich ausdrückte, »alles,
was ihm das Leben wert gemacht hatte, und begann ein Leben
der Pflicht«. Er heiratete ein Mädchen, mit dem er sich ange-
freundet hatte, und führte mit ihr und den beiden aus dieser Ehe
stammenden Töchtern ein glücklich scheinendes Familienleben.
Das Gefühl für mich blieb in all den Jahren, die nun folgten, unverändert und hatte an Intensität und Sicherheit eher gewonnen
als verloren. Die merkwürdige Spaltung ergab ein Doppelleben,
dessen eine Hälfte die Wirklichkeit war, die ihm ganz unwirklich
erschien, und dessen andere Hälfte der Traum war, in den seine
wahre Natur sich geflüchtet hatte.

Jetzt war er – erst 48 Jahre alt – schwer erkrankt und flehte
mich an, ihn das letzte Stück Weges nicht zu verlassen. Da er
meine Beziehung zu Ernst sofort begriffen hatte, meinte er damit
nichts anderes, als daß ich in ständiger Verbindung mit ihm bleiben sollte, teils brieflich, teils durch gelegentliches Treffen. Seine
Frau, die seine alte Freundschaft zu mir nie ganz begriffen hatte
und nicht ahnte, wie sie sich erhalten hatte, unterstützte seinen
Wunsch. Sie hoffte, daß der schwer zu behandelnde Patient die

ihm aufgezwungene Isolierung leichter würde ertragen können, wenn ein neues Interesse in sein Leben käme. So begann ein regelmäßiger Briefwechsel zwischen Rudolf und mir, der ihn ausfüllte und beglückte.

Ich selbst war durch die Beichte des Jugendfreundes – der mir so lange völlig entschwunden war und plötzlich so unerwartet nahe zu rücken schien, aufs äußerste betroffen. Ich war bereit, alles zu versuchen, was ihm die kurze Zeit, die ihm noch vergönnt war, erleichtern konnte; aber in meinem Innern glaubte ich nicht recht, daß es gelingen würde. Der Versuch aber mußte auch um meiner selbst willen gemacht werden. So schuldlos ich an dem Verlauf des Jugenderlebnisses auch gewesen sein mochte – die Tatsache, daß Rudolf ihn als Ursache seines Elends betrachtete, schuf ein Schuldgefühl in mir, das ich zu tilgen versuchen mußte. In den folgenden Monaten ließ meine Spannkraft jedoch beträchtlich nach, und ich war oft entschlossen, der künstlichen Situation, unter der ich litt, ein Ende zu machen. Da aber geschah das Sonderbare, daß Ernst, zum erstenmal in unserer 25jährigen Gemeinschaft, die Führung in einer Sache übernahm, die ganz die meine war. Er versuchte, mich immer wieder darin zu bestärken, daß ich den Plan, dem Freunde zu helfen, nicht aufgeben durfte. Er las jeden seiner Briefe; er wußte, daß dieser Mann mich leidenschaftlich liebte; er wußte, wie schwer es mir wurde, seine Frau über die wahren Gefühle ihres Mannes zu täuschen. Aber er fürchtete, daß ich ein Versagen meinerseits noch viel schwerer würde ertragen können als selbst diese schwierige Lage. Und wenn ich an der Aufgabe verzagte, nahm er mich in seine Arme und sagte: »Nur Mut, es wird schon gehen. Du kannst ja alles, was du wirklich willst.«

Nach Ablauf eines Jahres, in dem es wirklich gelungen war, Rudolf neuen Lebensmut zu geben, zeigte es sich, daß seine Frau Verdacht geschöpft hatte und ihr Verhalten gegen mich sich änderte. Ich versuchte vergeblich, Rudolf klarzumachen, daß er unter diesen Umständen auf mich verzichten müßte, da die Aufregungen, die das Verhalten seiner Frau zur Folge hatten, ihm schadeten. Aber davon wollte er nichts wissen, und er erklärte, sich von mir nur trennen zu wollen, wenn ich es meinetwegen von ihm verlangte, nicht aus Rücksicht auf sich selber oder auf irgendein anderes Wesen.

Allmählich überzeugte ich Ernst, daß unser Plan scheitern
mußte. Ich lasse einen Brief folgen, den er mir nach Wien schrieb,
wo ich mich gerade mit Rudolf getroffen hatte.

Hamburg, 1. November 1928

... Etwas beunruhigt bin ich aber doch über das, was Du von
R. schreibst. So sehr ich es ihm und Dir gönne, wenn Du ihm,
soweit Du nur irgend kannst, zu helfen suchst, so darf es doch
in keinem Fall zu irgendeinem Konflikt zwischen Dir und der
Frau kommen. Das wäre für ihn und für Dich gleich unerträglich – denn auch Du bist, rein was Deinen Gesundheitszustand
und Deine physische Widerstandskraft betrifft, über derlei Dinge nicht so erhaben, wie es Dir vielleicht in manchen Momen-
ten erscheint. Du würdest an irgendeiner Mißstimmung, auch
wenn Du Dich an ihr ganz schuldlos fühlst, für lange Zeit zu
tragen haben. So bitte ich Dich also, rein um Deiner selbst willen, alles zu meiden, was hierzu führen könnte, und auch eine
gewisse äußerliche »Diplomatie«, so wenig sie an sich Deinem
Temperament liegen mag, nicht zu verschmähen. Jetzt bist Du
in einer Lage, in der es wirklich einmal gilt, den biblischen
Rat zu befolgen: Du mußt klug wie die Schlange und ohne
Falsch wie die Taube sein. Schließlich ist und bleibt es ja Dein
Verhängnis, der Frau gegenüber irgendwie »im Unrecht« zu
sein; es darf aber nicht dazu kommen, daß sie selbst das allzu
deutlich empfindet. Du darfst mich über meine Besorgnisse
nicht auslachen – was mich etwas nervös und unruhig macht,
ist nur der Gedanke, daß es von mir vielleicht nicht recht war,
Dich einer innerlich und äußerlich so schwierigen und heiklen
Lage ganz allein gegenüberzustellen. So sicher ich bin, daß Du
im rein äußerlichen Sinne keine »Fehler« dabei begehen wirst,
so ist mir um Deine innere Ruhe bange, die ja nicht so sehr
gefestigt ist und zuweilen auch von bloßen Schatten gefährdet
und gestört wird. ...

Einige Monate später erwarteten wir Rudolf in Hamburg, wo
er seine Tochter besuchte. Es war mir anläßlich dieses Besuches
der Gedanke gekommen, daß eine Aussprache zwischen ihm
und Ernst ihm vielleicht klarmachen könnte, was er aus meinem
Munde nicht begreifen wollte. Diese Aussprache endete kläglich.

Ernst führte sie mit einer Geduld und Offenheit, wie nur er sie führen konnte; aber Rudolf hörte nur das eine heraus, was ihm unerträglich schien – nur das Wort Trennung. Schon während des Gespräches wußte ich, daß ich mich geirrt hatte und daß die Katastrophe nicht mehr aufzuhalten war.

Ich hatte geglaubt, daß Ernst Rudolf denselben Eindruck machen würde, den er mir machte; daß Rudolf verstehen würde, welches Ausmaß von Liebe, Güte und Geduld seinerseits dazu gehört hatte, die letzten Monate durchzuhalten. Aber Rudolf sah nur den schönen, erfolgreichen, gesunden Mann vor sich, der die Frau besaß, die er, der Versagende, liebte, und daß er diese Frau nicht durch Gesetz und Zwang, sondern wirklich besaß, mit allem, was in ihr war. Am Morgen nach der Aussprache schrieb er Ernst einen Brief, der den ganzen Abgrund sichtbar machte, über dem er schwebte, und er beschuldigte Ernst aufs gröbste. Dieser Brief und Ernstens Antwort an ihn, die ich hier vollständig folgen lassen, machten der unerträglichen Spannung, in der ich gelebt hatte, ein Ende. Rudolfs Gesundheit verschlechterte sich in raschem Tempo, und er starb ein Jahr später.

Lieber Herr T.

Ich danke Ihnen für Ihren Brief – aber ich will Ihnen, da ich mich Ihnen gegenüber zu voller Aufrichtigkeit verpflichtet fühle, nicht verschweigen, daß er mir eine sehr schmerzliche Enttäuschung bereitet hat. Eine Enttäuschung vor allem deshalb, weil ich aus ihm ersehen muß, daß alle meine Versuche, die ich in diesen letzten Monaten unternommen habe, um Ihnen menschlich näher zu kommen und Ihnen nahe zu bleiben, vergeblich gewesen sind. Aus Ihrem Brief spricht ein völliges Mißverständnis meines Wesens, eine völlige Verkennung der Gesinnung, die ich gegen Sie hege, und der Motive, die mein Handeln Ihnen gegenüber bestimmt haben. Aber dies alles müßte ich schließlich ertragen, denn im Grunde bin ich Ihnen ja doch ein Fremder, und ich kann von Ihnen nicht verlangen, daß Sie mich aus meinem eigenen Mittelpunkt heraus sehen und mich aus ihm heraus beurteilen. Was mich dagegen weit schmerzlicher berührt, ist die Tatsache, daß Sie auch Toni in vielem so tief verkennen und mißverstehen konnten, wie es Ihr Brief zeigt, und daß Sie vor allem von der Art des menschlichen Verhältnisses, das seit der ersten Bekanntschaft zwischen ihr und mir bestanden hat und das heute reiner, fester und ungetrübter denn jemals besteht, sich so gar keine rechte Vorstellung zu bilden vermögen. Aber wie sollte ich nun, lieber Herr T., Ihnen zu erklären versuchen, was ein monatelanger Briefwechsel mit Toni, der in der größten Freiheit und Aufrichtigkeit geführt wurde, Ihnen nicht erklärt hat? Ich gestehe, daß ich mich dieser Aufgabe nicht gewachsen fühle, zumal ich mich überall dort ohnmächtig fühle, wo man meinen guten Willen nicht sieht und wo man mir nicht rückhaltlos Vertrauen entgegenbringt. Und aus einem solchen Mangel an Vertrauen vermag ich es nur auch zu erklären, daß Sie den Sinn und die Absicht meiner Unterredung mit Ihnen so völlig und so peinlich mißverstehen konnten. Habe ich Ihnen denn in dieser Unterredung nicht gesagt, daß ich keineswegs von *mir* aus eine Änderung zwischen Ihnen und Toni wünschte, geschweige daß ich irgendwelche »Besitzrechte« an ihr geltend machen wollte – etwas, was ich nie getan und was mir schon in der bloßen Vorstellung unerträglich ist, weil es mein wahres, inneres Verhältnis zu Toni aufs gröblichste verfälscht. Wenn ich Ihnen beiden geraten habe, sich dem Zwang der äußeren Verhältnisse zu fügen und Ihren Briefwechsel nicht in der gleichen Weise wie bisher fortzusetzen, geschah dies doch nur aus dem Gefühl heraus, daß ich Toni und Sie selber vor schmerzlichen Enttäuschungen behüten wollte, die ich als unausbleiblich voraussah. Ich habe Toni an dem Tage, als Ihr erster Brief eintraf, gesagt, daß ich ihr in allen ihren Entscheidungen und in jedem einzelnen Schritt, den sie unternehmen wolle, volle und unbedingte Freiheit lasse – und daß ich wisse, daß sie niemals gegen ihre Natur handeln *könne*. Und daß ich soviel Verständnis und soviel Achtung vor dieser ihrer Natur hege, daß ich niemals etwas mißbilligen würde, was aus ihr entspringt. Und das waren keine leeren Worte – sondern so ist es zwischen uns die ganze Zeit gehalten worden. Sie werden mir glauben, wenn ich Ihnen sage, daß die schweren seelischen Erschütterungen, die die letzten Monate für Toni gebracht haben, daß die ständigen Sorgen um Ihre Gesundheit, mit denen sie sich gequält hat, auch mich aufs tiefste bedrückt haben. Aber niemals habe ich darum auch eine Minute lang mit Bitterkeit an Sie oder gar an

Toni gedacht. Ich weiß zu genau und fühle es zu deutlich, daß menschliche Schicksale und menschliche Gefühle sich nicht durch Willkür bestimmen, sich nicht von außen her kommandieren lassen. Man muß sie nehmen, wie sie kommen, und alles, was man tun kann, besteht nur darin, daß man sich ihnen innerlich gewachsen zeigt, daß man sich das sichere und klare Bild von der Welt und von den Menschen durch kein äußeres Schicksal trüben und beeinträchtigen läßt. Dazu gehört aber unbedingte Klarheit und Wahrhaftigkeit.

Toni konnte von dieser Linie niemals abweichen, weil sie die innere Richtlinie ist, die ihr gesamtes Leben bestimmt hat. Aber was sie niemals ertragen und was ich für sie nicht ertragen hätte, wäre dies gewesen, daß ihr Wille verdächtigt, ihre reinste Absicht verkannt worden wäre. Sie ist ein Mensch, der zu jedem Opfer bereit und fähig ist − nur das Opfer ihrer Überzeugung und ihrer Gesinnung wird sie niemals bringen können, weil es nicht in ihrer Macht steht, gegen den tiefsten Kern ihres Wesens zu handeln. Und ein solches Opfer wäre es gewesen, wenn sie weiter in einer Lage verharrt hätte, die sie täglicher und stündlicher Verkennung und Mißdeutung aussetzte. Ich durfte nicht untätig zusehen, wie ein menschlich so zartes und inniges Verhältnis, wie das, das zwischen Ihnen beiden bestand, nach und nach in ein durchaus falsches Licht gerückt und auf ein falsches Niveau herabgezerrt wurde, das seiner unwürdig war. Nur in diesem Sinne war mein Wort gemeint, daß Sie beide sich das Erlebnis Ihrer nach so vielen Jahren neuerwachten Liebe und Freundschaft nicht verzerren und verunstalten lassen durften. Es hat mich geradezu erschreckt, wie sehr Sie dieses Wort mißverstanden haben: so sehr, daß Sie glauben konnten, ich hätte von einem »Abenteuer« gesprochen, auf das Sie »ausgegangen« seien. Glauben Sie mir, lieber Herr T., daß ich einen solchen Gedanken, nun nachdem Sie ihn ausgesprochen haben, kaum nachempfinden kann − geschweige, daß ich ihn jemals von selbst hätte fassen können!

Ich habe Ihnen damit noch einmal in voller Offenheit meine Auffassung der Dinge und meine innere Einstellung zu Ihnen klarzulegen gesucht. Vieles, sehr vieles − das fühle ich gleichwohl − ist unausgesprochen geblieben, weil es sich ei-

nem Briefe nicht anvertrauen und weil es sich schriftlich nicht
klären läßt. Aber da mir andererseits sehr viel daran gelegen
ist, daß, wenn unsere Wege sich nunmehr trennen müssen,
die Trennung wenigstens in freundschaftlichster Form, ohne
gegenseitige Verkennung und ohne gegenseitige Verbitterung
erfolgt, so wäre ich gerne zu einer nochmaligen eingehenden,
persönlichen Aussprache bereit.

Diese Episode in unserem Leben löste die eine Frage, die ich mir
oft gestellt hatte, vollkommen – die Frage, wie Ernst sich verhalten würde, wenn er eine schwere Probe zu bestehen haben würde. Nun wußte ich, daß er in keiner Lage jemals seine Struktur
verändern würde, daß er – ganz gleich, was die Konsequenzen
für sein eigenes Glück, sein eigenes Leben sein würden – niemals
dieses Glück und dieses Leben zur alleinigen Richtschnur seiner
Handlungen machen würde. Zwar war die damalige Probe keine
gefährliche gewesen. Er hatte nicht wirklich gefürchtet, daß ich
schwanken würde zwischen ihm und Rudolf. Aber jedes seiner
Worte bewies mir, daß er selbst dann, wenn das Unmögliche dennoch möglich geworden wäre, mir die Entscheidung über mein
Schicksal überlassen hätte, ganz unabhängig davon, was diese
Entscheidung für ihn bedeutet hätte.

Vom Jahre 1924 an verbrachten wir immer einige Wochen
im Hochgebirge, im Engadin in der Schweiz. Meist begleitete
uns Anne auf diesen Reisen, und ich glaube, daß ihr großes
Verständnis für den Vater hauptsächlich auf diese gemeinsamen
Reisen zurückzuführen ist. Wer Ernst dort oben nicht gesehen
hat, kann sich keine Vorstellung machen, wie groß seine Gabe
war, sich zu freuen und den Augenblick zu genießen. Eigentlich
liebte er ursprünglich die See mehr als das Gebirge. Er war ein
leidenschaftlicher Schwimmer und überstand Sturm und Regen
wie ein geborener Seemann. Da mein Kopfleiden jedoch nur im
Hochgebirge wirkliche Linderung erfuhr, zog er den Aufenthalt in
den Bergen aus diesem Grunde unbedingt vor. Wir waren beide
keine geübten Bergsteiger; aber durch langsames Training ist es
uns gelungen, diesen herrlichen Teil der Schweiz von Grund auf
kennenzulernen.

Es waren die einzigen Wochen des Jahres, in denen Ernst seine
Arbeit vollkommen unterbrach. Das bedeutete ein sofortiges Auf-

gehen in der Natur, in der er sich befand. Während er elf Monate des Jahres nur gezwungen von seinem Schreibtisch aufstand, setzte er sich im Hochgebirge fast niemals nieder. Wenn wir anderen während der Besteigungen oder der Wanderungen auf einer Bank auf einer Wiese ausruhten, stand er vor uns und erzählte uns in heiterster Laune alles, was ihm in den Sinn kam, und war nicht dazu zu bewegen, sich hinzusetzen. Das Engadin war ein beliebter Treffpunkt deutscher Intellektueller, besonders deutscher Universitätslehrer. Unter der großen Menge der Kurgäste konnte man sie unschwer erkennen. Müde, ungeübt, blaß und meist zu städtisch oder zu absichtlich hochtouristisch gekleidet, wirkten sie eigentlich alle wie Fremdkörper oder Zuschauer. Ernst hingegen hatte die merkwürdige Fähigkeit, sich jeder Landschaft auch äußerlich sofort anzupassen, obwohl er niemals eine Minute darauf verwandt hat, dies zu erreichen. Seine helle Haut war sehr stark durchblutet und reagierte bei der ersten Begegnung mit Sonne, See oder Bergluft so stark, daß sie nach wenigen Stunden den Eindruck machte, als wäre sie das ganze Jahr den Unbilden des Wetters ausgesetzt gewesen. Dadurch allein aber wäre die eigentümliche Mimikri nicht zu erklären, die ich immer wieder an ihm beobachtet habe. In seinem einfachen blauen Trainingsanzug an der See sah er sofort wie ein Einheimischer aus, und sein Sportanzug – zwanzig Jahre hindurch der gleiche – stempelte ihn unmittelbar zum Bergbewohner, noch ehe er einen Schritt gemacht hatte.

Es war die Plötzlichkeit und Vorbehaltlosigkeit, mit der er sich dem jeweiligen Element hingab, die diesen Wandel hervorrief. Niemals fiel es ihm ein zu vergleichen, nachzudenken, ob der Ort, den er erwählt hatte, vielleicht doch nicht der schönste auf Erden wäre. Er brauchte nicht wie andere eine gewisse Zeit, sich umzustellen, umzugewöhnen. Keine einschränkende Kritik stand seiner glücklichen Stimmung im Wege. Und die Tatsache, daß mein Leiden sich in diesen wenigen Wochen besserte, nahm den Druck von ihm, der sonst dauernd auf ihm lastete. Das Steigen ist ihm niemals leicht geworden. Die erste Stunde mußte immer wieder mühsam erkämpft werden. Dann brach er in Schweiß aus, genau wie bei seinen Fieberkuren, und stieg viele Stunden ohne Ermüdung. Sowie die Beschwerden der ersten Periode des Anstieges überwunden waren, fing er an zu singen, und Anne stimmte

mit ihrer hellen Sopranstimme, die er so sehr liebte, freudigst
ein. Wenn ich heute mit Freunden die schöne amerikanische
Landschaft im Auto mit 60, 65 Meilen Geschwindigkeit durch-
rase – meist von Radiomusik begleitet –, denke ich an die vielen
stillen, glücklichen Stunden zurück, die wir in der Einsamkeit des
Hochgebirges verbracht haben. Der grausame Wandel des Weltgeschehens hat den armen Menschen den Sinn auch für dieses
Erleben vollkommen genommen.

Erste Reise nach London

Im Herbst 1927 erhielt Ernst eine Einladung, im King's College
in London Vorträge zu halten. Er nahm diese Einladung nur zögernd an, weil ich ihn nicht begleiten konnte, da ich kurz vorher
von einem Auto angefahren worden war, was mir diverse Brüche
eingetragen hatte. Die Sprachschwierigkeiten wurden dadurch behoben, daß ihm gestattet wurde, die Vorträge in deutscher Sprache zu halten. Das Thema war: »Die Entwicklung der modernen
Wissenschaft und die Grundprinzipien des kritischen Idealismus«.
Ernst hatte niemals englischen Unterricht genommen. Als junger Student eignete er sich durch Studium der Touissaint-Langen-
scheidtschen Unterrichtsbriefe die Sprache so weit an, daß er alle
englischen Autoren ohne Schwierigkeiten in der Ursprache lesen
konnte. Aber er hatte niemals ein englisches Wort gesprochen.
Die Aussicht, England kennenzulernen, war sehr verlockend, und
er fühlte seiner Arbeit gegenüber auch die Verpflichtung, die Einladung anzunehmen. Aber damals erschien uns eine Reise über
die Nordsee beängstigend weit und die Trennung schwierig, und
er betrat das Boot, das ihn an das Ufer der »unbekannten Insel«
führen sollte, mit Vorbehalt. Viele Wochen, bevor er abreiste,
nahm er englischen Sprachunterricht, um wenigstens ein paar
einführende Worte sprechen zu können.
Am 28. Oktober schiffte er sich ein, und wenige Stunden
später trat ein Witterungsumschlag ein, ein furchtbarer Sturm
tobte in Hamburg. Ich saß ängstlich am Radio und lauschte den
Seewetterberichten. Von Stunde zu Stunde verschlimmerte sich
der Sturm und erreichte eine ganz ungewöhnliche Stärke. Von
allen Seiten kamen S.O.S.-Rufe über das Radio. Viele Schiffe in

Seenot – selbst große Passagierschiffe! Panische Angst ergriff mich, die dadurch noch verschlimmert wurde, daß alle nahen Freunde mit weinerlicher Stimme antelefonierten und mir rieten, nicht ängstlich zu sein, da die »New York«, auf der Ernst sich befand, ja ein sehr stabiles Boot wäre. In der Nacht legte sich der Sturm, und wenige Stunden später erhielt ich die telegraphische Nachricht von Ernstens glücklicher Ankunft in Southampton. Ich lasse die wichtigsten Teile seiner Briefe von der Reise, dem englischen und holländischen Aufenthalt der Reihe nach folgen.

28. Oktober

Das Wetter ist herrlich, die See bisher ganz ruhig und meine Kabine so fabelhaft bequem und luxuriös, daß ich, wenn alles so weitergeht, in der größten Versuchung sein werde, bis New York durchzufahren. Sogar ein großer *Schreibtisch* steht in der Kabine, so daß selbst in *dieser* Hinsicht Eva Hauptmanns Wünsche für mich erfüllt sind!

28. Oktober, 5 Uhr Nachmittag

Nun bin ich erst seit etwa sechs Stunden auf dem Schiff – aber in dieser höchst seltsamen Welt schon so eingesponnen, daß es mir ist, als wäre ich schon wer weiß wie lang von zu Hause fort. Es ist ein ganz merkwürdiges und in mancher Hinsicht durchaus unwirkliches Gefühl, mit dem man hier herumgeht – so phantastisch erscheinen auf den ersten Blick die Ausmaße des Ganzen. Ich habe nunmehr alles von oben bis unten besichtigt – auch in der dritten Klasse bin ich gewesen und habe mir dort von einem schnell erworbenen »Freunde« alles bis ins einzelne zeigen und erklären lassen. Auch hier ist, bei allem auffallenden Kontrast zu dem unglaublichen Luxus der ersten Klasse, doch alles durchaus bequem und in jeglicher Hinsicht »in Ordnung« – man hat eigentlich das Gefühl, daß man sich in einem gut geführten Hamburger Haushalt befindet, in dem ständig aufgeräumt wird. Was mich selbst betrifft, so bin ich geradezu fürstlich untergebracht – nur tut es mir leid, daß ich alledem kaum die rechte Ehre erweisen kann, da es meinen einfachen Gewohnheiten nicht entspricht …

Die Fahrt verläuft bisher herrlich: das Wetter, das anfangs strahlend heiter war, ist umgeschlagen und jetzt windig und

regnerisch geworden – aber das Schiff gleitet mit einer Ruhe
dahin, daß man in den Innenräumen zeitweilig völlig das Gefühl verliert, sich in Bewegung zu befinden. Im übrigen tue ich
seit heut früh nichts anderes, als darüber zu spekulieren, wie
wir beide es einrichten können, einmal gemeinsam eine solche
Reise zu machen. Ich bin jetzt fast überzeugt davon, daß sie
auch Dir gut tun *müßte* – denn die Luft ist ganz herrlich und
nur noch mit der unseres geliebten Pontresina zu vergleichen.
Zudem gibt es, da auch ein vollkommen geschütztes Promena-
dendeck vorhanden ist, überall die Möglichkeit, sie zu genießen, ohne daß Du dabei die ungünstigen Wirkungen des Windes zu verspüren brauchtest. Ich selbst habe freilich bisher den
Wind geradezu gesucht und den größten Teil der Zeit ganz im
Freien verbracht – so wunderbar und erholend finde ich ihn.
Also der Plan der nächsten Weltreise von uns beiden reift in
mir – und ich rate Dir, Dich rechtzeitig für ihn zu rüsten …

28. Oktober, 9 Uhr abends
Der Wind ist stärker geworden und heult einem, wenn man
auf Deck ist, recht kräftig um die Ohren – aber die Fahrt ist
nach wie vor wundervoll und wird eigentlich von Stunde zu
Stunde schöner. Das einzige, was mir in den ersten Stunden
der Fahrt einige Beschwerde gemacht hat, war – das Mother-
sill, das ich der Vorsicht halber vor der Abreise in Cuxhaven
eingenommen habe. Ihm verdanke ich, daß ich anfangs einen
etwas eingenommenen Kopf hatte, was sich aber inzwischen
auch ganz gegeben hat. Momentan empfinde ich die Reise nur
als Genuß. Heut abend ist Ball, an dem ich mich freilich nicht
sehr aktiv beteiligen werde – dagegen winkte mit bereits eine
Schachpartie, so daß also alles in bester Ordnung ist …

29. Oktober, Sonnabend früh
Ich fahre in meinem Schiffstagebuch fort – wenngleich Du
meine Nachrichten vermutlich ziemlich spät und alle zugleich
erhalten wirst. Das Erwachen am heutigen Morgen war nur
dem Eindruck zu vergleichen, den man in Pontresina hat,
wenn man nach einer Regenperiode eines Tages aufwacht und
den Palü in vollstem Glanze sieht. Gestern abend war es trübe
und regnerisch gewesen, in der Nacht schlug das Wetter um,

und morgens lag die See weithin aufgewühlt in strahlendster
Sonne. Im übrigen habe ich auch heut nacht wieder einen
Beweis von dem erbracht, was Du meine »gesunde Natur« zu
nennen pflegst. Ich war erst gegen 12 Uhr ins Bett gegangen,
schlief sofort ein und wurde gegen 3 Uhr morgens durch das
Heulen des Windes geweckt. Denn meine Kabine liegt auf
dem Bootsdeck, fast dem höchsten Teil des Schiffes: – beim
Besteigen des Schiffes wurde ich im Fahrstuhl sechs Stockwer-
ke hinaufbefördert, um zu ihr zu gelangen. Wie da oben ein
nächtlicher Sturm klingt, wirst Du Dir denken können. Da
ich nicht gleich wieder einschlafen konnte, las ich eine Weile,
wurde dann müde und habe bis 8 Uhr früh durchgeschla-
fen – eine immerhin ganz tüchtige Leistung. Von Seekrankheit
fühle ich keinerlei Andeutung: doch kann man seine Anlagen
in dieser Richtung auf einem Dampfer wie diesem wohl kaum
richtig prüfen; denn trotz sehr hohen Wellenganges bleibt die
Fahrt des Schiffes wundervoll ruhig. Nur eines ist es, was mir
bisher Kummer macht: daß ich nämlich den Tafelgenüssen,
die einem hier geboten werden, so ganz und gar nicht gewachsen bin. Von den Stewards werde ich daher schon mit einer
Art scheuen Mitleids betrachtet: Sie, die offenbar an anderes
gewöhnt sind, halten mich, wie es scheint, für schwer leidend.
Aber hätte ich nur einen einzigen Tag hier das gegessen, was
es zu essen gibt und was einem ständig angeboten wird – so
hättest Du mich niemals wiedergesehen. Ich bedaure aber
jetzt doch, daß ich nicht dem Bruder jener Dame gleiche, der
wenigstens manchmal heißhungrig war und nicht genug bekommen konnte! (– Zitat aus seiner englischen Grammatik –)
Nun aber genug des Unsinns; ich schreibe ihn nur, damit Du
während meiner Abwesenheit meinen »Humor«, von dem Du
eine so hohe und gänzlich ungegründete Meinung hast, nicht
allzu sehr vermißt …

30. Oktober

Nun bin ich also in London und habe in den wenigen Stunden
seit meiner Ankunft schon unglaublich viel gesehen. Ich sehe
erst jetzt, daß die gründliche Vorbereitung der letzten Wochen doch kein bloßer Spleen war, sondern daß sie mir jetzt
sehr zugute kommen wird. Ich habe mich hier, ohne meinen

Reiseführer, der noch in meinem Koffer ruht, zur Hand zu haben, geradezu lächerlich rasch zurechtgefunden – und dabei war es mein Stolz, keine Frage zu stellen und keine andern Verkehrsmittel als die Untergrundbahn und den Autobus zu benutzen. Der erste Eindruck der Stadt ist außerordentlich – und zwar auch heut am Sonntag, wo das Imponierende des Verkehrs fast ganz wegfällt. Was heute den größten Eindruck auf mich gemacht hat, war weniger das Bild der Großstadt als das wunderbare Landschaftsbild, das man hier mitten im ärgsten Großstadtverkehr genießen kann. Es war ein wundervoller, ganz sommerlicher Tag, so daß alles im Freien war und die Riesenflächen des Hyde-Parks dicht bevölkert waren. Morgen soll es nun an die systematische Besichtigung gehen, auf die ich mich schon sehr freue. Was meine englischen Sprachkenntnisse betrifft, so zeigt sich jetzt, daß sie für einen gewöhnlichen Aufenthalt vollkommen ausreichen; ich habe in dieser Hinsicht keine größeren Schwierigkeiten, als ich sie etwa in Paris hatte. Ich kann alles, was ich brauche, ohne jede Schwierigkeit ausdrücken und werde immer sofort verstanden. Viel schwerer ist es, die andern zu verstehen: das Englisch meines Zimmermädchens klang mir anfangs wie Chinesisch. Aber auch in dieser Hinsicht würde man wohl Fortschritte machen. Sehr gespannt bin ich, wie die Unterhaltung mit meinen philosophischen Kollegen ausfallen wird. Das Experiment soll morgen seinen Anfang nehmen, da ich vor meiner Vorlesung zum Tee eingeladen bin. Hoffentlich geht alles gut vorüber; die Sache ist jedenfalls viel schwieriger und bedenklicher als die Vorlesung selbst. –

Was meine Reise angeht, so hast Du inzwischen mein Telegramm aus Southampton erhalten, das, wie ich betonen muß, völlig wahrheitsgetreu war. Die Zeit auf dem Schiff verlief wie im Fluge – und bei der Ankunft hatte ich weniger das Gefühl, am Ziel zu sein, als ich das Gefühl des Abschieds hatte. Sogar eine ganze Menge von Bekanntschaften habe ich während der zwei Tage gemacht, da eine ganze Anzahl von Leuten, die meinen Namen in der Passagierliste gesehen hatten, mich ansprachen.

Herzlichen Dank für Deinen Brief, der mich sehr erfreut und
außerordentlich beruhigt hat – besonders da auch die gute Mut-
ze, der ich unbedingt traue, mir versichert, daß Du mir nichts
verschwiegen hast. Leid tat es mir nur, daß der Sturm, der in
der Nacht zum Sonnabend losbrach, Dir den Schlaf gestört hat.
Für mich war er nicht mehr als eine kurze Unterbrechung des
Schlafes, die zudem mit Lektüre sehr angenehm verging. Erst
gestern früh ersah ich aus den englischen Zeitungen, wie arg es
gewesen sein muß – an der englischen Küste scheint es wahrhafte Verwüstungen gegeben zu haben. Die modernen Schiffe
sind eben wahrhafte Wunderwerke! Eine Fahrt mit der Linie 28
von der Blumenstraße bis zum Rathausmarkt ist in der Tat, was
die Seekrankheit anlangt, weit gefährlicher als eine Amerikafahrt
der »New York«.

Nun aber habe ich Dir vor allem von meiner heutigen ersten
Vorlesung zu berichten. Es ging alles ausgezeichnet: die leitenden
Leute der Universität waren nicht nur, wie ja zu erwarten war,
außerordentlich liebenswürdig, sondern das Publikum hörte auch
sehr gespannt zu – ja zuletzt kam es sogar zu dem, was man in
Theaterberichten einen »stürmischen Beifall auf offener Szene«
nennt. Ich war ganz erstaunt über diese Kundgebung, da ich mir
die Engländer weit ruhiger und phlegmatischer vorgestellt hatte.
Jedenfalls ist jetzt das Eis gebrochen und die Fühlung mit dem
Auditorium ist hergestellt. Was mein Englisch betrifft, so hat sich
auch da keinerlei Schwierigkeit ergeben. Von der Universität
war nur ein Herr da, der früher in Deutschland studiert hatte
und fließend Deutsch sprach – mit allen anderen habe ich mich
völlig geläufig – wenn auch natürlich von meiner Seite sicher
nicht ohne Fehler – englisch unterhalten. Nun habe ich freilich
für die nächsten Tage noch ein recht reichhaltiges Programm
vor mir, vor dem mir aber jetzt gar nicht mehr bange ist ...
Übermorgen um 4 Uhr Nachmittag Empfang beim deutschen
Botschafter, um 5 Uhr Tee der Universität, von 5½ bis 6½ die
Vorlesung und daran anschließend ein Diner, das mir das College gibt. Dazwischen Besichtigung der Seminare und Institute
der Universität! Ich fürchte nur, daß unter diesen Umständen
für London selbst nicht viel Zeit übrig bleiben wird – und daß
ich bald mit Dir hierher werde zurückkommen müssen.

1. November (nachts 12 Uhr)

Morgen ist ein recht arger Tag zu erwarten, da ich von 4 Uhr
an, wo der Empfang beim deutschen Gesandten stattfindet, bis
zum Abend, an dem ich zu dem Diner der Universität geladen
bin, rein »offiziell« beschäftigt sein werde. So will ich Dir lieber
noch heut vor dem Schlafengehen viele Grüße senden und Dir
von meinem Wohlergehen berichten. Schlimm ist nur das eine,
daß ich auch diesmal wieder mit meiner kantischen Weltan-
schauung gar nicht ins Reine kommen kann. Diese Reise war
wirklich einmal als eine reine Pflichtreise gedacht – und nun
hat sie sich mir unter der Hand wieder in einen ganz reinen
Genuß verwandelt. Von den Befürchtungen, die ich hegte, ist
nichts, aber auch gar nichts, eingetroffen. Im Gegenteil: Ich
führe hier ein reines Schlaraffenleben und werde von allen
Seiten verwöhnt ...

3. November

Deine Berichte gehen pünktlich ein und erfreuen mich immer
sehr – nur macht es mir Sorge, daß Du, während ich hier wie
Gott in Frankreich lebe und mich geradezu leichtfertig von
einer Vergnügung in die andere stürze, allein zu Haus sitzen
und Dich mit Deinen schmerzhaften Übungen abquälen sollst.
Aber die Hauptsache bleibt ja, daß die Heilung ganz normal
und, soweit ich sehe, überraschend schnell zu verlaufen scheint.
Vielleicht finde ich Dich schon ganz gesund vor, wenn ich
zurückkomme. Meine Ankunft ist – wenn ich keinen anderen
Bescheid aus Köln erhalte – auf Sonnabend, den 12. November
abends festgesetzt ... Ich würde natürlich bei meiner Ankunft
gern mit Dir allein sein, aber sonst keinerlei besondere Schonung für meine Person brauchen – denn meine Londoner
Reise läßt sich, wenigstens bisher, als reine Erholungsreise
an. Ich bin den ganzen Tag auf den Beinen, spreche mit den
verschiedensten Leuten über die verschiedensten Dinge, und
zumeist englisch, spüre aber nicht die geringste Ermüdung.
Du würdest mich, wenn Du mich hier sehen könntest, gewiß
wieder auslachen – mit solchem Fanatismus verfolge ich jetzt,
einmal aus meinem gewöhnlichen Tempo herausgedrängt, den
entgegengesetzten Weg. Es ist ein Allegro con brio, das mir
nun aber plötzlich ganz gemäß und natürlich vorkommt. Auch

der gestrige so reich besetzte Nachmittag und Abend ist sehr gut verlaufen. Das Diner war keine große offizielle Festlichkeit, wie ich befürchtet hatte, sondern es war nur ein Kreis sehr netter und sehr liebenswürdiger Menschen zusammen, mit denen allen ich mich sehr gut unterhalten habe. Die Sprache machte dabei keinerlei Schwierigkeiten: denn die Sprache der Gebildeten verstehe ich ganz mühelos und würde sie nach kurzer Zeit auch ziemlich fließend sprechen …

4. November 1927

Herzlichen Dank für Deine Berichte, die ich regelmäßig an jedem Morgen erhalte und die mich immer sehr erfreuen – nur daß mir der Gegensatz zwischen Dir, die Du mit allen möglichen lastenden Sorgen zu Haus geblieben bist, und meinem hiesigen Leben immer deutlicher und schmerzlicher zum Bewußtsein kommt. Denn bei mir geht es weiter, wie es begonnen hat – nachdem man einmal in diesen Strom gestiegen ist, ist es einfach unmöglich, nicht in ihm fortzuschwimmen. Gestern war in mancher Beziehung mein interessantester Tag, da ich zum ersten Mal wirklich spezifisch englische Verhältnisse kennenlernte. Ich war in einem hiesigen College zu Gast – habe mit etwa 300 Studenten und Professoren zu Mittag gespeist und das Leben der jungen Leute etwas mehr aus der Nähe gesehen …

Mit der Erzählung von alledem will ich Dich jedoch nicht aufhalten, sondern spare mir alles für zu Haus auf. Der erste Akt der Reise neigt sich ja nun dem Ende zu. … Zu befürchten ist freilich, daß der Trubel in Holland noch stärker werden wird: Der gute E. scheint die umfassendsten Vorbereitungen getroffen zu haben. Aber all das halte ich jetzt ohne Beschwerde aus; ich glaube wirklich, daß auch mir in dieser Beziehung das Engadin sehr gut getan hat. Und ich werde mit Rücksicht auf meine Gesundheit von Dir auch nächstes Jahr das Opfer fordern, daß Du wieder mit mir hinaufgehst. Wenn ich Dir sage, daß ich gestern noch um 11 ½ Uhr nachts, nach einer wirklich reichlichen Tagesarbeit, in ein Cabaret gegangen und um 1 ½ Uhr nach Haus gekommen und heut früh um 7 Uhr aufgestanden bin – denn ich muß so früh beginnen, um die Arbeit überhaupt schaffen zu können – so weißt Du, wie es mit mir steht …

169

Utrecht, 8. November

Der gestrige Abend ist geradezu pompös verlaufen: Es waren
400–500 Leute zu dem Vortrag erschienen, und ich wurde fast
wie eine Primadonna gefeiert und kam erst nach 12 Uhr, nachdem ich 30–40 Leute kennengelernt und eingehend gesprochen hatte, zu Bett. Heut von 7 Uhr morgens gehts im Tempo
weiter! Erwarte jetzt also keine ausführlichen Berichte – es
geht einfach nicht! Heut reise ich in Den Haag ab, dann nach
Leiden und Amsterdam. Eine telegrafische Einladung, noch in
Bonn zu sprechen, habe ich natürlich abgelehnt – denn jetzt,
nach 25 Jahren, habe ich doch keine Lust mehr, mich von Dir
scheiden zu lassen.

Haag, 9. November

Die Hetzjagd geht munter weiter – so daß meine Londoner
Tage, wenn ich jetzt an sie zurückdenke, mir fast wie ein Idyll
erscheinen. Gestern abend bei überfülltem Saal der Vortrag;
heute früh eine Fahrt nach Scheveningen, Besichtigung der
Stadt, der Rembrandts im Museum und um 1 Uhr ein Frühstück bei dem deutschen Gesandten. In einer Stunde reise ich
nach Leyden ab. Aber es geht alles vortrefflich – und ich spüre
gar nicht, daß es so etwas wie Nerven oder Ermüdung gibt.
Die Leute in Holland sind noch viel liebenswürdiger, als sie
es in England waren. Es wird Zeit, daß ich wieder nach Haus
komme – sonst nimmt die Verwöhnung kein Ende …

In den Jahren 1927/28 folgte der Anerkennung in Fachkreisen
Ernstens allgemeines »Bekanntwerden«. Wesentlich hatte die
Berufung nach Frankfurt dazu beigetragen, die sich ganz ohne
sein Zutun zu einer Art Wettrennen zwischen den beiden jungen
Universitäten entwickelte. Als die erste Mitteilung aus Frankfurt
Ernst am 20. Juni 1928 erreichte, fragte er mich nach meinen
Wünschen und bat um meinen Rat. Ich aber entschloß mich, in
keiner Weise einzugreifen und Ernst die Entscheidung ganz zu
überlassen. Für mich war die Wahl des Aufenthaltortes nicht so
wesentlich wie für ihn die Stätte seines Wirkens.

Viele Wochen stand er im Kreuzfeuer der wilden Schlacht,
die von beiden Seiten um ihn tobte. Der Kurator der Universität
Frankfurt Kurt Riezler geriet schließlich in ernste Differenzen

mit Warburg, der in einem flammenden Artikel im Hamburger
Fremdenblatt die ganze Stadt aufgerufen hatte, Cassirer mit allen
Mitteln zu halten. Den Brief, den der Kurator von Frankfurt in
diesem Zusammenhang schrieb, lasse ich folgen:

Frankfurt, 16. Juli 1928

Sehr verehrter Herr Warburg,

Sie hatten die Güte, mir vor einigen Tagen einen Sonder-
druck des Artikels zu senden, den Sie im Hamburger Fremdenblatt über das Verhältnis Hamburgs zu Cassirer veröffentlicht
haben.

Gestatten Sie mir, daß ich meinen Dank für die freundlichen Zusendung eine Bitte hinzufüge:

Hamburg hat die Frage des Weggangs von Cassirer zu einer
Prestige-Frage gemacht. Hierdurch fällt – bei der Eigenart seines Charakters – eine Entscheidung, die nur aus seiner eigenen
geistigen Entwicklung zu fallen hat, unter den Einfluß fremder
und für diese Entwicklung selbst äußerlicher Momente. Ernst
Cassirer ist ein zu bedeutender Mensch, als daß seine Freunde nicht verpflichtet wären, mit seinem Pfund mit derjenigen
Unerbittlichkeit zu wuchern, die er selbst seiner nach außen
weichen Natur nicht abzuringen vermag. Ich weiß, was Hamburg und die geistige Gemeinschaft mit Ihnen für seine Arbeit
des letzten Jahrzehnts war; aber ich weiß auch – und irgendwo
fühlt er das selbst – daß dieser Wechsel der Atmosphäre und
die neuen und andersgearteten Möglichkeiten des Wirkens und
Schaffens, die er hier fände, für ihn selbst wie für seine Freunde Grundlage und Vorbedingung einer neuen Fruchtbarkeit
würden. Ich weiß, daß Sie einer der wenigen Menschen sind,
welche derartige Erfordernisse einer geistigen Entwicklung zu
verstehen und anzuerkennen in der Lage sind, und bitte Sie
daher, mit dafür zu sorgen, daß bei seiner Entscheidung jedes
daimonion des eigenen Weges frei von dem moralischen und
gemüthaften Druck einer Prestige-Frage sprechen kann. Herrn
Cassirer selbst habe ich von diesem Schreiben keine Kenntnis
gegeben.

171

Die Antwort Warburgs:

Hamburg, 19. Juli 1928

Sehr verehrter Herr Kurator,

Darf ich Ihnen das erwiesene Vertrauen, das aus der Offenheit Ihrer Darlegungen spricht, dadurch danken, daß ich Ihnen einen Einblick in die hiesigen Verhältnisse gebe, wie sie z. T. nur mir bekannt sind.

Ich leugne keinen Augenblick, daß mein Zeitungsartikel eine Art Flucht in die Öffentlichkeit bedeutet. Es galt schnell zu handeln, denn der uns bis dahin unbekannte, aber seit Monaten eifrig und wirksam betriebene Frankfurter Versuch – dessen Berechtigung jeder Geistespolitiker anerkennen wird – verlangte eine sofortige scheinwerferische Beleuchtung des Universitätsgedankens in Hamburg, um die Beteiligten auf den Plan zu bringen. Der erfreulich natürliche Erfolg war, daß Universität, Staat und Hochschulbehörde sofort ihre von innen heraus bedingte Pflicht erfüllten: zu versuchen, den Weggang unseres Philosophen zu verhindern. Aber nicht etwa, um einer anderen Universität diese Berühmtheit nicht zu gönnen, sondern weil ganz einstimmig und in überzeugender Intensität – was z. B. eine Unzahl von Briefen an die Hochschulbehörde beweist – gefühlt wurde, daß der Weggang Cassirers unsere junge Universität gerade an der empfindlichsten Stelle, nämlich in jenem Bezirk schädigen würde, der die »Schonung« der zukünftigen Erbgutverwalter umhegt.

Ich habe ja in jenem Artikel klar den neuen und eigenartigen psychischen Ort zu kennzeichnen versucht, an dem die Bestrebungen Cassirers und der Universität Hamburg eine gemeinsame Funktion haben: bildmäßiges Gestalten und begriffsmäßiges Ordnen psychologisch-historisch als die innerlich einheitliche Schwingung zwischen zwei Polen aufzufassen und darzustellen; und dieses dornige Problem beginnt jetzt in Schülern, die uns beide verstehen, zu reifen und zu einer lebendigen und ergebnisreichen Fragestellung zu werden. Diese Arbeitsgemeinschaft, die von unserer persönlich belehrenden Anwesenheit an demselben Platze abhängt, dürfen wir nicht ohne absolute Notwendigkeit sprengen oder auch nur beeinträchtigen lassen.

172

Es kommt hinzu, daß, falls Professor Cassirer den Ruf annähme, er sicher für längere Zeit gebunden wäre und kaum je den Weg nach Hamburg zurückfinden würde. Denn dem Universitätssystem Preußens gegenüber, mit seiner bewiesenen Tradition, größeren Machtfülle und verständnisvollen Kuratoren, wäre die Anziehungskraft Hamburgs nie ausreichend, um seine Lebensbahn wieder in die »Provinz« abzulenken. Dagegen bleibt er, auch wenn er noch eine Reihe von Jahren hierbleiben sollte, für den Nachbarstaat »leider« in ungeminderter Anziehungskraft erreichbar.

Daß Sie, sein wissenschaftlicher Kollege und freundschaftlichst gesonnener Förderer, ihm eine neue mächtige Wirkungssphäre eröffnen können, war mir – wie Sie gewiß zwischen den Zeilen gelesen haben – von Anfang an klar, und nichts liegt mir ferner, als mich etwa querzulegen, wenn zu befürchten stände – was m. E. eben durchaus nicht zu befürchten ist – daß Hamburg die weitere denkenergetische Mission Cassirers irgendwie verkümmern könnte. Niemals würde ich dann meinen hochverehrten Freund, aus persönlichen und lokalpatriotischen Gründen – und sei es auch um der Wissenschaft willen – mit Wünschen aus der Region der persönlichen Zeitlichkeit beschweren.

Aber wir in Hamburg – Laien und Studierte – wissen zu gut, daß sein Weggang geradezu einen gewaltsamen Eingriff in mühsam geschaffene Verwurzelung mit dem schwierigen Boden an der Nordseeküste bedeutet, für deren endliche Einbeziehung in eine wahrhaft geistige Gesamtstrategie Sie als Deutsch-Europäer sicherlich Verständnis haben: Wir in Hamburg hätten im mühsam vorgetriebenen Stollen den Meister verloren.

Die vorstehenden Bemerkungen sollen nur dartun, daß es sich auf der ganzen Linie bei dem Einsetzen für Cassirer eher um alles andere handelt, als um eine äußerliche »Prestigefrage«; und daß auch gemüthafte und persönliche Wünsche nur in der gebührenden Distanz mitreden dürfen …

Beide Bürgermeister griffen ein und versuchten – jeder in seiner Art – Ernst zu überzeugen, daß er sich für ihre Universität entscheiden müsse. Der Frankfurter Brief lautete folgendermaßen:

Frankfurt a. M., 4. Juli 1928

Gestatten Sie mir, Ihnen in diesen Tagen, in denen Sie zwischen Hamburg und Frankfurt entscheiden werden, in aller Kürze und ohne viele Worte, aber von Herzen zu sagen: Kommen Sie nach Frankfurt und helfen Sie uns, der Universität Frankfurt die Stellung und Bedeutung zu geben, die der einzigartigen geographischen Lage der Stadt, ihrer kulturellen Tradition, der geistigen Beweglichkeit und inneren Freiheit der Bevölkerung zukommt. Wir bedürfen Ihrer, und ich darf vielleicht sagen, daß eine Ihrer nicht unwerte Aufgabe breitester Wirkung sie erwartet.

Der Senat der Universität Hamburg, der Rektor, die Freunde, alles vereinigte sich, Ernst zu bestimmen, sie nicht zu verlassen. Aus Frankfurt kamen, der Natur des Freundes und Vetters Kurt Goldstein entsprechend, bescheidene und zurückhaltende Worte, die mehr Einfluß hätten gewinnen können als vieles, was offiziell versucht wurde. Saxl, der Scheue, warb auf seine Weise. Er schreibt:

12. Juni 1928

Mein lieber Professor Cassirer,

Ich bin ein alter Mann, und ich weiß, was das Problem Frankfurt für Sie bedeutet, und weiß, in welcher Art Sie es erwägen. Und dies Bewußtsein gibt mir die Mahnung, daß ich dazu kein Wort zu sagen habe.

Und es kommt auch jetzt gar kein: Aber. Ich erlebe nur in den letzten Tagen etwas im Grunde für Sie so Wunderbares, daß ich es erzählen will. Ich bekomme Briefe erfüllt von solcher Verzweiflung über Ihr Weggehen, wie Sie sich sie kaum vorstellen können. Der Schreiber hat das Gefühl, daß nicht nur unser aller Leben bedroht ist, sondern vor allem sein eigenstes dann vor einer Krisis stände, deren Ausgang nicht abzusehen wäre.

Im Grunde habe ich Ihnen es ja immer gesagt, daß Sie das den Menschen, für die Sie lesen, bedeuten. Und doch hat mich dieses Pathos überrascht. Und überrascht vielleicht auch Sie.

174

Ernst Hoffman aus Heidelberg, der auf Nachbarschaft hoffte, schreibt in einem seiner Briefe: »Vergessen Sie nicht, daß Hamburg die Stadt der Hamburg-Amerika-Linie und Frankfurt die Stadt Goethes ist.«

Höchst erstaunt und leise schmunzelnd fühlte Ernst sich plötzlich zum Mittelpunkt erhoben, und er konnte nicht recht begreifen, warum man so tat, als hinge das Wohl und Wehe der Welt davon ab, wo er seine Tätigkeit ausübte. Ruhig und sachlich prüfte er das Für und Wider der jeweiligen Entscheidung, bis er seiner absolut sicher war. Dann schrieb er seine Zusage an den Hamburger Senat und die Absage an Preußen, die ich folgen lasse:

Sehr geehrter Herr Ministerialrat!

Wenn ich Ihren Brief vom 10. Juli erst heute beantworte, so geschah es, weil gerade in diesen letzten Tagen die Verhandlungen mit meiner hiesigen Behörde bis zu dem Punkte gediehen waren, an dem es für mich galt, eine endgültige Entscheidung zu treffen – und weil ich diese Entscheidung nicht treffen wollte, ohne alle Umstände noch einmal aufs gründlichste und sorgsamste erwogen zu haben. Nun aber ist diese Entscheidung gefallen: ich habe mich heute der Hamburger Universität aufs neue verpflichtet. Daß mir dieser Entschluß nicht leicht geworden ist, wissen Sie, sehr geehrter Herr Ministerialrat, aus unserer Unterredung im Ministerium und aus unserem bisherigen Briefwechsel. Ich habe die Frankfurter Berufung von Anfang an nicht nur als eine große persönliche Ehre empfunden, die mir die dortige Fakultät und das Preußische Unterrichtsministerium erwiesen hat, sondern ich war mir auch darüber klar, daß es in Frankfurt eine große und verantwortungsvolle sachliche Aufgabe zu erfüllen galt, in deren Dienst ich mich gern und freudig gestellt hätte. Und wenn es etwas geben konnte, um dieses Gefühl in mir zu verstärken, so war es die Art, in welcher die Verhandlungen sowohl von seiten der preußischen Unterrichtsverwaltung wie von seiten des Frankfurter Kuratoriums und der Universität geführt worden sind. Überall traf ich auf einen so entschiedenen Willen, mir zu helfen, auf ein Bestreben, mir in allen meinen Wünschen entgegenzukommen, daß ich keinen Augenblick daran zweifeln konnte, daß mir, falls ich mich für die Annahme des Frankfurter Rufs entscheide, die tatkräftigste und verständnisvollste Unterstützung innerhalb meines neuen Wirkungskreises zuteil werden würde. Wenn ich trotz alledem die Wahl schließlich für Hamburg getroffen habe, so geschah es, weil mir sowohl der Hamburgische Senat, wie die Hochschulbehörde und die Universität immer aufs neue gezeigt haben, daß sie mich aus der Verpflichtung, die ich gegen sie habe, nicht entlassen wollen und daß sie auf meine Mitarbeit an dem weiteren Ausbau der hamburgischen Universität, der für die nächsten Jahre bevorsteht, nicht verzichten wollen. Ich hätte geglaubt, meiner Dankespflicht gegen die Universität, die mir seit neun Jahren eine reiche und schöne Arbeitsstätte geboten hat, zuwider zu handeln, wenn ich mich diesem von allen Seiten so unzweideutig geäußerten Wunsch versagt hätte. Über das eine aber bin ich mir völlig klar: daß die Tatsache meiner Berufung nach Frankfurt und die Form, in welcher die Verhandlungen, die sich an sie anschlossen, geführt worden sind, zu der Dankesschuld, die ich gegen meine alte Universität empfinde, eine neue, nicht unbeträchtliche und nicht leicht wiegende, hinzugefügt haben. Ich wäre sehr glücklich darüber, wenn sich mir eine Gelegenheit darbieten würde, wenigstens einen kleinen Teil dieser Schuld dereinst einmal abtragen oder wenigstens auch nach außen hin von ihr irgendwie Zeugnis ablegen zu können …

Unzählige Dankbriefe von Hamburger Behörden, dem Bürgermeister und Freunden folgten. Der abgehende Rektor schloß sein Schreiben mit den Worten: »Es tut mir nur leid, daß ich die Zeichen der Rektorwürde nicht Ihnen übergeben kann.« Saxls Brief lautet:

Liebe Frau Cassirer, Lieber Herr Cassirer,

Es ist so still geworden im Blätterwald, und ich hab noch nicht mal gehört, daß eine neue Berufung unterwegs ist.

Auch nichts Definitives über die alte. So nehme ich an, daß sie – vorläufig – in Hamburg bleiben.

Und da muß denn ich mal auskramen und Ihnen sagen, daß Sie damit unbewußt auch ein wesentliches Stück meines Daseins entschieden haben. Ich war in meinem Herzen bis zu

Ihrer Entscheidung Hamburg gegenüber fremd und frei. Von diesem Augenblick ab hat die Stadt für mich eine andere Bedeutung. Im Augenblick, wo Sie sich hier verpflichtet fühlen, fühle ich mich es selbstverständlich auch und weiß, daß ich meine Kräfte bewußt dazu einzusetzen habe, so gut ich kann, dabei mitzuhelfen, daß hier ein wissenschaftliches Leben entsteht. Sie mögen es mir glauben, daß ich in dem Augenblick manche Brücke hinter mir verbrannt habe, die von Hamburg wegführt. Und ich habe es im Gedanken an Ihre Entscheidung *gerne* getan und habe die Zuversicht, daß daraus etwas Gutes wird.

Ich wollte Ihnen dies alles nicht vorher schreiben. Gerade dadurch, daß Sie völlig unbeeinflußt von mir und doch für mich – entschuldigen Sie diese egozentrische Explanation – gewählt haben, hat diese Entscheidung eine so wesentliche Bedeutung für mich.

Eigentlich hätte ich Lust, nach Hamburg zurückzukommen und zu sehen, ob sich irgendwo beginnen läßt mit der Verlebendigung. Aber davon ist ja nicht die Rede, weder heuer noch im nächsten Jahr.

Und das hat auch seine guten Seiten. Es ist nicht schlecht für meine Aufgabe, ein gebildeter »Europäer« zu sein. Ich habe nie geahnt, wieviel ich hier in England gerade dafür lernen würde, was in Hamburg unrichtig ist. Was mir am meisten an den Engländern imponiert, ist ihr Interesse für das Interessante, im Leben ist es meist widerlich, in der Wissenschaft meist sehr förderlich. Und gerade der Hamburger würde von hier aus für die Wissenschaft wie für die Kunst zu gewinnen sein. Aber weder … noch … haben diesen Sinn für das Interessante. Alle sind sie nur gescheit und gebildet und unlebendig. Hier liegt m.E. eine der Hauptaufgaben der Zukunft. Es ist im Grunde die Frage, ob man in Zukunft die Macht haben wird, die richtigen Menschen herzubekommen. Nun setz ich mein ganzes Vertrauen in Sie …

5. Juli 1928

Lieber und verehrter Professor Cassirer,

Sie verschaffen mir eine ungewohnt reiche Post. Nachdem ich heute früh den einen Brief bekommen habe, bekam ich *am selben Tag* noch einen zweiten, und nun fühle ich mich schon verpflichtet, in Fortführung der Indiskretion, auch dessen Inhalt mitzuteilen:

> »Daß ich *glücklich* bin, brauche ich nicht zu sagen. Und Hamburg könnte lachen, wenn es gelänge, Cass. zu halten. Jetzt fühlen hoffentlich alle Leute die Verpflichtung, wie ich sie fühle, nun aus seinem Bleiben etwas zu machen.«
> usw. usw.

Wenn alle so fühlten, dann hätten Sie wohl in Hamburg in Zukunft ein Paradies auf Erden. Aber es scheint mir schon *sehr* viel, daß einige Menschen sich Ihnen so verbunden und *verpflichtet* fühlen.

Ich habe die Stimmung, die der Berufung folgte, deshalb so ausführlich behandelt, weil ihr Ursprung mir später erst ganz klar wurde. Deutschland war um diese Zeit – es waren 4½ Jahre vor Hitlers Sieg – bereits bedenklich unterminiert, oder, richtiger gesagt: Die Republik hatte niemals festen Fuß gefaßt. Das fühlten die wenigen eindeutig freiheitlich gesinnten Männer stärker, als sie selbst es sich eingestehen mochten. Die beiden jungen Universitäten, beide Neugründungen nach dem Kriege und noch nicht so verstaubt und reaktionär wie die übrigen Bildungsanstalten Deutschlands, wollten das Ihre dazu tun, das drohende Unheil aufzuhalten. Sie wollten zu diesem Zwecke die besten Männer zur Bildung ihrer Jugend heranholen. Und wenn sie, wie in Ernstens Fall, einen Juden von Format und einwandfreiem Verhalten dazu benützen konnten, hofften sie damit die aufkommende Rassentheorie entkräften zu können. Aber wie schon erwähnt, all dies war nicht so bewußt geworden, wie es hier klingt.

Gleichzeitig mit der Frankfurter Berufung trat auch eine andere Aufforderung an Ernst heran, gegen die ich aber aus verschiedenen Gründen energisch Stellung nahm. Der Bürgermeister und Senat der Stadt Hamburg hatten Ernst aufgefordert, die Festrede zu der am 11. August stattfindenden Feier des Verfassungstages zu halten. Ich hatte schon im Jahre vorher, als Ernst unverbindlich angefragt worden war, ob er das Rektorat, wenn es ihm angeboten würde, annehmen würde, heftig Einspruch erhoben. Obwohl ich ihm niemals hemmend in den Weg getreten bin, wenn er Entscheidungen zu fällen hatte, die mit seiner Arbeit zusammen-

hingen, war ich unbedingt dagegen, daß er sich politisch oder
auch nur universitätspolitisch betätigte. Ich wollte der herrschen-
den und wachsenden Abwehr gegen die angeblich zu große Einmischung der deutschen Juden in das Schicksal der Nation nicht
Vorschub leisten. Ernst teilte diese Einstellung nicht. Er stand auf
dem Standpunkt, daß er, Mitglied einer deutschen Universität
und Lehrer deutscher Studenten, der Vertreter der idealistischen
Philosophie, dort zu wirken habe, wo man ihn seiner Wirkung
wegen verlangte.

Im Sommer 1928 heirateten unsere beiden Söhne, was naturgemäß ernste Überlegungen und Unruhe in unser Haus brachte,
und mein Gesundheitszustand war auf seinem niedrigsten Stand
angelangt. Die Festrede am 11. August zu halten, bedeutete, die
lang ersehnte Sommerreise um zwei Wochen zu verschieben, und
da Ernst immer bereit war, alles zu tun, was mein Leiden erleichtern konnte, entschloß er sich aus *diesem,* aber nicht aus prinzipiellen Gründen, die Einladung zur Verfassungsfeier abzulehnen. Ich
mußte auf kurze Zeit nach Berlin reisen, und einen Tag später
erreichte mich folgender Brief:

Hamburg, 29. Juni 1928

Herzlichen Dank für Deinen Brief! Mir ist es natürlich niemals
im Ernst eingefallen, Dir über die Aufregung, in die Du durch
den Gedanken an eine mögliche Verschiebung der Sommerreise versetzt worden bist, irgendeinen Vorwurf machen zu
wollen. Ich verstehe allzu gut, wie es jetzt in Dir aussieht und
daß jede neue Erschwerung der Situation für Dein inneres
Gleichgewicht eine schwere Probe bedeutet. Aber auf der andern Seite glaube ich freilich, daß Du die inneren wirklichen
Schwierigkeiten meiner jetzigen Lage doch im Augenblick
nicht völlig ermessen kannst. Es ist keineswegs so, daß meine
Nerven versagen – sie halten vielmehr wunderbar stand, und
ich lasse mich von der Unruhe um mich herum bisher in
keiner Weise anstecken. Aber das kann ich nur, indem ich
mit aller Kraft versuche, der Fülle der verschiedenartigen Ansprüche, die jetzt auf mich einstürzen, in irgendeiner Weise
gerecht zu werden und jeden dieser Ansprüche nach seinem
objektiven Recht abzuwägen. Und dabei sollst und mußt Du
mir helfen: denn etwas *gegen* Deinen Willen zu tun oder auch

nur zu denken, ist mir nun einmal ein unerträglicher Zustand,
während es *mit* Dir für mich eigentlich keine Schwierigkeiten
gibt. Was nun die Sache selbst betrifft, über die Du Dich gestern erzürnt hast, so ist sie leider immer noch nicht endgültig
erledigt. Nachdem ich gestern – mit allen möglichen und
unmöglichen Gründen, die mir einfielen – brieflich abgesagt
hatte, rief mich heute, im Namen des Bürgermeisters selbst,
Herr Zinn nochmals an. Er versicherte, daß im Hamburger
Senat der *einmütige* Wunsch bestehe, daß ich die Festrede zum
Verfassungstage halte, daß es die erste große öffentliche Feier
sei, die Hamburg veranstalte, daß man aus vielen Gründen
(offenbar auch aus politischen) gerade auf meine Mitwirkung
das größte Gewicht lege, u. s. f. Was die Ferienreise betreffe, so
brauche sie nicht zu leiden: denn der Senat sei, wenn ich zu
diesem Tage zurück sein wolle, selbstverständlich sehr gern
bereit, die Kosten der Hin- und Rückfahrt incl. Schlafwagen
zu tragen. Einer solchen dringlichen Aufforderung sehe ich
mich fast außerstande, abermals abzusagen – denn ich käme
mir unausstehlich hochmütig vor, wenn ich Leuten, die sich
in dieser Weise um mich bemühen, ein abermaliges schroffes
Nein entgegensetzen wollte. Du magst das immerhin für einen
Charakterfehler von mir halten – aber auch ich kann nun
einmal nicht aus meiner Haut heraus. So habe ich mir folgende Lösung gedacht – und ich bitte Dich, sie jedenfalls nicht
von vornherein abzulehnen … Für mich ergibt sich aus dieser
Disposition vielleicht eine gewisse Unbequemlichkeit; aber mir
bedeutet ja das Reisen keine große Strapaze – und jedenfalls
ist mir diese Lösung hundertmal lieber, als wenn ich mich mit
irgendwelchen innerlichen Konflikten beschweren müßte …

Über den Gang der Verhandlungen schreibe ich absichtlich
nichts, um Dich, solange keine endgültige Entscheidung erfolgt
ist, nicht unnütz mit Einzelheiten zu behelligen. Das eine aber
darf ich sagen, daß die Art, wie die Leute mir hier entgegen-
kommen, alle meine Erwartungen übersteigt und daß sie mich
wirklich beschämt und in Verlegenheit setzt …

Die Feier verlief ungestört, und als Ernst in seinem schwarzen
Talar das Rednerpult bestieg, mußte ich zugeben, daß die Absicht der Hamburger Regierung wenigstens in diesem Augenblick

erfüllt war. Auch rein äußerlich konnte kein besserer Vertreter gefunden werden. Die Wirkung von Ernstens schneeweißem Haar, seinen strahlend blauen Augen, der ernste, feste und glückliche Ausdruck des ganzen Gesichtes wurde unterstützt von der weißen Halskrause, die zu seiner Universitätskleidung gehörte und aus der sein Kopf geradezu hervorleuchtete. Seine helle, klingende Stimme vollendete das Äußere des festlichen Bildes.

Das Thema des Vortrages war »Die Idee der republikanischen Verfassung«. Ernst hatte mir vorher erzählt, daß er die Widersacher zu ärgern beabsichtige, indem er beweisen würde, daß die Ideen, die der Französischen Revolution zugrunde lagen, nicht in dem verhaßten Frankreich, sondern in Deutschland entstanden seien, daß sie von Kantschen und Goetheschen Ideen weiter gefördert worden waren und daß der Gedanke der Revolution im Ganzen der deutschen Geistesgeschichte keineswegs ein Eindringling oder ein Fremdling wäre. Der einmütige Erfolg der Rede bewies mir, was ich schon oft Gelegenheit hatte zu entdecken, nämlich daß Ernstens unbedingte Objektivität und das Herausholen aller gegenteiligen Argumente, die seinen Behauptungen entgegengestellt werden konnten, die Hörer veranlaßte, nur dasjenige aus dem Vortrag herauszuhören, was ihnen in ihren eigenen Kram zu passen schien. Viele »Betroffene« habe ich nach der Feier im Rathause von Hamburg jedenfalls nicht gefunden, und die Überzeugten blieben wie immer diejenigen, die überzeugt zu werden wünschten. Um Deutschland damals aufzurütteln, dazu gehörten andere Mittel, als Ernst sie anzuwenden gewöhnt und gewillt war.

Die Wahl der noch sehr jungen Söhne war in beiden Fällen beruhigend und bereichernd. Georgs junge Frau war eine talentvolle Pianistin, und der Zuwachs an Musik in unserm Leben begeisterte Ernst sehr. Anne hatte angefangen, Geige und Gesang zu studieren. Leider hatte sie zu diesem Zwecke Hamburg verlassen, was besonders den Vater sehr schmerzte. Eigentlich hätte er gewünscht, die Kinder, besonders Anne, für immer im Hause zu behalten. In dieser, so wie in so macher anderen Hinsicht, kam die naive Art zum Vorschein, die allen seinen menschlichen Beziehungen zugrunde lag. Heinz und seine junge Frau ließen sich in Hamburg nieder, während Georg nach Mainz zog, wo er in einer Papierfabrik tätig war.

Im Frühjahr 1929 wurde Ernst mit einer großen Stimmenma-
jorität zum Rektor der Universität Hamburg gewählt und nahm
die Wahl an. Meine Bedenken hatten ihn nicht überzeugt; auch
nicht, daß ich ihm erklärte, an keiner gesellschaftlichen Veranstaltung teilnehmen zu wollen, die mit dem Rektorat verbunden sein
würde, mit Ausnahme des großen Festes, daß er wie jeder vorangegangene Rektor zu geben haben würde. Er entschloß sich nicht
leicht zur Übernahme des Rektorats, weil es, wie er wohl wußte,
eine Menge von Verwaltungs- und Repräsentationspflichten mit
sich bringen würde und eine Unterbrechung seiner Arbeit auf
mindestens ein Jahr bedeutete. Aber gerade die zuletzt genannte
Tatsache bestärkte ihn in der Überzeugung, daß er nicht berechtigt wäre, vor allen anderen Gelehrten eine Ausnahme zu beanspruchen, und daß er seine Zeit dem Institut zur Verfügung zu
stellen habe, dessen Mitglied er war. Persönliche Eitelkeit spielte
keine Rolle in dieser Entscheidung. Er verlor niemals das Gefühl,
daß er seine Aufgabe – ungeübt in praktischen Dingen – vielleicht
nicht würde zur Zufriedenheit ausführen können.

Am 7. November trat er das Rektorat mit einem Vortrag über
»Formen und Formenwandel des philosophischen Wahrheitsbe-
griffes« an. Vom ersten Tag zeigte er eine ganz unerwartete Freude und Geschicklichkeit, das neue Amt zu verwalten. Er entdeckte
damals zum erstenmal, daß es so etwas wie ein Notizbuch und
einen Notizblock gäbe, und er berichtete mir mit Begeisterung,
wie praktisch es doch wäre, sich nicht nur auf sein Gedächtnis
verlassen zu müssen. Seine Arbeit legte er – das erste und einzige
Mal im Leben – wirklich fast vollständig zur Seite und stürzte sich
mit Feuereifer auf die vielen ihm bis dahin unbekannten Gebiete.
Er weihte Pferderennen und Autoausteilungen ein, er nahm an
Tagungen von Elektrizitätswerken teil, mußte Bälle und Theateraufführungen besuchen. Ich erinnere mich, daß er einmal spät
nachts von einer Sitzung der Technischen Hochschule in Hanno-
ver zurückkam, in der die Lage des elektrischen Stromverbrauchs
besprochen worden war. Ich merkte, daß er trotz fortgeschrit-
tener Stunde nicht einschlafen konnte, was ein ungewöhnlicher
Zustand für ihn war, und ich fragte ihn nach der Ursache. Da
antwortete er mir, scheinbar tief bekümmert, daß der Verbrauch
des elektrischen Stromes sehr schwer profitabel gemacht werden
könne, weil er sich in Tälern und Anhöhen bewege, die ganz ver-

schiedene Mengen von Arbeitskraft beanspruchten. Z.B. würde
am Tage viel weniger Lichtstrom verbraucht als nachts. Ich riet
ihm, sich deshalb keine schlaflosen Nächte zu machen, weil ich
den Eindruck hätte, daß dies kein ganz neues Problem darstellen
könne. Seufzend und schon halb im Schlaf sagte er nur: »Ach, du
verstehst ja nichts von Tälern und Anhöhen.«

Plötzlich in die Rolle des Repräsentanten gezwungen, entwik-
kelte er ungeahnte gesellige Geschicklichkeit. Staunend hörte ich
ihn mit allerlei Leuten über allerlei Dinge reden, die ihn nicht
im geringsten interessierten. Er begann, sich einen ganz neuen
Sprachschatz anzueignen. Er, der bis dahin nie ein »Füllwort«
oder einen »Füllsatz« verwendet hatte, plauderte vergnügt und
angepaßt über alles, was der andere hören wollte. Als das Rekto-
ratsfest nahte, zeigte er großes Interesse, es zu einem wirklichen
Fest zu machen. Wir hatten 400 Personen eingeladen und mußten
das unsere dazu tun, etwas zu finden, was diese diffuse Menge
gleichmäßig fesseln konnte. Wieder war *er* es, der auf zwei sehr
wirksame Vorführungen verfiel. Vor dem Diner wünschte er
ernste Musik zu hören. Der Zufall kam uns in dieser Beziehung
freundlichst entgegen. Unsere junge Freundin, die Geigerin Eva
Hauptmann, und Georgs Frau, die Pianistin Vera Cassirer, schufen die Möglichkeit, unseren Gästen Musik von hoher Qualität
zu bieten.

Viel schwieriger für unsere Gewohnheiten blieb der zweite
Abschnitt des Festes – der Vergnügungsteil. In Hamburg fand
jedes Jahr um die Weihnachtszeit ein Jahrmarkt statt, der Dom
genannt. Dort gab es die an solchen Plätzen gewohnten Attrak-
tionen mehr oder weniger marktschreierischer Art. Unter diesen
– aber völlig an Qualität verschieden – befand sich eine Bude, in
der ein alter böhmischer Glasbläser seine Kunst vorführte. Wir
konnten jährlich stundenlang in der dunklen, nach Acetylengas
riechenden Bude zubringen, um diesem Mann zuzusehen, wie er
aus dünnen Glasröhrchen, über eine Stichflamme gebeugt, mit
Hilfe eines Metallstabes Gefäße und Tiere aller Art hervorzau-
berte. Diesen Mann suchte Ernst zu bewegen, uns bei dem Rek-
toratsfest eine Vorführung zu geben, und er versprach, ihn dafür
gut zu entschädigen. Zögernd willigte er ein, aber von Bezahlung
wollte er nichts wissen. So umgingen wir diesen Punkt und kauf-
ten ihm Hunderte seiner kleinen Wunderwerke ab, die nach der

Vorführung unter unseren Gästen verlost wurden. Der Erfolg des ganzen Abends war unumstritten, und kein Mitglied der ganzen Universität, einschließlich des Nationalsozialisten Passarge, fehlte. Als ich abends todmüde nach Hause kam und Ernst vollkommen frisch und bester Laune seine Sachen ordnen sah, dachte ich bei mir selbst, daß er wohl auch diesmal Recht behalten hätte. Nicht, daß ich der allgemeinen Lage gegenüber weniger skeptisch geworden war; aber die Tatsache, daß Ernst – der erste und einzige jüdische Universitätsrektor Deutschlands – es vermocht hatte, seine Persönlichkeit bis zu einem hohen Grade einem wichtigen Teil der Hamburger Bevölkerung kenntlich zu machen, schien mir dokumentarisch wichtig.

Im großen ganzen schien das Rektorat reibungslos zu verlaufen. Von seiten der Studentenschaft waren nur schwache Versuche gemacht worden, nationalsozialistische Propaganda zu verbreiten, und wo immer solche Ansätze sich zeigten, konnte immer nachgewiesen werden, daß sie auf Befehl von »außen« erfolgt waren. In den anderen Teilen Deutschlands zeigte das Bild schon wesentlich tiefere Schatten.

Aber ganz harmonisch sollte der gewagte Versuch doch nicht enden. Anläßlich der Vorbereitung für die Verfassungsfeier der Universität, zu der Ernst als Rektor zum Redner bestimmt worden war, hatten sich Differenzen ergeben, die bereits deutliche Vorläufer der kommenden Ära waren. Am 13. April schreibt mir Ernst:

Der ganze heutige Vormittag war mit recht unerfreulichen Rektoratsangelegenheiten angefüllt. Die Frage der Feier der Verfassung hat sich zugespitzt, da sie in die Öffentlichkeit gezerrt worden ist und die Rechtsblätter sich in höchst törichter und taktloser Weise zu ihr geäußert haben. Die Entscheidung steht noch aus, ich bin aber entschlossen, jetzt nicht mehr zurückzuweichen, und hoffe nur, daß auch der Universitätssenat unbedingt fest bleibt.

Am 15. April fährt er fort:

Es ist Zeit, daß das Rektoratsjahr sein Ende erreicht. Leider scheint es fast, daß dies Ende nicht so friedlich aussehen wird,

wie es bisher der Fall war: in der Frage der Verfassungsfeier
denke ich, nachdem sie sich einmal so zugespitzt hat, in keiner
Weise zurückzuweichen und bei dieser Gelegenheit den deut-
schen Universitäten einige sehr deutliche Wahrheiten zu sagen.
Eine sehr ruhige Zeit kann ich Dir also für die nächsten 4–5
Wochen leider nicht versprechen; aber ich weiß, daß Du die
Letzte wärest, die mir in diesen prinzipiellen Dingen zu irgen-
deinem faulen Frieden raten würde.

Die Feier verlief wie geplant, und Ernst hielt die Festrede mit einem Einschlag von Kampfstimmung, die ihm bisher ganz fern-
gelegen hatte.

Bei der Übergabe des Rektorats im November 1930 an den
Mediziner Brauer erwähnte der Vertreter der Studentenschaft,
der dem alten Rektor zu danken und den neuen zu begrüßen
hatte, ganz gegen hergebrachte Sitte gerade nur Ernstens Namen,
und kein Begleitwort kam über seine Lippen. Später soll er dafür
gerügt worden sein; aber das änderte nichts an der Tatsache selbst
und bestärkte mich in meinen Überzeugungen. Ernst nahm den
Fall nicht allzu schwer und freute sich auf die zurückgewonnene
Muße zur Arbeit; ich aber sah den Boden, auf dem wir standen,
bedenklich schwanken.

Irene

Am 10. März 1930 wurde Heinzens Tochter Irene geboren. Vom
ersten Tag an liebte Ernst die kleine Enkeltochter mit einer Intensität und Vorbehaltlosigkeit ganz eigener Art. Das Kind war
äußerlich ungewöhnlich anziehend, hatte ein stilles, sanftes Wesen und, wie sich sehr bald zeigte, einen sehr gut entwickelten
Intellekt. Zwischen ihr und dem Großvater entstand eine enge
Zusammengehörigkeit, die rührend mitzuerleben war. Ich selbst,
durch allerlei Enttäuschungen in Verbindung mit menschlichen
Beziehungen gewarnt, wollte mein Herz nie wieder an ein Wesen
hängen, das doch nicht absolut zu mir gehörte. Für mich war Irene Heinzens Kind, und als solches fühlte ich die Verbindung mit
ihr. Ihr liebevolles Wesen, ihr schönes Äußere taten das übrige,
mich zu ihr hinzuziehen. Aber all dies hatte nicht die geringste
Ähnlichkeit mit Ernstens Beziehung zu ihr, und es war sonderbar

zu sehen, wie auch in Irene etwas entstand, was ihr Verhältnis zu
dem Großvater unterschied von den Beziehungen zu den Eltern
und zu mir. Wenn Irene »wir« sagte, meinte sie sich und den
Großvater. Wenn ihr von ihrem Vater etwas verboten wurde,
sagte sie: »Großvater, das dürfen *wir* nicht tun.«

Heinzens logischer Verstand mischte sich aufs glücklichste mit
einer deutlichen Phantasiebegabung Irenes, die wohl von ihrer
Mutter stammte. Ich glaube nicht, daß es jemals etwas gegeben
hat, was Ernst so restlos glücklich gemacht hätte wie seine Liebe zu
der kleinen Enkelin. Ich sagte ihm öfters, daß ich immer gewußt
hätte, daß eines Tages die große Leidenschaft über ihn kommen
würde. Ich wäre froh, daß es in solcher Form geschehen wäre.

Ernst war damals 56 Jahre alt; aber sein Gedächtnis, durch
lange Jahre verschiedenartigster Studien stark belastet, zeigte
keine Abschwächung. Oft schalt ich ihn wegen seiner fast unbe-
grenzten Merkfähigkeit und erklärte ihm, daß es gar keine Kunst
wäre, alles zu wissen, wenn man niemals etwas Gehörtes oder
Gelesenes vergäße. Ich versuchte auch oft, ihn aufs Glatteis zu
führen und Dinge zu zitieren, von denen ich annahm, daß er sie
nicht behalten haben konnte, aber vergebens. An einen dieser An-
lässe erinnere ich mich besonders deutlich, weil er mir, wie schon
oft zuvor, bewies, daß Ernstens Gedächtnis durchaus keine bloße
Merkfähigkeit bedeutete, sondern eine unendlich ausgedehnte Fähigkeit der logischen Einordnung des Aufgenommenen. Ich saß
eines Tages bei ihm im Zimmer und hörte an den damals noch
üblichen Kopfhörern einer Radiosendung zu. Da wurde etwas
aufgeführt, von dem ich annehmen konnte, daß kein Mensch auf
der Welt es, aus dem Zusammenhang gerissen, erkennen könnte,
und ich bat Ernst, den zweiten Kopfhörer ans Ohr zu nehmen
und mir zu sagen, um was es sich seiner Meinung nach handeln
könne. Er nahm den Hörer, hörte einen einzigen Satz und sagte:
»Das ist aus der Familie Schroffenstein von Kleist.« Der Satz, den
er gehört hatte, lautete:

> »Wie hast Du's wagen können, heute,
> Von Deinem Vaterhaus Dich zu entfernen?«

Später erklärte er mir, daß er nicht etwa die Familie Schroffenstein auswendig kannte, daß er aber sicher gewesen sei, daß die
Stellung des Wortes »heute« in diesem Satz *nur* von Kleist herrüh-

ren konnte und daß innerhalb der Kleistschen Produktion nur die Familie Schroffenstein diesen Satz enthalten konnte.

Im Winter 1931 wurde eine Diskussion zwischen Ernst und dem schärfsten Gegner seiner Kant-Auffassung, dem Freiburger Philosophen Martin Heidegger, im Rahmen der in Davos stattfindenden internationalen Hochschulkurse geplant. Ernst hatte sich vor unserer Abreise nach Davos ausführlich mit den Heideggerschen Schriften beschäftigt, die ihm bis dahin nicht eigentlich vertraut waren. Die abstruse Sprache von Heidegger, die er benutzte, um der durch die Jahrhunderte üblichen philosophischen Terminologie das »abgebrauchte« Element zu nehmen, stieß Ernst ab; aber nach kurzer Zeit hatte er, wie er es nannte, diese neue Sprache erlernt, und er schätzte die Arbeiten von Heidegger, obwohl er sie prinzipiell ablehnte.

Die Hochschulkurse fanden in einem feudalen Schweizer Hotel statt, und viele Gelehrte aus Frankreich, Italien, Holland, Österreich und dem ganzen Deutschland waren erschienen. Auf Heideggers merkwürdige Erscheinung waren wir ausdrücklich vorbereitet worden; seine Ablehnung jeder gesellschaftlichen Konvention war uns bekannt, ebenso seine Feindschaft gegen die Neukantianer, besonders gegen Cohen. Auch seine Neigung zum Antisemitismus war uns nicht fremd.

Am Morgen der offiziellen Eröffnung war er noch nicht angelangt, und als wir uns am Abend zum Eröffnungsdiner mit allen Teilnehmern der Kurse vereinigten, war der Platz neben mir, der für Heidegger reserviert worden war, unbesetzt. Er wurde später erwartet. Ich, in meiner unveränderten Unkenntnis der philosophischen Probleme, um die es sich bei der Auseinandersetzung handeln sollte, nahm mir vor, Heideggers sagenhafte Figur menschlich zu studieren, und ich wartete gespannt auf sein Erscheinen. Alle Gäste waren in Abendtoiletten erschienen, die Herren alle im Frack. Vor Ablauf der zweiten Hälfte des Diners, das durch lange Ansprachen ausgedehnt worden war, öffnete sich die Tür, und ein kleiner, ganz unscheinbarer Mann betrat, scheu wie ein Bauernkind, das man durch die Türe eines Schlosses stößt, den Saal. Er hatte schwarzes Haar, stechende dunkle Augen und erinnerte mich sofort an einen Handwerker, etwa aus dem südlichen Österreich oder Bayern; ein Eindruck, der bald darauf durch seinen Dialekt unterstützt wurde. Er trug einen unmodernen schwarzen Anzug und nahm nach einer kurzen Vorstellung seinen Platz neben mir ein.

An diesem ersten Abend hatte ich nicht Gelegenheit, mich viel mit ihm zu befassen. Seine Feindseligkeit und Kampflust aber waren sofort sichtbar. Das Problem, das ich mir stellte, war, wie ich die nächsten vierzehn Tage als Nachbarin dieses merkwürdigen Feindes zubringen sollte, wenn ich ihn als solchen anerkannte. Aber ich hoffte auf Ernstens Hilfe, da er zu meiner Rechten saß und, wie ich annahm, die Tischunterhaltung führen würde. Aber es kam anders. Ernst erkrankte am nächsten Morgen, nachdem er seine erste Vorlesung gehalten hatte, an einer schweren Grippe mit hohem Fieber und mußte viele Tage das Bett hüten. Nun saß ich also zweimal täglich mit dem sonderbaren Kauz zusammen, der sich vorgenommen hatte, Cohens Leistung in den Staub zu ziehen und Ernst wenn möglich zu vernichten. Da verfiel ich auf den Gedanken, den schlauen Fuchs – denn als solcher war er verschrien – zu überlisten. Ich fing eine so naive Unterhaltung mit ihm an, als wüßte ich weder von seinen philosophischen noch von seinen persönlichen Antipathien das geringste. Ich fragte ihn nach allerlei gemeinsamen Bekannten, vor allem nach seiner Kenntnis von Cohen als Menschen, und nahm schon in der Fragestellung seine selbstverständliche Anerkennung vorweg. Ich schilderte ihm ganz ungefragt Ernstens Beziehung zu Cohen; ich sprach über die schandhafte Behandlung, die dieser hervorragende Gelehrte als Jude erfahren habe; ich erzählte ihm, wie kein einziges Mitglied der Berliner Fakultät seinem Sarge gefolgt wäre. Ich plauderte, seiner Zustimmung angeblich sicher, sogar allerhand Wesentliches aus Ernstens Leben aus und hatte das Vergnügen, diesen harten Teig wie eine Semmel, die man in warme Milch getaucht hatte, sich erweichen zu sehen. Als Ernst vom Krankenbett aufstand, war es eine schwierige Situation für Heidegger, der nun so viel Persönliches von ihm wußte, die geplante feindliche Haltung durchzuhalten. Freilich machte auch Ernst durch seine Liebenswürdigkeit und die Achtung, die er ihm bezeugte, einen Frontalangriff nicht leicht. Das Gefecht verlief daher in anständigen Formen, was die Schar der Heideggerschen Elite, die ihn begleitete, wohl verwundert haben mag. Im großen ganzen ging Heidegger bei den Studenten als Sieger hervor, weil er dem Zeitgeschehen ganz anders entgegenkam als Ernst. Ich fühlte sehr wohl, worin die Gegnerschaft zu der

Marburger Schule und auch zu Ernst bestand. Und es war nicht schwer zu erkennen, welchen Weg dieser Mann wies.

Als er zwei Jahre später der erste nationalsozialistische Rektor wurde, erstaunte mich das weniger, als es mich erschreckte. Denn Heideggers große Begabung war unverkennbar, und er war gefährlicher als irgendeiner der anderen Mitläufer. Für mich war sein tödlicher Ernst und seine völlige Humorlosigkeit das Bedenklichste.

Seine Stellung zu Ernst war nach der Davoser Tagung unklar geworden. Irgendwie hatte Ernstens Persönlichkeit ihn beeindruckt. Jedenfalls hat er niemals eine Erwiderung auf Ernstens Schrift gegen ihn beendet, und auch die Kritik über den im Jahre 1929 erschienenen dritten Band der »Symbolischen Formen« hat er niemals geschrieben. Anläßlich eines Vortrages in Freiburg, zu dem er von Heidegger aufgefordert war, schreibt Ernst mir:

In Freiburg war bei meinem Vortrag der größte Hörsaal der Universität dicht gefüllt, und die philosophische Fakultät war fast vollständig erschienen; nachher war ich bei Gerhard Ritter noch mit Fränkel, Schadewaldt, Heidegger und anderen zusammen. Heidegger habe ich dann am nächsten Morgen noch besucht und ihn sehr aufgeschlossen und direkt freundschaftlich gefunden. Von den wilden Gerüchten, die um ihn schwirren, vermochte ich jedenfalls nichts festzustellen. Er gestand mir, daß er sich seit langem mit einer Rezension meines dritten Bandes abquält, einstweilen aber noch nicht wisse, wie er die Sache anpacken solle.

Ernst arbeitete an der »Philosophie der Aufklärung«, und dies erforderte wiederholte Reisen nach Paris und die Benutzung der Bibliothèque Nationale. Er wurde von den dortigen Philosophen, Lévy-Brühl, Brunschvicg, Meyerson usw. aufs herzlichste aufgenommen und ist mit diesem Kreis eigentlich in viel engere Verbindung gekommen als mit den deutschen Philosophen. Einmal – ich glaube, es war während des Aufenthaltes nach der Davoser Tagung – wurden wir zu einem wissenschaftlichen Tee eingeladen, der regelmäßig im Haus eines M. Desjardin stattfand. Dort trafen sich die prominenten französischen »hommes de lettres« und luden die jeweils in Paris anwesenden ausländischen Gelehrten zu sich ein.

Es war die erste und einzige Veranstaltung dieser Art, die wir je erlebt hatten, und die künstlerische Umgebung, verbunden mit der den Franzosen eigene Courtoisie, wirkte stark auf uns beide. Bis dahin hatten wir von französischen »Salons« nur gelesen oder erzählen gehört. Die schöne, klingende Sprache, die ich fließend sprach und Ernst gut beherrschte, drückte der eigenartigen Umgebung ihren Stempel auf. Es war ein schöner Nachmittag. Die Wohnung Desjardins war mit Kunstschätzen hoher Qualität gefüllt und die Beleuchtung gedämpft, was die Stimmung wohl erhöhte, mir aber nicht angenehm war. Die ausländischen Gelehrten, von denen außer Ernst noch einige andere erschienen waren, wurden aufs herzlichste begrüßt und mit großer Aufmerksamkeit, ja Hochachtung behandelt.

Nach einiger Zeit bemerkte ich, daß in einer der Zimmer auf einem niedrigen Fauteuil ein einsamer Mann saß, der seiner Sprache nach kein Franzose sein konnte, der aber auch nicht zu der Gruppe der bevorzugten Gäste zu gehören schien. Hie und da blieb wohl einer der Anwesenden vor ihm stehen, wechselte ein paar Worte mit ihm und ging weiter. Seine Physiognomie habe ich nicht deutlich gesehen und daher nicht behalten. Aber ich erkundigte mich alsbald bei einem der Anwesenden, wer dieser Einsame wäre. Da erfuhr ich, daß er ein politischer Réfugié, der von Mussolini gestürzte frühere italienische Außenminister Nitti, wäre. Ich erinnere mich, wie es mich durchzuckte und die Vorstellung des Flüchtlings in meinem Inneren Gestalt anzunehmen begann und ich, wie durch einen dichten Schleier, plötzlich das Schicksal, das uns erwartete, vor mir sah. Freilich war Nitti eingeladen; er war ja ein geachteter Staatsmann gewesen und befand sich in einem ausgesprochen liberalen Kreis. Aber er war kein Besucher und kein Einheimischer – er war etwas, was uns bis dahin nicht klargeworden war, weil es uns nicht begegnet war – er war ein Geduldeter. Man muß sich fragen, wieso die unzähligen russischen Flüchtlinge, die es seit 1917 in Deutschland gab und von denen wir außer Gawronsky noch viele andere kannten, diesen Eindruck nicht auf uns gemacht hatten. Es mag wohl daran liegen, daß die Russen gleich nach dem Kriege ins Land gekommen waren und, da sie auf die erste Periode der Demokratie in Deutschland stießen, gut aufgenommen worden waren und sich schnell in die übrige Bevölkerung gemischt hatten. Wie dem auch gewesen sein mag – der Eindruck, den Nitti auf mich und auch auf Ernst gemacht hatte, war ein völlig anderer.

Die letzten beiden Jahre, die wir noch in Deutschland zubrachten, sind schwer zu schildern. Ernst, mit deutscher Kultur, Philosophie und Kunst tief verwurzelt, sträubte sich lange, die Bedrohung in ihrer ganzen Schwere zu erkennen. Ich hatte es leichter, klar zu sehen. Er hatte ein Amt zu vertreten, von dem, wie sich schon einige Male gezeigt hatte, Wesentliches abhängen konnte. Ich hatte Zeit, mich umzusehen und umzuhören. Die Schwierigkeit, der ich begegnete, war die, daß ich mir nicht klar wurde, bis zu welchem Grad ich das Recht hatte, Ernst zu beunruhigen und seine Arbeit zu stören. Aber von Monat zu Monat schien dieses Problem sich schneller von selbst zu lösen. Noch war äußerlich nichts Wesentliches verändert. Alles schien seinen gewohnten Gang zu gehen. Aber wer sehen wollte, konnte schon drei Jahre vor Hitlers Sieg das Versinken des alten Deutschland vor Augen sehen.

Ernst las niemals eine der nationalsozialistischen Schriften – er beschäftigte sich so lange als möglich nicht mit der Gefahr, die heranrückte. Als im Jahr 1931 die philosophische Professur in Basel durch den Abgang Karl Joëls frei wurde, bat ich Ernst, sich um diese Professur zu bewerben. Er hielt diesen Gedanken nicht für durchführbar, nachdem Hamburg sich kurz vorher so um ihn bemüht hatte. Er war in diesem Jahre auch noch Prorektor der Universität. »Das wäre undankbar gegen Hamburg«, sagte er – worauf ich ihm erwiderte, daß er es noch erleben würde, wie undankbar sich Hamburg gegen ihn verhalten würde.

Die letzten beiden Jahre waren für seine Arbeit sehr fruchtbar gewesen. Die »Philosophie der Aufklärung« war erschienen, ebenso die »Platonische Renaissance in England«, und im Zusammenhang mit dem hundertsten Todestag von Goethe hatte er einige wichtige Aufsätze beendet. Er ist aber außer vom Institut für Erziehung und Unterricht in Berlin zu keiner Goethefeier in Deutschland aufgefordert worde. Hingegen lud ihn die Universität Paris ein, im Februar 1932 zwei Goethe-Vorträge zu halten. Anschließend sprach er in der »Société de Philosophie« über Rousseau, über den er in den letzten Monaten viel gearbeitet hatte. Aus Paris schrieb er mir:

24. Februar 1932

Nun bin ich also wieder in Paris gelandet und habe mich hier, was die Arbeit anlangt, überraschend schnell zurechtgefunden: Ich konnte sie genau an dem Punkte wieder aufnehmen, an dem ich sie vor wenigen Monaten abgebrochen hatte. Mit den äußeren Arbeitsbedingungen bin ich jetzt hier so vertraut, daß alles viel rascher vonstatten geht. Heut habe ich, da ich mich hier einstweilen noch bei niemand gemeldet habe, mit einer kurzen Frühstückspause durchgearbeitet und habe manches, was in Hamburg recht mühsam gewesen wäre, sehr schnell fördern können. Am meisten Spaß macht mir dabei, wie schnell mir jetzt immer die Umstellung gelingt: denn am Montag abend hatte ich nach dem Vortrag in Basel, der übrigens sehr viel Beifall fand, noch eine lange Diskussion zu bestehen, die sich bis nach 12 Uhr hinzog. Einstweilen ist aber Deine Befürchtung, daß ich die Dinge schließlich ganz durcheinander bringen werde, grundlos − und auch sonst habe ich alle Fährnisse in bezug auf Packen, Wäsche, ärztliche Behandlung usw. bis jetzt siegreich überstanden. In *dieser* Beziehung bin ich jetzt ganz selbständig; nur in bezug auf die *geistige* Orientierung hapert es bei mir sehr bedenklich, wenn ich nicht mit Dir zusammen bin.

Von dem äußeren Leben in Paris halte ich mich diesmal absichtlich zurück. So reizvoll es in vieler Hinsicht ist, so steht es doch in einem allzu schneidenden Gegensatz zu dem, was bei uns jetzt vorgeht − und will man sich nicht ganz die Stimmung und Arbeitsfreude verderben, so muß man gewaltsam die Augen zuschließen ...

28. Februar 1932

Nun ist also das offizielle »Programm« erledigt − und es ist ohne jede Störung verlaufen und genau so durchgeführt worden, wie es zu Haus am Schreibtisch ausgerechnet wurde. Die Goethe-Vorträge haben sehr großen Beifall gefunden: Der Saal war auch beim zweiten Vortrag dicht besetzt, und das ganze Auditorium war offensichtlich gespannt und sehr aufmerksam. Auch die persönliche Begrüßung war über alles Erwarten herzlich. Selbst wenn man all das abzieht, was man auf Rechnung der französischen Höflichkeit setzen muß, bleibt doch

noch recht viel übrig. Im Privatgespräch – und ich habe bei
dem Diner und bei verschiedenen Empfängen nicht nur mit
Gelehrten, sondern mit Diplomaten, ja mit einem leibhaftigen
Minister gesprochen – versicherten mir alle immer wieder, wie
sehr sie den gegenwärtigen Zustand der Dinge beklagten. Es
gibt hier offenbar eine Gruppe freidenkender und vernünftiger
Leute, die diesen Zustand nicht anders sieht und beurteilt als
wir selbst – nur vermag sie sich freilich nicht durchzusetzen.
Aber daß ich recht daran tat, die Einladung anzunehmen, steht
jetzt für mich ganz fest; auch der deutsche Botschafter, der bei
meiner Vorlesung anwesend war und mit dem ich dann noch
eingehend sprach, war offenbar dieser Ansicht.

Der für mich selbst interessanteste und lehrreichste Teil
des hiesigen Aufenthalts war übrigens die gestrige Sitzung der
»Société de Philosophie«, in der ich meinen Rousseau-Vortrag
hielt. Die Zuhörerschaft, die alles umfaßte, was in Frankreich
einen philosophischen Namen hat, war äußerst interessiert –
und es entspann sich nach dem Vortrag eine 1½stündige,
äußerst lebhaft geführte Diskussion. Meine These wurde als
sehr überraschend bezeichnet – von einigen anerkannt, von
anderen lebhaft bestritten. Ich glaube aber mich meiner Haut
gewehrt zu haben – wobei ich den Haupterfolg freilich wieder
meinem Gedächtnis zu danken habe. Die Leute waren sehr
überrascht, wenn sie, mit dem Buch in der Hand, bestimmte
Stellen aus Rousseau gegen mich anführten und ich ihnen
dann aus dem Kopf sogleich die Gegenstelle entgegenhielt.
Das Hauptargument, mit dem ich sie *völlig* geschlagen hätte,
konnte ich freilich nicht verwenden – ich konnte ihnen nicht
sagen, daß ich *Dir* die ganze Sache bereits vorgetragen habe
und daß Du sie äußerst einfach, ja geradezu »selbstverständlich« gefunden hast. So war es also doch ein Fehler, daß Du
mich hast allein fahren lassen: Du hättest sicherlich die Pariser
Philosophen viel schneller und gründlicher überzeugt …

Wie man sehen kann, war seine Arbeitskraft und seine gute Laune
damals, ein Jahr vor dem Antritt Hitlers, noch ganz unverändert.
Von da ab aber täuschte er sich nicht mehr, und bevor wir ins
Ausland reisten, ließ er jedesmal für jedes Kind soviel Geld in ausländischen Valuten zurück, wie sie zu einer eventuellen Ausreise

benötigten, ohne sich ganz klar darüber zu sein, inwiefern dies notwendig werden könnte.

Am 2.Januar 1933 heiratete Anne einen hochbegabten jungen Musiker, den Pianisten Kurt Appelbaum. Seine Musikalität überzeugte Ernst vom ersten Tage an. Er ist ein ebenso fanatischer Spieler, wie Ernst ein Zuhörer war, und als sie sich kennenlernten, wurde eine Verabredung zwischen ihnen getroffen, daß sie ausprobieren wollten, ob Kurt länger spielen oder Ernst ihm länger zuzuhören gewillt sein würde. Die Wette konnte nicht mehr ausgetragen werden.

1933

Als ich gerade nach Berlin gefahren war, um für Anne und ihren Mann eine eigene Wohnung einzurichten, wurde Hitler durch Hindenburg zum Reichskanzler ernannt. Ernst war in Münster, als diese schließlich doch überraschende Wendung eintrat, und der Brief, den er mir in diesem Zusammenhang schrieb, ist der einzige, der mir abhanden gekommen ist. Als wir von Schweden nach Amerika fuhren, konnte ich ihn nicht bei Georg, bei dem sich die ganze übrige Korrespondenz befand, zurücklassen, weil er für ihn zu gefährlich gewesen wäre. Ob ich ihn vernichtet habe, weiß ich nicht mehr. Aus diesem Brief ging die unbedingte Entscheidung hervor, die Ernst getroffen hatte. »Menschen unseres Schlages haben in Deutschland nichts mehr zu suchen und nichts mehr zu hoffen«, so hieß es unter anderem. An eine regelrechte Judenvertreibung dachte er, wie schon aus diesem Satz hervorgeht, zuerst einmal nicht. Aber seine Stellung war davon ganz unabhängig bestimmt worden. Als er nach wenigen Tagen zurückkam, erklärte er mir, daß er seine Vorlesungen beenden würde und dann sofort mit mir und seiner neuen Arbeit – er wollte damals den später in Schweden beendeten »Determinismus und Indeterminismus« schreiben – an die italienischen Seen reisen würde. Ich, die lange Jahre die Skeptische, Warnende gewesen war, wurde nun diejenige, die zu bremsen versuchte. Noch schien mir nichts Wesentliches geändert. Ich dachte damals, daß man kämpfen würde, ehe alles verloren war. Für Anfang März erst war die offizielle Wahl angesetzt. Noch konnte das Schiff gezwungen werden, einen andern Kurs einzuschlagen. Die ersten

194

Veröffentlichungen waren nicht allzu erschreckend. Von Judenverfolgungen oder -gesetzen stand nichts darin. Als aber eines Tages eine der Hitlerschen Verordnungen hieß: »Recht ist, was dem Führer dient«, sagte Ernst zu mir: »Wenn morgen nicht alle Rechtsgelehrten Deutschlands sich wie ein Mann erheben und gegen diesen Paragraphen protestieren, ist Deutschland verloren«. Es erhob sich keine einzige Stimme.

Unsere Abreise sollte nun bestimmt werden. Ich konnte von Ernst nur soviel erreichen, daß er sich bereit erklärte, so lange in Hamburg zu bleiben, bis die Wahl vorüber wäre. Alle drei Kinder waren mit ihren Gefährten in Deutschland. Vera erwartete ihr erstes Kind. Mir schien es unmöglich, sie in diesem Augenblick zu verlassen. Aber nichts, selbst Irenes Existenz nicht, konnte Ernst ins Wanken bringen. Er wollte sich auf neutralem Boden befinden, um in Ruhe zu überlegen, was zu geschehen habe. Das »Oder« hatte unerbittlich Oberhand gewonnen.

Als wir den Dammtorbahnhof in Hamburg verließen, hatten wir noch nicht das Gefühl, daß dies einen endgültigen Abschied bedeutete. Auf Schritt und Tritt aber wurde uns klarer, daß das Land, in dem wir gelebt hatten und in dem Ernst seine Leistung vollbracht hatte, sich vor unseren Augen, im Ablauf weniger Tage, erschreckend verändert hatte. Die schlechten Elemente schwammen schon obenauf. Was sie bisher nur zu flüstern, gewagt hatten, sprachen sie laut aus, und die guten begannen zu flüstern, oder sie verstummten ganz und gar.

Unsere erste Station war Basel. Dort sprachen wir den alten Philosophen Joël, der völlig verwirrt und überrascht den Berichten aus der Heimat lauschte. »Aber das muß doch bald vorübergehen«, meinte er seufzend. Auf diesen hoffnungsvollen Satz antwortete Ernst damals und unzählige Male später, wenn er ihm wieder begegnete: »Ich nehme an, daß das Regime zehn Jahre dauern wird; das Unheil, das es stiften wird, wird aber hundert bis hundertfünfzig Jahre weiter wirken.«

Prophezeien war nicht Ernstens Sache. Was er da aussprach, war nicht von Gefühlseindrücken und Eingebungen genährt. Er hatte das Prinzip, um das es sich handelte, erkannt, und er wußte aus seiner Erkenntnis der Geschichte und des Mythos, was solche Bewegungen über die Menschen vermögen. Erst zwölf Jahre später, und auch dann nur auf vielfaches Drängen von außen, faßte er diese Einsichten in seinem letzten Werk, dem »Myth of the State«, zusammen. Aber klar waren sie ihm vom ersten Tag an. Die schriftlichen Äußerungen schob er auf, bis er seine Gedanken bis ins Detail geprüft hatte und die Distanz erreicht hatte, die ihm erforderlich schien.

Wir verließen am 12. März, einen Tag nach Irenes drittem Geburtstag, unsere Heimat. In Bellagio am Comer See angelangt, versuchte Ernst, seine Arbeit fortzusetzen, und es gelang ihm zuerst auch in der gewohnten Weise. Aber ein Blick auf sein Gesicht, wenn er die Arbeit beiseite legte, genügte mir, um festzustellen, was für Fragen sich in seinem Innern auftürmten und wie düster er die Lage betrachtete.

Ich konnte kein Wort Italienisch und mußte mir die Zeitung von ihm übersetzen lassen. Was er von den Nachrichten verschweigen wollte, konnte ich nicht feststellen. Unser kleines Hotel besaß kein Radio. Erstaunt fragte Ernst den Besitzer, wie das wohl möglich sei. Da antwortete der gemütliche Italiener, daß er wie alle Gastwirte sogar eine hohe Steuer für ein Radio zu zahlen hätte, daß er es aber nicht anschlösse, weil er des faschistischen Quatsches müde sei. Da fiel mir zum ersten Male auf, welch Unterschied zwischen der faschistischen und der nationalsozialistischen Mentalität, oder aber zwischen dem Italiener und dem Deutschen, bestand. Seit elf Jahren regierte Mussolini das italienische Volk – für unser Gefühl mit unerträglicher Tyrannei –, und doch war es möglich, daß ein Mann öffentlich einem Ausländer gegenüber eine Äußerung machen konnte, die kein Deutscher elf Tage nach Hitlers Antritt im engsten Freundeskreis gewagt hätte auszusprechen.

Ich versuchte mir klar darüber zu werden, was für uns alle auf dem Spiele stand. Mein Vater war im Oktober 1928, 84 Jahre alt, gestorben. Um ihn brauchte ich mich nicht zu sorgen. Was aber würde mit all den andern geschehen, wenn das Leben in Deutschland unerträglich werden sollte? Es war alles viel zu schwierig auszudenken. Wer konnte ein System durchschauen, an dem Jahre und Jahre hindurch eine große Anzahl begabter und geschickter Verbrecher vorbereitend gearbeitet hatte? Kein normales Gehirn konnte diesen Gedankengängen folgen. Alles, was wir tun konnten, war, in möglichster Ruhe für uns und unsere nächsten Angehörigen eine Lösung zu finden.

Als wir am 20. März von einem Spaziergang zurückkehrten, berichtete unser Wirt, daß ein Ferngespräch, und zwar aus Hamburg, für uns vorläge. Wir eilten zur Post, um die Verbindung herstellen zu lassen. Es war Heinz, der anrief. Er meldete uns, daß er mit Frau und Kind am selben Abend nach Luzern (wo sein Schwiegervater lebte) abreisen würde, da sich Dinge vorbereiteten, die er nicht abzuwarten gedächte.

Dieser Entschluß, dem wir natürlich nicht widersprechen konnten, erschreckte uns sehr. Noch als wir wenige Wochen vorher Hamburg verlassen hatten, war Heinz von keiner Gefahr zu überzeugen gewesen. Es mußte sich etwas Grundlegendes ereignet haben. Die nächste Nummer der italienischen Zeitung brachte die Aufklärung. Für den 1. April war der offizielle, von der Regierung anbefohlene Boykott gegen die deutschen Juden angesetzt worden.

Ich will und kann die Einzelheiten dieser Periode hier nicht schildern. Sie würden ein eigenes Buch füllen, und unzählige Bücher sind in diesem Zusammenhang bereits geschrieben worden. Ich will nur Ernstens Stellungnahme und sein persönliches Erleben in dieser Zeit deutlich machen. Schon das allein wird viel Raum einnehmen.

Wir reisten von Bellagio nach Luzern ab und trafen uns dort mit dem Vater unserer Schwiegertochter Eva, um alles Nähere für die Unterbringung der Kinder zu besprechen. Wir hatten im Auslande nur so viel Geld, wie uns zu der Reise bewilligt worden war, und einen Safe bei einer Schweizer Bank, in den wir meinen Schmuck und einiges Schweizer Geld gelegt hatten, als wir zwei Sommer zuvor drei Monate im Engadin zugebracht hatten. Ernst hatte sich zuerst dem ungesetzlichen Besitz von ausländischen Valuten widersetzt. Er war in dieser Beziehung noch ganz und gar deutscher Beamter und wollte erst, wenn es absolut unvermeidlich werden sollte, irgendein Gesetz umgehen. Ich war schon 1931 überzeugt, daß dieser Augenblick gekommen war, und plädierte daher für die Auswanderung nach Basel. Als mein Vorschlag abgelehnt wurde, verlangte ich energisch, daß kein Schweizer Franken, den wir besaßen, nach Deutschland zurückfließen dürfe. Diese kleine Summe hat unser und der Kinder ganzes Leben in den ersten Monaten der Wanderschaft bestimmt.

In Luzern erkrankte Ernst, wie immer bei solchen Störungen, hochfiebernd an seinem Gallenleiden. Wahrscheinlich hatte die große Aufregung dieser Tage die Attacke gefördert. Als ich, aufs äußerste besorgt, an seinem Bette saß, erschien unerwartet ein junger Freund unseres Hauses, der Philosoph Raymond Klibansky, bei uns. Er kam aus Heidelberg herüber, wo er als Assistent von Ernst Hoffmann für die Akademie noch ungestört an der Cusanus-Ausgabe arbeitete. Er kam, um sich mit Ernst zu besprechen, was seiner Meinung nach jetzt zu geschehen hätte. Zu einer Aussprache war Ernst nicht imstande; aber Klibansky hat mir später immer wieder geschildert, wie erst Ernstens Anblick in dem dunklen Hotelzimmer in Luzern ihm die Augen geöffnet hätte für die ganze Schwere des Geschehens. Er ist nicht der einzige geblieben mit diesem Empfinden. Die bekannte Sängerin Lotte Leonard erzählte uns später, daß sie, noch ganz und gar im unklaren über das Ausmaß der Ereignisse, nach einem Besuch bei uns in London völlig zusammengebrochen war, weil Ernstens Schicksal ihr plötzlich den Schleier von den Augen gerissen hätte. Unsere blinde Freundin, die Dichterin Elsa Bernstein (ihr Künstlername war Ernst Rosmer), ein Kind der Wagnerzeit und mit allen Fasern ihres Herzens Deutschland verbunden, schrieb uns in ihrem ersten Brief nach Oxford:

Ist das nun Traum oder Wirklichkeit, diese Gegenwart? Deutsche Menschen mit den Wurzeln aus deutscher Erde ausgerissen, ein deutscher Philosoph, der geistige Sohn Immanuel Kants, genötigt, englisch zu lernen und zu lehren! Schmerz und Bewunderung zugleich, und dahinter das Unfaßbare!

In der Schweiz trafen wir Heinz mit seiner Frau und der kleinen Irene. Das Wiedersehen, nach zwei in großer Sorge verbrachten Tagen, war neu belebend. Appelbaums waren schon Ende März nach Schweden abgereist, um die eventuellen Möglichkeiten einer Existenz für Kurt zu untersuchen. Von dort fuhren sie nach England. Von unseren Kindern blieb nur Georg in Deutschland. Vera erwartete ihr erstes Kind; sie hatte ihre ganze Familie in Ziegenhals, einem kleinen Badeort an der tschechischen Grenze, und die Kinder zogen zu den Eltern, nachdem Georg seine Stelle verloren hatte, und nahmen an, daß die Nähe des Auslandes

einen Schutz bilden würde, im Falle daß eine schnelle Flucht
notwendig werden sollte.

Von Zürich aus schrieb Ernst nach kurzem Überlegen am
5. April an den Rektor der Universität Hamburg, daß es ihm
unter den gegebenen Umständen leider nicht möglich wäre, sein
Amt als Hochschullehrer länger zu verwalten, und er bat um
Urlaub von den Vorlesungen und Enthebung aus allen Verpflichtungen bis zur allgemeinen Regelung. Die Antwort des Rektors
lasse ich folgen:

Bonn, 8. April 1933

Hochverehrter Herr Kollege!

Ich bestätige den Empfang Ihres Schreibens vom 5. d. Mts.
und danke Ihnen verbindlichst für das mir durch diesen Brief
erwiesene Vertrauen. Ich erhielt das Schreiben, als ich im Begriff war zu verreisen, so daß ich mich nicht mehr mit Herrn
Regierungsdirektor von Wrochem in Verbindung setzen
konnte, auch Ihnen erst jetzt von Bonn aus, wo ich Station
mache, antworten kann. Ich habe die ganze Lage des öfteren
im allgemeinen, also nicht gerade im Hinblick auf Ihre Person,
mit Herrn von Wrochem besprochen, und wir sind dabei zu
dem Ergebnis gekommen, daß man zunächst einmal abwarten
muß. Die Dinge sind ja noch im Fluß, und wie sie etwa in zehn
Tagen stehen werden, das weiß man nicht, wobei ich bemerke,
daß am kommenden Mittwoch, dem 12., eine außerordentli-
che deutsche Rektorenkonferenz in Wiesbaden stattfindet. Ich
rate Ihnen also, einstweilen noch keinen Entschluß zu fassen.
Zu dem Schritt, den Sie beabsichtigen und der unter Umständen richtig sein wird, wird immer noch Zeit sein. Daß ich
aufrichtig wünsche, sowohl in Ihrem wie im Interesse der Universität, der wir uns beide gleich eng verbunden fühlen, daß
Sie von dem beabsichtigten Schritt Abstand nehmen können,
brauche ich nicht zu versichern. Sie werden von mir rechtzeitig Nachricht erhalten, was zu tun ist, und zwar werde ich das
Schreiben nach Hamburg richten, sofern Sie mir keine andere
Anschrift angeben.

Indem ich Ihnen wünsche, daß Sie bei aller begreiflichen
Unruhe doch im sonnigen Süden die Erholung finden werden,
die Ihnen jetzt doppelt not tut, verbleibe ich mit dem Ausdruck

meiner kollegialen Verbundenheit und meiner größten Wertschätzung …

Unterdessen folgte eine Schreckensnachricht der anderen. Fast als erster wurde Kurt Goldstein, damals Leiter der neurologischen Abteilung des Moabiter Krankenhauses in Berlin, verhaftet. Wie wir später erfuhren, war er von seinem eigenen Assistenten unter irgendeiner falschen Angabe denunziert worden. Glücklicherweise gelang es, ihn nach drei Tagen zu befreien, und wir trafen ihn kurz darauf in Zürich. Damals weigerte er sich energisch, auch nur ein Wort über seine Erlebnisse zu berichten.

Zürich, wo wir uns auf der Reise nach Bellagio kurz aufgehalten hatten, hatte sich in der Zwischenzeit – es waren ungefähr 17–18 Tage vergangen – vollkommen verändert. Auf Schritt und Tritt begegnete man deutschen Flüchtlingen, die Hals über Kopf das Land verlassen hatten. Damals handelte es sich größtenteils um Familien, die die Schweiz von früheren Vergnügungsreisen her kannten. Es war höchst sonderbar zu erleben, wie schwer sie sich der erschreckenden Veränderung ihres Schicksals bewußt wurden, obwohl sie soeben noch voller Sorge und Angst die Schweizer Grenze überschritten hatten. Die von früheren Besuchen gewohnte Lebensweise, die großen Schweizer Hotels, die unveränderte Behandlung der Gäste seitens der Hotelbesitzer oder Kellner, die noch nicht erfaßt hatten, daß es sich diesmal nicht um die altgewohnte Schar von Vergnügungsreisenden handelte, erschwerte das Begreifen des ohnehin Unbegreiflichen. Da der Eiskaffee im Baur au Lac noch genauso gut schmeckte wie immer, mußte ja die Welt auch noch ungefähr auf ihrem gewohnten Flecke stehen.

Wir trafen mit Freunden zusammen, die vom Aufenthalt in Italien zurückkamen, noch ganz unvorbereitet auf das Grausen, das sie erwartete. Ernst versuchte allen, denen er begegnete, die Situation klarzumachen. Oft endete er seine Bemühungen mit den Worten: »Fahren Sie zurück, holen Sie Frau und Kinder heraus, und lassen Sie alles im Stich, was Ihre Ausreise auch nur um Tage verschieben könnte.« Aber es half meist nicht das geringste.

Die Erinnerung an den Kriegsausbruch 1914 kam mir zurück. Menschen können gewaltsamen, unerwarteten Umwälzungen nicht schnell genug folgen. Ihr Organismus ist dafür anscheinend nicht konstruiert. Daß wir es konnten, lag daran, daß Ernst, wie immer, wenn er einer Sache sicher war, keinem Kompromiß zugänglich war, weil diese Sicherheit tief verwurzelt war mit seiner Philosophie. Ich hingegen war ja nicht im mindesten überrascht worden. Im Gegenteil: Im ersten Augenblick fühlte ich *nur* Erleichterung nach einer vorangegangenen unerträglichen Spannung; wie man sie etwa empfindet, wenn nach drückender Hitze ein schweres Gewitter losbricht. Diese Erleichterung wird in keiner Weise von der eventuellen Gefahr beeinträchtigt, die so ein Gewitter mit sich bringen kann.

Wenige Tage nachher veränderte sich die Stimmung der Flüchtlinge. Neue kamen hinzu, und diese neuen waren nicht mehr frühere wohlhabende Reisende. Es waren einfache, erschreckte Menschen, die sich im fremden Lande nicht zu bewegen wußten, obwohl dieser kleine Zipfel der Welt ja der einzige war, der für die deutschen Flüchtlinge keine Sprachschwierigkeiten mit sich brachte. Wir trafen auch auf seltsame Erscheinungen aller Art. Eines Tages erklärte uns der Musiker Otto Klemperer, der seit vielen Jahren ein gläubiger Katholik war, er sei sicher, daß die uniformierten Wachen, die die Deutschen am 1. April vor den jüdischen Geschäften aufgestellt hatten, um den Käufern den Eintritt zu verwehren, in Wahrheit Erzengel in Naziuniform gewesen seien, die Gott zum Schutze der Juden dorthin beordert hatte. So versuchte jeder auf seine Weise, das Untragbare umzudeuten.

Erfreulicherweise wurde Heinzens Lage dadurch erleichtert, daß der Züricher Philologe Howald, der sich sehr für sein im letzten Jahr erschienenes Aristoteles-Buch interessiert hatte, ihn aufforderte, sich in Zürich zu habilitieren. Zu diesem Zwecke sollte Heinz ein neues Buch schreiben, da bereits gedruckte Schriften nicht als Habilitationsschrift angenommen wurden. Diese Aussicht beglückte Heinz sehr und nahm uns einen Teil unserer Zukunftssorgen ab. Eine kleine, sehr bescheidene Wohnung in einem Bauernhaus wurde gefunden, und Ernst war unsagbar erleichtert, daß er sein Irenchen in Sicherheit in der Schweiz zurücklassen konnte. Noch wenige Wochen zuvor war Irenes täglicher Besuch Ernstens größte Freude gewesen. Jetzt gestattete er sich nicht einen einzigen Blick in die Vergangenheit, die schon gespenstische Formen anzunehmen begann. Ich wurde von seiner Kraft gestärkt.

In anderer Hinsicht allerdings hatte ich ihn zu stützen: Er verlor das Gefühl für die Wichtigkeit seiner Leistung. Oft sagte er seufzend zu mir: »Es ist doch alles umsonst gewesen: Ich werde niemals wieder ein Wort schreiben.« Ich wußte, daß er selbst das nicht wirklich glauben konnte; aber diese pessimistischen Äußerungen zeigten doch eine Verschiebung seiner Reaktionen, die ganz und gar ungewohnt war. Es war nicht schwer, ihn von diesem Abweg abzubringen. Wie konnte man ihn ohne seine Arbeit denken? Einmal – es war in den ersten Apriltagen – teilte er mir mit, daß er beschlossen hätte, eine philosophische Widerlegung der nationalsozialistischen Bewegung zu schreiben, und daß er hoffte, die deutschen Intellektuellen damit aufrütteln zu können. Ich widersprach diesem Plan energisch. Solange unsere Kinder und viele nahe Angehörige in Deutschland waren, hätte ein solcher Angriff mit ihrer Vernichtung geendet. Wenn Ernst kämpfen wollte – auf eine ihm bis dahin ganz fernliegende Art und Weise –, so konnte es meiner Ansicht nach nur innerhalb Deutschlands geschehen und erst dann, wenn seine Nächsten das Land verlassen hatten. Prinzipiell aber stand ich auf dem Standpunkt, daß kein deutscher Jude in diesem Augenblick diesen Kampf auf sich nehmen sollte. Alles lag bereits klar zutage. Wer sehen wollte, hatte schon genügend Gelegenheit zu sehen, wer hören wollte, zu hören. Nur diejenigen hätten in diesem Augenblick einen Juden für unparteiisch gehalten, die keiner Aufklärung bedurften. Von nichtjüdischer Seite mußte die Gegenwehr kommen, wenn sie erfolgreich sein sollte.

Wir planten, von Zürich aus direkt nach Wien zu meinen Geschwistern Waller zu reisen und dort die weitere Entwicklung abzuwarten. Aber schließlich wurde es aus einem merkwürdigen Grunde notwendig, nochmals nach Hamburg zurückzukehren; ein Gedanke, den wir schon ganz aufgegeben hatten. Fast täglich erhielt Ernst von Schülern, Kollegen und Freunden die merkwürdigsten Briefe, die ihn schließlich überzeugten, daß eine Aussprache über die Lage notwendig geworden war. Zwei dieser Briefe will ich zitieren. Saxl hatte nach Warburgs Tod im Jahre 1929 die Leitung der Bibliothek Warburg übernommen und übte sein Amt mit Hilfe eines kleinen, aber trefflichen Stabes von Mitarbeitern vorbildlich aus. Daß er, anstatt sofort zu erfassen, daß er alle Anstrengungen machen müßte, die Bibliothek zu verpflan-

zen, folgenden Brief schreiben konnte, erscheint mir noch heute
unbegreiflich.

Dieses ist glücklich der dritte Brief an Sie, mit der Bitte, nach
Hamburg zu kommen. Die beiden ersten habe ich – leider – im
Schreibtisch liegen lassen. Jetzt sagen mir aber die Freunde
– heute abend auch Max W. –, daß ich es nicht mehr aufschie-
ben kann, Ihnen zu schreiben.

Es ist mir klar, daß Sie die Dinge wohl anders sehen. Trotzdem lassen sie mich einfach berichten, wie man hier über Ihren Urlaub denkt. Ich glaube, ich wäre ein schlechter Freund,
wenn ich Ihnen das nicht in Aufrichtigkeit schriebe.

Daß Sie von sich aus um Urlaub gebeten haben, hat überall
sehr deprimiert. Nicht zuletzt bei denen, die sich so – ohne
daß ein direkter Zwang eingewirkt hätte – ihres besten Kopfes
beraubt sahen.

Sicher kommen demnächst lebenswichtige Entscheidungen
für viele. Warum, fragen die Leute, kommt C. nicht nach Hamburg und hilft mit seinem Rat? Er hat doch Sitz und Stimme
in der Fakultät, und es ist sicher, daß man ihn, der sich durch
die jahrzehntelangen Arbeiten über die deutsche Philosophie
solches Ansehen erworben hat, mit größter Achtung anhört.
Und wieviel wäre außerhalb der Fakultät zu sorgen.

Aber das alles sind (mehr oder weniger wichtige) Details.
Die Hauptsache ist: Die Tatsache an sich, daß gerade Sie nicht
hier sind, wird als großes Übel in jeder Beziehung aufgefaßt.
Es handelt sich dabei im Augenblick nicht um die Lehrtätigkeit,
sondern darum, daß eben jetzt die Grundlagen für das Schicksal vieler gelegt werden.

Also *bitte,* nehmen Sie und Ihre Frau mir diesen Brief nicht
übel. Lassen Sie mich wiederholen: Ich weiß genau, daß Ihnen
aus weiter Perspektive die Dinge anders erscheinen.

Eben darum hielt ich es für meine Pflicht, Ihnen mit klaren Worten auseinanderzusetzen, wie die Dinge in Hamburg
erscheinen.

Ebensowenig verständlich sind die wenigen Worte von Edgar
Wind. Er war damals schon ein Mann von großer Erfahrung, war
zwar erst neuerdings in Hamburg habilitiert worden, hatte aber

schon vorher einige Jahre in Amerika Philosophie gelehrt. Er war Ernstens erster Hamburger Doktorand gewesen: ein sehr begabter, ideenreicher Gelehrter. Er schrieb:

Hamburg, 10. April 1933

Lieber Herr Professor,

Herr Snell sagte mir, er hätte durch Herrn von Melle erfahren, daß Sie sich für das nächste Semester hätten beurlauben lassen. Ich kann mir kaum vorstellen, daß das stimmt, und wäre Ihnen für eine kurze Mitteilung sehr dankbar, damit ich auch gegebenfalls diesen Gerüchten entgegentreten kann …

Durch die Unvernunft unserer nächsten Freunde gezwungen, fuhren wir am 23. April nach Hamburg zurück. Wir baten Georg und seine Frau, uns dort zu treffen. Ich hoffte damals, Georg von der Notwendigkeit der Auswanderung überzeugen zu können.

In Hamburg angelangt, war Ernstens erster Weg zum Finanzamt, wo er sich für sich und mich die steuerliche Unbedenklichkeitserklärung verschaffte, die zu jeder Auslandsreise notwendig war. Noch ehe er unser Haus betrat, hatte er sich die Ausreiseerlaubnis nach Österreich in seinen Paß stempeln lassen. Der Beamte, der ihn von früheren Jahren her gut kannte, gab ihm den Rat, sich die Ausreise über *alle* in Frage kommenden Grenzen geben zu lassen. Ähnliche Ratschläge erteilte ihm auch der Polizeibeamte, mit dem er zu verhandeln hatte.

Unser Haus, das wir unserer treuen, seit 26 Jahren bei uns beschäftigten Helferin, »das Fräulein« genannt, anvertraut hatten, trafen wir äußerlich unverändert an. Daß es möglich ist, daß eine lang gewohnte, noch kurz vorher heimische Umgebung in so kurzer Zeit fremd und fast feindlich werden kann, erfuhren wir damals. Wir betraten unsere Zimmer, sahen Kunstwerke und Bibliothek wieder, ohne das geringste Gefühl von Wehmut und Trauer. Ernst hatte jedes seiner Bücher selbst gesammelt. Er besaß fast nichts, was nicht mit seiner Arbeit zusammenhing; ich wußte, wie sehr sein Herz an diesen Büchern hing. Als ich ihn aber fragte, ob er nicht einige mitnehmen wolle, antwortete er mir nur: »Es gibt anderswo auch Bibliotheken.«

Nun versammelten sich die nächsten Freunde in unserm Haus: Stern, Saxl, Görland, Wind, der Assistent Noack, der jüngste

Privatdozent und nahe Freunde unserer Kinder, Joachim Ritter, der Philologe Snell und viele andere, deren Namen ich entweder vergessen habe oder hier nicht erwähnen will. Die Unfähigkeit der Umstellung war erschreckend – erschreckend auch die ersten Zeichen des Zurückweichens. Görland, der wilde, unermüdliche Kämpfer, teilte Ernst mit, daß er soeben, dem neuen Hochschulgesetz folgend, aus der Sozialistischen Partei ausgetreten sei, daß aber seine Frau gleichzeitig ihre Mitgliedschaft angemeldet habe, damit der Partei kein Mitglied verlorenginge. Ich horchte erstaunt auf. Noack, der langjährige Mitarbeiter am philosophischen Seminar, ein feiner, stiller Hamburger von mittlerem geistigen Format, fragte uns, ob er unserer Meinung nach seine Stelle aus Protest niederlegen sollte. Sterns nächste Assistentin, Fräulein von Muchow, hatte dies soeben in drastischster Weise getan, indem sie, als sie von Sterns Entlassung hörte, Selbstmord verübt hatte. Ich griff in die Diskussion ein und widerriet Noack aufs entschiedenste, das geplante Vorhaben auszuführen. Ich hatte bereits ein zu deutliches Bild von der Haltung der Hochschullehrer erhalten, auf deren Handlungen allein es angekommen wäre. Ich sagte Noack, daß sein Rücktritt unbemerkt im Sturme verhallen und ein überflüssiges Opfer bedeuten würde, solange die hervorragenden Universitätsvertreter ein so klägliches Bild böten. Er befolgte diesen Rat nur allzu willig und ist später wenn auch vielleicht kein ausgesprochener Nazi, so doch ein geduldiger Mitläufer geworden.

Der junge Ritter, ein früherer Heidegger-Schüler, ehemaliger Kommunist und in schärfster Abwehr gegen das nun eingetretene System, nahm damals noch alles von der komischen Seite. Wenige Monate vorher hatte Ernst seine Habilitation gegen großen Widerstand der Fakultät durchgesetzt, indem er sich für seine politische Integrität verbürgte und seine kommunistische Phase als unwesentlich erklärte. Er fiel nach kurzer Zeit um wie ein Zinnsoldat, der er wohl auch gewesen ist. Ich habe gehört, daß er heute an irgendeiner der deutschen Universitäten eine Professur für Philosophie innehat. Dies die Helden, die sich bei uns versammelt hatten. Die jüdischen Freunde und Kollegen waren der Wahl enthoben, sich als Helden zu bewähren oder nicht. Aber nicht einmal dies verstanden sie deutlich genug.

Der nächste Kollege von Ernst, der gütige, damals schon 62jährige Psychologe William Stern, konnte den Gedanken nicht fassen, daß er seine Studenten *vor* Beendigung der Abschlußprüfung verlassen sollte. Am schnellsten begriff Saxl, was er zu tun habe. Er bat Ernst, Max Warburg, den bekannten Bankier, den jüngeren Bruder des Gelehrten, von der Notwendigkeit der Verlegung der Bibliothek Warburg zu überzeugen, was dann auch geschehen ist. Wäre die Bibliothek aber nicht durch Zufall amerikanisches Eigentum gewesen, wäre sie unter Denkmalschutz gefallen und ihre Übersiedlung nach England unmöglich gewesen …

Das Wiedersehen mit Georg und Vera war schmerzlich. Meine Absicht, sie zur Auswanderung zu bewegen, blieb erfolglos; Georg stand auf dem Standpunkt, daß er als Kaufmann mit geringen Sprachkenntnissen keine Aussicht auf Weiterkommen im Ausland habe und daß er den Vater nicht mit der Erhaltung seiner Familie beschweren wolle. Oder aber er sagte, er würde erst die Geburt des Kindes abwarten, ehe er sich entscheiden wolle. Ich fühlte wohl, daß die Angst vor dem Unbekannten ihn lähmte, aber ich konnte weder damals noch in den nächsten Jahren irgend etwas gegen seine Einstellung tun. Sie hat mir unzählige sorgenvolle Stunden und viele schlaflose Nächte bereitet. Ernst war nicht dazu zu bewegen, kategorisch einzugreifen. Auch in dieser Frage, die ihn so nahe anging, mußte er seiner Natur nach dem Sohne die Entscheidung über seine Handlungen überlassen. Ernstens Ansichten kannte Georg zur Genüge; an ihm lag es nun, sich nach ihnen zu richten oder nicht. Bis zum August 1938, als Georg endlich in Schweden ankam, lag die Sorge um ihn und die Seinen auf uns und hemmte viele unserer Handlungen. Andererseits ermöglichte sein Verbleiben in Deutschland die Regelung vieler wichtigen, praktischen Fragen, die unser aller Leben wesentlich erleichtert hat.

Anne und ihr Mann fuhren in diesen Tagen von Schweden nach England und sollten ihre Ankunft telefonisch melden. Aber wir warteten zwei Tage vergeblich auf ihren Anruf und waren unruhig geworden. Schließlich rief Anne an und erzählte mit müder und erregter Stimme, daß sie schon vor zwei Tagen nach einer sehr stürmischen Überfahrt angelangt seien, daß der Immigration Officer sie aber nicht hätte landen lassen und daß sie den Vater bäte, sich sofort bei dem englischen Konsulat in Hamburg über diese schandhafte Behandlung zu beschweren. Armes Annchen! Ich mußte ihr antworten, daß ihr Vater von nun ab einer der vielen tausend Emigranten wäre, daß er keinen Einfluß bei irgendeiner offiziellen Stelle mehr hätte und daß ich ihr riete, sich zu beruhigen und die nächsten Wochen abzuwarten, wie unser Schicksal sich gestalten würde. Später erfuhren wir, daß eine Namensverwechslung zu der unliebsamen Episode geführt hatte.

Als wir in Hamburg angekommen waren, wurde uns erzählt, daß das Hamburger Fremdenblatt die Notiz gebracht hätte, daß Ernst von sich aus gebeten hätte, ihn von seinem Amt an der Universität zu beurlauben. Wenige Tage später erschien eine zweite Notiz, in der es hieß, daß dies aus Gesundheitsrücksichten geschehen sei. Ernst richtete daher das nachfolgende Schreiben an den Dezernenten der Hochschule, Herrn von Wrochem, der sich immer als gemäßigter, liberaler Mann gezeigt hatte:

27. April 1933

In der Frankfurter Zeitung und in der Vossischen Zeitung von heute morgen finde ich eine Notiz, in der davon die Rede ist, daß ich »aus privaten Gründen« schon vor längerer Zeit einen Urlaub für das kommende Sommersemester nachgesucht und erhalten hätte; das Hamburger Fremdenblatt fügt hinzu, daß dieser Schritt »aus Gesundheitsrücksichten« erfolgt sei. Diese Notiz enthält ein Mißverständnis, das ich sofort berichtigen möchte; denn es ist für mich natürlich von entscheidender Wichtigkeit, Sie sowie die Fakultät über die Gründe, die zu meinem Urlaubsgesuch geführt haben, nicht im unklaren zu lassen.

Ich habe in den ersten Apriltagen, unmittelbar nach dem Bekanntwerden der ersten Nachrichten über die Boykottbewegung gegen die deutschen Juden, an die Hochschulbehörde sowie an den Herrn Rektor der Universität ein Schreiben gerichtet, in dem ich ausführlich die Gründe dargelegt habe, aus denen es mir unter den gegenwärtigen Umständen leider nicht möglich sei, mein Amt als deutscher Hochschulprofessor weiter zu verwalten. Diese Gründe waren keineswegs »privater«, sie waren rein prinzipieller Natur. Ich denke von der Bedeutung und der Würde des akademischen Lehramts zu hoch, als daß ich dieses Amt ausüben könnte zu einer Zeit, in der mir, als Juden, die Mitarbeit an der deutschen Kulturarbeit bestritten oder in der sie mir, durch gesetzliche Maßnahmen, in irgend-

207

einer Hinsicht geschmälert oder verkürzt wird. Die Arbeit, die ich bisher innerhalb der Fakultät leisten durfte, beruhte darauf, daß ich als gleichberechtigtes Mitglied anerkannt war, und sie empfing lediglich durch diese Voraussetzung ihren Sinn und ihren Inhalt. Mit dem Wegfall dieser Voraussetzung entfällt für mich jede Möglichkeit, in sachlich fruchtbarer Weise an den Arbeiten der Fakultät teilzunehmen. Ich habe daher in meinem Gesuch – das übrigens vor dem Bekanntwerden des neuen Beamtengesetzes eingereicht wurde – ausdrücklich nicht nur um Beurlaubung von meinen Vorlesungen und Übungen, sondern um eine Enthebung von allen Amtspflichten gebeten – und dieser Urlaub ist mir bis zur endgültigen, durch das Gesetz vorgeschriebenen Regelung auch gewährt worden. So muß ich fortan das Band als gelöst ansehen, das mich bisher mit der Philosophischen Fakultät der Universität Hamburg verknüpft hat. Was diese Lösung für mich bedeutet, darüber wird es keiner Worte bedürfen. Aber das eine darf ich sagen, daß in all der tiefen Traurigkeit über die Ereignisse der letzten Wochen und über das Schicksal der deutschen Juden das Gefühl der inneren Verbundenheit mit den Aufgaben und mit den Geschikken der hamburgischen Universität mich nicht verlassen hat. Was immer auch kommen und wie mein persönliches Geschick und meine Arbeit sich künftig gestalten mag: Die Jahre meiner Wirksamkeit an der hamburgischen Universität, deren höchstes akademische Amt ich verwalten durfte, werden mir unverloren und unvergessen sein. Ich kann nicht scheiden, ohne Ihnen und all den anderen Kollegen, die mir so lange ihr Vertrauen geschenkt, die meine sachliche Arbeit gefördert und die immer wieder Beweise ihrer Sympathie und ihrer persönlichen Freundschaft gegeben haben, ein Wort des herzlichsten Dankes zu sagen. Die Erinnerung an dies alles ist das Beste, was ich aus meinem Amt als akademischer Lehrer mitnehme.

Kurz nach Erhalt des Briefes rief Herr von Wrochem Ernst persönlich ans Telefon und sagte ihm, daß es wenig Zweck hätte, die in seinem Brief enthaltenen Wünsche in der Zeitung bekannt zu geben, da bereits eine ganz veränderte Lage entstanden sei. »Im übrigen«, schloß er das Gespräch, »bin ich soeben meiner Stellung enthoben worden.«

Am 2. Mai verließen wir unser Haus in Hamburg und haben es niemals wiedergesehen. Nach einem nochmaligen kurzen Aufenthalt in Zürich bei Heinz und seiner kleinen Familie fuhren wir nach Wien, wo wir von allen Seiten mit offenen Armen empfangen wurden. Ernst kehrte zu seiner Arbeit zurück; aber die nötige Ruhe konnte er damals nicht finden. Die schnelle Verschlechterung der Situation in Deutschland, durch das Versagen des Auslandes bedingt, war atemberaubend. Gleichzeitig kamen Briefe von Freunden, Schülern, Kollegen, die alle Ernstens Rat verlangten.

Die Frage, was aus uns selbst werden sollte, stand noch vollkommen offen. Ich kann mich nicht erinnern, einen Augenblick daran gezweifelt zu haben, daß Ernst irgendwo gebraucht werden würde; er selbst aber wurde bald unruhig, weil mindestens zehn Menschen unmittelbar von ihm abhingen, ganz abgesehen von den vielseitigen Verpflichtungen, die sonst an ihn herantraten. Fast gleichzeitig erhielt er dann drei sehr verschiedenartige Einladungen: eine vom All Souls College in Oxford, England, eine nach Uppsala, Schweden, und eine an die von Alvin Johnson soeben gegründete Hochschule in New York, die jetzige New School for Social Research, die damals aber noch den Namen University in Exile in Exile führte. Ernst entschloß sich für Oxford, obwohl die Einladung an die New York School den großen Vorzug gehabt hätte, eine Dauerstellung zu sein, während Oxford und Schweden nur Einladungen auf ein Jahr bedeuteten. Aber auch ich trat unbedingt für England ein, denn Amerika erschien mir, wenn ich die Kinder nicht mitnehmen konnte, doch allzu weit und die ohnehin schreckliche Trennung von allem und jedem, was uns bis dahin umgab, grausam vergrößert. Eine kurze Zeit der Besinnung verlangte so ein Entschluß auf alle Fälle, und Lederer drängte auf eine sofortige Entscheidung.

Unmittelbar nach dem Entschluß, die englische Einladung anzunehmen, legte Ernst seine Arbeit beiseite und widmete sich ausschließlich der Vervollkommnung seiner englischen Sprachkenntnisse. Ich fühlte mich bei Geschwistern und Freunden heimisch, sah aber mit Besorgnis, wie jeder einzelne der Gefahr des Umsichgreifens der deutschen Bewegung gegenüber blind blieb.

Als ob eine solche Bewegung – im übrigen von einem Österreicher geführt – an der Grenze haltmachen konnte!

Am 26. Juni wurde Georgs Sohn Peter geboren. Er ist einer der ganz wenigen geblieben, die den Familiennamen weitertragen werden.

Mitte September sollten wir uns in London mit Anne, Kurt und vielen Freunden, die sich dort vereinigt hatten, treffen. Da wir uns in Deutschland nicht aufhalten wollten, brachte Georg seine Frau und das sechs Wochen alte Söhnchen über die tschechische Grenze, wo wir in einem netten kleinen Badeort einige Wochen mit den Kindern zubrachten. Dann fuhren wir über Antwerpen-Ostende nach England.

England – September 1933

Das Wiedersehen mit Anne war erfreulich und sorgenvoll zugleich. Die beiden bekannten jüdischen Philanthropistinnen Marion und Lilly Montagu hatten Anne und ihren Mann kurz nach ihrer Landung bei Freunden in London getroffen und hatten sie zu sich ins Haus genommen, weil sie Annes Gemütszustand mit Recht als besorgniserregend erkannten. Unter der Obhut dieser beiden Frauen, deren ganzes Leben der Hilfeleistung für die jüdische Jugend gewidmet war, blieben Kurt und Anne dann ein halbes Jahr. Ich habe niemals vergessen, was ich ihnen schulde. Freilich war das Leben der Kinder trotz alledem völlig aus dem Gleichgewicht gebracht, und es dauerte sehr, sehr lange, ehe sie die ganze Tragweite der Katastrophe erfassen und verschmerzen konnten, daß man ihnen gleich zu Beginn ihres gemeinschaftlichen Lebens den Boden unter den Füßen weggezogen hatte.

Saxl und seine Mitarbeiter hatten sich in London niedergelassen, wo nach vielen Zwischenfällen die Bibliothek Warburg schließlich landete. Sie wurde der Universität London von der Familie Warburg zur Verfügung gestellt, später ganz und gar überlassen.

Ernst, wie immer ein unvergleichlicher Führer, zeigte mir London, seine Kunstschätze, seine Bibliotheken, seine herrlichen Parks, seine Straßen und Läden, kurzum alles, was es dort zu sehen gab. Aber in diesem Augenblick konnte ich mein Interesse

210

nicht wie früher diesen Dingen zuwenden. Das viel wichtigere
Problem für mich war die Auseinandersetzung mit den englischen
Menschen und mit den Emigranten, die sich auf englischem Boden zusammengefunden hatten. Mit erstaunlicher Geschwindig-
keit und als erste hatten die englischen Universitätslehrer einen
Prozentsatz ihres Einkommens der Hilfe für die vertriebenen
Kollegen zur Verfügung gestellt. Die englischen wie die amerikanischen Bildungsanstalten werden nicht wie die europäischen
vom Staate erhalten. Es sind zum größten Teil private Stiftungen.
Der Professor ist kein Staatsbeamter. Der Verzicht auf einen Teil
des Gehaltes trug daher rein privaten Charakter. (Von seiten der
Regierung und des Staates ist nichts oder fast nichts zur Unterbringung der Vertriebenen getan worden.) Diese Handlungsweise
der Kollegen, die im übrigen, soweit ich unterrichtet bin, auf England beschränkt blieb, zeigte mir bereits eine wichtige Seite des
englischen Charakters. Es ist die Bereitwilligkeit des Engländers,
Verpflichtungen auf sich zu nehmen, die er als solche erkannt
hat, ohne erst abzuwarten, ob sie ihm vielleicht von anderer Seite
abgenommen werden würden.

Oxford — September 1933 bis Juni 1934

Oxford zu beschreiben ist hier nicht der Platz. Nur soviel will ich
sagen, daß der erste Eindruck ein völlig einmaliger, unvergleichlicher ist. Die Stadt selbst ist nicht besonders interessant; die Universität hingegen und ihre mittelalterlichen College-Bauten, mit
den grünen Rasenflächen im Innenhof und den Klostergängen,
die den Rasen umgeben, wirkten auf uns zuerst ganz und gar
unwirklich, etwa wie einem Museum entnommen. Die Studenten,
Tausende an der Zahl, trugen, je nach dem erlangten Ausbil-
dungsgrad, schwarze, mehr oder weniger zerlumpte Umhänge,
und die Bücherpakete, die sie trugen, waren alle in Tücher eingeschlagen oder mit Riemen zusammengehalten. Sie schienen aus
der Zeit vor der Erfindung der Aktentasche zu stammen. Viele
Hunderte von Fahrrädern, alle in verrostetem, heruntergewirt-
schaftetem Zustand, standen vor jedem College, und an jedem
Rad war ein altmodisches Körbchen angebracht, in dem man
allerhand unterbringen konnte. Ich fragte mich, ob in England

keine neuen Räder in den Handel kämen, und wenn ja, wo sie
verwendet würden.

Unser erster Besuch galt dem Vorstand des All Souls College.
In Oxford trägt dieses Oberhaupt in jedem College einen anderen
Namen. In unserem Falle hieß Professor Adams »the Warden of
All Souls«.

Das erste, was jedem Menschen auffallen muß, wenn er zum
erstenmal eine englische gesellige Veranstaltung mitmacht, ist
die große Liebenswürdigkeit der Gastgeber, das Herumreichen
des Tees durch den Hausherrn und der völlige Mangel an jeder
persönlichen Neugierde. Ich sage absichtlich Neugierde, weil ich
eigentlich nicht glaube, daß andere Nationen im Grunde interessierter an dem Schicksal ihrer Mitmenschen sind als die Engländer. Aber sicherlich sind sie viel neugieriger.

Beim Warden hatten sich auch andere Mitglieder des College
eingefunden, von denen es aber nicht sehr viele gab. Studenten
hingegen hatte All Souls – wie Ernst immer sagte, weil es dafür
viel zu vornehm wäre – nur eine Handvoll. Es war im großen
ganzen ein Research-College, in dem die Vorlesungen eine gerin-
gere Rolle spielten. Dies wurde Ernst aber nicht etwa mitgeteilt.
Man freute sich sehr mit seinem Besuch, lachte etwas verlegen
über sein komisches Englisch und trank Tee. Wir hätten hingegen
sehr gerne gewußt, wo wir wohnen sollten, was Ernst zu tun haben würde, in was für eine sonderbare Umgebung wir überhaupt
verschlagen worden waren. Nichts von alledem wurde uns bekannt. Das einzige, was wir erfuhren – natürlich nachdem Ernst
danach gefragt hatte – war, daß der Bischof Chichele, dessen Namen Ernstens Lehrstuhl trug, einer der Richter gewesen war, der
die Jungfrau von Orleans zum Feuertod verurteilt hatte. Auch das
konnte nicht alles erklären, was wir zu erfahren wünschten.

Ich verstand mehr Englisch, als ich ausdrücken konnte, und
ich versuchte der Unterhaltung zu folgen, um die Situation klarer
zu erfassen. Endlich bekam das Gespräch etwas persönlicheren
Charakter, und Ernst erzählte, daß er fast gleichzeitig mit der
Oxforder Einladung noch zwei andere erhalten hätte, daß er sich
aber aus verschiedenen Gründen für Oxford entschieden hätte.
Keiner der Anwesenden fragte, was diese Gründe gewesen wären,
aber der Warden of All Souls sagte freundlich: »You surely deci-
ded well. Oxford has always been a good springboard.« Wie so

212

oft in meinem Leben hat mir diese sehr gut gemeinte und ganz harmlose Äußerung die Augen geöffnet für sehr viel wesentlichere Dinge. Ernst überhörte sie.

Als wir später gemeinsam nach Hause gingen, hatte ich einen der in dieser Zeit sehr selten gewordenen mutlosen Augenblicke. Ich fühlte, daß Ernst am falschen Platz gelandet war. Daß er, der 59jährige bekannte Gelehrte, ein Sprungbrett brauchte, erschien mir grotesk. Er selbst erklärte mir die Situation sofort auf seine Weise. Er machte mir klar, daß seine Bücher, weil nicht ins Englische übersetzt, in Oxford, außer bei ein paar Spezialisten, unbekannt wären. Daß man ihn an eine solche Stelle berufen hatte, lag daran, daß man sich, bevor man sie besetzte, bei Fachleuten nach dem »best man« erkundigt hatte. Mr. Adams wußte von Ernst nicht mehr, als Ernst von Mr. Adams wußte, und alles, was der Mann für ihn tun konnte, hatte er getan – er hatte ihn sehr freundschaftlich empfangen. In den nächsten Monaten hatte ich oft Gelegenheit, mich mit diesem Problem auseinanderzusetzen. Hätten nicht ein paar Neuangekommene uns geholfen, wäre es noch schwieriger gewesen, sich zu orientieren. Diejenigen Gelehrten, die vor uns angekommen waren, hatten fast alle dasselbe erlebt, was wir jetzt erlebten. Und genauso wie wir nach einiger Zeit, hatten sie das englische Temperament verstehen gelernt. Aber mit dem Verstehen allein war das Problem nicht aus der Welt geschafft. Wir verstanden, daß die Engländer ihr ihnen sehr eigentümliches Tempo unseretwegen nicht ändern konnten und daß gerade in diesem Tempo viel von ihrer Anziehungskraft verborgen lag. Auch, daß ihre große Zurückhaltung keineswegs uns als Fremden galt, sondern vielmehr ein Zeichen einer höchst feinfühligen Gemütskultur bedeutete, lernten wir sehr zu achten und zu lieben. Der Mangel an Neugierde brachte gleichzeitig das Fehlen plumper Vertraulichkeit mit sich, die in der Lage, in der wir uns befanden, doppelt schwer zu ertragen gewesen wäre.

Ernst hatte eine schwierige Aufgabe vor sich. Das Erlernen der Sprache – bis zu einem Punkte, der seinem außerordentlich hohen Anspruch an Ausdrucksvermögen genügen würde – war schwierig genug. Die Umstellung auf ein von dem deutschen ganz verschiedenes Lehrsystem war ein zweites Problem. Die Unsicherheit der Dauer des englischen Aufenthaltes machte einen Unterrichtsplan fast unmöglich. Mit Hilfe einer zufällig in Oxford anwesenden deutschen Familie fanden wir Unterkunft in einem kleinen englischen Boardinghouse. Zu ebener Erde hatte Ernst ein kleines Arbeitszimmer, und im ersten Stock war unser Schlafzimmer. Wir versuchten, uns, so gut es ging, zurechtzufinden, das berüchtigte englische Essen ohne Murren hinunterzuschlucken, die Launen der Wirtin zu ertragen.

Da erhielten wir Ende Dezember die Nachricht aus Zürich, daß Heinzens Habilitation unmöglich geworden war, da der Bundesrat in einer neuen Verordnung die Zulassung von Ausländern zur Habilitation ablehnte. Das Zerrinnen dieses Traumes erregte Ernst aus zweierlei Gründen. Er sah in der Verordnung einen gefährlichen Anfang zu einer allgemeinen Abschließung gegen die deutschen Gelehrten – besonders auffallend in der bisher freien Schweiz –, und er bedauerte, daß gerade Heinz als erster von der Verordnung getroffen worden war. Er hatte schon viele berufliche Enttäuschungen erfahren, und man konnte nicht wissen, wie er diese neueste ertragen würde. Der einzige Lichtblick dieses Ereignisses blieb, daß Heinz sich entschlossen hatte, mit Eva und Irene nach Oxford zu kommen und dort sein Glück zu versuchen. Die Schilderung des Wiedersehens zwischen Ernst und der Kleinen habe ich immer und immer wieder von ihm berichten gehört. Ich selbst war in Oxford geblieben; Ernst war den Kindern nach Dover entgegengefahren.

Kaum war es bekanntgeworden, daß Ernst eine Stellung in Oxford bekommen hatte, wurde er von allen Seiten um Einführungsbriefe, Empfehlungen, Ratschläge gebeten. Daß er selbst völlig entwurzelt, auf acht Monate von einem englischen College eingeladen, in dem Wirrwarr der Ereignisse gar keine Hilfe gewähren konnte und nur in ganz speziellen Fällen noch einen Rest Einfluß hatte, kam niemandem in den Sinn.

Nach einigen Monaten erhielt Heinz eine Art Assistentenstelle bei Professor Paton in Glasgow, der ihn wegen seiner Kant- und Sprachkenntnisse zur Fertigstellung seines neuen Kant-Buches brauchte. Dies geschah ohne Ernstens Befürwortung.

In den ersten Monaten unserer Wanderschaft stand ich vor einer der ganz großen Entscheidungen meines Lebens. Als deutscher Jude mit Gewissen hatte man damals zu wählen, welchen Weg man künftig einzuschlagen haben würde. Ich hatte die Hoffnung für die Assimilation der Juden verloren, und wenn ich

zu entscheiden gehabt hätte, wären wir – obwohl bis dahin dem
Zionismus ganz fremd – nach Palästina ausgewandert. Daß Ernst
sofort an der Universität Jerusalem seinen Platz finden würde,
daran zweifelte ich nicht, und ich glaubte, mich den Unglückli-
chen zur Verfügung stellen zu müssen, die sich nach und nach
dort einfinden würden. Ernst aber lehnte diesen Gedanken ab. Er
glaubte nicht, daß er mit 59 Jahren noch imstande sein würde,
die Sprache zu erlernen, und er fürchtete, daß seine Kraft dann
sicher nicht mehr ausreichen würde, seine Arbeit zu Ende zu
führen. Er fühlte seine Arbeit bedroht, wenn er sie einer solchen
Umwälzung aussetzte, und er bat mich, von meinen Plänen ab-
zulassen. Nun hieß es, ehrlich und ohne Sentimentalität zu prüfen, ob man noch berechtigt sei, eine große Begabung ausreifen
zu lassen, während die Welt, in der man bis dahin gelebt hatte,
durch eine Umwälzung grausamster Art erschüttert wurde. Es
war mir klar, daß die Wichtigkeit und Weite der Begabung allein
dies entscheiden könne. Auf mich und meine geringe Hilfe für die
Allgemeinheit kam es nicht an, im Vergleich zu der Hilfe, die ich
Ernst zu leisten imstande war. Dazu gehörten keine physischen
Kräfte, lediglich die Überzeugung von dem Wert seiner Leistung.
Oft genug hatte ich es erfahren, wie Ernst nur innerhalb seiner
eigenen, fest umrissenen Grenzen seine Mission erfüllen konnte.
An diese Mission glaubte auch ich unbedingt, und nachdem Ernst
mir seine Stellung erklärt hatte, entschloß ich mich, mich ihm wie
bisher zur Verfügung zu stellen. Viele zweifelnde Stunden folgten
diesem Entschluß – hervorgerufen durch die Ungeheuerlichkeit
des Geschehens –, aber sie konnten ihn doch nicht erschüttern.

In Oxford gelang es nur langsam, festen Boden zu fassen. Aber
die Freundschaften, die wir dort geschlossen haben, erwiesen
sich schließlich als zahlreicher, als wir anfangs zu hoffen gewagt
hatten. An die Familie des Physikers Franz Simon schlossen wir
uns eng an, ebenso an Erwin Schrödinger und seine Frau und
an andere deutsche Familien. Die englischen Universitätslehrer
– denn diese allein bildeten unseren englischen Umgang – kamen
uns aufs herzlichste entgegen; immer aber stand die »privacy«
einer intimeren Beziehung im Wege. Nur eine einzige Ausnahme
begegnete uns, diese aber ihrem Wesen nach so einmalig und be-
glückend, daß sie viele Dutzende von menschlichen Beziehungen
ersetzen konnte. Das war die Bekanntschaft mit dem berühmten

Gräzisten Gilbert Murray und seiner Frau, Lady Mary Murray.
Beide entstammten der obersten Schicht der »English Society«,
und Professor Murray hatte sich als Gelehrter und Politiker einen
großen Namen erworben. Er war ein großer, schöner Mann, Mitte der Sechzig, der mit allem ausgestattet war, was den englischen
Menschen liebenswert und bewundernswert macht. Lady Murray
hingegen war ein ganz kleines Frauchen, etwas älter als ihr Mann,
mit einem hinreißenden Temperament und einer Wärme und
Fülle in jeder ihrer Handlungen und Äußerungen, so daß schon
ihr erster Besuch bei uns uns unvergeßlich blieb. Ganz im Gegensatz zu all den anderen Menschen, denen wir begegneten, traf
schon das erste Wort, das sie an uns richtete, in das Herz der für
uns entscheidenden Probleme. Ohne jede Zurückhaltung fragte
sie nach allem und jedem, und der Gedanke, daß die Vertriebenen von einem Tag zum andern eigentlich einer neuen Kategorie
Mensch angehörten, streifte ihr Bewußtsein nicht einmal einen
Augenblick lang. Sie fühlte das Schicksal der Entrechteten nicht
mitleidig, sondern aufs tiefste in ihrer Menschenwürde verletzt.
Als sie hörte, daß unser Schwiegersohn in England nicht die
Erlaubnis bekommen hatte, seinen Beruf auszuüben, versuchte
sie nicht wie die andern, dies durch logische Notwendigkeiten
zu erklären, sondern sie rief zornig aus: »I am ashamed of my
country.«

Ebenso heftig reagierte sie, als Ernst, den sie erst fünf Minuten
lang kannte, ihr irgendeine etwas lächerliche, ihm überlieferte
Erzählung aus Oxford berichtete, die sie als unwahr erkannte. Sie
schalt ihn, daß er – ein so großer Gelehrter – so einen Unsinn
glauben konnte, wie einen ungezogenen Schulbuben. Zwei Minuten später sagte sie dann ganz beschämt: »You know, that is
how I have been since I was seventeen – now I am not far from
seventy.« Später schrieb sie Ernst noch einen reizenden Entschul-
digungsbrief, und unsere Freundschaft war für immer besiegelt.
Lady Murray war so runzelig, wie nur eine Engländerin sein kann,
und so gekleidet, wie es wohl nur in diesem Lande möglich ist.
Aber ihr menschliches Format wäre wohl auch schwerlich woan-
ders zu finden gewesen.

Die Familie Murray bewohnte ein wundervolles, großes Haus
auf einem Hügel in der Nähe von Oxford, inmitten eines herrlichen Gartens, den sie zur Blütezeit immer der allgemeinen Be-

sichtigung offenhielt. An der Pforte war ein unscheinbarer Zettel angebracht, auf dem stand: »Please come in and enjoy with us the bluebells and flowering rhododendron. Lady Murray.«

Beide Murrays leben heute noch. Ihr persönliches Schicksal ist voller schwerer Erlebnisse gewesen – sie haben Kinder und Enkel verloren, haben ihren schönen Besitz aufgegeben; aber ihr Menschentum ist ihnen geblieben, ebenso wie die Liebe zu ihren Mitmenschen. Jedes Jahr zu Weihnachten geben wir uns gegenseitig Nachricht voneinander – ich nun schon viermal nur noch in meinem Namen. Ich bin auf Lady Murrays Weg eine vielleicht erfreuliche, aber doch ganz unwesentliche Erscheinung gewesen. Sie hingegen hat mir in einem Augenblick, in dem mein Glaube an die Menschheit seinen niedrigsten Stand erreicht hatte, ihn wieder aufzurichten geholfen.

Die erste Oxforder Vorlesungsreihe hatte Ernst – ich glaube, daß es eine Kant-Vorlesung war – in deutscher Sprache gehalten. Die Kollegen hatten ihm geraten, dies zu tun, da ja alle an Kant interessierten Studenten Deutsch verstehen müßten. Er begann mit 42 Zuhörern, und fast alle blieben ihm bis zum Schlusse treu. Gewöhnt an eine viel größere Anzahl, erschien es ihm, als erfüllte er seine Aufgabe nicht in der rechten Weise, und er schob die vermeintliche Ursache auf die Sprachschwierigkeiten. Er besprach das Problem mit dem Warden, der anscheinend gar nicht verstand, was Ernst eigentlich meinte. Erst viel später erfuhr Ernst, daß eine Zuhörerschaft von über vierzig für eine Vorlesung am All Souls College eine Ausnahme bildete.

Gewöhnlich nahmen die Mitglieder des Lehrkörpers ihre Vorlesungstätigkeit nicht allzu wichtig und überließen die Hauptarbeiten den jungen Tutoren. Aber das wurde Ernst nicht etwa mitgeteilt. Nur das vollkommene Aneinandervorbeireden machte ihm schließlich klar, daß man ihm eigentlich nur eine Heimstätte hatte bieten wollen, nicht aber eine Arbeitsleistung am College von ihm verlangte.

Ernst beschloß, die nächste Vorlesung in englischer Sprache zu halten, und erreichte durch die große Anspannung, die dies erforderte, eine weitgehende Beherrschung der Sprache. In Oxford ging ein Bonmot herum, das folgendermaßen lautete: Ein ausländischer Student wandte sich an den Professor, um zu erfahren, wo er in Oxford das beste Englisch lernen könne – worauf ihm

der Professor geantwortet haben soll: »Das tun Sie am besten bei
Cassirer; denn so wie er beherrscht keiner von uns die Sprache.«
Trotzdem blieb es für mich immer ein sehr schmerzliches Erlebnis, wenn ich Ernst Englisch sprechen hörte. Seine höchst diffe-
renzierte deutsche Sprache gehörte für mich unmittelbar zu seiner
ganzen Persönlichkeit. Sein Englisch, sicherlich erstaunlich gut,
besonders für die kurze Zeit, die er darauf verwandt hatte, konnte
seine Muttersprache nicht ersetzen. Seine Aussprache blieb im
übrigen weit hinter der Kenntnis der Sprache zurück. Ihn störte
das viel weniger als mich, weil er das Gefühl hatte, das für ihn
Wesentliche ausdrücken zu können. Nie aber habe ich das Wort
»Le style c'est l'homme« besser begreifen gelernt als damals.

Als die ersten vier Monate des Oxforder Aufenthalts hinter
uns lagen, hofften wir erfahren zu können, ob und auf wie lange
Ernstens Einladung verlängert werden würde. Es war von jeher
Sitte, daß die Besetzung des Research Grants in Oxford erst in
der letzten Sitzung des Universitätsjahres bestimmt wurde. Daß
die Empfänger dieser Stipendien jetzt aus vollkommen anderem
Material zusammengesetzt waren als in den letzten zwei- bis drei-
hundert Jahren, daß sie, wie wir zum Beispiel, ihr ganzes Hab
und Gut in Deutschland gelassen hatten, daß sie diesen letzten
Rest jeden Augenblick verlieren konnten, wenn es nicht gelänge,
ihn beizeiten herauszuholen (was aber unmöglich war, solange der
Wohnort unbestimmt war) – all dies kam niemandem in den Sinn.
So hieß es also geduldig zu warten.

Die Haltung der mit uns nach England gekommenen Deutschen war im allgemeinen bewundernswert. Bei vielen unter
ihnen aber entsprach die äußere Haltung nicht der inneren. In
Gegenwart der Engländer verhielten sie sich still und zurückhaltend; unter sich aber trat das Unvermögen, der neuen Situation
gerecht zu werden, überall zutage. Wie konnte es auch anders
sein? Zwanzig, dreißig, vierzig und mehr Jahre daran gewöhnt,
eine bestimmte Kultur als maßgebend zu betrachten, konnte es
nicht sofort gelingen, einer anderen den Vorrang zu geben, auch
dann nicht, wenn einem das Recht abgesprochen worden war, an
seiner Heimatkultur mitzuarbeiten. Ich ging oft allein durch die
Straßen von Oxford und versuchte mir klar darüber zu werden,
ob ich es mir eigentlich wünschte, in dieser Stadt zu bleiben oder
nicht. Wir lebten ganz losgelöst von unserer Umgebung in mö-

blierten Zimmern, Freunde von uns hatten all ihre Möbel, ihre
Bibliotheken, ihr Silber, ihre schöne Tisch- und Bettwäsche in
Gebrauch, und sie schienen die Umstellung auf diese Weise eher
bewältigen zu können. Ich hingegen wollte eine solche Scheinexi-
stenz nie wieder aufbauen. Ich wollte so wenig Selbsttäuschung
als möglich in mein neues Leben herübernehmen. Die äußeren
Schwierigkeiten schienen mir zu gering im Vergleich mit den inneren, so daß ich sie eher verschärft als vermindert sehen wollte.

Ernst kritisierte nichts, was ihm auf fremdem Boden begegnete.
Er tat dies nicht etwa aus Wohlerzogenheit. Es entsprach seiner
Natur, die jeder Nation wie jeder Person das Recht ließ, sich nach
ihren Gesetzen zu entwickeln. Und ehe er verstanden hatte, was
ihn befremdete, kam auch niemals ein kritischer Gedanke in ihm
auf. Nicht was die Engländer *nicht* waren, interessierte ihn, sondern das, *was* sie waren und *warum* sie es waren. Allen anderen
erschien er heiter und ausgeglichen wie immer. Nur mich konnte
er nicht täuschen.

Als wir einmal von Freunden zu einer großen Universitätsfeier
– es war der Antritt des neuen Präsidenten von Oxford – eingeladen wurden und ihm nicht etwa ein Platz zwischen den Gelehrten eingeräumt wurde, sondern zwischen den Zuschauern auf
der Galerie, wurde mir recht weh ums Herz. Wir hatten niemals
Wert auf äußerliche Erfolge gelegt, aber der Sturz war doch allzu
gewaltig. Noch stand das Bild vor mir, wie Ernst in Talar und
goldener Rektorkette das Podium in Hamburg bestiegen hatte.
Wußte keiner seiner neuen Kollegen, wie ihm wohl zumute sein
mußte, als sie alle in Reih und Glied, im vollen Prunk einer solchen Veranstaltung, vor ihm aufmarschierten? Nein, das war mir
klar, sie wußten es nicht. Und kein Mensch außer mir, in dem
großen, dicht gefüllten Saal, wußte es. Ohne daß er damals oder
später ein Wort darüber geäußert hätte, wurde mir sehr bald
bewußt, daß ich ihn nicht so losgelöst von seiner Vergangenheit
herumirren lassen durfte; daß er die Möbel, die Bücher, selbst das
Silber und die Wäsche, die ihm niemals wichtig erschienen waren,
doch mehr brauchte, als ich gedacht hatte. Denn er konnte sich
die Welt nicht so grausam ins krasse Licht rücken, wie ich es an-
strebte, wenn seine Persönlichkeit ungebrochen bleiben sollte.

Als mir dies klar wurde, erstrebte ich nur noch eines – einen
festen Wohnsitz für ihn zu errichten. Wo dies geschehen würde,

war nicht an mir zu entscheiden; aber die Wahl mußte dort fallen, wo ihm die langfristigste Stelle angeboten werden würde. Sein Tondi hatte kein Wanderleben erwählt.

Oxford fesselte ihn sehr. Nur wer das dortige Leben aus der Nähe kennengelernt hat, kann sich ein Bild von ihm machen. »The mixture of luxury and austerity«, wie ein Oxforder es uns einmal erklärte, ist schwer verständlich. Jedes College, mit Ausnahme von All Souls, hat dormitories, d. h. Schlaf- und Arbeitsräume für die zum College gehörenden Studenten. Diese sind von unglaublicher Primitivität und Einfachheit – austerity ist eigentlich ein zu schwacher Ausdruck dafür. Der dining room hingegen, in dem alle Mahlzeiten gemeinsam eingenommen werden, ist schon in seinem Ausmaß ganz ungewöhnlich. Das längliche Format erinnert an das Mittelschiff einer Kirche. An den Längsseiten sind je eine Reihe langer Holztische aufgestellt, an denen die Studenten essen. An einer der Querseiten des Saales, auf einer Estrade, steht der Tisch der Professoren, die den Saal auf diese Weise übersehen können. Diese Riesenräume werden ausschließlich mit Kaminen geheizt und nur von Kerzen beleuchtet. Das Essen soll ausgezeichnet sein. An den Wänden hängen oft die kostbarsten Bilder aus allen englischen Epochen.

All Souls College – das College ohne Studenten – hatte nur den großen Tisch für den Lehrkörper und eine ausgesucht feine Küche. Es ist das College, in dem viele der führenden Politiker und Staatsmänner Englands und des ganzen Empires ihre Ausbildung bekommen hatten, und sie gehörten später als »old members« dem College an. Jeden Sonnabend gab es dort ein Treffen, zu dem meist einer oder mehrere der »old members« zu Besuch kamen. Bei dieser Gelegenheit lernte Ernst eine Anzahl englischer Politiker kennen, und ich habe niemals vergessen, wie verzweifelt er nach jeder dieser Zusammenkünfte nach Hause kam. Die hohe Kultur der Männer, die er traf, war unzweifelhaft, aber für ihn unverständlich war ihre völlige Unwissenheit der Gefahr, die England von dem neuen Deutschland drohte. Ein Blick auf die in jedem College angebrachte Steintafel, die die Namen der im ersten Weltkrieg gefallenen Mitglieder trug, erinnerte jeden Engländer daran, daß das Land zwanzig Jahre zuvor seine geistige Elite verloren hatte, und der Gedanke an einen zweiten Krieg wurde einfach nicht »into consideration« genommen. Man glaubte einer

Bewegung wie der deutschen mit dem Willen zum Frieden begegnen zu können. Ernst versuchte alles, was unter den gegebenen Umständen möglich war, um aufklärend zu wirken. Immer wieder kam er tief deprimiert nach Hause. Sie wollten oder konnten die Lage nicht begreifen.

Mit Schweden hatte Ernst die Vereinbarung getroffen, daß er im Herbst auf sechs Wochen nach Uppsala kommen würde, um dort eine Reihe von Vorträgen zu halten. Da Oxford seine Stelle im letzten Augenblick auf ein Jahr verlängert hatte, reisten wir im Juni über die Schweiz nach Österreich, wo wir den Sommer verbringen wollten. Wer ihm die schwedische Einladung verschafft hatte, war uns damals noch nicht ganz klar. Ich spreche später ausführlich darüber.

In Basel hatten wir ein Wiedersehen mit Ernst Hoffmann verabredet. Wir hatten ihn nicht gesprochen, seitdem die große Veränderung in unserem Leben eingetreten war. Freunde hatten uns erzählt, daß sie sich mit Hoffmann auf einer Reise durch Griechenland befunden hätten, als Hitler zur Macht kam. Er soll ganz verzweifelt gewesen sein, als er die Nachricht erhielt, soll aber, als irgendeiner der Mitreisenden besorgt nach Ernst gefragt hatte, geäußert haben: »An Cassirer werden sie sich nicht heranwagen.« Die Naivität, die aus dieser Äußerung spricht, hatte er bald Gelegenheit zu verlieren.

Am 30. Juni 1934 standen wir am Baseler Bahnhof, um Hoffmann vom Zuge abzuholen. Überglücklich schwenkte er ein Extrablatt in der Hand, das den Röhm-Mord, der in der Schweiz noch nicht bekanntgeworden war, verkündete. »Nun ist es bald aus«, war das erste, was er uns zurief. »Das wird das deutsche Volk sich nicht bieten lassen.« »Gibt es so etwas wie das deutsche Volk und etwas, was es sich nicht bieten lassen würde?« fragte Ernst ihn erstaunt.

Hoffmann hatte nur Erlaubnis erhalten, wenige Stunden außerhalb der Landesgrenze zuzubringen. Wir freuten uns miteinander, besprachen Vergangenes und umgingen, so gut es ging, die Gegenwart. »Wenn es aber doch jetzt aus ist«, sagte Hoffmann zu uns, »dann kommen Sie doch zurück, nicht wahr?« »Wir haben nicht nötig, uns diesen Fall auszumalen«, sagte Ernst, »er wird nicht eintreten.« Ich erklärte Hoffmann, daß ich im Auslande lieber Schuhe putzen würde, ehe ich nach Deutschland zurück-

kehren würde, da bereits Unverzeihliches geschehen wäre. »Wenn
Sie dem deutschen Volke nicht verzeihen können«, antwortete
Hoffmann mir betrübt, »so versuchen Sie wenigstens, es zu bemit-
leiden.« Ich versicherte ihm, daß er dessen ganz sicher sein könne,
denn ich könnte mir nichts Bemitleidenswerteres vorstellen als
das jammervolle Versagen dieses unseres Vaterlandes. Wehmütig
nahmen wir Abschied von dem Freunde, den noch viele grausame Enttäuschungen erwarteten.

Zwei Tage später bestiegen wir in Zürich, an einem sehr heißen
Morgen, den Schnellzug Paris–Wien. Als wir das Abteil betraten,
war dieses von der Nachtfahrt noch nicht gelüftet und erstickend
schwül. Ich bat Ernst, das Fenster zu öffnen, wogegen sich aber
der einzige Passagier, ein Franzose mittleren Alters, unfreundlich
und energisch widersetzte. Er habe heftige Kopfschmerzen, sagt
er, und könne keine Zugluft vertragen. Wir fügten uns, verstauten
unser Gepäck, und als sich der Zug drei bis vier Minuten später in
Bewegung setzte, stand mein Kopfschmerzenkollege auf und verließ das Abteil, um sein Frühstück im Speisewagen einzunehmen.
Sofort öffneten wir alle Fenster und Türen und freuten uns an der
frischen Luft. Nach einiger Zeit bat ich Ernst, sich in den Korridor zu stellen und mir ein Zeichen zu geben, wenn der mürrische
Mitfahrer sich wieder zeigen würde, damit ich schnell die Fenster
schließen könne. Zurück kam aber ein vollkommen verändertes
Wesen – ein gut gelaunter, frisch aussehender höflicher Franzose,
der uns wegen seines schlechten Benehmens vielmals um Verzei-
hung bat und sich als Mr. Maxim Paul von der United Press in
Paris vorstellte. Ich erklärte ihm, daß ich volles Verständnis für
jede an Kopfschmerzen leidende Kreatur hätte und ihn bäte, den
Vorfall zu vergessen. Sehr erfreut zog er daraufhin ein kleines Notizbuch aus der Tasche und sagte: »Bitte, hören Sie, was ich mir
im Speisewagen aufgeschrieben habe, und verbessern Sie eventuelle Irrtümer.« Dann las er: »Ich reise von Zürich nach Innsbruck
mit einem vornehmen älteren Ehepaar, anscheinend deutsche
Emigranten. Er unzweifelhaft Gelehrter, wahrscheinlich Universitätsprofessor – Geisteswissenschaftler. Schönes gütiges Gesicht
umrahmt von schneeweißem Haar. Typ zwischen Einstein und
Bergson. Sie eine charmante Frau – sehr glückliche Ehe.« Amüsiert hörten wir dieser schmeichelhaften Schilderung zu, und ich
gestand ihm, daß ich wohl vieles bejahen konnte, daß mir aber

völlig unklar wäre, wie er zu der letzten, sehr richtigen Schlußfolgerung gelangt wäre. Er hatte sich ja nur drei bis vier Minuten im Abteil mit uns befunden, ehe er seine Notizen gemacht hatte. Da erklärte er uns in seinem eleganten, formvollendeten Französisch, wie es gekommen war: »Es ist nichts charakteristischer für das Verhältnis zwischen gemeinsam Reisenden wie die Art, wie sie im ersten Augenblick den Schwierigkeiten der Gepäckunterbringung begegnen«, begann er. »Es gibt für diesen Vorgang die verschiedenste Abstufung der Hilfeleistung. Wie Sie beide sich gegenseitig zu helfen suchten, war für mich sofort aufschlußreich.« Und dann fügte er hinzu, indem er sich an mich wandte: »Sie, Madame, sind wohl noch sehr jung (ich war damals 50 Jahre alt und sah viel älter aus); aber Sie sind nicht mehr so jung, daß Sie sich für einen Freund so einfach und gepflegt anziehen würden. Diese einfache, hellblaue Seidenbluse, die so gar nicht an eine deutsche Professorenfrau erinnert, haben Sie sicher gewählt, um Ihrem Mann zu gefallen. Und wie Ihr Mann Sie ansieht, dazu braucht man wohl keinen Kommentar.«

Diese amüsante Episode leitete ein stundenlanges politisches Gespräch ein, das wiederzugeben hier nicht am Platze ist. In Innsbruck verabschiedete Mr. Paul sich von uns, und wir fuhren weiter nach Wien.

Dort fanden wir alles unverändert – so unverändert, daß eine merkwürdig unwirkliche Situation für uns entstand. Wir, die Vertriebenen, unser Denken angefüllt mit drückenden, aus der Situation entsprungenen Problemen, befanden uns plötzlich in den intimsten Familien- und Freundeskreis zurückversetzt, als wäre nichts geschehen. Wir begegneten alter Liebe und Freundschaft, aber wenig Einsicht und Verständnis. Dies war für uns, die wir ganz sicher waren, daß die Bewegung, die Deutschland erschütterte, nicht vor den Toren von Wien haltmachen würde, beängstigend.

Als wir jedoch mit den Geschwistern ins Gebirge fuhren, ließen wir für ganz kurze Zeit diese Angst beiseite und genossen die Ruhepause, so gut wir konnten. Am 28. Juli wurde Ernst 60 Jahre alt. In London hatten sich gute Freunde, an deren Spitze der junge Philosoph Raymond Klibansky stand, zusammengetan, um eine Festschrift für diesen Tag vorzubereiten. Da Gelehrte verschiedenster Länder und Sprachen an ihr beteiligt waren, waren die

Vorarbeiten langwierig und schwierig. Aber dank Klibanskys unermüdlichem Eifer war die Hauptarbeit geleistet, und die Oxford Press, bei der das Buch unter dem Titel »History and Philosophy« erschien, hatte ein vorläufiges Heft vorbereitet, das das Inhaltsverzeichnis der Beiträge aufzeigte und eine schöne Widmung an Ernst enthielt.

Zu dieser Zeit hatte Deutschland die Ausreise nach Österreich, außer für wichtige kommerzielle Zwecke, verboten oder mit 1000 Mark Entgelt belegt, so daß wir Georg und andere noch in Deutschland anwesende Familienmitglieder zu Ernstens Geburtstag nicht zu sehen hoffen konnten. Ernst ahnte von der Vorbereitung der Festschrift gar nichts, obwohl unzählige Male in seiner Gegenwart unvorsichtige Äußerungen über sie gemacht worden waren. Es kam ihm überhaupt nicht in den Sinn, daß man im damaligen Augenblick irgendwelche Notiz von seinem Geburtstag nehmen würde, und er war sehr zufrieden, den Tag in relativem Frieden mit mir und den Geschwistern verbringen zu können. Die Weltgeschichte aber berücksichtigte diesen Wunsch nicht.

Als wir am 25.Juli um 12 Uhr mittags das Radio angedreht hatten, um die Nachrichten zu hören, wurden diese durch vernehmbare Schüsse unterbrochen, denen eine beängstigende Pause von einigen Minuten folgte, in der wir Zeit hatten, uns zu überlegen, was wohl geschehen sein mochte. Plötzlich hörten wir eine uns bis dahin unbekannte Stimme sehr erregt mitteilen, daß der Bundeskanzler Dollfuß soeben angeschossen worden war und wenige Minuten darauf verstorben sei. Der bis dahin als Nationalsozialist bekannte Seyss-Inquart habe die Regierung übernommen. Nach diesen Worten begann man Schallplatten zu spielen, und zwar in so großer Ungeordnetheit – oft dreimal dieselbe Seite. Die Konfusion war erschreckend.

Was konnte dieser Mord bedeuten? Er ließ nur eine Erklärung zu – Hitler war auf dem Wege nach Österreich. Was wir – meine Schwester und die anwesenden jungen Freunde – damals empfunden haben, ist nicht zu schildern. Ich glaube, daß es die schrecklichste Stunde war, die wir in dieser an Schrecknissen so reichen Zeit erlebt haben. Merkwürdigerweise wurde Österreich damals noch einmal vorübergehend gerettet, und zwar durch Mussolinis Eingreifen. Im Jahre 1934 war Mussolini noch der mächtigere der beiden Diktatoren, und er wollte den Fall von Österreich nicht

dulden, der die deutsche Grenze an die italienische herangebracht
hätte. Er erklärte daher, daß seine an der österreichisch-italie-
nischen Grenze befindliche Armee sofort den Österreichern zu
Hilfe kommen würde, wenn Hitler es wagen würde einzumar-
schieren. Das konnte dieser damals noch nicht riskieren, und als
Dr. Schuschnigg die Regierung übernahm, schien die Frage erst
einmal gelöst. Uns war zumute wie nach einem Erdbeben, das
vor unseren Toren haltgemacht hatte, und wir versuchten, uns ins
tägliche Leben zurückzufinden. Den Österreichern fiel das nicht
schwer, uns hingegen schien es unmöglich.

Am 28. Juli morgens erschienen völlig unerwartet Georg und
der Seniorchef unserer Familie, der sogenannte »Onkel Max«,
bei uns. Wie die beiden die Erlaubnis erhalten hatten, gerade in
einem so aufregenden Augenblick nach Österreich einzureisen,
habe ich vergessen. Ernst war tief gerührt, als er den Sohn und
den schon 76jährigen »Onkel« ankommen sah. Onkel Max war
der jüngste Bruder seines Vaters und meiner Mutter. Eine seltsame Mischung von Kraft, Begabung und Gefühl. Er liebte uns und
wir ihn von Jugend an. Ein sehr enges Band hatte ihn mit meiner
Mutter verbunden, und diese Bindung ging auf mich über. Er war
in Berlin geblieben, weil er glaubte, auf diese Weise den jüngeren
Mitgliedern der Familie bei Auswanderung und Umstellung am
besten dienen zu können. Er ist erst viel später nach England
ausgewandert und dort, 86 Jahre alt, gestorben.

Als Ernst die Ankündigung der Festschrift überreicht bekam,
sah ich ein paar Tränen in seinen Augen. Ich glaube, es ist das
erstemal gewesen, daß ich ihn so tief gerührt gesehen habe. Als
er die Liste der Mitarbeiter gelesen hatte, sagte er: »Es ist ja ganz
klar, daß diese Festschrift nicht eigentlich mir gilt, der sie nicht
verdient haben kann. Aber sie hat eine viel wichtigere Bedeutung – die Verurteilung dessen, was in Deutschland geschieht. Als
solche nehme ich sie voller Dankbarkeit entgegen.«

Der Tag verlief so still und glücklich, wie er verlaufen konnte. Viele Briefe zeugten von der Verbindung, die zwischen den
Wissenschaftlern bestehengeblieben war, aber viele Glückwünsche
fehlten – von Freunden, die noch zwei Jahre zuvor diesen Tag
mit uns gefeiert hätten.

Unsere Reise nach Schweden nahm einen merkwürdigen Verlauf. Wir hatten beschlossen, die Durchreise durch Deutschland

zu vermeiden. Nach einem neuerlichen Treffen mit Georg, Vera und dem kleinen Peter in der Tschechoslowakei reisten wir durch den polnischen Korridor nach Danzig und schifften uns in dem neutralen Hafen Gdynia nach Karlscrona, an der Südwestküste von Schweden, ein. Die Absicht, das nationalsozialistische Deutschland zu umgehen, hatte einen merkwürdigen Erfolg. In Danzig tagten nämlich, was wir nicht ahnen konnten, um diese Zeit die nationalsozialistischen Jugendverbände, und die schöne alte Stadt wimmelte von braunen Uniformen, dröhnte unter den Tritten von Tausenden von Nazistiefeln und war verunstaltet durch hakenkreuzgeschmückte Flaggen. Wie die Bevölkerung ihre Zugehörigkeit zeigte, war unzweideutig. Dort konnte man erleben, was man in Deutschland ja niemals mit Sicherheit feststellen konnte, wie die Deutschen (denn die Einwohner von Danzig waren abgetrennte Deutsche) ohne jeden Zwang sich der Bewegung zur Verfügung stellten, die in den vergangenen achtzehn Monaten schon hinreichend klar bewiesen hatte, wohin sie zu steuern im Begriffe war. Tief erschreckt und enttäuscht bestiegen wir das polnische Boot. Beim Abschied spielte eine in Tiroler Kostümen gekleidete Gruppe auf Mandolinen und Gitarren das Lied »Muß i denn, muß i denn zum Städtele hinaus« etc. etc., und viele der Mitfahrenden auf unserm Boot stimmten fröhlich mit ein. Als wir nach einer Nachtfahrt schwedischen Boden betraten, hatten wir das Gefühl, einem Gefängnis entkommen zu sein.

Schweden 1934

In Stockholm kamen wir vierzehn Tage vor dem Datum an, das für den Kurs in Uppsala festgesetzt worden war. Wir wollten das ganz fremde Land erst ein wenig kennenlernen, ehe Ernst seine Arbeit begann. Ein junges deutsches Ehepaar empfing uns mit großer Freude: Ingeborg Müller-Riemer und ihr Mann Swend Riemer. Ingeborg kannten wir schon seit unserer Ankunft in Hamburg, als sie noch ein junges Kind war, und eine große gegenseitige Zuneigung verband uns. Daß sie und ihr Mann uns mit Stockholm bekannt machten, war sehr erfreulich, und wir verbrachten so viele Stunden, wie sie sich für uns freimachen konnten, in ihrer Gesellschaft. Die Lebhaftigkeit, mit der Ingeborg das neue

226

Land betrachtete, ihre vorzügliche Beherrschung der schwedischen Sprache, ihre Bereitwilligkeit, uns alles zu erklären, erleichterte den Aufenthalt wesentlich und verwandelte ihn fast in eine Art Vergnügungsreise. Zu den allerletzten Dingen, die Ernst vor seinem Tode aufschrieb, war die zu Ingeborgs Gedächtnis verfaßte Widmung in einem in Princeton erschienenen kleinen Buch »Kant – Rousseau – Goethe«. Sie starb, erst 30 Jahre alt, im September 1938 – also vier Jahre nach unserer Ankunft in Schweden.

Das erste, was uns in Stockholm in Erstaunen versetzte, war das strahlende Sonnenlicht, das uns die ganzen vierzehn Tage treu blieb. Wir hatten uns eine Stadt im hohen Norden, von dem es ja heißt, daß er grau wäre, ganz anders vorgestellt. Ich habe niemals vorher und niemals nachher eine Stadt gesehen, die mir so südlich erschien wie Stockholm. Später entdeckte ich, daß dieser Eindruck sich beim Erscheinen der ersten Wolke blitzartig verwandelt. So heiter Stockholm in der Sonne wirkte, so trübe wirkte es bei Regenwetter. Dies gilt im übrigen für ganz Schweden, soweit es mir bekanntgeworden ist.

Die Schönheit der Stadt, die herrliche Umgebung, die eleganten Geschäfte beeindruckten uns sehr. Aber es war noch etwas anderes, was uns unbekannt und erstaunlich war, und das war das scheinbare Nichtvorhandensein von Armut und Elend. Wir sahen keinen ärmlich gekleideten Menschen, kein vernachlässigtes Haus, keine abgebröckelte Ölfarbe und nicht einen einzigen Bettler. Ernst erfaßte alles, was ihm begegnete, sofort auf seine Weise und forschte allen Ursachen nach. Das kleine Land mit der großen Vergangenheit hatte seit 120 Jahren keinen Krieg gehabt; es wurde von Sozialdemokraten regiert, hatte große Bodenschätze und eine hochentwickelte Industrie. Es konnte sich alles, was es wegen des schwer zu bearbeitenden Bodens nicht selbst kultivieren konnte, mit Hilfe seiner Rohstoffe aus anderen Ländern verschaffen. Uns erschien es wie ein Schmuckkästchen im Vergleich mit anderen Ländern, die wir kannten. Die Bibliotheken, Museen, Krankenhäuser, der ganz moderne Baustil, der hohe Lebensstandard der Bevölkerung, alles überraschte uns sehr.

Die schwedischen Menschen, bäuerlichen Ursprungs, machten einen offenen, zufriedenen Eindruck. Die Einheitlichkeit der Rasse wirkte auch sonderbar auf uns. Hier schien Hitlers Ideal auf natürliche, unbewußte Weise gewachsen. Schöne, kräftige, große blonde Mädchen und Männer, die mit klaren blauen Augen ruhig in die Zukunft zu blicken schienen. Wie sonderbar mutete uns der Kontrast zu England an, von dem wir in acht Monaten kaum soviel begriffen hatten wie hier nach acht Tagen.

Das erste, was wir zu lernen hatten, war, daß im Hochsommer alles *på landet* (auf dem Lande) ist. Dieses »på landet« deckt sich aber nicht mit dem, was wir gewohnt sind darunter zu verstehen. Es ist ein Begriff, der so fest mit den Sommermonaten verbunden ist, daß kein Mensch, der jemals in Schweden gelebt hat, auf den Gedanken verfallen würde, daß er um diese Zeit irgend jemanden in der Stadt antreffen könnte. Selbst einen Arzt zu konsultieren ist in den kurzen Sommerwochen ein schwieriges Unterfangen. Wir stellten also bald fest, daß wir niemanden von den Universitätskollegen sprechen konnten, weil sie eben »på landet« waren, und wir wanderten fast die ganzen vierzehn Tage auf eigene Faust in Stockholm herum und gewannen allmählich das Gefühl zurück, das uns auf unseren früheren Reisen begleitet hatte. Ernst erklärte mir den historischen Teil der Stadt – er schien mit Karl XII. und Gustav Adolf recht vertraut –, und als wir zum ersten Male die Brücke überschritten, die die Stadt mit der Schloßinsel verbindet, erzählte er mir von der Zeit, in der Descartes täglich um sechs Uhr früh diese Brücke im strengsten Winter zu überschreiten hatte, um die Königin Christine in Philosophie zu unterrichten. Einmal war es so stürmisch, als wir diesen Weg machten, daß Ernst mir sagte, daß es sicherlich auch sein Tod sein würde, wenn er bei solchem Sturm im Winter diese Brücke zu überschreiten haben würde, daß er aber hoffte, daß dies niemand von ihm verlangen würde, selbst dann nicht, wenn wir uns in Schweden niederlassen sollten.

Mitte September strömten die Stockholmer Bewohner in die Stadt zurück, und wir wurden, drei Tage vor unserer Abreise nach Uppsala, zum ersten Male in Schweden eingeladen. Der Vertreter der Literaturgeschichte an der Universität, Professor Martin Lamm, hatte gehört, daß Ernst sich in Stockholm befand, und er und seine Frau luden uns mit einigen Freunden zum »Middag« ein. Was uns schon in England erstaunt hatte, trat uns auch in Schweden entgegen – die viel höhere Wohnungskultur, in der die Gelehrten lebten. Der deutsche Professor führt meist ein sehr einfaches Gelehrtendasein, während von den englischen und schwedischen Universitätslehrern viel mehr Anteil am gesellschaftlichen Leben erwartet wird. Als wir die Treppe zu der sehr schönen Wohnung von Professor Lamm hinaufstiegen, ging vor uns ein mit einer blauen Bluse bekleideter, untersetzter Mann ohne Hut, den ich für einen Arbeiter hielt. Ich wunderte mich, daß um so eine späte Stunde noch ein Arbeiter im Hause gebraucht wurde, und ich verfiel daher auf den Gedanken, daß er wohl ein Gasarbeiter sein müßte, der einen wichtigen Schaden zu reparieren haben würde. Der Mann blieb vor Professor Lamms Türe stehen, klingelte und wurde mit uns gemeinsam eingelassen. Er ging aber keineswegs, wie erwartet, in die Küche, sondern geradewegs in den Salon, wo sich herausstellte, daß es Artur Engberg, der Unterrichtsminister von Schweden, war.

Außer ihm hatte Professor Lamm noch den Rektor der Universität und einige andere Universitätsvertreter eingeladen, deren Namen ich aber vergessen habe. Nach schwedischer Sitte hieß der Wirt uns zuerst mit ein paar sehr freundlichen Worten willkommen. Später klopfte der Unterrichtsminister ans Glas und hielt eine Rede auf Ernst, die inhaltlich ausgezeichnet war und von genauer Kenntnis seiner Arbeiten zeugte. Dann aber sprach er über die Ursachen von Ernstens Besuch in Schweden mit einer Schärfe und Deutlichkeit, die uns nach der englischen Zurückhaltung doppelt verwunderte und erfrischte. Ernst sprach seinen Dank ebenso offen und vorbehaltlos aus, und der Abend verlief höchst erfreulich.

Lamm klärte uns auch darüber auf, wieso gerade Schweden Ernst eingeladen hatte. Malte Jacobsson, Professor für Philosophie in Göteborg, war, als Ernst noch Privatdozent in Berlin war, unter seinen Schülern gewesen, verehrte ihn sehr und hatte Uppsala, wo ein Lehrstuhl freigeworden war, auf ihn aufmerksam gemacht. Man wollte erst ein Probesemester vergehen lassen, ehe man sich entschied, ob er für die Professur geeignet wäre; da Ernst aber dieses Semester in England zugebracht hatte, hatte man bereits eine andere Wahl getroffen. Ernst wußte also, als wir nach Uppsala fuhren, daß er dort nur Gast sein würde, und das macht unseren Aufenthalt viel weniger schwierig, als er sonst gewesen wäre. Denn Uppsala ist das genaue Ebenbild einer deutschen Universitätsstadt mit all ihren Vorzügen und Fehlern. In unserer Lage wäre das Eingewöhnen in eine so fest umrissene Atmosphäre sehr schwierig gewesen. Dazu kam, daß der soeben emeritierte Philosoph, Professor Axel Hägerström, eine Ernstens Geistesart sehr entgegengesetzte Philosophie vertreten hatte und ganz Schweden, vor allem aber Uppsala, unter seinem Einfluß stand.

Uppsala 1934

In Uppsala erreichte uns die Nachricht von der Ermordung Barthous. Das dritte Land, das durch politischen Mord erschüttert wurde, seitdem wir England verlassen hatten. Gewalt hatte die Führung übernommen.

Trotz alledem hieß es nun wieder, sich in einem neuen Land zurechtzufinden, was aber nicht allzu schwierig schien. Fast alle schwedischen Gelehrten waren mehrere Jahre in Deutschland ausgebildet; sie sprachen ausnahmslos sehr gut Deutsch, und es fiel ihnen zuerst schwer, die Veränderung zu erkennen, die in dem bis dahin sehr geachteten Lande vorgegangen war. Um so dankenswerter war es, daß sie sich später in ihrer Mehrzahl entschieden von Deutschland abwandten.

Der Aufenthalt in Uppsala dauerte sechs Wochen, in denen wir noch vieles zu bewundern lernten. Wie ein Sechsmillionenvolk es fertiggebracht hatte, mit den großen europäischen Ländern auf kulturellem Gebiet zu konkurrieren, auf manchen Gebieten, wie in der Architektur, sogar eine führende Rolle zu übernehmen, bleibt fast unbegreiflich.

Eines Tages wurden wir in das Haus des Juristen Östen Undén eingeladen. Er war mit einer Schwester von Professor Malte Jacobsson verheiratet und stand schon damals mitten im politischen Leben. Später wurde er Kanzler aller vier schwedischen Universitäten und der Vertreter seines Landes bei den United Nations. Ihm verdanken wir unsere Einbürgerung in Schweden nach Ablauf von erst dreijährigem Aufenthalt im Lande. Ernstens schwedische Staatsbürgerschaft wurde ihm tatsächlich ins Haus geschickt, und ich genoß diese Ehre automatisch mit ihm.

Undéns Haus zeigte den persönlichen Geschmack seiner Bewohner, und die Gäste, die wir dort trafen, bestärkten unsere Sympathie für die Lebensart der schwedischen Intellektuellen. Ich erinnere mich an die einzelnen Gäste dieses Abends nicht mehr. Nur eine Erscheinung fiel mir auf: es war die des späterhin viel gepriesenen und viel gescholtenen Finanzministers mit seinem feingeschnittenen Kopf, dessen hohe Stirn von rötlichem Haar begrenzt war. Die Unterhaltung, die in deutscher Sprache geführt wurde, war angeregt, und ich beobachtete zu meinem Erstaunen, daß Ernst vom ersten bis zum letzten Augenblick höchst interessiert an ihr teilnahm. Nach einem schwierigen, in England zugebrachten Jahr schien plötzlich alles bekannt und geläufig zu sein. Der Kampf mit der Sprache hatte viel Kraft gekostet, dies begann ich deutlich zu fühlen. Das Kennenlernen des englischen Lebens war der andere Faktor, der bei aller Anerkennung für das neue Land auf ihm gelastet hatte. Während er in England zu lernen und zu bewundern hatte, hatte Schweden sofort sein Herz gewonnen. Ein neues Licht war am Horizont aufgegangen. Ein kleines, glückliches Land lag da im Norden von Europa, das es dank seiner Kleinheit nicht nötig hatte, den Kampf der großen Nationen um die Vorherrschaft der Welt mitzumachen, und das Zeit und den Willen hatte, seine Kräfte wichtigen menschlichen Problemen zur Verfügung zu stellen.

Undén fragte Ernst, ob er nach Beendigung seiner Vorlesungen in Uppsala auf dem Rückweg nach England Zeit und Lust haben würde, in Göteborg, wo wir uns einschiffen würden, haltzumachen und dort in der Hochschule zu sprechen. Nachdem Ernst dies freudigst bejaht hatte, sagte ihm Undén, daß sein Schwager Malte Jacobsson in den nächsten Tagen nach Uppsala kommen würde, um das Nähere zu besprechen. Dies geschah auch kurz darauf, und bei dieser Gelegenheit lernte ich den Mann kennen, der in den späteren Jahren bestimmend in unser Leben eingegriffen hat. Als ich die Hoteltreppe eines Tages hinunterkam, fand ich Ernst in einer Ecke der Hoteldiele im Gespräch mit Malte Jacobsson. Ich hatte geglaubt, daß der damals nicht nur als Universitätslehrer, sondern als Politiker sehr angesehene Mann ein Interview mit Ernst arrangiert hatte, um die Fragen der Göteborger Vorträge zu klären, ihren Inhalt zu bestimmen, die Daten festzusetzen. Was ich aber sah, war das Bild eines großen, schönen, blonden Schweden, der scheu und bescheiden vor Ernst stand und sich von ihm berichten ließ, was er zu berichten hatte. Er war trotz seiner fast 50 Jahre noch ganz der junge Student, der vor dem philosophischen Meister stand, der ihn in den Berliner Studentenjahren sehr beeindruckt hatte. Daß er unser beider

231

Herzen im Sturme erobert hatte, will ich hier offen gestehen. Malte Jacobsson ist gewiß ebensowenig ein Engel, wie die meisten Menschen es sind. Aber es gibt im Leben eines jeden von uns Augenblicke, in denen ein Mensch die Rolle eines Engels übernimmt. Daß die Ursache, aus der er diese Rolle übernahm, mit seiner Kenntnis und Anerkennung von Ernstens Leistung zusammenhing, machte sie in meinen Augen erst wirklich wertvoll.

Die Vorträge wurden besprochen, und am 10. Oktober verließen wir Uppsala und fuhren nach Göteborg. Bei strömendem Regen kamen wir in der Stadt an, in der wir später sechs Jahre verbracht haben. Und daß wir im Regen ankamen, war kein Zufall; denn Regen gehört zu Göteborg wie die Felsen, auf denen es aufgebaut ist. Wir wurden sehr herzlich empfangen. Malte Jacobssons Frau, eine Wienerin in meinem Alter, dunkelhaarig und von ihrem Mann so verschieden wie Österreich von Schweden, hatte von dem Lande, in dem sie schon 23 Jahre lebte, nichts angenommen als die Blygghet – auf deutsch Schüchternheit –, die ein Merkmal vieler schwedischer Menschen ist. Emma Jacobsson – halb Künstlerin, halb Gelehrte, eine sehr anziehende Erscheinung, die nur auf Wiener Boden gewachsen sein konnte – hatte ihren Mann beim Studium in Berlin kennengelernt. Sie bewohnten damals noch ein reizendes, ganz und gar nach modernen Wiener Ideen eingerichtetes, mit einer großen Bibliothek versehenes Haus auf einem der vielen Göteborger Felsen. Mich mutete alles heimatlich an: der nette österreichische Dialekt von Frau Jacobsson, ihr sonderbar scheues, nach Liebe und Anerkennung strebendes Wesen, ihr Sinn für das Wesentliche, ihr Anspruch an Qualität und ihre unverkennbar nahe Bindung an die beiden schon erwachsenen Kinder, Ingrid und Gunne.

Ich muß hier schweren Herzens unterbrechen; denn ich darf mir, so verführerisch es wäre, nicht gestatten, die schwedischen Freunde näher zu schildern. Ich muß mich streng an das Prinzip halten, worauf ich diese Aufzeichnungen aufgebaut habe.

Die Vorlesung fand in der Högskola von Göteborg statt – einem praktischen, nüchternen Gebäude. Die ganze Universität hatte 380 Hörer, aber das gebildete Stadtpublikum nahm an vielen Vorlesungen teil.

Im Jacobssonschen Haus trafen wir am nächsten Tage allerlei Freunde der Familie und Gelehrte und Politiker, vor allem

Torgney Segerstedt, den Besitzer und Chefredakteur der Göteborger Handelstidning, einer Zeitung, die er durch seine hervorragende intellektuelle Fähigkeit und seinen unbeugsamen Charakter zur führenden Zeitung Schwedens gemacht hatte. Es wurde uns berichtet, daß er seit zweieinhalb Jahren keinen Tag hatte vergehen lassen, ohne in seinem Leitartikel, »I Dag« genannt, das Hitlersche Regime, das er von ganzer Seele haßte, in schärfster Weise anzugreifen. Er setzte das bis zu seinem Tode im Frühjahr 1945, also zwölf Jahre lang, fort, und ihm hat Schweden mehr zu verdanken als irgendeinem anderen seiner Mitbürger.

Segerstedt, den wir nachher näher kennenlernten, war schon äußerlich betrachtet eine sehr auffallende Erscheinung. Sehr groß und schlank gewachsen, mit schneeweißem Haar und kritischen, stahlblauen Augen, schien er immer innerlich beschäftigt, während er gleichzeitig ein scharfer Beobachter von allem und jedem war, was ihn umgab. Er wohnte in unseren Göteborger Jahren in derselben Straße mit uns, schräg gegenüber unserem Hause, in einer sehr schönen, eleganten Villa, wo wir auch öfters zu Gast waren. Wirklich nahe konnte man ihm nicht kommen; aber wir fühlten uns durch seine Gegenwart immer gestärkt und bereichert. Als das Land während des Krieges unter dauerndem Druck von Deutschland stand, wurde Segerstedt von vielen Schweden beschuldigt, durch seine Polemik die Sicherheit des Landes zu gefährden. Er blieb unerschüttert. Eines Tages ließ ihn der greise König Gustav kommen, um ihm ins Gewissen zu reden. Der König duzte alle seine Untertanen. Er ist ein demokratischer König und befahl nicht, wo es nicht sein mußte; aber er versuchte, Segerstedt davon zu überzeugen, daß er seine Angriffe auf Deutschland unterlassen müsse. Dieser aber antwortete ihm in seiner ruhigen, unmißverständlichen Sprache, daß er sich nach niemandem richten würde, wenn es galt, die von ihm als solche erkannte Wahrheit zu verkünden; aber wenn der König der Meinung wäre, daß sich Schweden nicht mehr gestatten könnte, diese Meinung zu drucken, würde er seine Zeitung einstellen. Der König entließ ihn, ohne einen weiteren Versuch zu machen, ihn zu beugen.

Als wir ihn kennenlernten, wohnte Segerstedt allein in dem großen Hause. Seine ständigen Begleiter waren zwei riesengroße Hunde, die er sehr liebte. Ich sehe ihn noch heute vor mir, wie er, hoch aufgerichtet, ohne Hut, den Blick nach vorwärts gerichtet, täglich mehrere Male an unserem Garten vorüberging, zu jeder Seite einen seiner Hunde an der Leine führend. Wenn ich ein Wappen von Göteborg zu entwerfen hätte, würde ich es mit diesem unvergeßlichen Bilde schmücken. Dank und Undank, beides reichlich geerntet, konnte nichts an der Struktur dieses mutigen Kämpfers ändern.

Malte Jacobsson teilte Ernst vor unserer Abreise nach England mit, daß er beabsichtige, seine Stelle als Universitätsprofessor niederzulegen und das ihm angebotene Amt als Landhövding (Gouverneur) von Göteborg und den anschließenden Bohuslän zu übernehmen. Er hatte den Wunsch, Ernst als seinen Nachfolger nach Göteborg zu bringen. Ernst antwortete ihm, daß er von Schweden den allerbesten Eindruck habe und sicher glaube, für die Universität von Nutzen sein zu können, daß er aber bäte, ihm einen persönlichen Lehrstuhl einzurichten und die durch Jacobssons Abgang freigewordene Stelle einem Schweden zu übergeben. Die Ursache für diese Einstellung war eine Erfahrung, die wir in den ersten Stockholmer Wochen gemacht hatten. Wir konnten noch sehr mangelhaft Schwedisch lesen; aber wir erkannten an der Überschrift auf einigen führenden Blättern, daß der »Fall Zondeck« großes Aufsehen erregt hatte. Die drei sehr bedeutenden Brüder Zondeck hatten ihre Stellungen in Deutschland verloren, und man wollte sie für Schweden gewinnen. Der größte Teil der schwedischen Ärzte aber hatte sich aufs heftigste dagegen gewehrt und die Sache an die breite Öffentlichkeit gezogen. Ernst erfuhr damals, daß Schweden tatsächlich in einer sehr schwierigen Lage war. Das Universitätsstudium ist langwierig und sehr kostspielig. Fast alle Studierenden verschulden sich während ihrer Lehrjahre derart, daß sie viele Jahre nachher noch daran zu arbeiten haben, diese Schulden zu tilgen. Die einzige Hoffnung, die Finanzlage in Ordnung zu bringen, ist die Hoffnung auf eine Lehrer-, Universitäts- oder Krankenhausstelle. Diese aber sind so spärlich, daß das Wettrennen um diese Stellen immer ein sehr heißes ist. Vergab man also von diesen wenigen Stellen noch einige an Ausländer, erschwerte dies die Lage sehr.

Viele Schweden wehrten sich trotzdem gegen diese Einstellung und vertraten unbedingt den Standpunkt, daß man – ganz abgesehen von der notwendig gewordenen Hilfeleistung für die vertriebenen Gelehrten – die Gelegenheit nicht versäumen dürfte,

Männer von Format für Schweden zu gewinnen, die für das Land von großem Nutzen sein könnten.

Ernst war nicht gewillt, einen Kampf dieser Art aufzunehmen, und Jacobsson war mit ihm vollständig einig. Er versprach, den finanziellen Möglichkeiten für eine persönliche Professur nachzugehen und Ernst nach Oxford über den Stand der Dinge Nachricht zukommen zu lassen.

Erfrischt und dankbar verließen wir am 13. Oktober abends Göteborg und bestiegen das englische Boot Svetia, das am 15. morgens in Tilbury landen sollte. Dies tat es zu meiner Verwunderung auch tatsächlich, wenn auch mit großer Verspätung. Der schlechte Ruf der Überfahrt von Schweden nach England war unserer Reise schon vorangegangen. Als wir abfuhren, heulte der Sturm derart, daß mir, von jeher sehr zur Seekrankheit neigend, angst und bange wurde. Ernst war, wie ja auch die Reise von 1926 bewiesen hatte, nahezu seefest. Wir hatten zwei nebeneinanderliegende, durch einen schmalen Gang getrennte Einbettkabinen, deren Türen offenblieben, und wir zogen es vor, uns bald nach der Abfahrt dorthin zurückzuziehen – Ernst aus Sorge um mich, und ich aus Angst vor dem, was kommen würde. Diese kurze Fahrt von 36 Stunden war die größte Qual, die mir je widerfahren ist. Es gibt viele Stadien von Seekrankheit, das hatte ich schon selbst an mir erfahren. Daß man das Stadium, in dem ich diese Reise gemacht habe, überhaupt überleben kann, hätte ich vorher nicht für möglich gehalten. Als ich merkte, wie hoch die See ging und wie mir von Minute zu Minute elender wurde, wiederholte ich in Gedanken und in kurzen Zwischenräumen zwei der mir bekannten Anekdoten. Die eine ist ein langwierige Geschichte zweier Juden, die in einen Sturm geraten. Der eine bleibt, obwohl das Unwetter bedrohliche Formen annimmt, ganz gleichgültig, während der andere jeden Augenblick mit neuen Unglücksmeldungen und in höchster Angst in die gemeinsame Kabine stürzt und schließlich ausruft, daß das Boot wahrscheinlich untergehen würde, worauf sein Mitfahrer ihm ganz unbekümmert antwortet: »Warum schreist du denn so – ist es denn dein Schiff?« – In der zweiten Anekdote antwortet eine Engländerin nach einer stürmischen Seefahrt auf die Frage, wie sie denn die Seekrankheit überstanden hätte: »The first day I was afraid I would die, and the second day I was afraid I wouldn't.«

Eine Weile halfen mir diese beiden sehr aktuellen Erzählungen über das Ärgste hinweg; dann aber mußte ich der Stewardeß klingeln, die mir, als sie meinen Zustand sah, freiwillig ein starkes Narkotikum gab. Ernst berichtete mir aus seiner Kabine, daß er gar nicht seekrank wäre, es aber vorzöge, nicht aufzustehen, da ihm die Stewardeß berichtet habe, daß 85 % aller Passagiere seekrank wären. Ich war nicht in der Verfassung, diese seine Angaben nachzuprüfen. Als wir aber am 15. Oktober morgens endlich in die Themse-Mündung einliefen und meine Lebensgeister neu erwachten, sagte ich ihm, daß ich einfach nicht glaubte, daß er nicht seekrank gewesen wäre. Er aber blieb bei seiner Behauptung, bis ich ihn fragte, ob er eigentlich wüßte, daß ich am Tage vorher Geburtstag gehabt hätte. Da gestand er beschämt, daß die Betäubung, in der er den Tag zugebracht hätte, und die Unfähigkeit, den schmalen Korridor bis zu meiner Kabine zu überschreiten, wohl doch eine Art Seekrankheit gewesen sein mochte.

In England gelandet, schwor ich mir, nie wieder ein Boot zu besteigen, mit Ausnahme des Bootes, das mich auf dem kürzesten Wege von England nach dem Festland zurückbringen würde. Ich habe niemals in meinem Leben einen Schwur so gründlich gebrochen.

Die Rückkehr nach viermonatiger Abwesenheit nach England war von unserer Ankunft ein Jahr zuvor vollkommen verschieden. Diesmal erschien uns England bereits ganz bekannt, und neue und alte Freunde begrüßten uns aufs herzlichste. In London hatte die Bibliothek Warburg sich häuslich niedergelassen. Unser Freund Saxl lief schon ebenso lebhaft wie einst in Hamburg zwischen den Bücherreihen herum, hatte schon eine große Anzahl von Gelehrten des In- und Auslandes um sich versammelt, und die Vorträge hatten ihren Anfang genommen.

In Oxford begrüßte man uns sehr freudig wie alte Bekannte, die von einer Reise zurückkommen. Zwei Faktoren hatten eine fühlbare Veränderung im Verhalten hervorgerufen. Der Mordtag des 30. Juni hatte in England aufklärend gewirkt. Man hatte angefangen, das Bild des Nationalsozialismus klarer zu sehen und zu erkennen. Man war begierig, von Ernst Nachrichten aus Deutschland, Österreich, Schweden zu erhalten.

Außerdem war die Festschrift für Ernst in der Zwischenzeit erschienen und hatte das Interesse an seiner Person wachgerufen.

Wir empfanden die veränderte Lage als wohltuend, und das Gefühl, daß wir nun nicht mehr unbedingt abhängig von einer Verlängerung der Oxforder Stellung waren, ließ uns mehr Freiheit im Verkehr mit den englischen Kreisen.

Seit der Emigration hatte unser gegenseitiges Verhältnis in mancherlei Beziehung eine Änderung erfahren. Alle drei Kinder verheiratet und von uns getrennt lebend – losgelöst von den Menschen, die uns bis dahin umgeben hatten, ausgerissen aus dem Boden, auf dem wir gewachsen waren – all dies festigte unsere gegenseitige Bindung aufs neue. Oft hatte ich, als wir nun noch einmal – wie 31 Jahre zuvor – allein in einer kleinen Wohnung saßen, das Gefühl, als hätte mein Leben jetzt erst, unter diesen traurigen, unnatürlichen Verhältnissen, eine Art Vollendung erreicht. Es hatte mir bewiesen, woran ich allerdings niemals gezweifelt hatte, daß es keine Schwierigkeit, kein unüberwindliches Mißgeschick für mich geben könnte, solange ich mit Ernst in einem Zimmer sitzen durfte und mitansehen konnte, wie ungebrochen seine Kraft, wie stark sein Wunsch war, das Schicksal zu meistern, gegen das sich aufzulehnen ihm niemals in den Sinn kam. Er selbst hatte sein Verhalten insofern geändert, als er mir gegenüber viel mitteilsamer wurde. Was ich bis dahin zu erraten mich gewöhnt hatte, sprach er jetzt ungehemmt aus.

Im Mittelpunkt unserer Diskussionen stand naturgemäß das Problem der Judenverfolgung. In den ersten Monaten der Hitlerdiktatur hatte Ernst schon die Überzeugung ausgesprochen, daß das, was in Deutschland begonnen hatte, keine Judenverfolgung wäre, sondern auf die völlige Vernichtung der Juden abziele, und daß er keinen Zweifel daran trage, daß dieses Ziel erreicht werden würde. Ich widersprach dieser Ansicht und fragte ihn, wie er sich eine Vernichtung der Juden innerhalb Deutschlands vorstelle. Ob er sich denken könne, daß die deutsche Bevölkerung ruhig zusehen würde, wie man ihre bis dahin geachteten Mitbürger, Ärzte, Anwälte, Universitätslehrer, auf den Straßen von Berlin hinmorden würde. Darauf antwortete er mir: »Ich habe kein Interesse und nicht die Fähigkeit, mir auszudenken, wie die Vernichtung vor sich gehen wird. Aber ich weiß, daß ein System wie das, womit wir es jetzt zu tun haben, jeden Widerstand brechen kann und wird. Das liegt eben im System.«

Ein zweites Problem, über das wir uns nicht einig werden
konnten, war die Beurteilung einer eventuellen, wenn auch nur
sehr geringen Berechtigung der antisemitischen Bewegung. In dieser Hinsicht hatten wir geradezu die Rollen vertauscht. Ich war
von jeher gewohnt, jede antisemitische Regung tief zu verachten.
Sie schien mir unwürdig und unberechtigt. Ernst hatte sich sehr
wenig mit dieser Frage beschäftigt. Da er fast niemals wußte, ob
er mit einem Nichtjuden oder mit einem Juden zu tun hatte, geschah es öfters, daß ich ihn in freundlichster Weise mit Personen
sprechen hörte, deren antisemitische Tendenzen mir bekannt waren. Ob ein Jude sich hatte taufen lassen oder nicht, interessierte
ihn nicht im geringsten.

Nun aber hatte das Bild sich gedreht. Ich beobachtete die Vertriebenen sehr genau. Ich beanstandete ihr Verhalten; ich wurde
gestört durch das, was sie im fremden Land auffallend und unbeliebt machen mußte. Und was mich beschäftigte, war, daß denjenigen unter ihnen, die nur noch eine ganz lose Verbindung zum
Judentum hatten, eigentlich ein viel zu schweres Opfer auferlegt
wurde, wenn man verlangte, daß sie der Vergangenheit treu bleiben sollten, die für sie keinen Sinn mehr hatte. Ich fragte Ernst,
ob er nicht glaube, daß viele Juden durch ihre Unfähigkeit, sich
der äußeren Disziplin desjenigen Landes, in dem sie lebten, zu
fügen, den Antisemitismus erst möglich gemacht hätten, daß alle
Leistungen der Intellektuellen und Künstler diesen Mangel nicht
gutmachen konnten. Darauf antwortete er mir: »Glaube mir,
nicht die schlechten Juden haben dem Antisemitismus Nahrung
gegeben, sondern die guten Juden waren es. An den schlechten
hätte kein Mensch Anstoß genommen. Man hätte sie mit dem übrigen Pöbel der Welt einfach ignoriert.« Bis heute weiß ich nicht,
inwieweit diese seine Ansicht begründet ist. Meiner Ansicht, daß
man es denjenigen Juden, die keine Zusammengehörigkeit mehr
mit der Tradition ihrer Vorväter zu haben glauben, nicht mehr
verübeln sollte, wenn sie zur christlichen Kirche übergingen, trat
er aufs schärfste entgegen. Ganz gegen sein bisheriges Verhalten
wurde er fast intolerant, wenn solche Gespräche aufkamen. Der
Übertritt erschien ihm in diesem Augenblick als ein fundamenta-
les Versagen des Charakters, den er nicht gewillt war zu beschö-
nigen. »Selbst derjenige Jude, der sich innerlich zur christlichen
Lehre bekehrt hat, hat sich jetzt denjenigen seiner Mitmenschen

zur Verfügung zu stellen, für die das Judentum eine tiefe Bedeutung behalten hat und die man dieser geistigen Haltung wegen verfolgt.« Sich im heutigen Augenblick den Verfolgern zur Seite zu stellen, erschien ihm so ungeheuerlich, daß er ein solches Verhalten nicht mehr als Schwäche auslegte, für die er ja immer so unendliche Duldung bewiesen hatte. Diese Duldung für die Schwäche des Individuums hatte die Umwelt immer getäuscht. Immer und immer wieder war es geschehen, daß Gäste, nachdem sie in unserem Hause Diskussionen geführt hatten, deren Inhalt Ernstens Gesinnung vollkommen widersprach, uns höchst befriedigt und sicher seiner Zustimmung verlassen hatten. Denn Ernst hatte einfach geschwiegen, anstatt zu widersprechen. Ich machte ihm oft einen Vorwurf aus diesem Schweigen; niemals aber hat es mich selbst getäuscht. Er war stets bereit, die Schwäche des Menschen anzuerkennen, seine aus der Schwäche entstandenen Handlungen zu verstehen. Niemals aber vermochte irgend etwas oder irgendwer seine Überzeugung zu beeinflussen oder gar zu ändern. Die Grundlage seiner Philosophie wird dieselben Züge aufzeigen. Es gab für ihn etwas Gutes und etwas Böses, das keiner Relativität zugänglich war.

Während das erste englische Jahr Ernst wenig Zeit zu eigener Arbeit gelassen hatte, arbeitete er im zweiten wieder viel mehr. Er hielt, abgesehen von seinen Kollegs, verschiedenartige Vorträge in Oxford und in London. Das Bedford College for Women in London, an dem die bedeutende Philosophin Stebbing wirkte, machte Ernst zum Honorary Member des Colleges. Mancher Gelehrte hätte diese Ehre, als von einem Frauencollege kommend, vielleicht nicht so wichtig genommen. Nicht so Ernst. Er freute sich mit dieser Anerkennung viel mehr, als wenn sie von einem der alten, ehrwürdigen Oxforder Colleges gekommen wäre. Den Grund hierfür konnte ich selbst nicht genau ergründen; es ist aber unzweifelhaft so gewesen.

Albert Schweitzer

Als wir an einem düsteren, regnerischen Nachmittag in unser Boarding House zurückkamen, fanden wir in unserem Briefkasten eine einfache, weiße Karte, auf der nur wenige Worte geschrieben waren. Diese lauteten: »Ich wollte Ihnen nur die Hand drücken. Albert Schweitzer.« Die Art, wie Schweitzer seine Stellung zu Ernst und gleichzeitig zu der ganzen Lage kundtat, war höchst charakteristisch für ihn. In seinem von Arbeit überlasteten Leben verlor er niemals Zeit mit ihm unwesentlich erscheinenden Formalitäten. Ernst kannte Schweitzer persönlich nicht und von seiner vielverzweigten Leistung nur einen Bruchteil. Trotzdem wußte er immer, daß Schweitzer einer der ganz wenigen war, die auf der gleichen menschlichen und wissenschaftlichen Ebene mit ihm wandelten. Wir erkundigten uns, wo Schweitzer zu finden sei, und erfuhren, daß er in einem der beiden Oxforder Women's Colleges bei der Vorsteherin, einer Miss Denecke, die deutsche Literatur und Sprache vertrat, wohnte und daß seine Vorträge den nächsten Tag beginnen sollten. Am selben Tag aber hatte Ernst selbst in London vorzutragen, und er bat mich, die erste Vorlesung allein zu besuchen und ihn bei Schweitzer zu entschuldigen.

Ich kann kaum schildern, welchen Eindruck mir diese erste Vorlesung und der Vortragende selber machten. Schweitzer, ein starker, großer Mann bäuerlichen Typs, ein Jahr jünger als Ernst, im Vollbesitz seiner körperlichen Kräfte, sah nicht aus wie ein Gelehrter, eigentlich auch nicht wie ein Musiker oder Theologe, was er ja alles gleichzeitig ist. Er sah eben aus wie Schweitzer, und genausowenig wie sein Leben und sein Werk typisch sind, ist es sein Äußeres. Da er nicht englisch vortragen konnte, hatte er sich eine sonderbare Technik zurechtgelegt. Er trug deutsch vor, hatte aber eine kleine, grauhaarige Engländerin zu seiner Linken, die anscheinend jeden seiner Sätze sofort ins Englische übersetzte, so daß jemand wie ich, der beide Sprachen verstand, den Vorzug hatte, den Vortrag eigentlich doppelt zu hören. Es versteht sich von selbst, daß diese merkwürdige Methode keineswegs ungeprobt vonstatten ging, sondern sicherlich sehr genau vorbereitet war. Denn Schweitzers Worte – inhaltlich und stilistisch – duldeten keine vage und schnelle Übertragung in eine andere Sprache. Noch mehr aber als die Technik des Vortrages erstaunte mich sein Inhalt. Seit über dreißig Jahren mit einem Philosophen verheiratet, hatte ich es nie vermocht, mir die philosophische Sprache anzueignen – ja, mehr als das, ich führte eigentlich einen innerlichen Kampf gegen sie. Nun stand mit einem Male ein Mann vor mir, an dessen Qualität ich nicht zweifeln konnte, und er verwendete diese Sprache überhaupt nicht. Was er sagte, schien auch so verblüffend einfach, daß ich meinen Ohren kaum traute. Er sprach über den Niedergang unserer Zivilisation und begründete ihn mit so einfachen Motiven, daß ich glücklich und staunend meine eigenen Gedanken über diese Fragen wiederfand, die ich nur Ernst gegenüber zu äußern gewagt hatte, weil sie aus meinem Munde sicherlich als »unmodern« abgelehnt worden wären. Für Schweitzer gab es solche Überlegungen nicht; das Geheimnis seiner Überzeugungskraft beruhte vielmehr gerade auf dieser »unmodernen« Vereinfachung grundlegender Prinzipien. Der Missionar in ihm war unverkennbar und ist es bis heute geblieben.

Das Erschütternde an der Bekanntschaft mit den Schweitzerschen Ideen war, daß er sie seit 1923 propagierte, daß er wie keiner seiner Zeit den Krebsschaden an seinen Wurzeln erkannt hatte und sogleich mit Axt und Spaten zur Ausrottung geschritten war und doch mit ansehen mußte, wie der Verfall weiter um sich griff, ohne daß er Wesentliches daran ändern konnte. Denn die Welt war nicht mehr hellhörig genug, um eine solche Stimme durchdringen zu lassen. Tausende und Tausende verstanden diese Stimme, aber Millionen und Millionen hörten sie nicht.

Gerade in den Wochen, in denen ich dies niederschreibe, ist Schweitzer das erstemal in Amerika gewesen. Alle Zeitungen, alle illustrierten Wochenschriften brachten Artikel über den großen Mann und seine Lehre; Bilder auf Bilder erschienen. Die Bewunderung war groß – größer noch die Verwunderung. Daß es so etwas in der jetzigen Zeit noch geben konnte, ahnte man nicht. Aber welche Schlüsse wird man aus dieser Erkenntnis ziehen? Man hat ja bereits eine kostbare Reliquie aus diesem lebendigsten aller lebenden Menschen gemacht.

Ernst bei Schweitzer zu entschuldigen hatte ich sofort aufgegeben, als ich ihn sprechen hörte. Zeitraubende Entschuldigungssätze anzuhören, dafür schien kein Platz in Schweitzers Leben. Als Ernst aus London zurückkehrte und meinen Bericht über die Vorlesung hörte und meine offensichtliche Zustimmung zu dem Menschen, dem Inhalt und Stil des Vortrags begriffen hatte, sah er mich verwundert lächelnd an, drohte mit dem Finger und sagte: »Oho, das sieht ja wie Abfall aus. Da muß ich doch gleich nach dem Rechten sehen.« Als wir am nächsten Nachmittag gemeinsam Schweitzers zweiten Vortrag besuchten, merkte ich nach wenigen Minuten, wie sehr er auch Ernst beeindruckte. Unmittelbar nach Beendigung der Vorlesung stürzte sich ein ganzes Heer von Verehrern, meist weiblichen Geschlechts, auf das Podium, um Schweitzer zu interviewen. Ernst, wie immer bescheiden und zurückhaltend, blieb im Auditorium stehen, bis ich ihn bat, sich doch bei Schweitzer zu melden, der ihn ja sicherlich zu sehen erwartete. Als er dann die wenigen Stufen zum Podium heraufstieg, erkannte ihn Schweitzer augenblicklich und kam, ihn herzlichst begrüßend, auf ihn zu. Seine erste Frage war: »Ist Ihre Frau auch hier?« und als er mich erblickte, winkte er mich aufs Podium. Dann verließ er, ohne ein Wort der Erklärung, mit uns beiden den Saal, stülpte einen Schlapphut auf seinen Kopf, legte ein Lodencape um seine Schultern und trat ins Freie. Draußen goß es in Strömen, und heftiger Sturm peitschte uns den Regen ins Gesicht. Schweitzer nahm jeden von uns unter einen Arm und schlug den Weg zum College ein, wo er zum Diner erwartet wurde. Dieser Weg führte quer über eine große Wiese, und ich sah ihm mit Bangen entgegen. Nicht aber Schweitzer. Das erste, was er tat, war, daß er rein persönliche Fragen an uns stellte: Wieviele Kinder wir hätten, wo sie sich befanden (daß ein Philosoph und zwei Musiker unter ihnen waren, schien ihn zu erfreuen). Er fragte, wie Ernstens Zukunftspläne aussähen, wie er sich in der veränderten Welt zurechtfände, ob er gesund und arbeitsfähig wäre, und vieles mehr. Erst als die Beantwortung dieser Fragen ihm ein klares Bild unserer Lage verschafft hatte, begann er von sich zu erzählen. Mitten in dieser Erzählung erreichten wir, bis auf die Haut durchnäßt, das College. Schweitzer führte uns in sein Zimmer. Dort hatte sich wieder eine Anzahl Menschen eingefunden, die ihn zu sprechen wünschten. Er aber wandte sich an seine Wirtin, Miss Denecke, und sagte ihr, daß er sie bäte, mit allen anderen Gästen das Zimmer zu verlassen. »Ich habe bis zum Diner genau 20 Minuten Zeit, um mit Cassirer zu sprechen«, sagte er, »ich wünsche nicht gestört zu werden.« Als wir genau 20 Minuten später Schweitzer verließen, hatten wir den Eindruck, uns von einem uns seit Jahrzehnten intim bekannten Freunde zu trennen. Seine Fähigkeit, das Wesentliche in kürzester Form auszusprechen, ist schier unbegreiflich und unbeschreiblich. Wir kannten seine Jugend, seine Bindung an die Musik, seine philosophische und religiöse Grundeinstellung ebenso genau wie seine ersten mißglückten Versuche, sich den afrikanischen Negern verständlich zu machen. Wir wußten, daß Frankreich es ihm abgelehnt hatte, den deutschen Ärzten, die sich ihm zum ersten Male, seit er das Krankenhaus in Lambarene führte, zur Verfügung gestellt hatten, das Einreisevisum zu geben. Wir wußten, daß er sich immer wieder von seiner Frau hatte trennen müssen, weil sie das Klima in Afrika nicht vertragen konnte, und vieles, vieles mehr. Er sprach sich ausführlich über Ernstens Schriften aus, von denen er das Buch über die Aufklärung – das letzte in Deutschland erschienene Werk – besonders hoch pries.

Etwas über eine halbe Stunde war vergangen, seitdem wir Schweitzer das erste persönliche Wort hatten sprechen hören. Wir gingen Arm in Arm nach Hause, wie zwei glückliche Kinder, denen man ganz unerwartet ein schönes Geschenk in den Schoß gelegt hatte. Zwei Wanderer, die fast gleichzeitig aufgebrochen waren und demselben Ziele zustrebten, hatten sich an einem Knotenpunkt getroffen. Ihre Herkunft war so verschieden wie ihr Äußeres; die Gebiete, auf denen sie gearbeitet hatten, berührten sich nur teilweise. Aber das Ziel, das sie zu erreichen suchten und dem sie ihr ganzes Leben gewidmet hatten, war das gleiche.

Später hat Ernst sich ausführlich mit Schweitzers Schriften beschäftigt und immer und immer wieder Freunde und Schüler auf sie hingewiesen. In der in Harvard erschienenen Festschrift zu Schweitzers 70. Geburtstag befindet sich ein Aufsatz, den er noch kurz vor seinem Tode für diesen Zweck geschrieben hat.

Im Frühjahr hielt Ernst Vorträge in Glasgow und besuchte bei dieser Gelegenheit Heinz zum ersten Male. Wir hatten, da wir nicht ahnen konnten, ob wir unser Hab und Gut jemals wiedersehen würden, diejenigen Gegenstände, die uns am liebsten waren, mit Heinzens Übersiedlungsgut nach Schottland verfrachten lassen. Dort fand Ernst sie wieder. In seinem ersten Brief aus Glasgow schrieb er mir, daß er sich sehr wohl dort fühlte, daß Heinz wissenschaftlich gut vorwärts käme, daß er bereits gute Freunde und ein hübsches Häuschen hätte und Eva eine sehr gute Wirtin wäre. Dann fährt er fort:

Irenes Freude bei meiner Ankunft war wirklich rührend, zumal sie sich diesmal wieder ganz in der früheren Weise durch völ-

liges Verstummen äußerte. Sie sprach fast eine halbe Stunde
lang kaum ein Wort, ließ mich aber nicht einen Augenblick
aus den Augen und stand immer wieder vom Tisch auf, um
sich dicht an mich anzuschmiegen. (Später heißt es:) Daß ich
hier auch manches von den Dingen aus der Blumenstraße wiedergefunden habe, und zwar von den schönsten und auserle-
sensten, hat mich seltsam berührt und nach langer Zeit wieder
einmal jene Art von »Heimweh« in mir erweckt, das ich mir
eigentlich prinzipiell verbiete.

Als er aus Glasgow zurückkam, erzählte er unter vielen anderen
Aussprüchen von Irene folgende Anekdote. Am Tage seiner Abreise fragte Irene ihn, ob er unsere Sachen nun wieder wegneh-
men würde aus ihrer Wohnung. Ernst verneinte dies, sagte ihr
aber, daß er doch gerne etwas mitnehmen würde, das sich in
dem Zimmer befände, in dem sie sich gerade aufhielten, und sie
solle raten, was dies wäre. Nach einigem Fehlraten leuchtete ihr
Gesicht plötzlich auf, und sie sagte: »Mich willst du mitnehmen,
Großvater«, und sie war sofort bereit, ihm zu folgen. Ernst meinte,
sie müßte doch wohl erst Vater und Mutter um Erlaubnis bitten,
worauf sie in ihrer sanften Art leise antwortete: »Laß uns doch
lieber im geheimen fortgehen, Großvater«. Obwohl die Kleine
schon ein Jahr lang nicht mehr mit ihm in einer Stadt lebte, was
in ihrem vierjährigen Leben eine lange Zeit bedeutete, war ihre
Bindung an ihn ganz unverändert geblieben, und das machte den
Kummer, den die Trennung ihm geschaffen hatte, erträglich.

Die Verhandlungen mit Schweden waren zum Abschluß
gekommen, und Ernst bereitete unsere Übersiedlung vor. Wir
hatten unser Haus in Hamburg mit allem, was dazugehörte, vor
allem die Bibliothek, unter der Obhut von Fräulein Stelzig, unserem braven, treuen »Fräulein« gelassen, die an jedem Stück fast
ebenso hing wie wir; an manchem sogar viel mehr. Um unseren
Haushalt aber nach dem Ausland zu schaffen, bedurfte es der
Genehmigung der Auswanderungsbehörde, die nur erteilt wurde,
wenn die Reichsfluchtsteuer vorher erlegt wurde. Diese Steuer
war schon unter dem Reichskanzler Brüning ins Leben gerufen
worden und bedeutete, daß jeder Deutsche das Recht hatte, das
Land zu verlassen, wenn er vorher 25% seines Vermögens den
deutschen Behörden abgeliefert hatte. Ferner hieß es, daß nur

derjenige Staatsbürger von dieser Steuer befreit werden könne, der beweisen könne, daß sein Aufenthalt im Ausland dem deutschen Interesse diente. Hitler hatte dieser Verordnung den Satz hinzugefügt: Nichtariern ist diese Erleichterung grundsätzlich abzulehnen.

Nachdem Ernst die Höhe der eventuell von ihm zu entrichtenden Reichsfluchtsteuer festgestellt hatte, war es klar, daß wir sie niemals würden bezahlen können. Denn, um auf noch halb und halb gesetzlich scheinendem Wege möglichst viel von dem Vermögen der auswandernden Juden zurückhalten zu können, wurde die Berechnung auf ganz falschen Voraussetzungen aufgebaut. Die unbeweglichen Güter, wie unser Haus und Anteile an Familienunternehmen, wurden mit phantastischen Summen bewertet, von denen dann verlangt wurde, daß wir 25% – aber dies in barem Gelde – als Reichsfluchtsteuer abzugeben haben würden: viel mehr, als wir je besessen hatten.

Da verfiel Ernst auf den Gedanken, zu versuchen, den Paragraphen auf Erlassung der Steuer auf sich anzuwenden. Alle Freunde und ich selbst staunten über diesen merkwürdigen Plan. Er aber erklärte mir, daß er alles versuchen würde, um seine Bibliothek und unsere Einrichtung zurückzubekommen, und daß er sicher glaube, daß ihm dies gelingen würde. »Nichtarier«, sagte er, gäbe es ja gar nicht, und er verließ sich darauf, daß es unter den Beamten der Steuerbehörde noch Menschen mit Anstand und Respekt geben müsse, die ihm ohne Aufforderung helfen würden, den Ausnahmeparagraphen auf seinen Fall anzuwenden. Sobald dieser abenteuerliche Plan gefaßt war, führte er alle dazu erforderlichen Schritte mit derselben systematischen Gründlichkeit aus, mit der er alles zu tun pflegte. Nebenbei war sein Spieltrieb am Werke, und es machte ihm viel Spaß, die deutschen Behörden angeblich ganz naiv um etwas zu ersuchen, was sie eigentlich grundsätzlich abzulehnen hatten. Er schrieb an alle Universitäten und Institute, an denen er seit seinem Weggang von Deutschland vorgetragen hatte, und bat um die Bestätigung der von ihm behandelten Themen und deren Wirkung auf die Studentenschaft. Die betreffenden Stellen konnten natürlich nichts anderes bestätigen, als daß er Vorlesungen über deutsche Philosophie und Literatur gehalten habe und daß er das Verständnis für die deutsche Wissenschaft beträchtlich gefördert habe. Sie ahnten damals noch gar nicht, daß diese Bestätigung zweideutig geworden war. Mir aber war die ganz ungewohnte Situation – die Situation, daß wir versuchen mußten, die Deutschen um etwas zu bitten – sehr peinlich. Daß Ernst plötzlich Briefe mit Bestätigungen seiner Leistung einschickte, wie Dienstmädchen es zu tun genötigt waren, hatte meine Zustimmung nicht. Aber Ernst hatte sich etwas vorgenommen, was für ihn anscheinend sehr wesentlich war zu erreichen, und er hatte seine Bindungen an das offizielle Deutschland so gründlich gelöst, daß es ihm gar nicht mehr darauf ankam, sich an diejenigen Stellen zu wenden, die ihm zur Ausführung seines Planes notwendig waren. Worauf es ihm ankam, war, seine Sache durchzuführen, an deren Berechtigung ja kein Zweifel aufkommen konnte. Seine Briefe an die Behörden waren Musterstücke an Korrektheit und Logik, und er tat so, als wäre es das Selbstverständlichste von der Welt, daß sein Gesuch bewilligt werden würde.

Aber es vergingen Wochen und Monate, und die Antwort traf nicht ein. Ernst wurde schließlich doch recht unruhig, und als ich das merkte, bat ich ihn, mit mir zu verreisen und die Entscheidung unterwegs abzuwarten. Wir verließen England Mitte Juni. Es war ein bedrückender Abschied. Annes schweres Leben, das Zurücklassen von Heinz und seiner Familie, die Trennung von neuen und alten Freunden – alles lastete auf uns. Wer konnte wissen, ob es je ein Wiedersehen geben würde?

Wir hielten uns auf der Reise nach Wien in den österreichischen Alpen in St. Anton am Arlberg auf, wo wir eine Woche lang blieben. Am Morgen nach unserer Ankunft, an einem Sonntag, einem heißen Tage, bestiegen wir St. Christoph, einen Berg oberhalb St. Anton. Wir kamen recht erschöpft oben an und setzten uns sofort auf die vor dem Hospiz aufgestellten Liegestühle nieder. Kaum waren wir aufatmend zurückgesunken, als zwei Zigeunerinnen auf uns zustürzten. Die eine ergriff meine, die andere Ernstens Hände, und sie begannen, uns die Zukunft zu verkünden. Ich, beweglicher als Ernst, sprang sofort auf und erklärte, daß ich gar nicht neugierig wäre, die Zukunft zu erfahren, und mich lieber ausruhen wollte. Ernst gelang der Widerstand nicht, und seine Zigeunerin begann ihre Weissagung. Erst sagte sie ihm, was ja augenscheinlich war, daß er ein Mann von hoher Intelligenz wäre, viel erreicht hätte, es aber in letzter Zeit sehr schwer gehabt hätte, und fügte hinzu, er solle aber seinem guten

Stern vertrauen, denn in einer Woche würde er einen Brief bekommen, der viele seiner Sorgen zerstreuen würde. Dann schloß sie mit der leider falschen Prophezeiung, daß er ein sehr hohes Alter erreichen würde.

Ernst war vollkommen beruhigt durch diesen Blick in die Zukunft, und nach einer erholsamen Woche kamen wir in Wien an. Sonntags wurde in Wien keine Post ausgetragen; aber am Montag morgen ging Ernst sehr früh zu meinen Geschwistern, um die Post zu holen. »Ich hole meinen Brief«, sagte er, »und bin gleich wieder zurück.« Nach zehn Minuten kam er glücklich lächelnd mit dem Brief der Finanzbehörde zurück, die ihm die Bestätigung brachte, daß er von der Bezahlung der Reichsfluchtsteuer befreit worden sei, da man sein Wirken im Ausland als »dem deutschen Interesse dienend« anerkannt habe. »Sie wissen gar nicht, wie recht sie haben«, sagte er schmunzelnd.

In Wien war alles beim alten. Blind und taub gegen die wachsende Gefahr, freute man sich des Tages. Mitte August trafen wir uns wieder an der tschechischen Grenze mit Georg und seiner Familie. Peter war unterdessen zwei Jahre alt geworden, und es war ein trüber Augenblick, als wir uns nach wenigen Wochen von diesem Teil unserer Familie neuerdings verabschiedeten. Georg hatte sich in Berlin eine neue Existenz gegründet – und wollte uns nicht nach Schweden folgen. Ich mußte es aufgeben, meine Gründe geltend zu machen, denn es war ja klar, daß er schwerwiegende Gegengründe für dieses Verhalten haben mußte, die uns unbekannt waren. Daß sein Verbleib in Deutschland große praktische Vorzüge für uns hatte, ist unbestreitbar; aber diese Tatsache ließ keinen Vergleich zu mit der quälenden Angst um ihn, Vera und das Kind, die mich verfolgte und Ernst sehr bedrückte.

Nach der im vorigen Jahr mißglückten Reise durch den polnischen Korridor entmutigt, entschloß sich Ernst, diesmal über Deutschland nach Schweden zu fahren. Ich sträubte mich sehr gegen diesen Plan, mehr Heinzens als unseretwegen. Ich wußte, wie sehr er sich davor fürchtete, den Vater durch Deutschland fahren zu lassen. Ernst aber, der soeben seinen Prozeß um Befreiung von der Reichsfluchtsteuer mit Erfolg durchgeführt hatte, glaubte, daß das Betreten deutschen Bodens nur eine große Unannehmlichkeit, nicht aber Gefahr bedeutete, und er meinte, ich solle Heinz nicht verraten, welchen Weg wir gewählt hatten, um ihn nicht zu beunruhigen; aber im übrigen sei er entschlossen, die viel bequemere Reise über Berlin zu machen. Georg fuhr uns zuerst im Auto nach Breslau, wo wir den Zug nach Berlin bestiegen. Das Wiedersehen mit der Vaterstadt, mit der ihn Tausende von Fäden verbanden, berührte Ernst kaum. Das Land der Hakenkreuzfahne hatte für den Philosophen der symbolischen Formen keine Ähnlichkeit mehr mit dem früheren Deutschland.

Wir sollten in Berlin so ankommen, daß uns 30 Minuten Zeit blieb, um von einem Bahnhof zum anderen zu gelangen. Unser Zug aber verspätete sich beträchtlich, und als wir Berlin erreichten, waren wir in großer Sorge, ob wir den Bahnhof Friedrichstraße rechtzeitig erreichen würden. Der Gedanke, eventuell in Berlin übernachten zu müssen, war recht bedrückend. Als wir mit unserem Gepäck ein Auto bestiegen, fragten wir den Chauffeur, ob er glaube, daß er es wohl schaffen könnte. Er bejahte dies, und wir fuhren in sehr schnellem Tempo durch die feuchte, ungastliche Stadt. Deutschland schien sehr sparsam mit elektrischem Strom umzugehen, denn die Straßen waren schlecht beleuchtet, und das graue Halbdunkel verstärkte das Gespenstische dieser abendlichen Fahrt. Plötzlich hielt unser Auto mit einem Ruck. Ein Radfahrer hatte die Straße überkreuzt und war von unserem Wagen angefahren oder überfahren worden. Dies festzustellen blieb uns keine Zeit. Tödliche Angst ergriff mich. Was würde geschehen, wenn der Chauffeur der Menge, die sich sofort um den Verunglückten gesammelt hatte, aussagen würde, daß wir ihn um das beschleunigte Tempo gebeten hatten? Was würde geschehen, wenn sie dann feststellen würden, daß wir deutsche Juden waren, die im Ausland lebten? Wieviel kann ein Mensch in einer Minute denken, wieviel fürchten? Wie sollte man unseren Leichtsinn vor Heinz rechtfertigen, dem wir unser Versprechen gebrochen hatten?

Aber wir waren an einen der anständigen Deutschen geraten. Der Chauffeur erkannte unsere Situation und riet uns, sofort den Wagen zu verlassen und gar nicht kundzutun, daß wir mit ihm gefahren waren. Da es sehr dunkel war, konnten wir diesen Rat befolgen, winkten einem zufällig vorbeifahrenden Auto und erreichten unseren Schlafwagenzug in allerletzter Minute.

Das erste Problem, das uns in Göteborg erwartete, war das Finden einer passenden Wohnung. Ernst wollte unbedingt seine ganze Bibliothek aufstellen, und ich legte Wert auf ein gutes Fremdenzimmer, denn ich hoffte auf viel Besuch von außerhalb und immer wieder auf den Tag, an dem ich Georg würde in unser Haus nehmen können. Die Wohnungen, die angezeigt wurden, gefielen uns nicht, und da wir mit einer bestimmten und nicht sehr hohen Summe rechnen mußten, war die Wahl schwierig. Da ließ ich mir von einer schwedischen Bekannten eine Annonce aufsetzen, obwohl mir gesagt wurde, daß dies in Schweden nicht Sitte und überflüssig wäre. Ich annoncierte, daß wir eine unmoderne Wohnung, am besten in einem umgebauten Einfamilienhaus, wenn möglich mit Gartenbenutzung suchten. Zur allgemeinen Verwunderung bekamen wir mehrere Zuschriften, die ich aber, meiner schwachen schwedischen Sprachkenntnisse wegen, nicht entziffern konnte. Es amüsierte mich jedoch, ungefähr zu erraten, was die Zuschriften wohl enthielten, und als Ernst nach Hause kam, zeigte ich sie ihm und sagte ihm, daß ich meine Wahl schon getroffen hätte. Der eine Brief – der mir der Anzahl der Zimmer und des Preises wegen passend schien – war unterschrieben: *Nathan Person, Sterbhus.* Ich sagte Ernst, daß ich nichts dagegen hätte, in dem Sterbehaus von Nathan Person zu wohnen, denn ich fürchtete mich vor nichts so, wie neuen antisemitischen Erfahrungen ausgesetzt zu werden, und der Name Nathan schien mir Sicherheit zu geben, daß ich auf einen der wenigen schwedischen Juden gestoßen war. Wie so oft im Leben, erwies sich die Wahl dieser unbekannten Wohnung als durchaus richtig, obwohl die Voraussetzungen, auf die sie aufgebaut war, sich als vollkommen irrtümlich herausstellten. Das hübsche gelbe Holzhaus, in einem alten Obstgarten gelegen, an den sich ein hoher Göteborger Felsen anschloß, war nicht Nathan Persons Sterbehaus, und Nathan ist in Skandinavien keineswegs ein jüdischer Name. Das Wort Sterbhus bedeutet Verlassenschaft. Wir mieteten schnell, und nach wenigen Wochen kam, nach einer Trennung von 1½ Jahren, unser ganzes Hab und Gut in Göteborg an.

Als ich Ernst seine Bücher auf seine alten Regale stellen sah, fühlte ich erst ganz, was diese Trennung für ihn bedeutet hatte.

Niemals hätte er einen Entschluß von der Schwere dieser Trennung abhängig gemacht; das bewies aber keineswegs, daß sie ihn nicht sehr, sehr schwer getroffen hatte. Ich freute mich für ihn und mit ihm und war glücklich, daß ich bei seiner Entscheidung, England zu verlassen, vermocht hatte, die wirklich positiven Seiten dieser Entscheidung über ihre vielen negativen zu stellen.

Das Einleben in Schweden war im Vergleich mit dem in England ein Kinderspiel, und die Tatsache, daß unser Wanderleben ein vorläufiges Ende gefunden hatte, gab uns unsere Ruhe teilweise zurück. Das Tempo in Deutschland hatte sich durch Mussolinis Eingreifen während der Dollfußmord-Episode etwas verlangsamt, und viele Menschen täuschten sich auch immer von neuem über den weiteren Verlauf.

Ernst wurde in Schweden mit so viel Verehrung und Liebe aufgenommen, daß manche Wunde zu heilen begann. Er lernte Schwedisch wie ein Schulknabe, und ich besitze noch alle Hefte mit seinen fein und säuberlich geschriebenen Übersetzungsstükken, die, wenn man den Zeitpunkt bedenkt, in dem sie entstanden sind, höchst merkwürdig anmuten. Die Vorlesungen konnte er in deutscher Sprache halten, was ihm viel mehr Zeit zu eigener Arbeit ließ, als es in England möglich gewesen wäre. Es war rührend zu beobachten, wie dankbar er alles Gute aufnahm, was ihm entgegengebracht wurde, wie sehr er es genoß, daß er die Tür zu seiner eigenen Wohnung schließen konnte, wie jeder Schatten, der das Bild des neuen Lebens trüben konnte, sofort überdeckt wurde von der Helligkeit, die es ihm gebracht hatte. Zweieinhalb Jahre lang hatte er kein Wort der Klage geäußert; jetzt aber strömten Lob und Anerkennung von seinen Lippen.

Die kleine Provinzstadt in dem kleinen Provinzland, in dem wir nun lebten, nahm ihn gefangen. Die schöne Lage der Stadt, die modernen, sehr originellen Bauten, die Kunstsammlungen und Bibliotheken, all das gefiel ihm sehr. Das kulturelle Niveau der Kollegen und Studenten erstaunte und erfreute ihn, und er setzte Kritik nur dort an, wo er es philosophisch für notwendig hielt.

Neu und sonderbar mutete uns auch die Stellung der Juden in Göteborg an. Gesellschaftlich gab es nahezu keinen Antisemitismus. Einige sehr einflußreiche und künstlerisch begabte Familien hatten wesentlich dazu beigetragen, das Bild des gegenwärtigen Göteborg zu vervollständigen; die Familien Magnus, Mannheimer und Henriques an der Spitze. Das schöne, neue Konzerthaus war zum größten Teil eine Stiftung dieser Familien, die auch das Musikleben wesentlich förderten und bestimmten. Sie waren auch an dem Geschick der Hochschule interessiert, und Ernstens Professur wurde teilweise von ihnen finanziert. Das Sonderbare aber war, daß große Teile dieser Familien bereits mit christlichen Familien vermischt waren und daß diese Tatsache sich ganz anders auswirkte als in anderen Ländern. Der älteste Sohn der Familie Mannheimer z.B., der Frauenarzt Carl Mannheimer, war seit vierzig Jahren mit einer Christin verheiratet, was aber nicht hinderte, daß er der Vorstand der jüdischen Gemeinde blieb und auch heute noch ist. Kein Mensch in Göteborg fand das merkwürdig – weder Juden noch Nichtjuden. Jude sein war in Schweden keine Schande.

Malte Jacobsson hatte unterdessen sein Amt als Landshövding angetreten und war mit seiner Familie in die Residenz eingezogen. Diese, eines der wenigen alten Göteborger Häuser, das von den verschiedenen Bränden, die die Stadt zerstört hatten, verschont geblieben war, wurde von Frau Jacobsson mit außerordentlichem Geschmack eingerichtet. Wir wurden wie alte Freunde dort aufgenommen, und Ernst hat bis zu seinem Tode das Gefühl nicht verloren, daß er in Schweden und bei Jacobssons wirklich eine Art Heimat gefunden hatte.

In den ersten Wochen unseres Aufenthaltes wurde Ernst von der juristischen Fakultät der Universität Glasgow zum Ehrendoktor ernannt, und er wurde um diese Zeit auch Ehrenmitglied der Göteborger Vetenskaps och Vitterhets-Samhälle. Von Verwaltungsgeschäften an der Hochschule wurde er befreit, und er begann sofort mit einer neuen Arbeit. Schon ein Jahr später erschien in den Veröffentlichungen der Högskola seine Schrift über »Determinismus und Indeterminismus in der modernen Physik«. Durch die schwedische Umgebung angeregt, kehrte er nach vielen Jahren zu seinen Studien über Descartes zurück. Er veröffentlichte viele kleinere Arbeiten über Descartes und schließlich das bei Bermann-Fischer in Stockholm erschienene Descartes-Buch. Die Gestalt der Königin Christine von Schweden, der Tochter Gustav Adolfs und Descartes' philosophischer Schülerin, fesselte ihn vom ersten Augenblick an, da wir in Uppsala ein großes Wandgemälde gesehen hatten, das sie zu Pferde darstellt. Er las mir ihre sehr merkwürdige Lebensgeschichte vor und beschäftigte sich viel mit

ihrem Übertritt zum Katholizismus und Descartes' eventuellem
Anteil an ihrer Bekehrung.

Ein Teil seines Descartes-Buches wurde ins Schwedische über-
tragen und mit dem Titel »Drottning Christina« bei Bonniers
in Stockholm veröffentlicht. Im Sommer 1936 fuhren wir nach
Glasgow, wo Ernst sein Doktordiplom entgegennehmen sollte.
Nun konnte auch ich mich davon überzeugen, daß es Heinz und
seiner kleinen Familie gutging.

Um die gefürchtete Seereise Göteborg-England zu vermeiden, entschlossen wir uns schweren Herzens, über Deutschland
zu reisen. Ich fuhr mit meiner Schwester Edith, die uns besucht
hatte, auf wenige Tage nach Hamburg, weil wir dort einen nahen
Freund verloren hatten und ich seine Familie wiedersehen wollte.
Ernst holte mich später ab, und wir fuhren nach England weiter.
Wie mir zumute war, als ich den Dammtorbahnhof verließ, ist
schwer zu schildern. Den merkwürdigen Zustand, der entsteht,
wenn wir uns in einer vertrauten Umgebung befinden, die uns
fremd, ja sogar feindlich geworden ist, hatten wir später noch
öfters Gelegenheit zu beobachten. Am ehesten ist er mit einem
Traum zu vergleichen, in dem man einen Ort betritt, dessen
Einzelheiten man genau kennt, von dem man aber gleichzeitig
fühlt, daß man sich in ihm gar nicht befinden kann, weil er einem
anderen Bezugssystem angehört.

Wir begaben uns sofort in das Haus unserer Freunde, wo wir
uns aufhielten, bis wir Hamburg fünf Tage später in Ernstens
Begleitung wieder verließen. Das Haus in der Blumenstraße, das
drei Minuten von dem Haus unserer Freunde entfernt lag, haben
wir nicht wiedergesehen. Unbewohnt und verschlossen hatte es
keine Beziehungen mehr zu uns. Aber wir trafen unseren alten,
75jährigen Gärtner, von dem wir gehört hatten, daß er seit unserem Wegzug von Hamburg den Garten unseres Hauses ohne
Entgelt in Ordnung hielt. Ernst dankte ihm und fragte ihn, wozu
er sich denn diese Mühe mache, da wir ja niemals wiederkommen
würden. Da senkte der alte Mann seine Stimme etwas und sagte:
»Glauben Sie nicht, Herr Professor, daß alles noch anders werden
kann? Jedes Theaterstück hat doch mindestens drei Akte. Wir
stehen gerade erst im zweiten – der dritte aber wird ganz anders
aussehen.« Das war die einzige Äußerung dieser Art, die wir als
Trost mit uns nahmen.

Die Übergabe des Ehrendoktorats in Glasgow verlief sehr feierlich. Zu unserem Erstaunen waren zwei noch in Deutschland ansässige Deutsche auf der Liste der Ehrendoktoren, die uns vor der Feier übergeben wurde. Aus der Ansprache des Rektors erfuhren wir, daß der eine Dr. Morsbach war, ein schöner, großer Mann Ende der Dreißig, der sich um den Studentenaustausch zwischen Deutschland und England verdient gemacht hatte – was uns nicht ganz ausreichend für die hohe Auszeichnung erschien, die er erhielt –, während der andere, ein katholischer Geistlicher, irgendeine wichtige kirchliche Mission erfüllt hatte.

Als Ernst in dem farbigen juristischen Talar und der goldbestickten Schärpe, über beide Schultern geschlungen, zur Übernahme des Diploms aufgerufen wurde, schritt er ruhig und aufrecht nach vorne, und ich hörte mehrere Stimmen um mich herum sagen: »Who is this man?« oder: »What a wonderful head!«, und anderes mehr. Ich aber fühlte zum ersten Male an diesem Tage, daß irgend etwas Undefinierbares sich an Ernstens Gang und Haltung verändert hatte. Konnte es das Alter sein? Ein stechender Schmerz in meinem eigenen Herzen sagte mir, daß dies nicht die Erklärung wäre.

Vor dem gemeinsamen Dinner versammelten sich die Universitätsmitglieder, die Ehrendoktoren und die anderen Gäste in einem Vorraum des Eßsaales. Ernst wurde von vielen Seiten aufs herzlichste begrüßt. Ich hielt mich absichtlich im Hintergrunde, bis ich zu meinem Erstaunen sah, daß Dr. Morsbach völlig unbefangen auf Ernst zukam und sich in ein lebhaftes Gespräch mit ihm einließ. Ich war sofort an Ernstens Seite, denn ich wollte nicht, daß er sich mit einem soeben aus Deutschland kommenden Manne allzu frei aussprach, wozu die ungewöhnliche Gelegenheit ihn leicht hätte verführen können. Als ich näherkam, hörte ich Herrn Morsbach gerade erzählen, wie er zu dem Ehrendoktorat gekommen wäre, das er seiner Meinung nach gar nicht verdient hätte. Er sei, so berichtete er, am 30. Juni während des Röhm-Putsches in größter Gefahr gewesen, erschossen zu werden, was einer der in Deutschland anwesenden englischen Studenten erfahren hätte. Dieser hatte sofort an den Glasgower Studentenaustausch telegrafiert, irgend etwas zu seiner Rettung zu unternehmen, und dies wurde dadurch erreicht, daß die Universität ihm telegrafisch das Ehrendoktorat verlieh und ihn zur Übergabe einlud. Damals, so erzählte er lachend weiter, habe man ihn aber noch unter Bewachung gehalten und erst jetzt die Genehmigung zur Ausreise erteilt. Etwas Respekt vor dem Ausland, fügte er hinzu, habe man in Deutschland immer noch. Ich trat nun näher, und Ernst stellte mich Dr. Morsbach vor. »Fahren Sie nach Deutschland zurück?« war das erste, was ich ihn fragte. Er sagte, daß er keine andere Wahl hätte und nur auf kurze Zeit die Erlaubnis bekommen habe, sich aus Deutschland zu entfernen. »Und da sprechen Sie solche Dinge öffentlich aus?« fragte ich ihn erstaunt. Er aber schien sich im Auslande ganz sicher zu fühlen und machte den Eindruck eines unbefangenen, gutgelaunten Reisenden. Ich zog Ernst leise am Ärmel, um mich mit ihm etwas zu distanzieren, als der zweite anwesende Deutsche, der katholische Geistliche, auf ihn zukam, sich ihm vorstellte und nichts weiter sagte, als daß er das Bedürfnis fühle, Ernst guten Tag zu sagen. Darauf entfernte er sich wieder. Der Kontrast der beiden Äußerungen gab zu denken.

Auf der Rückreise erkrankte ich in London, und der herangeholte Arzt verlangte eine möglichst baldige Operation. Diese Eröffnung brachte große Bestürzung für uns. Eine Operation in England war der hohen Kosten wegen ausgeschlossen, und der Gedanke, in Schweden in einem Krankenhaus zu liegen, in dem ich mich der noch sehr mangelhaften Sprachkenntnisse wegen nicht verständigen konnte, erschreckte mich sehr. Mehr als dieser Gedanke aber bedrückte mich die Vorstellung, daß Ernst dort völlig allein sein würde, ohne Familie, ja sogar ohne die neuen Freunde, da ja alles wieder »på landet« war. Wir beschlossen also, nach Wien zu meinen Geschwistern zu fahren, wo für uns beide am besten gesorgt werden konnte.

Als wir das englische Boot am Abend unserer Abreise bestiegen, war Dr. Morsbach, augenscheinlich auf der Heimreise, der erste Passagier, dem ich begegnete. Er allerdings schien mich nicht gesehen zu haben, und als Ernst wenige Minuten später aus der Kabine kam, um ihn zu begrüßen, war er in der seinen verschwunden. Am nächsten Morgen wollte es der Zufallsteufel, daß wir im Speisewagen des Anschlußzuges nach Berlin in derselben Tischreihe mit ihm saßen. Wir hatten den kleinen Tisch für zwei

Personen, und Dr. Morsbach saß an der Ecke des größeren Tisches mit drei anderen deutschen Herren zusammen. Er war von uns nur durch den schmalen Gang getrennt; aber kein Blick fiel auf Ernst oder mich. Als hätte er uns niemals gesehen, oder besser noch, als wären wir nicht vorhanden, blickte er an uns vorbei. Es war klar, was vor sich ging. Die drei Begleiter brachten Morsbach nach Deutschland zurück, und er wagte es nicht einmal, durch ein Nicken des Kopfes anzudeuten, daß er Ernst jemals begegnet war, obwohl er auf allen Pressefotografien von der Glasgower Feier neben Ernst stand und jeder Mensch diese Bilder sehen, ja sogar kaufen konnte. Es war auch niemals in Deutschland verboten worden, einen Juden zu grüßen.

Die grenzenlose Feigheit, in die die deutschen Menschen gezwungen worden waren, machte tiefen Eindruck auf Ernst. Ich sah es ihm förmlich an, wie er die soeben gemachte Erfahrung in seinem Gehirn an den Platz rückte, wo sie seiner Auffassung nach logisch hingehörte. Ich begnügte mich damit, laut und vernehmlich zu äußern, daß es doch erfreulich und aufschlußreich wäre, wirkliche Helden einmal aus unmittelbarer Nähe zu sehen.

In Berlin, wo wir uns nur wenige Stunden aufzuhalten gedachten, erwartete uns eine unangenehme Überraschung. Ich kam in so schlechtem Gesundheitszustand an, daß eine Weiterreise unmöglich wurde, und es entstand die groteske Situation, daß wir gezwungen wurden, die Operation in Berlin vornehmen zu lassen. Glücklicherweise war es gerade die Zeit der Berliner Olympiade, und die gröbsten Ausschreitungen waren für diese Zeit abgeblasen worden. Selbst der berüchtigte »Stürmer« durfte im Straßenhandel nicht erscheinen. Daß ich Ernst in der Obhut unseres alten »Onkel« Max lassen konnte, der ein großes Haus in einem großen Garten bewohnte, war eine Beruhigung für mich. Ich hatte den festen Willen, von dieser Operation zu genesen und ihn aus der Falle, in die wir geraten waren, so schnell wie möglich zu befreien. Meine Schwester Edith erschien sofort in Berlin, als sie von unserem Mißgeschick hörte. So konnte ich Ernst in Georgs, Ediths und des Onkels Schutz lassen, was das Beste war, was unter den gegebenen Umständen passieren konnte. Die Operation glückte, und ich erholte mich schnell.

Von Berlin hatte Ernst nichts weiter gesehen als den Weg zu Georgs Wohnung und den ins Krankenhaus. Beide lagen nur wenige Minuten von Onkel Maxens Besitzung entfernt. Ich habe die Straße nur ein einziges Mal betreten.

Als ich mich zu erholen begann, fiel es mir auf, daß Ernst schlecht aussah. Er hatte sehr geschwollene Füße, und es schien mir, als atmete er nicht ganz so frei wie sonst. Ich bat ihn, sich von dem Internisten, der mich behandelt hatte, gründlich untersuchen zu lassen. Als er von dieser Untersuchung zurückkam, sagte er mir lachend, daß der Arzt gesagt habe, daß er höchstens noch zwei Jahre zu leben hätte. Diese merkwürdige Äußerung erschreckte mich trotz ihrer scherzhaften Form, und ich ließ mir den Arzt kommen, um genaue Auskunft zu erhalten. Dieser sagte mir, daß kein Grund zur Beunruhigung bestände, daß Ernstens Herz aber seinem Alter entsprechend und wohl infolge der schweren letzten Jahre etwas nachgelassen hätte und daß er glaube, daß durch eine salzlose Diät eine Entlastung des Herzens zu erreichen wäre, die seinen bisherigen guten Gesundheitszustand wiederherstellen würde. Als wir nach Göteborg zurückkamen, versuchte ich, die Verordnungen des Arztes zu befolgen, und es schien mir auch, als wäre die beabsichtigte Entwässerung gelungen. Aber Ernst aß das salzlose Essen sehr unwillig, und ich versuchte, ihn durch reichliches Naschwerk, wofür er immer eine große Vorliebe gehabt hatte, zu entschädigen. Aber obwohl er genügend Nahrung zu sich nahm, verlor er immer mehr an Gewicht und wurde sehr reizbar – ein bisher für ihn ganz ungewohnter Zustand. Nach wenigen Wochen kam mir blitzartig der Gedanke, daß Ernstens Störungen eine andere Ursache haben müßten, und ich beschrieb die von mir beobachteten Symptome in einem Brief, den ich hinter Ernstens Rücken dem Berliner Arzt zuschickte, und ich sprach in ihm die Vermutung aus, daß es sich um Diabetes handeln könnte, eine Krankheit, die ich durch die Erfahrung mit meinem Bruder Walter nur allzu genau kannte. Der Arzt antwortete mir, daß ich höchstwahrscheinlich eine richtige Diagnose gestellt hätte und daß er uns in den Weihnachtsferien auf dem Wege nach Wien erwartete. Ich verriet Ernst nichts von meinen Vermutungen, aber ich fühlte mich plötzlich in Schweden unsagbar verlassen. Ihm etwas zu verheimlichen war ich bis dahin nicht gewöhnt gewesen, und der Gedanke, daß er eine ernste chronische Krankheit haben könne, brachte mich ganz außer Fassung. Es schien in unserem Leben abgemacht, daß ich die Kranke, er aber der Gesunde war,

256

genauso wie er die geistigen Leistungen und ich die praktischen zu erledigen hatte. Plötzlich schien diese altgewohnte Grundlage erschüttert. Ich zwang mich zur Ruhe, was auch bis zu einem gewissen Grade gelang. Noch war ja die Krankheit keineswegs sicher diagnostiziert.

Als wir Ende Dezember in Berlin kurz Station machten, stellte der Arzt aber fest, daß Ernst 7½ Prozent Zucker hatte und auch sein Blutzucker sehr hoch gestiegen war. Man beruhigte uns sofort und erklärte uns, daß Diabetes in Ernstens Alter seit der Entdeckung des Insulins nur eine Unbequemlichkeit, nicht aber eine Gefahr bedeutete. Gewiß war das ein Trost; aber erst mußte bewiesen werden, wie Ernst auf die Behandlung reagieren würde. Er selbst erschrak sehr über den Befund. Der Gedanke einer ständigen Beobachtung seines Körpers war ihm bis dahin ganz fremd gewesen. Er war ja immer die verkörperte Gesundheit gewesen. Vor allem schrak er vor einer Insulinbehandlung zurück. Regelmäßige Injektionen erschienen ihm, der noch niemals eine Einspritzung oder ein Narkotikum bekommen hatte, grausam und widerwärtig. Was aber half all dies jetzt?

Wir reisten nach Wien weiter, wo Ernst einen Vortrag angekündigt hatte. Vorher hatte er es übernommen, in der Prager Urania zu sprechen. Ich bat ihn dringend, diesen Plan aufzugeben und vor allem anderen die Kur gegen den augenblicklich akuten Zustand seines Diabetes zu beginnen. Er aber wollte darauf nicht eingehen. Er versuchte, die Beschäftigung mit der Krankheit so lange als möglich hinauszuschieben und wollte auch auf das Honorar für den Prager Vortrag nicht verzichten, da jeder kleinste Betrag für uns eine große Rolle spielte.

Ich fühlte mich in Wien wieder viel geborgener. Abgesehen von Ediths Gegenwart hatte ich einen jungen Arzt zur Seite, der dem Hause Waller eng befreundet war und zu dem wir beide großes Vertrauen hatten. Er klärte mich über alle Einzelheiten der Zuckerkrankheit auf, zeigte mir, was ich dabei zu tun haben würde, und arbeitete eine sorgfältige Diät aus. Als ich Ernst an dem Tage, an dem er den Wiener Vortrag halten sollte, am Bahnhof aus Prag zurück erwartete, fiel mir sein schlechtes Aussehen sofort auf. Er erzählte mir, daß der Aufenthalt in Prag und der Vortrag sehr geglückt gewesen wären, daß er aber seit einigen Stunden an seinem alten Gallenleiden laboriere und etwas Fieber hätte. Er

257

wollte den Wiener Vortrag aber unter keinen Umständen absagen und sträubte sich in einer für ihn ungewöhnlich heftigen Weise gegen meinen Widerspruch. Schließlich einigten wir uns dahin, daß wir einen uns lange befreundeten Spezialisten zuziehen und die Entscheidung von ihm abhängig machen wollten. Der Professor aber gestattete Ernst nach einer kurzen Untersuchung, den Vortrag zu halten. Später erzählte mir meine Schwester, daß er ihr, als sie sich über dieses Urteil verwundert hatte, geantwortet habe, daß er Ernst für so schwer krank hielte, daß es keinen Zweck gehabt hätte, ihm irgend etwas, was er sich wünschte, zu verbieten. Diese in bester Absicht gestellte falsche Diagnose hätte viel Unheil anrichten können – viel mehr noch, als sie ohnehin angerichtet hat.

Der Vortrag über die Gruppentheorie, den Ernst damals hielt, gilt als eine seiner besten Arbeiten, und er wurde nach Beendigung von allen Seiten beglückwünscht. Ich hingegen hatte gar nicht zugehört, sondern nur gehofft, daß er sich kurz fassen würde. Nach dem Vortrag war ein Abendessen für ihn arrangiert worden. Ich bat ihn inständig, doch mit mir nach Hause zu gehen; denn das gesellige Zusammensein konnte unmöglich ein Risiko rechtfertigen. Aber auch dazu konnte ich ihn nicht bewegen. Wir wurden auf die Ehrenplätze gesetzt, und ich saß nicht neben Ernst, sondern ihm genau gegenüber. Er unterhielt sich aufs lebhafteste mit dem Ehepaar Karl und Charlotte Bühler, zwischen denen er saß, als ich ihn sich plötzlich vollkommen verfärben sah. Er wurde gelblichweiß im Gesicht und schien umsinken zu wollen. Da ich meiner schwankenden Gesundheit wegen stets ein kleines Fläschchen Cognac bei mir trug, reichte ich es sofort Frau Bühler über den Tisch und bat sie, es Ernst zu geben. Als er einen tiefen Schluck getan hatte, kam wieder Farbe in sein Gesicht, und er machte sogar dann noch einen schwachen Versuch, sich gegen den Aufbruch zu wehren. Dies gelang ihm freilich nicht, und ich war glücklich, als wir kurz darauf in der Wohnung der Geschwister anlangten. Als Ernst im Bette lag, konnte auch ihm nicht mehr zweifelhaft sein, daß er ernstlich erkrankt war; denn er fieberte sehr hoch und fühlte sich schwach. Glücklicherweise hatte das schlechte Funktionieren des Herzens, das den Spezialisten erschreckt hatte, nur eine schwere Infektion eingeleitet und war kein Zeichen einer Herzkrankheit und hatte auch mit dem Diabetes nichts zu tun. Freilich war die Rekonvaleszenz durch letzteren sehr erschwert; aber wir konnten doch zur geplanten Zeit nach Schweden zurückkehren, wo Ernst pünktlich seine Vorlesungen begann.

Der Dezembertag des Jahres 1936, an dem Ernst erkrankte, steht wie ein Grenzpfahl vor mir. Er ist der Tag, an dem ich erkannt hatte, daß nicht ich, sondern er es war, der zuerst gehen würde. Nie wieder, auch nicht für Augenblicke, ist dieser Gedanke von mir gewichen. Mit ihm stürzte meine Welt hoffnungslos zusammen, und alles, was nachher kam, trug den Stempel, den eine einzige Minute des Erkennens meinem Bewußtsein aufgedrückt hatte.

Ich hatte schon viel Schweres erlebt: den Kampf gegen mein Leiden, Verlust der Eltern, des Bruders, naher Freunde, den Weltkrieg; die ihm folgende Veränderung unserer Vermögenslage; Sorgen um körperliches und seelisches Wohl der Kinder und schließlich den deutschen Zusammenbruch, unsere Auswanderung mit allem, was dazugehörte. Ich hatte es erlebt, wie die Kinder mitten im Aufbau ihrer Zukunft entrechtet, verjagt, verarmt einem schweren Schicksal ausgeliefert waren. Aber all das hatte ich mit Ernst gemeinsam erlebt. Wir trugen gemeinsam, was oft schwer – ja unmöglich zu ertragen schien. Und immer wieder erleichterte diese Art der Gemeinsamkeit, die das Glück unseres Lebens war, auch die drückendste Last. Nun aber hatte eine nagende Sorge sich meiner bemächtigt, die ich bestimmt war allein zu tragen. Meine Ehe war keine Aufgabe gewesen, zu deren Lösung ich eine wirkliche Leistung zu vollbringen hatte. Jetzt stand ich vor solch einer Aufgabe, und gerade in einem Augenblick, in dem meine eigenen Kräfte weitgehend aufgebraucht waren.

Unser junger Wiener Arzt, Harry Schreiber, hatte vor unserer Abreise aus Wien alle nötigen Aufnahmen von Ernstens Herzen gemacht und entließ ihn und mich mit der ehrlichen Auskunft, daß er, mit Ausnahme der in seinem Alter üblichen Abnutzung, völlig gesund sei. Er überzeugte Ernst – nicht aber mich. Der Diabetes hatte sich durch genaue Befolgung der Diät überraschend schnell zurückgebildet; aber es zeigten sich sehr bald andere und neue Symptome. Die Veränderung in Ernstens Haltung, die ich in Glasgow zum ersten Male bemerkt hatte, wurde deutlicher, und er litt unter Atembeschwerden beim Gehen, die leichten Anginaanfällen ähnlich sahen. Damals ließ auch der Klang seiner Stimme nach. Harry Schreiber, mit dem ich in ständigem Briefwechsel blieb, erklärte diese Anfälle als auf nervöser Grundlage beruhend und ganz belanglos. Ich glaubte ihm nicht und zog einen schwedischen, sehr bekannten Herzspezialisten hinzu, der Harrys Diagnose fast wörtlich bestätigte. Er überzeugte mich nicht. Ich sah Ernst, wenn wir allein waren, wenn er nicht durch Arbeit oder Gespräche angeregt war, ich sah ihn vor allem, wenn er schlief. Das war nicht mehr derselbe blühende, strahlende Mann, der er immer gewesen war. Gewiß war er unterdessen 64 Jahre alt geworden, und die Jahre mußten sich geltend machen. Aber es ist ein großer Unterschied zwischen einem alternden und einem kranken Menschen, und ich zweifelte nicht, zu welcher Kategorie er gehörte.

Zu der Notwendigkeit, ihm diese Überzeugung zu verheimlichen, gesellte sich eine andere — weniger drückend, aber doch auch in ihrer Art quälend. Ein Emigrant durfte nicht krank sein — am wenigsten einer, von dem man etwas erwartete, dem man eine wichtige Aufgabe in die Hand gegeben hatte, für dessen Wohlergehen man sich eingesetzt hatte und für den man Geld aufgebracht hatte. Diabetes ist keine Krankheit, die in diesem Sinne hinderlich im Wege steht. Sie half mir sogar, Ernstens Beschwerden als von ihr stammend zu camouflieren — von der Außenwelt und vor ihm selbst. Aber die Herzbeschwerden mehrten sich, und ich konnte es niemals ganz begreifen, daß Ernst, der schließlich sehr schwer beweglich wurde und sehr unter ihnen litt, den Aussprüchen der Ärzte fest vertraute. Das war wahrscheinlich deshalb möglich, weil er nur in seinen motorischen Leistungen gehemmt war, seine geistigen aber völlig unberührt blieben.

Er war und blieb unermüdlich tätig, und sein Gedächtnis zeigte nicht einmal Spuren des Nachlassens. Der kurze Weg zu den Vorlesungen war ein Problem, nicht aber die Vorlesungen selbst oder die anschließenden stundenlangen Diskussionen. Auch sein Gemüt blieb ganz unberührt. Getrennt von Kindern und Enkeln, blieb er heiter und seinem Schicksal dankbar, das bis dahin so gut für ihn gesorgt hatte. Und er hoffte von Monat zu Monat, daß Georg, der oft zu uns zu Besuch kam, sich doch eines Tages in Schweden niederlassen würde.

Die politischen Nachrichten hörte er nur kurz über das schwedische Radio. Sowie ich oder jemand anderer Deutschland aufdrehte und die Stimme Hitlers oder eines seiner Mitarbeiter

ertönte, verließ er sofort das Zimmer. Ich machte ihm deshalb
oft Vorwürfe und fragte ihn, ob er es denn nicht für nötig hielte,
sich zu orientieren, was in Deutschland vor sich ging. Da sagte
er nur: »Wenn man das Prinzip einer Sache erkannt hat, braucht
man sich nicht mit den Einzelheiten zu beschäftigen. Ich habe
Besseres zu tun.«

Im Dezember 1937 fuhren wir noch einmal, das letztemal,
nach Wien. Meine Geschwister – wohl aus dem Wunsch heraus,
das Schicksal zu zwingen – hatten sich damals ein wunderschönes
Altwiener Haus in Döbling gekauft und umgebaut. Im obersten
Stockwerk hatten sie für Ernst und mich eine kleine, abgetrennte Wohnung eingerichtet, weil sie immer noch hofften, daß wir
nach Ablauf der Göteborger Zeit zu ihnen ziehen würden. Hie
und da ertappten wir uns dabei, wie ein Hoffnungsstrahl in uns
auftauchte, daß dieses Glück sich wirklich erfüllen könnte. Aber es
waren nur Augenblicke – Wunschträume, die schnell verrausch-
ten. Im Innersten zweifelten wir keinen Augenblick an dem, was
kommen mußte und kam. Trotz Heinzens heftigem Widerstand
unternahmen wir die Reise, um Geschwister und Freunde nochmals zu warnen und um Ernst von unserem jungen Freund Harry
neuerdings untersuchen zu lassen. Diese Untersuchung fiel überraschend günstig aus und beruhigte mich vorübergehend; aber sie
war der einzige Erfolg der Reise.

Am 18. Januar 1938, drei Monate vor Hitlers Einmarsch in
Wien, verließen wir die Stadt, in der ich geboren und aufgewachsen war, schweren Herzens und unverrichteter Dinge. Ich mußte
einsehen lernen, daß man Heimat, gewohnte Umgebung, Muttersprache, Geschwister und Freunde erst dann verlassen kann,
wenn man verjagt und dazu gezwungen wird.

In Göteborg wuchs unser neuer Freundeskreis, und viele
Besuche aus Deutschland und England verringerten unsere Ein-
samkeit. Ernst Hoffmann und seine Frau, Klaus Hauptmann aus
Hamburg, Kinder, Enkel und Freunde teilten immer auf kurze
Zeit unser schönes schwedisches Zuhause mit uns. Ernst arbeitete
unausgesetzt.

Eines Tages kam unser Gespräch auf die moderne schwedi-
sche Philosophie. Ich wußte längst, daß Malte Jacobsson, als er
Ernst nach Schweden berufen hatte, gehofft hatte, daß er dieser
Philosophie entgegenarbeiten würde. Dies tat er vielleicht auch,

aber doch nur in derselben Weise, in der er alles tat – nicht in polemischer Form, sondern indem er seine eigene Philosophie möglichst klar aussprach. Ich sagte ihm, daß es vielleicht richtiger wäre, seine eigene Arbeit auf kurze Zeit zu unterbrechen und sich eingehender mit Hägerström und dessen vielfältigen Nachfolgern auseinanderzusetzen. Er wollte das nicht sehr gerne tun, aber er willigte ein, Malte, so hieß der Landshövding in weitem Umkreis, meinen Vorschlag zu unterbreiten und sich nach seinem Urteil zu richten. Als wir kurz darauf einmal gemütlich bei Jacobssons saßen, kam das Thema zur Diskussion.

Unverändert respektvoll und bescheiden, wenn er Ernst gegenübersaß, antwortete der Landshövding, etwas verlegen lächelnd, daß ich vollkommen recht hätte. Sofort war Ernst überzeugt, und kurz darauf hatte er sich mit Feuereifer in die schwedische Philosophie gestürzt. Sein Buch »Axel Hägerström. Eine Studie zur schwedischen Philosophie der Gegenwart« war das Resultat dieser Arbeit. Es erschien im Jahre 1939 in »Göteborg Högskolas Arskrift« – kurz vor Hägerströms Tod, so daß er selbst keine Stellung mehr dazu nehmen konnte. Später, als Ernst zum Mitglied der Svenska Historie Vitterhetens och Antikvitet-Akademie gewählt wurde, hielt er zur Übernahme dieser Ehrung einen Vortrag über den schwedischen Dichterphilosophen Thorild. In den wenigen schwedischen Jahren hatte er es fertiggebracht, sich außer mit seiner Arbeit mit drei wichtigen, sehr verschiedenartigen schwedischen Erscheinungen auseinanderzusetzen – auf historischen, literarischem und philosophischen Gebiete.

Am 10. März 1938 fiel Österreich, dessen Widerstand durch die brutale und kurzsichtige Arbeiterpolitik von Dollfuß und Schuschnigg gebrochen war, als erstes Opfer des Hitlerschen Cäsarenwahnsinns. Ich will hier die welthistorische Bedeutung dieser Tatsache nicht behandeln und sie nur soweit schildern, wie es zur Beleuchtung unseres Lebens notwendig ist. Der in der ganzen Welt als gutmütig und kultiviert beleumundete Österreicher vermochte in fünf Tagen alle Schandtaten zu begehen, zu denen man die brutalen Preußen fünf Jahre lang erzogen hatte. Nicht der leiseste Widerstand zeigte sich bei der Intelligenz; nur sehr geringer bei der allgemeinen Bevölkerung. Das Bild, das sich uns offenbarte, ließ nicht den geringsten Raum mehr frei für eine noch so vage Hoffnung. Nun war für uns das letzte Zipfelchen blauen Himmels verschwunden, und hoffnungslose Düsterheit umgab uns. Meine liebste Schwester mit allem, was zu ihr gehörte, die anderen Geschwister, unzählige Freunde aus früher Jugendzeit – alles in den Strudel hineingerissen, in dem wir seit fünf Jahren kreisten. Aber ihre Situation war ja des Tempos wegen gegen die unsere hundertmal verschlimmert. Tag und Nacht, Woche auf Woche, Monat auf Monat vergingen, in denen wir nur an die Rettung der uns am nächsten Stehenden denken konnten. Ich muß, um diese Periode unseres Lebens zu beschreiben, öfters als bisher das Wort »wir« gebrauchen, was ich im allgemeinen anzuwenden nicht liebe. Aber was wir damals erlebten und litten, war absolut ein und dasselbe. Ernstens Stellung zu Edith und allem, was zu ihr gehörte, war in nichts von der meinen unterschieden, und wäre es nicht schließlich gelungen, die ganze Familie zu retten, hätte das für ihn dasselbe bedeutet wie für mich.

Nach dem Fall Österreichs fing Georg an, seine Auswanderung vorzubereiten, und es gelang ihm auch, vor den schlimmsten Judenverfolgungen in Schweden anzulangen, wo er seinen kaufmännischen Beruf aufgab und sich der Fotografie zuwandte. Er kam Mitte August bei uns an, fast gleichzeitig mit der ältesten Tochter meiner Schwester Martha, die dann über zwei Jahre bei uns blieb. Ich hatte mir immer ausgemalt, daß der Tag, an dem Georg die Grenzen überschritten haben würde, der glücklichste Tag meines Lebens sein würde. Jetzt aber war alles dazu verurteilt, Stückwerk zu bleiben. Es gab keine wirkliche Lösung mehr für uns, solange Hitler weiter toben durfte. Und wer sollte ihm Einhalt gebieten? Längst war er Mussolini überlegen, und daß das andere Ausland nicht gerüstet war, um ihn aufzuhalten, wußten wir ja alle nur allzu genau.

Ernstens Gesundheitszustand verschlechterte sich durch die großen Aufregungen zusehends. Merkwürdigerweise hatte ich im Gegensatz zu den früheren Zeiten den Eindruck, und ich glaube, daß ich mich nicht getäuscht habe, daß die Verschlechterung damals wirklich größtenteils nervöser Natur war. Er war seiner Sache absolut sicher: Hitler würde ein Land nach dem anderen überrennen, bis dies schließlich zum Kriege mit England und Frankreich führen mußte. »Dieses System«, so sagte er immer wieder, »duldet keinen stabilen Zustand. Es muß fortwährend Erfolge aufweisen, sonst kann es nicht weiterbestehen.«

Was aber bedeutete ein Krieg für die ganze Welt, und was
bedeutete er für uns? Immer schärfer wurde sein Urteil über das,
was geschah, und über diejenigen, die es geschehen ließen. Eines
Tages brachte die Post ihm ganz unerwartet einen Brief. Er kam
in mein Zimmer, noch ehe er ihn geöffnet hatte, und fragte mich,
ob ich raten könnte, von wem dieser Brief wäre. Ich erkannte die
Handschrift, die auch er erkannt hatte. Der Brief kam von Albert
Görland, dem alten Marburger, der sich, wie wir erfahren hatten,
bedenklich gedreht hatte und, um schließlich das ersehnte Ordi-
nariat zu erlangen, seine Seele an die Nazis verkauft hatte. In dem
soeben angelangten Brief, der in ganz unbefangen freundschaftlichem Ton geschrieben war, bat Görland Ernst, ihm bei seiner
Bemühung um die Auswanderung eines jüdischen Freundes zu
helfen, und schloß mit den Worten: »Sie sehen, lieber Cassirer,
daß ich mich nicht verändert habe.« Ich habe Ernst nicht oft
so empört gesehen wie an diesem Tage, und ich lasse sein Ant-
wortschreiben an Görland folgen, bis auf die Stellen, die sich auf
Görlands Bitte beziehen.

Göteborg, 26. November 1938

Lieber Görland.

Ihr Brief, der mir völlig unerwartet kam, stellt mich vor
eine schwere Aufgabe – vor eine Aufgabe, an deren Erfüllung
ich nur mit innerem Widerstreben herangehe. Ich habe mich
im Lauf dieser letzten Jahre daran gewöhnt und dazu erzogen,
vieles schweigend zu dulden. Und so habe ich mein Schweigen
auch auf Sie ausgedehnt. Ich hatte gemeint, und ich hatte es
im stillen gehofft, daß unsere Wege nie wieder einander kreu-
zen würden, und so glaubte ich, alles Vergangene auslöschen
zu können und zu dürfen. Nun aber sprechen Sie als erster
zu mir – und Ihr Brief verlangt eine Antwort. Diese Antwort
kann um der Beziehung willen, die jahrzehntelang zwischen
uns bestanden, nur in aller Offenheit gegeben werden. Ich darf
und ich will nicht heucheln – so schwer es mir auch fällt, das
zu sagen, was jetzt gesagt werden muß.

Ich habe in den ersten Jahren, nachdem ich Deutschland
verlassen hatte, Ihren Weg genau verfolgt. Ich wußte, daß Sie
diesen Weg allein finden und allein gehen müßten – und ich
habe meinerseits keinerlei Einwirkung auf ihn versucht. Aber

nach kurzer Zeit trafen mich Nachrichten, die ich anfangs kaum glauben wollte. Ich war, kurz nach Ihrem Aufenthalt in Holland, dort bei Freunden zu Besuch. Und von ihnen – von Männern, deren persönliche und wissenschaftliche Zuverlässigkeit über allen Zweifel erhaben ist – erfuhr ich etwas über den Inhalt und die Tendenz Ihrer holländischen Vorträge. Ich erfuhr, welche Bestürzung und Beschämung diese Vorträge überall – selbst bei denen, die Sie dazu aufgefordert und eingeladen hatten – hervorgerufen hatten. Kurze Zeit darauf kamen Nachrichten aus Hamburg, die mir Ihre »Wandlung« in noch deutlicherem und krasserem Lichte zeigten. Ich hatte, wohl gemerkt, keinen dieser Berichte herausgefordert; ich hatte in allen meinen Briefen das strengste Stillschweigen über Sie bewahrt. Aber was ich zu hören bekam, das trieb mir wirklich die Schamröte ins Gesicht – und Ihnen wäre es nicht besser gegangen, wenn Sie die Kommentare gelesen hätten, die man an Ihr Verhalten knüpfte. So konnte ich also nicht länger an dem, was geschehen war, zweifeln. Ich hätte es verstehen können, wenn Sie, wie so viele andere, geschwiegen hätten. Es gibt gottlob Männer, die trotz dieses Schweigens ihre innerste Gesinnung nicht verleugnet haben – Männer, die ich achte und mit denen ich noch heute in freundschaftlicher und wissenschaftlicher Verbindung stehe. Sie aber hielten es für richtig und für notwendig, im entscheidenden Moment, im Augenblick der höchsten Gefahr, Ihre Lehrer, Ihre Freunde, Ihre Überzeugungen, die Sie durch Jahre in Ihren Büchern und Vorlesungen vertreten, zu vergessen und zu verleugnen. Ihr Geltungstrieb erlaubte es Ihnen nicht, stillschweigend abseits zu stehen. Sie wollten um jeden Preis »mit dabei sein« – auch um den Preis der persönlichen Würde. Das wäre nicht notwendig gewesen – und es war nicht einmal klug; es erreichte seinen Zweck nicht. Denn niemand, auf welcher Seite er auch stand, hat Ihnen dies Verhalten geglaubt. Ich habe in diesen letzten Jahren das, was geschehen ist, immer wieder aufs schärfste verurteilen müssen. Aber ich versuchte in diesem Urteil – sofern es sich nicht auf Prinzipien, sondern auf Personen, auf einzelne Individuen bezog – zurückhaltend und maßvoll zu sein. Ich habe mir immer wieder vor Augen gehalten, wieviel das blinde Vorurteil und die leidenschaftliche Verblendung über die

Menschen vermag. *Sie* aber gehören zu denen, die nicht blind, sondern sehend waren. Sie wußten, was Juden und Judentum sind; Sie wußten, was es mit dem verderblichen Einfluß des Judentums auf die deutsche Philosophie auf sich hatte. Denn Sie kannten und verstanden die Leistung Hermann Cohens, und Sie wußten von sich selbst, daß ohne sie keine Zeile Ihrer eigenen Bücher geschrieben worden wäre. War es wirklich notwendig, das alles wegzuwerfen? »Den Beweis dafür, daß Sittlichkeit in der Freundschaft waltet, erbringt die Treue« – so heißt es in Cohens »Ethik des reinen Willens«. Welche Sittlichkeit hat in Ihrer Freundschaft mit Cohen gewaltet? – um von der mit mir, an die ich trotz aller Differenzen immer geglaubt habe, ganz zu schweigen.

Aber schlimmer als Ihr Verhalten gegen Personen ist für mein Gefühl Ihre *prinzipielle* Umschaltung – ist die Art, wie sie plötzlich die »Ideen von 1933« für sich entdeckt haben. Denn dies – darüber können Sie sich selbst nicht täuschen – war ein Bruch mit allem und jedem, was Sie je gelehrt hatten. Mögen Sie sich das für sich selbst noch so sehr zu verschleiern suchen – es wird Ihnen nie gelingen, an Ihre eigenen dialektischen Konstruktionen zu glauben. Denn Sie können sich nicht verhehlen, daß Sie durch Ihr Verhalten eine furchtbare Verantwortung auf sich genommen haben – und daß Sie sich von der Schuld an dem, was jetzt geschieht, nicht freisprechen können …

Durch unermüdliche Versuche und unzählige Gesuche gelang es uns schließlich, der Familie Waller und Dr. Schreiber und seinem Bruder die Einreisegenehmigung nach Schweden zu beschaffen. Ich erinnere mich noch sehr wohl an die Nacht, in der wir beide, zum Umfallen müde, Bogen auf Bogen mit allen möglichen und unmöglichen Angaben für die Einwanderungsstelle beschrieben. Ich hatte bis dahin nicht gewußt, daß man in solcher Ermattung noch schreiben konnte. Als wir schließlich die Genehmigung erhielten, für die sich unsere schwedischen Freunde in rührender Weise eingesetzt hatten, erkrankte Ernst an einer Gürtelrose und litt viele Wochen heftige Schmerzen. Sein Herz hielt diesem Ansturm unerwartet gut stand.

Anne und Kurt waren unterdessen nach Amerika ausgewandert, wo die Berufsaussichten allem Anschein nach günstiger waren als in England. Wir, die wir uns so schwer dazu entschlossen hatten, uns über die Nordsee hinweg von Anne zu trennen, ließen sie nun mit größter Gemütsruhe über den Ozean fahren und sich in einem fremden, uns ganz unbekannten Lande zurechtfinden. Die Begriffe, was schwer und was nicht schwer, was weit und nicht weit war, hatten sich schon wesentlich verschoben. Ernst hatte es fertiggebracht, die bis dahin für ihn sehr bezeichnenden gefühlsmäßigen Reaktionen beiseite zu schieben, und er erlaubte sich niemals mehr, sie als schwerwiegend in die Waagschale zu werfen. Die Trennung von Irene fiel ihm gewiß sehr schwer; aber der Gedanke, das Kind in Sicherheit zu wissen, genügte vollkommen, um die Trennung nicht mehr fühlbar zu machen.

In Deutschland verdunkelte sich das Bild jetzt in schnellem Tempo. Der Fall Österreichs hatte die Bewegung sehr gestärkt, und der letzte Rest von Würde und Anstand war mit ihm begraben worden. Ernst sah das Land Kants, Goethes, Beethovens schaudernd in den Staub sinken.

Das Sonderbare war, daß er nicht wie all die andern versuchte, durch Aussprachen oder empörte Äußerungen sich Luft zu machen, daß er niemals Zuflucht nahm zu den vielen verbreiteten Scherzen, sei es über die Bewegung im allgemeinen oder über die Rolle, in die die Juden gezwungen worden waren, nur um durch Selbstironie der Schwere des Erlebens die Spitze abzubrechen. Ich glaube auch nicht, daß ich jemals den Namen Hitler aus seinem Munde gehört habe – auch nicht, daß er ihn an irgendeiner Stelle geschrieben hat. Wer ihn kannte, wie ich ihn kannte, wußte, daß hinter dieser Haltung nicht etwa seine verzeihende Natur stand, sondern daß sie, im Gegenteil, das ganze Ausmaß seiner Verurteilung klarlegte. Niemals duldete er es, wenn in seiner Gegenwart der Versuch gemacht wurde, das Ungeheure entschuldigen zu wollen, indem man erklärte, es aus irgendeiner Ecke heraus vielleicht doch zu verstehen. Wenn man ihn fragte, ob er später nach Deutschland zurückgehen würde, sah er erstaunt auf und antwortete: »In was für ein Deutschland, und wann?«

Im Oktober 1938 besetzte Hitler das Sudentenland, und allen Versprechungen zum Trotz marschierte er am 15. März 1939 in Prag ein. Dort, in der Heimat meines Vaters, lebte noch ein Zweig unserer Familie, der zum größten Teil umgekommen ist. Das tapfere tschechische Volk, kaum zur Selbständigkeit gelangt, verlor

diese in einem Tag, und die Jagd gegen die Juden hatte ein neues
Revier gefunden. Die Familie Cassirer, die sich noch in Deutschland befand, wanderte zum größten Teil aus. Von Ernstens Geschwistern blieb nur ein Bruder in Berlin, der, da er mit einer
Christin verheiratet war, die Verfolgung überlebt hat. Ernstens
jüngste Schwester mit ihrem Mann; eine Nichte mit Mann und
Kind und meine Schwester Martha und ihr Mann fielen Hitler
zum Opfer. Die vier Kinder meiner Schwester waren schon alle
in Sicherheit, als die Eltern abtransportiert wurden. Der älteste
Sohn hatte aber zuvor viele Monate die Hölle von Dachau miterlebt. Daß Sicherheit für uns alle nur Sicherheit vor den deutschen
Mordgesellen bedeutete, muß man sich vor Augen halten. Davon
abgesehen, war das Leben Tausender und Abertausender nichts
weniger als gesichert. Ein harter Lebenskampf lag vor jedem dieser
mühsam Geretteten. Nicht jeder war ausgerüstet, ihn zu bestehen.

Im August 1939 wurde die Welt durch das uns unerwartete
Bündnis zwischen Hitler und Stalin erschüttert. Ihm folgte bald
darauf der Angriff auf Polen, den die Westmächte mit einer
Kriegserklärung an Deutschland beantworteten. Welche ungeheure Perspektive dieser Kriegsausbruch eröffnete, ist nicht zu
schildern. Ich werde daher wiederum nur von seiner Wirkung auf
unser Leben zu sprechen versuchen. Mein erster Gedanke galt
den Kindern und Freunden in England. Was würde geschehen,
wenn die ersten Bomben über England fielen? Konnte Ernst diese
Vorstellung überleben? Unerwarteterweise wurde der Westfront
nach der Niederwerfung und Aufteilung Polens eine Ruhepause
gegönnt, »the phony war« genannt, und die leichtgläubigen Ge-
müter schöpften neue Hoffnung, daß die Auseinandersetzung mit
dem Westen vielleicht ganz vermieden werden könnte. Um welchen Preis das hätte geschehen können, machte sich niemand klar.
Ernst wünschte es sich nicht einen Augenblick, daß ein Kompromiß den Krieg beenden solle. Er wußte zu genau, was für Folgen
dies für die Welt gehabt hätte. Ich fragte ihn niemals, ob er nicht
an die Kinder drüben dächte, ob er nicht Irenes wegen wünschen
würde, daß dem Krieg vor der Westgrenze Einhalt getan würde.
Ich wußte, was er mir geantwortet hätte, auch ohne zu fragen.
»Auf uns kommt es nicht an«, hätte er gesagt.

Der sanfte Mann, den so viele wegen seiner gütigen Natur
mißverstanden, von dem die Jugend angenommen hatte, daß er

einem Zeitalter entstammte, in dem man das Böse in dieser Welt
nicht mehr gesehen hatte, stand unverändert im Sturm und wurde
nicht geknickt, nicht schwankend, nicht skeptisch. Er war durch
das Goethesche Weltbild geformt. Angst war kein bestimmender
Faktor in seinem Leben. Tausende von Sorgen quälten ihn. Das
jüdische Problem wich nicht aus seinen Gedanken; die Zukunft
der Kinder und der Freunde beschäftigte ihn unausgesetzt. Aber
der Schluß, den er aus all dem zog, war niemals persönlich gefärbt. Der Krieg mußte kommen, um die Gewalt zu besiegen. Die
Bomben, die über England fallen mußten, konnten sein Glück
begraben, nicht aber sein Urteil trüben.

Nach der Abreise der Geschwister nach Amerika war es eine
wundervolle Belebung, daß der kleine Enkelsohn um uns war.
Ernst liebte das Kind von ganzem Herzen. Trotzdem konnte ich
beobachten, wie sehr sich seine Beziehungen zu den Enkeln verändert hatte. Wenn der Kleine ihn mit seinen großen blauen Augen fragend anblickte und Ernst mit seinen ungeschickten Händen
zärtlich über sein kohlschwarzes Köpfchen strich, sah ich oft, wie
es um seine Mundwinkel zuckte. Es war ihm nicht mehr möglich,
die Existenz und das Heranwachsen eines Kindes mit derselben
ursprünglichen Vorbehaltlosigkeit zu genießen wie zuvor.

Aber das Zusammenleben mit dem sehr lebhaften, originellen kleinen Peter brachte ihm doch manche frohe Stunde, und
er berichtete noch viele Jahre später von seinen merkwürdigen
Aussprüchen. Eine seiner Lieblingsgeschichten war ein Gespräch,
das Peter kurz nach seiner Ankunft mit uns geführt hatte. Der
fünfjährige Junge war schon sehr beeindruckt von dem, was er in
Deutschland gehört hatte. Als ich ihn des Abends zu Bett brachte,
stellte er eine Frage an mich, deren Inhalt ich vergessen habe, auf
die ich aber antwortete, daß er dies den lieben Gott selbst fragen
müsse, da ich die Antwort nicht wüßte. Da wurde sein nettes
Kindergesichtchen plötzlich todernst, und er sagte zu mir: »Weißt
du, Großmutter, daß ich nicht mehr glaube, daß der liebe Gott
gut ist? Er könnte sonst nicht so böse Menschen machen wie die
Nazis.« In diesem Augenblick trat Ernst gerade ins Zimmer, und
ich bat ihn, Peter diese heikle Frage zu beantworten. Er nahm
den Kleinen auf den Schoß und erklärte ihm, daß Gott nicht *gute*
und *böse* Menschen mache, sondern nur *Menschen*. Und ob diese
gut oder böse würden, wäre ihre eigene Entscheidung. Dann füg-

te er, um ihn zu trösten, hinzu, daß die guten Menschen später belohnt, die bösen aber bestraft würden. »Leider«, sagte Peter, »ist es aber diesmal umgekehrt, denn die Nazis dürfen auf allen Bänken sitzen und Autos kaufen, und wir mußten aus Deutschland herausgehen.«. »Und das nennst du eine Strafe?« fragte ihn Ernst und begann zu schildern, wie gut er es von jetzt ab haben würde, daß er von uns sehr viel Spielsachen bekommen würde, auf allen Bänken sitzen dürfte und daß es in Schweden viel mehr und viel bessere Sachen zu essen gebe als in Deutschland. Es war entzückend zu beobachten, wie das ernste Gesichtchen sich langsam aufhellte und er zu verstehen begann und wie er plötzlich das Zeigefingerchen der rechten Hand hob und glücklich strahlend die Erzählung des Großvaters mit den Worten schloß: »Und die Nazis müssen in Deutschland bleiben.« Als viele Jahre später das Glücksrad Deutschlands zurückschnellte und die Vernichtung deutlich wurde, zitierte Ernst mit Vorliebe Peters Ausspruch: »Und die Nazis müssen in Deutschland bleiben.«

Die fünf schwedischen Jahre näherten sich ihrem Ende, als Hitler die Welt von neuem verblüffte. Als wir am Morgen des 4. April 1940 erwachten, hörten wir, daß Norwegen und Dänemark, die zum Unterschied von Schweden einen Nichtangriffspakt mit Deutschland geschlossen hatten, in der vergangenen Nacht überfallen und besetzt worden waren. Norwegen wehrte sich mit aller Macht; Dänemark war seiner geographischen Lage wegen dazu nicht fähig. Nun war das schöne Land, das uns so freundlich aufgenommen hatte, dessen Staatsbürgerschaft wir trugen, in der Mausefalle gefangen und wir und Georg mit ihm. Die Möglichkeit einer Flucht aus Schweden bestand nicht, und ich glaube auch nicht, daß wir es fertiggebracht hätten, in diesem Augenblick unser Leben zu retten und unsere schwedischen Freunde ihrem Schicksal zu überlassen, als ginge uns dies nichts an.

Von diesem Tage an mußte man zu planen, fast zu denken aufhören. Das einzige, was zu tun übrig blieb, war, sich auf den Augenblick gefaßt zu machen, in dem Hitler auch in Schweden einmarschieren würde. Ohne viele Worte waren Ernst und ich uns einig, daß es ihm nie gelingen würde, unserer habhaft zu werden. Schon seit Anfang 1933 besaßen wir soviel Veronal, wie zur Beendigung unseres Lebens nötig war. Aber ich hatte zu oft gehört, daß die Wirkung dieses Mittels von Zufällen abhinge, und ich beschloß daher, mir etwas Sichereres zu verschaffen. Ich verabredete mich am ersten Nachmittag nach der Besetzung Norwegens mit einem jungen schwedischen Apotheker, der Ernst sehr liebte und verehrte. Ich frage ihn, ob es ihm mit dieser Liebe und Verehrung ernst wäre und ob er bereit wäre, dies durch eine Gesetzesübertretung zu beweisen, oder aber ob er es vorzöge, daß Ernst den Nazis in die Hände falle. Er verstand mich sofort, und am nächsten Morgen hatte ich, was ich verlangt hatte. Georg weihten wir nicht ein. Es mußte jedem Menschen in dieser Lage überlassen bleiben, wie er ihr zu begegnen wünschte. Uns aber verschaffte das kleine Schächtelchen mit dem tödlichen Gift die Ruhe, die wir so nötig brauchten.

Nach wenigen Tagen wurde ich von einer Stelle angerufen, an deren Orientiertheit ich nicht zweifeln konnte. Man sagte mir, ich möge mich mit Ernst und allem, was zu uns gehörte, so schnell als möglich in der Hochschule einfinden, wo wir das Weitere erfahren würden. Ich holte Peter von der Schule ab, und in wenigen Minuten waren wir alle an der verabredeten Stelle, wo wir schon viele andere Hochschullehrer, Studenten und deren Familien antrafen, die sich alle vor dem Eingang des großen Luftschutzkellers versammelt hatten. Aber kein Alarm ertönte, und nach ungefähr einer Stunde wurde uns mitgeteilt, daß wir nun nach Hause gehen könnten, da die Gefahr für diesmal vorüber wäre. Worin diese bestanden hatte und wie man sie abgewendet hatte, erfuhren wir später. Auf schwedischer Seite war ein geheimes deutsches Radioprogramm abgefangen worden, das den Befehl erteilt hatte, daß ein Luftgeschwader um eine gewisse Stunde auf den Flugfeldern in der Nähe von Göteborg zu landen habe. Dieser Befehl war genau nach dem Muster abgefaßt, nach dem Norwegen und Dänemark überrannt worden waren. Durch den genialen Gedanken eines einzigen Mannes, des Polisintendenten Uno Hernroth, ist dieser Plan vereitelt worden. Er ließ vor der von den Deutschen festgesetzten Stunde nicht nur alle Flugplätze, sondern auch große Rasenflächen und Felder, die zu Landungen benutzt werden konnten, mit aller Art Fuhrwerk besetzen. Es gab kein Auto, keinen Omnibus, keinen Wagen, kein Motorrad, das nicht zu diesem Zwecke herangeholt worden war, und als die ersten deutschen Flieger ankamen, mußten sie und ihre Nachfolger unverrichteter Dinge Schweden wieder verlassen, nachdem

mehrere Flugzeuge während des Grenzübertritts abgeschossen
worden waren.

Dem Wunder dieser Rettung folgte eine sehr umfangreiche
Mobilisierung, und die ganze Stadt wurde gegen eventuelle Luft-
angriffe geschützt. Schutzkeller wurden errichtet, und an jedem
Laden lagen zum Schutze der Fensterscheiben Sandsäcke aufge-
stapelt. Die Regierung bat in einem Aufruf, daß derjenige Teil
der Bevölkerung, dessen Arbeit nicht an die Stadt gebunden war,
diese verlassen sollte, vor allem Kinder und ältere Leute. Wenige
Tage später ertönte nachts um ein Uhr die Luftschutzsirene. Ich
weckte Ernst und unsere Nichte und zog mich, so schnell ich
konnte, an, ließ die schwarzen Vorhänge herunter und löschte die
Lichter in der Wohnung aus. Als ich damit fertig war, fand ich
Ernst noch ganz unbekleidet im Schlafzimmer stehen. Er hatte
sich nicht vom Flecke gerührt und hatte keine Anstalten gemacht,
sich anzuziehen. Ich bat ihn, sich doch zu beeilen und die Vor-
schriften der Regierung zu befolgen und sich in den Schutzkeller
zu begeben. Als wir darüber noch diskutierten, wurde der Alarm
gerade abgeblasen, und wir schliefen bis zum nächsten Morgen
ohne weitere Störung.

Dieser Vorfall hatte mir bewiesen, daß wir der Aufforderung
zur Evakuierung folgen mußten. Ernstens Verhalten war durch
zweierlei Gründe bestimmt worden: der nervöse Zustand, in dem
er sich befand, machte es ihm schwer, eine Umstellung in großer
Eile vorzunehmen. Er hatte diese Veranlagung andeutungsweise
immer gehabt; jetzt war sie sehr verstärkt. Der zweite Grund aber
war sein Abscheu davor, sich verstecken zu müssen, und noch
dazu sich vor deutschen Fliegern verstecken zu müssen.

Da Ernst seine Vorlesungen beendet hatte, verließen wir wenige Tage darauf Göteborg, wo wir die Kinder und Peter zurücklassen mußten, und quartierten uns in einem wundervoll gelegenen
alten Herrenhaus ein, das zur Aufnahme von Gästen umgebaut
worden war. Es lag in der Nähe einer kleinen Stadt, Alingsås, eine
Stunde von Göteburg entfernt an einem großen See.

Aus der drückenden Atmosphäre der Stadt plötzlich in die herrliche schwedische Landschaft versetzt, ließ uns aufatmen. Der See
vor unserem Haus war noch zugefroren, als wir ankamen, und wir
erlebten in den nächsten Tagen und Wochen das Erschließen des
schwedischen Frühlings – ein Vorgang, der an Schönheit kaum

seinesgleichen hat. Daß es in keiner Situation möglich ist, sich dem Eindruck der erwachenden Natur zu entziehen, erfuhren wir damals. Obwohl wir auf Drahtverhaue und verstreute Patrouillen stießen, obwohl die Luft von Fliegergeräuschen summte, jedes Fuhrwerk, dem wir begegneten, Feldausrüstung trug, obwohl wir ängstlich jeder Radiosendung lauschten, immer gefaßt, plötzlich verkünden zu hören, daß die Deutschen in Schweden eingezogen wären, genossen wir die uns umgebende Natur so intensiv wie je zuvor. Ernst versuchte, etwas mehr zu gehen, und es gelang ihm erstaunlich gut. Wir merkten, was wir nie zuvor vermutet hatten, daß das Göteborger Klima – auch sonst nicht gerade gut beleumundet – sehr schlecht auf seinen Gesundheitszustand gewirkt hatte.

Nach kurzem Training ging er viele Stunden lang ohne Störung mit mir durch den schönen Wald, der den See umgab. Die Tatsache, daß dies wirklich wieder möglich geworden war, wirkte wohltuend auf die nervösen Symptome seines Leidens, und als wir fünf Wochen später in die Stadt zurückzogen, sah er nicht aus, als käme er von einer Kriegsevakuierung zurück, sondern von einer höchst erfolgreichen Sommerreise.

Wie wunderbar auch in jeder anderen Beziehung diese Wochen verliefen, will ich berichten. Politisch passierte in ihnen eigentlich alles, was passieren konnte, mit Ausnahme dessen, was zu erwarten gewesen wäre. Holland, Belgien waren überrannt, Frankreich besiegt worden, und nur Schweden blieb verschont. Die Schweden, die mit uns evakuiert worden waren, waren vollkommen zufrieden mit dieser Lösung. Wir wunderten uns nicht mehr über die Kurzsichtigkeit irgendeines Menschen; aber für uns kam zu der schrecklichen Vorstellung der Unterjochung der westlichen Staaten noch der Gedanke hinzu, daß all die deutschen Flüchtlinge, politisch oder religiös Verfolgte, neuerdings in Hitlers Gewalt geraten waren. In dieser Situation beschloß Ernst plötzlich, sich an eine neue Arbeit zu machen. Vormittags ging er mit mir spazieren und erzählte mir von dem, was er arbeitete, und daß diese neue Arbeit eigentlich den vierten Band der »Symbolischen Formen« bedeutete.

Die Besserung seines körperlichen Befindens hatte ihn, gerade in einem so unvergleichlich furchtbaren Augenblick des Weltgeschehens, mit neuer Lebens- und Arbeitslust erfüllt. Ich sorgte mich nun am meisten um meinen Bruder Walter und seine junge Frau, die in Toulon lebten, das als Kriegshafen besonders gefährdet schien. Damals aber blieb es durch Zufall verschont, da es in der *zone libre* lag, und gelangte erst viel später – als Walter schon längst nicht mehr lebte – in den Brennpunkt des Krieges, als im Jahre 1943 die französische Flotte dort versenkt wurde.

Nach der Besetzung von Paris verlor Walter, der ewig Optimistische und Lebensbejahende, plötzlich alle Spannkraft. Seit vielen Jahren an schwerem Diabetes erkrankt und nur durch Insulin aufrechterhalten, hatte er sein Leben durch seine glückliche Gemütsart wunderbar gemeistert. Jetzt benützte er die Krankheit, um der Katastrophe zu entkommen. Er war nicht mehr bereit, den Verfall Frankreichs mitzuerleben und deutsche Soldatenstiefel in Toulon auftauchen zu sehen. Er weigerte sich, die nötige Dosis Insulin zu spritzen, und starb zwei Wochen darauf. Was dieser Tod für mich und auch für Ernst bedeutet hätte, wenn das persönliche Erleben durch Vergleichsmomente nicht schon eine so wesentliche Verschiebung erfahren hätte, fühlten wir wohl. So aber hieß es ihn mit allem anderen, was uns täglich begegnete und was uns stündlich drohte, in Einklang zu bringen. Wir versuchten es, so gut wir konnten.

An Edith schrieb Ernst, daß die Nachricht von Walters Tod in einem Augenblick eingetroffen wäre, in dem man kaum wissen konnte, ob man um ihn und für ihn klagen dürfte. Aber die Trauer um diesen sehr begabten Künstler und originellen Menschen verließ uns dennoch nicht.

Ernst hatte eine Woche nach unserer Rückkunft nach Göteborg, also sechs Wochen nach dem Tage unserer Abreise nach Alingsås, das fertige Manuskript des neuen Buches, das den Titel »Zur Logik der Kulturwissenschaften« erhielt, zum Abschreiben gegeben und begann wenige Tage später mit der Niederschrift des vierten Bandes des »Erkenntnisproblems«, die er im November desselben Jahres beendete. Dieses ungewöhnliche Tempo war das erste Anzeichen von Eile, das sich in seiner sonst so ruhigen Arbeitsweise zeigte. Er war von jeher, ohne es zu wollen oder absichtlich zu forcieren, ein sehr schneller Arbeiter gewesen. Das Tempo aber, das er von der Zeit der Besetzung Norwegens bis zu seinem Tode bewahrte, hatte eine ganz neue Triebkraft. Das Bestreben »fertig« zu werden, war ausschlaggebend geworden.

Dazu gesellte sich ein anderer, äußerst bestimmender Faktor. Am 29. Juli hatte die Luftschlacht über England begonnen. Obwohl dieser erste Angriff abgeschlagen worden war, leitete er eine Periode ein, die viele Jahre lang andauerte und vor der wir lange gezittert hatten. Nun flogen Bomben über England, und die ganze Insel befand sich gleichmäßig in der Gefahrzone. Heinz wurde mit allen anderen männlichen Ausländern viele Monate lang interniert und konnte niemals wissen, was Eva und Irene bevorstand oder vielleicht schon geschehen war. Diese Vorstellung war für uns, die wir, so weit entfernt, in der Falle saßen, vielleicht unerträglicher als für diejenigen, die sich in unmittelbarer Gefahr befanden. Aber ändern konnten wir sie deshalb doch nicht, und so griff Ernst zu dem einzigen Mittel, das seine Wirkung niemals versagte. Er arbeitete so konzentriert an dem neuen Buch, daß er, da seine Widerstandskraft schon wesentlich vermindert war, wenig Zeit für alles andere übrig hatte.

Seine Anstellung an der Hochschule war beendet, und der Landshövding hatte dafür gesorgt, daß er auf weitere fünf Jahre eine Pension erhalten sollte, eine Verpflichtung, die Schweden bei den ersten Verhandlungen nicht übernommen hatte. Noch vor Beendigung der Niederschrift des »Erkenntnisproblems« wurde er gebeten, die Kurse für deutsche Literatur an der Hochschule zu übernehmen, da man den deutschen Lektor seiner nationalsozialistischen Tendenzen wegen entlassen hatte. Freudig willigte Ernst ein, und er hat dann bis zu unserer Abreise von Schweden zweimal wöchentlich Vorlesungen über den jungen Goethe gehalten. Diese Vorlesungen waren ungewöhnlich gut besucht, zum größten Teil nicht von Studenten, sondern vom Stadtpublikum. In der ersten Vorlesung, zu der alle Mitglieder des Lehrkörpers, der Landshövding mit seiner Familie, Segerstedt und die Honoratioren der Stadt erschienen waren, berichtete Ernst, wie er es sich sein ganzes Leben gewünscht hätte, einmal über den Menschen und Dichter Goethe sprechen zu dürfen, und wie dieses Glück ihm nun ganz unerwartet in den Schoß gefallen sei. Denn an jeder Universität hütete der Fachvertreter sein Gut aufs eifersüchtigste. Jetzt erst, als emeritierter Professor, konnte er es wagen, diesen Traum sich erfüllen zu lassen.

Diese erste Vorlesung zeigte die ganze Kunst, mit der Ernst sein Thema zu behandeln verstand, und seine souveräne Hand-

habung der deutschen Sprache wurde fühlbar. Die Wiedergabe
Goethescher Worte vervollständigte das Ganze. Nach Beendigung
erntete er, wie er es scherzhaft zu nennen pflegte, »stürmischen
Beifall auf offener Szene« und mußte sich immer wieder verbeu-
gen. Mich hatte er nach den ersten Worten ganz in seinen Bann
geschlagen, und ich hörte gespannt zu. Aber obwohl mir kein
Wort dieses wundervollen Vortrages entging, beschäftigte mich
von der ersten bis zur letzten Minute etwas, was außerhalb des
Themas lag und was mir bis zu einem hohen Grade überraschend
kam. Ernst hatte sein inneres Verhältnis zu dem behandelten Gegenstand in einer bis dahin ungewohnten Weise deutlich gemacht
und damit eine lebenslange Darstellungsart von Grund auf verändert. Seine klare Tenorstimme, die den Hörer stets durch alle
Phasen eines Vortrages leuchtend begleitete, hatte ihren Klang,
wie ich schon erwähnt habe, verändert, seitdem seine Gesundheit
zu schwanken begann. Er handhabte dieses für ihn so wesentliche
Instrument schon lange nicht mehr mit derselben Unbefangen-
heit wie früher. Er mußte seine Stimme schonen, wenn er seiner
Atmung sicher sein wollte. In der ersten Göteborger Goethevorlesung aber war nicht nur die Behandlung seiner Stimme unwichtig
geworden, seine ganze Ausdrucksweise hatte eine neue Färbung
erhalten. Ich horchte erstaunt auf. Wie oft hatte er mir während
unseres Lebens von den Dingen erzählt, die er jetzt öffentlich
behandelte, und wie oft hatte er mir die Goetheschen Worte
mit derselben inneren Spannung und Anteilnahme vorgelesen
wie während dieser Goethevorlesung. Seine Bindung an Goethe
schuf immer und immer wieder eine sonderbare Atmosphäre von
liebender Bewunderung und dankbarer Rührung. Aber wer außer
mir hatte Ernst jemals gerührt gesehen? In seinen Werken und
Vorlesungen verschwand der Mensch Cassirer stets hinter den zu
behandelnden Problemen, und nur diejenigen Schüler, die ihn
sehr genau kannten, hörten auch durch seine strenge Sachlichkeit
den warmen Pulsschlag seines Wesens. Über Goethe hatte er oft
gesprochen – über Goethe als Philosophen, als Naturforscher, als
Historiker, als Erzieher; aber jetzt sprach er zum ersten Male über
Goethe, den Dichter und Menschen. Und nicht *was* er da sagte,
war die Ursache seiner Erregung. Diese war hervorgerufen durch
das Leiden, das der Verfall Deutschlands ihm schuf. Das Gefühl,
daß das Volk, das dieses einmalige Wunderwerk hervorgebracht

hatte, sich seiner so unwürdig zeigte, das war es, was ihn aus der
Fassung gebracht hatte. Jedes Zitat von Goethe, das er ganz un-
absichtlich gewählt hatte, schien ihm im Augenblick, in dem er es
aussprach, besudelt und in den Staub getreten. Er schämte sich für
das jetzige Deutschland und wollte das wahre Deutschland, dem
Goethes Leben und Schaffen gegolten hatte, gleichzeitig vor dem
Hörer erstehen lassen. Oft schwankte seine Stimme und schien
versagen zu wollen; aber er war ein zu geübter Redner, um dies
nicht sogleich korrigieren zu können. Die Zuhörer merkten nur,
daß der Vortrag sie ergriff, aber sie wußten nicht, wodurch dies
hervorgerufen war.

Ernst kam ermüdet, aber gleichzeitig sehr befriedigt nach Hause. Ich küßte ihn auf die Stirn; da ich aber nichts sagte, sah er
mich an und fragte erstaunt: »Na, was war denn nicht richtig?«
Dann sprachen wir lange über das, was ich beobachtet hatte.
Ernst war sich selbst nicht ganz bewußt gewesen, wie weitgehend
er seinen Stil verändert hatte. Inhaltlich war das auch nicht nach-
zuweisen. Aber er gestand sofort, daß ich richtig gesehen und
gehört hatte, und wir einigten uns dahin, daß er niemals wieder in
der Öffentlichkeit so viel von dem offenbaren durfte, was ihn bewegte. Es war ein zu gewaltiges Abweichen von seinem bisherigen
Verhalten und stellte eine Gefahr für seine Gesundheit dar.

Leider sind nur die ersten drei Vorträge des ganzen Kurses
im Manuskript vorhanden. Von der vierten Vorlesung an sprach
Ernst, wie er es immer gewöhnt war, wenn er deutsch vortrug, frei
und nur durch ganz wenige Notizen unterstützt. Hätte er diese
ganze Serie ausgearbeitet, hätten wir das Goethebuch, was er sich
immer vorgenommen hatte zu schreiben.

Im Laufe des Goethekurses war es Ernst klar geworden, daß
es niemals wichtiger gewesen wäre, Einfluß auf die Jugend zu
gewinnen, als gerade damals. Aber in Schweden gab es hierfür
keine Möglichkeit. Nach Überschreitung der Altersgrenze, die
schon mit 65 Jahren erreicht ist, war es nicht üblich, eine Lehrtätigkeit auszuüben. Er begann daher mit dem Gedanken zu spielen,
eine nochmalige Auswanderung zu wagen. Wir baten Freunde in
Amerika, die maßgebenden Stellen wissen zu lassen, daß Ernst
in Schweden nicht mehr gebunden war. Die Kinder, die seit der
Bedrohung von Schweden in steter Angst um uns lebten, taten
das Ihre, um diese Nachricht zu verbreiten. Ernst bekam auch

bald eine Einladung an die New School in New York; aber die Bedingungen waren nicht annehmbar, und die ganze Einladung sah mehr nach einer Rettungsaktion als nach einem Arbeitsfeld aus. Dies aber war nicht, was Ernst wollte. Er empfand die Absperrung Schwedens wohl als sehr drückend, aber er dachte niemals daran, sich aus Sicherheitsgründen einer so gewaltigen Umstellung auszusetzen.

Im Dezember 1940 tobte eine schwere Grippeepidemie in Göteborg, und alle Mitglieder unseres Haushaltes, mich selbst ausgenommen, erkrankten. Ernst, seinem alten Typus entsprechend, fieberte in den höchsten Regionen. Der herzugerufene Arzt erschrak zuerst, wie wir das von jeher bei solchen Anlässen gewöhnt waren. Aber als das akute Stadium der Krankheit überwunden war und er Ernst gründlich untersucht hatte, sagte er uns, daß das Herz der sehr heftigen Infektion unerschüttert standgehalten hätte und er Ernst im allgemeinen in sehr gutem Zustand fände.

Kurz danach erhielt Ernst ein Telegramm aus New Haven mit der Nachricht, daß Yale University ihm eine Gastprofessur auf zwei Jahre anböte. Zu unserem Erstaunen aber kam diese Nachricht nicht etwa von der Universität Yale, sondern von unserer Tochter Anne. Die Postverbindung mit Amerika war um diese Zeit sehr langwierig, und wir fingen schon an zu vermuten, daß Anne ihren Vater nach Yale berufen habe, als der Einladungsbrief von dort ankam. Abgefaßt war er von dem Head of the Department of Philosophy, Professor Charles Hendel. Nach detaillierter Schilderung der Bedingungen und Verpflichtungen, die diese Einladung einschloß, beendete Hendel seinen Brief mit folgenden Worten:

The prospect of having you contribute directly of your experience and wisdom to a discussion of the themes of such a seminar is very exciting to me. I am hoping more than anyone else for the happy event of your arrival in New Haven.

Der Ton dieses Briefes gefiel Ernst sehr. Er zeigte deutlich, daß er, genau wie sechs Jahre zuvor in Göteborg, in Yale erwünscht war und gebraucht wurde, und er nahm die Einladung telegrafisch mit herzlichem Dank an unter der Voraussetzung, daß man überhaupt auf irgendeinem Wege nach drüben gelangen konnte. Nicht viel orientierter als 28 Jahre zuvor anläßlich der ersten amerikanischen Einladung, holte Ernst das Konversationslexikon zu Hilfe, um zuerst einmal feststellen zu können, wo Yale University, d. h. New Haven, lag. Zu seiner Freude erfuhr er auf diese Weise, daß es etwa eine und eine halbe Stunde von New York entfernt liegt und sein Wunsch, mit Anne und Kurt, Wallers und vielen Freunden wieder vereint zu werden, in den Bereich der Möglichkeit gerückt war. Den uns befreundeten neuen Rektor der Universität Göteborg, Curt Weibull, und Malte Jacobsson hatte Ernst, ehe er die Einladung annahm, um ihren Rat gebeten. Obwohl ich sicher bin, daß Ernstens Absicht, die Stadt zu verlassen, den Freunden schmerzlich war, rieten sie ihm ohne Bedenken, die Einladung anzunehmen. Beim Abschied baten sie Ernst, den Amerikanern die schwierige Stellung Schwedens klarzumachen, da man sich drüben anscheinend keinen Begriff von der Kompliziertheit der Lage mache, in die das Land geraten war.

Nun stand plötzlich eine Kette von Überlegungen und Entscheidungen vor uns. Ich war zu allem bereit, was ich dazu zu leisten hatte, aber ich knüpfte eine wesentliche Bedingung an unseren Aufbruch. Ich sagte Ernst, Georg und dem amerikanischen Konsul, daß ich Schweden nicht ohne meine Kinder und Peter verlassen würde. Ernst verstand mich sofort. Georg, der Seßhafte, war nicht gerade bereitwillig, und Konsul Corcoran stand vor einem schwierigen Problem. Wir wanderten auf ein Non-Quota-Visum ein; Georg und seine Familie aber waren noch weit zurück auf der Einwanderungsliste, auf die sie sich nur zur Sicherheit eingetragen hatten. Corcoran, der die ganzen Jahre hindurch sich als wahrer Freund der Emigranten bewiesen hatte, hatte lange den Wunsch gehabt, daß Ernst in Amerika wirken sollte. Er war der erste, der uns über den Rang orientierte, den Yale unter den amerikanischen Universitäten einnimmt, und er tat alles, was er konnte, um Georg und seiner Familie die Einreise zu ermöglichen. Anfang Februar hatten wir alle fünf unser Visum nach Amerika in den Pässen.

Damit war aber noch keinerlei Möglichkeit zur Überfahrt gegeben. Eine unendliche Kette von Schwierigkeiten türmte sich vor uns auf. In Wirklichkeit gab es nur eine Möglichkeit hinüberzugelangen, und das war, die Reise über Rußland zu machen, da Deutschland die Durchreise für Ausländer (zu denen wir ja gehörten) gesperrt hatte und ich ohnehin unter keinen Umständen über Deutschland fahren wollte. Passagierschiffe zwischen Schweden und Amerika verkehrten nicht mehr; die Reise über Rußland sah folgendermaßen aus: Man hatte erst nach Stockholm zu reisen, dort auf das nächste Flugzeug nach Moskau zu warten, das aber nicht etwa regelmäßig verkehrte. Von Moskau fuhr man in einem plombierten Zug neun Tage durch Sibirien nach Wladiwostock, wo man das Boot nach Japan bestieg, das nach dreiwöchiger Fahrt über den Pazifik an der Westküste von Amerika landete. An dieser Stelle war man dann ungefähr ebensoweit von New York entfernt, wie man in Schweden bei der Abreise gewesen war. In Ernstens Zustand schien das kaum durchführbar; aber wir besorgten uns trotzdem das russische Durchreisevisum, ließen uns gegen Pocken, Cholera, Typhus und Pest impfen und warteten. Ob wir irgendein Stück unserer Sachen, irgendeinen Teil unserer Bibliothek würden mitnehmen können, blieb ganz im dunkeln. Aber all dies spielte, seitdem Hitler vor den Toren von Schweden stand und solange die Bomben über England fielen, keine Rolle mehr für uns.

Ernst hatte die Einladung nach Yale sehr freudig gestimmt, aber das Sonderbare war, daß er nicht die geringsten Anstalten machte, sie zu realisieren. Er hielt seine Goethevorlesungen wie bisher und feilte an den letzten Teilen des »Erkenntnisproblems«. Daneben hatte er seine englischen Sprachstudien wieder aufgenommen, beteiligte sich aber nicht im geringsten an den Vorbereitungen für die Reise. Wenn ich ihm deshalb Vorwürfe machte und ihm sagte, daß, wenn er nach Amerika reisen wollte, er doch wohl die Ausführung planen müsse, antwortete er nur lachend, er habe niemals geäußert, daß er gerne nach Amerika *reisen* würde, sondern lediglich, daß er gern dort sein würde. Das hieß nichts weiter, als daß er sich den Strapazen einer solchen Reise im Grunde nicht gewachsen fühlte, daß er sich aber sehr heraussehnte.

Zu Ediths Geburtstag schrieb er ihr am 18. Januar 1941:

So mahlen Gottes Mühlen in dieser Zeit doch viel schneller, als man denkt – und ich kann Dir meinen diesjährigen Geburtstagsgruß in der Hoffnung senden, daß wir Deinen nächsten Geburtstag wieder mit Dir zusammen feiern. Wie sehr diese

Hoffnung dazu beiträgt, unseren Entschluß zu erleichtern,
brauche ich Dir nicht zu sagen. Die Schwierigkeiten, die zu
bewältigen sind, sind freilich zur Zeit noch unübersehbar. Aber
ich habe jedenfalls Mut zu der neuen Aufgabe, die mir gestellt
ist, und solche Freude an ihr, daß vorläufig alles andere zu-
rücktritt. Für die Einzelheiten mag jetzt das Schicksal sorgen,
das es so gewollt hat! Wenn meine Gesundheit standhält – und
in der letzten heftigen Influenza-Attacke hat sie gezeigt, daß
sie im ganzen recht widerstandsfähig ist – hoffe ich, daß drüben noch manches gelingen kann. Und persönlich brächte es
ja ein Wiedersehen mit so vielen und die Erfüllung so vieler
Wünsche, die bis vor kurzem noch ganz unerfüllbar schienen!
Wenn die Hoffnung bestände, daß man wirklich noch einmal
mit allen Kindern und Enkelkindern, mit Euch, mit Kurt
Goldstein und so vielen anderen wieder vereint wäre – so wäre
das eine Aussicht, die durch keine Furcht vor Schwierigkeiten
oder Strapazen zu verdunkeln wäre.

Reise nach Amerika – 20. Mai bis 4. Juni 1941

Eines Tages wurde ich von Maltes Tochter Ingrid angerufen,
daß sie ganz zufällig erfahren hätte, daß die Transatlantic-Linie
einen ihrer modernen kleinen Frachtdampfer in den nächsten
Wochen nach Amerika abschicken würde und daß dieses Schiff
18 Passagiere mitnehmen würde. Wir sollten uns augenblicklich
bei der Linie melden und versuchen, eine Kabine zu bekommen.
Ich stürzte in die Stadt, erhielt die Versicherung, daß uns eine
Kabine reserviert würde, erfuhr aber gleichzeitig, daß Georg mit
seiner Familie dieses Schiff nicht benützen könnte. Es fuhr mit
Genehmigung der kriegsführenden Mächte, im Gegensatz zu deren eigenen Schiffen hell beleuchtet, nahm nur schwedische oder
amerikanische Staatsbürger auf und auch diese nur, nachdem sie
von Deutschland und England aufs sorgfältigste auf ihre Zuverlässigkeit geprüft waren. Aber es wurde mir versichert, daß vierzehn
Tage nach uns ein zweites Boot derselben Linie nach Amerika
abgehen würde, das ebenfalls von den Kriegsmächten bewilligt
wäre, aber viel mehr Passagiere, und zwar aller Nationalitäten,
aufnehmen würde. Sehr enttäuscht, die Kinder nun doch nicht

mit uns nehmen zu können, buchte ich sofort das zweite Schiff
für sie.

Die Wochen, die nun folgten, will ich in diesem Bericht
übergehen. Sie waren aufreibend bis zur Untragbarkeit, aber
wir haben sie schließlich, wie alles Vorangegangene, irgendwie
überstanden. Die Bibliothek wurde auf unseren Regalen in
der Hochschule aufgestellt, Möbel zur Aufbewahrung gegeben,
vieles verschenkt. Keiner von uns hatte das Gefühl, daß dieser Krieg irgendwo haltmachen würde und daß wir jemals einen
einzigen Gegenstand, den wir in Schweden zurückließen, wiedersehen würden. Ernst wollte nichts mit nach Amerika nehmen,
kein Buch, kein Bild, kein sonstiges Kunstwerk. Ich aber hatte es
schon einmal erlebt, wie sehr er diese Dinge entbehrt hatte, und
ich packte alles, was ihm und mir am nächsten stand, ein. Seine
große Goethe-Ausgabe, Kant, Shakespeare und wenige andere
Werke begleiteten uns. Seine Vorlesungsmanuskripte und ein
Exemplar jedes seiner eigenen Bücher wurde dazugelegt. Es kam
mir vor wie die Ausrüstung der Arche Noah, und als wollten
wir diese Güter vor der Sintflut retten. Am schwierigsten war
es zu entscheiden, wie wir es mit dem noch nicht abgeschriebe-
nen Manuskript des vierten Bandes des »Erkenntnisproblems«
halten sollten. Ich glaubte, daß es besser wäre, es so lange in
Schweden zu lassen, bis eine Abschrift hergestellt worden war,
die man dann per Post nach Amerika gelangen lassen konnte.
Ich wollte nicht, daß dieses Werk der Gefahr ausgesetzt würde,
mit uns unterzugehen – eine Möglichkeit, die wir immer vor
Augen haben mußten. Das Manuskript der »Kulturwissenschaften« befand sich schon beim Drucker, und wir hofften, die
ersten Exemplare in nicht zu ferner Zukunft nachgeschickt zu
bekommen.

So nahmen wir denn nach sechs Jahren Abschied von Schweden und ließen zum zweiten Male in unserem Leben einen Teil
unserer Kinder und unser Hab und Gut hinter uns. Es war ein
sehr schmerzlicher Augenblick und glich dem ersten Abschied,
acht Jahre zuvor, gar nicht. Wir verließen das schöne kleine Land,
in dem wir nur Gutes erfahren hatten, mit der festen Absicht, es
nach zwei Jahren wiederzusehen. Was aber bedeuteten zwei Jahre
in diesen Zeiten; was bedeutete die Reise durch die Kriegszone,
und was bedeuteten zwei Jahre in unserem Alter?

Viele Freunde und die Kinder begleiteten uns an Bord. Das 3600-Tonnen-Schiff, »Remmaren« genannt, war ein ganz moderner schwedischer Frachtdampfer, in dem zwei Luxuskabinen und acht gewöhnliche Kabinen eingebaut waren. Er beförderte außer uns beiden noch 16 andere Passagiere. Das kleine Schiffchen war wie eine sehr geschmackvolle Wohnung mit allem Komfort der Neuzeit eingerichtet, hatte helle Möbel und bunte Gardinen und schien nur die eine Aufgabe zu haben, seinen Passagieren eine heitere, genußreiche Überfahrt zu verschaffen.

Wir bekamen eine der beiden Luxuskabinen zugewiesen. Diese bestand aus einem halbrunden, großen Wohnzimmer, an das sich ein Schlafraum mit einem sehr luxuriösen Badezimmer anschloß. Ein großer Schreibtisch und bequeme Klubsessel erwarteten uns. Wir hatten noch niemals in einem so eleganten Hotel gewohnt. Während das Schiff noch im Hafen lag, packten wir alles aus, und der kleine Peter strahlte in der Vorfreude, in absehbarer Zeit auf so einem schönen Schiffchen nach Amerika fahren zu können. Ernst verteilte seine Schreibsachen in den Schubfächern des Schreibtisches, als bereitete er sich auf viele Wochen ungestörter Arbeit vor.

Der Kapitän, ein älterer, sehr gutaussehender Mann, sagte uns, als wir an Bord kamen, daß er wünschte, wir sollten uns klar darüber werden, daß diese Fahrt kein »pleasure trip« wäre, sondern ungefähr alle Gefahren in sich schlösse, die einer Seereise im Kriege begegnen könnten. Er hätte im ersten Weltkrieg diese Überfahrt wiederholt gemacht, was damals schon ein Wagnis bedeutet hätte, und wäre, obwohl schon pensioniert, jetzt gerufen worden, um das Schiff durch die Gefahrenzone zu steuern. Wir sollten aber bedenken, daß die Überfahrt in diesem Kriege das zehnfache Risiko bedeutete wie im letzten. Uns ließ das ganz kalt. Was konnte die Aussicht zu ertrinken bedeuten, wenn man über ein Jahr lang das Gefühl gehabt hatte, Hitler über die schwedische Grenze marschieren zu hören!

Auf der Reederei hatte man uns angeboten, Rettungsanzüge zu kaufen, die es den Schiffbrüchigen ermöglichen würden, lange Zeit auf der Meeresoberfläche zu treiben, bis sie eventuell gerettet werden würden. Wir dankten für diese Versicherung, und noch viele Monate später konnte ich beim Einschlafen die Vorstellung nicht loswerden, daß Ernst und ich in dieser schrecklichen Bekleidung getrennt nach verschiedenen Richtungen auf dem Meere trieben und uns nicht mehr sehen noch hören konnten.

Am Abend mußten Kinder und Freunde das Schiff verlassen, das am nächsten Morgen um drei Uhr auslief. Keine Andeutung von Erregung war auf Ernstens Gesicht zu lesen. Ich fühlte nichts als Trauer über den Abschied. Als die Kinder uns verließen, dämmerte es schon. Vera und Georg gingen mit Peter und Ernstens Schüler Folke Leander der Stadt zu. Zwischen dem sehr großen Georg und dem noch beträchtlich größeren Leander ging Peter, von beiden an der Hand geführt. Er schien uns winzig klein gegen den rötlichen Abendhimmel und entschwand meinen Blicken, noch lange ehe die beiden, die ihn an der Hand hielten, unsichtbar wurden.

Immer wieder wunderte ich mich über Ernstens unerschütterliche Ruhe, wenn es galt, einen Vorsatz auszuführen. Er blickte *nur* vorwärts. In den letzten Jahren war ihm jede noch so kurze Reise, jeder Schritt schwer geworden. Eine Reise von Göteborg nach Stockholm hatte er dreimal aufgeschoben, ehe er sich zu ihr entschloß. Jetzt stand er erwartungsvoll auf Deck und machte eine der gefährlichsten Überfahrten, die je gemacht worden waren, auf einem Schiff ohne Arzt, ohne Krankenschwester, sogar ohne Stewardeß.

Die vielen ärztlichen Untersuchungen, die vor der Überfahrt verlangt worden waren, ergaben alle dasselbe Bild. Ernst hatte, so hieß es, keinen Defekt am Herzen. Ich glaubte keiner dieser Auskünfte; aber ich hatte längst eingesehen, daß ich die Angst um sein Leben nicht zur Richtschnur unserer Entschlüsse machen durfte, wenn ich ihm ein neues Arbeitsfeld ermöglichen wollte.

Vor der Abfahrt war uns erklärt worden, daß wir die nördlichste Route einzuschlagen hätten, aber von keiner der kriegführenden Mächte gestoppt werden würden und direkt von Göteborg nach New York fahren würden. Eine sehr beruhigende Nachricht für uns, und in noch höherem Grade für einen unserer Mitreisenden. Als wir gerade erst festgestellt hatten, daß die zweite Luxuskabine ebenfalls an einen Gelehrten, Professor Roman Jakobson und seine Frau, vergeben worden war, trat uns der Besitzer selbst entgegen. Er war eine merkwürdige Erscheinung, schon rein äußerlich, und seine Lebensgeschichte würde ein eigenes Buch füllen. Er stellte sich Ernst vor und berichtete, daß er Linguist von Beruf und ein großer Bewunderer seiner Schriften sei. Er war glücklich, ihn so unerwartet zu treffen, und es dauerte keine Viertelstunde und die beiden befanden sich in ein wissenschaftliches Gespräch vertieft. Das Gespräch dauerte – freilich mit Unterbrechungen – fast die ganzen vierzehn Tage der Überfahrt und schien für beide Teile äußerst anregend und fruchtbar. Ob es stürmte oder nicht, ob die Minen vor uns tanzten oder nicht, ob die Kriegsnachrichten böse waren oder günstig – die beiden Gelehrten sprachen über ihre Sprachprobleme mit größtem Eifer.

Jakobson arbeitete gerade über eine Sprache, die nur von 4500 Menschen gesprochen wird, und es erschien mir in der ungewöhnlichen Situation, in der wir uns befanden, geradezu grotesk, daß jemand ein so brennendes Interesse an diesem Phänomen haben konnte. Glücklicherweise hatte Jakobson eine bildhübsche junge Tschechin zur Frau, die Ernstens Aufmerksamkeit oft von dem Sprachthema ablenkte.

Jakobson erzählte uns gleich nach seiner Abreise einiges über seine sonderbare Vergangenheit. Er war Russe von Geburt, war vor den Kommunisten nach Deutschland geflohen und wurde später Professor in Prag, wo er sich auch verheiratete. Als Hitler die Tschechoslowakei besetzte, erhielt er eine Einladung nach Oslo und die norwegische Staatsbürgerschaft. Nach dem Überfall auf Norwegen flohen die beiden über die Grenze nach dem friedlichen Schweden. Freunde hatten irgendeinen Weg gefunden, ihnen die Überfahrt auf unserem Schiff zu ermöglichen, was eigentlich gegen die Abmachung mit den Kriegführenden verstieß. Jakobson mußte seinen norwegischen Paß in Schweden verstecken und bestieg das Schiff als russischer Emigrant mit einem schwedischen Fremdenpaß. Die Deutschen hätten bei Erteilung der Genehmigung nicht herausgefunden, daß er derselbe Jakobson war, der aus Norwegen geflohen war.

Der erste Morgen verlief sehr still. Alle Passagiere, von denen jeder einzelne enervierende Wochen des Wartens hinter sich hatte, waren sehr erschöpft und genossen die langentbehrte Ruhe. Man lernte sich gegenseitig kennen und wurde mit den Bestimmungen des Schiffes bekannt gemacht. Ernst saß sehr befriedigt auf Deck und sah aus, als wenn er der schönsten Erholungsreise entgegenginge. Gegen Seekrankheit waren wir mit einem neuen Mittel geimpft worden, so daß ich hoffen konnte, die Fahrt einigermaßen überstehen zu können. Auf dieser abenteuerlichen Fahrt blieben Jakobson und ich schließlich die einzigen Passagiere, die alle Mahlzeiten im Eßsaal einnehmen konnten. Was mich anbelangt, war das ein ebenso großes Wunder, wie daß die »Remmaren« zur festgesetzten Zeit heil im Hafen von New York landete.

Am Spätnachmittag des ersten Tages bemerkten wir, daß irgend etwas Beunruhigendes auf dem Boot vor sich ging. Die Mannschaft lief hin und her und schien bedrückt. Auf unsere Fragen nach der Ursache dieser Unruhe erfuhren wir, daß der Kapitän soeben die Funknachricht erhalten hätte, daß wir, ganz gegen die Abmachung, von den Deutschen gestoppt werden würden. Diese Auskunft erschütterte alle Passagiere − Schweden und Amerikaner ebenso wie uns. Für Roman Jakobson und seine Frau aber bedeutete sie eine viel größere Gefahr als für uns und die anderen. Plötzlich stoppte das Schiff − ein sonderbares Gefühl, als ob das Herz eines Menschen unerwartet stehenbleibt. Wir waren einige Kilometer von Kristiansund an der norwegischen Küste entfernt, die wir in der beginnenden Dämmerung noch klar vor uns liegen sahen.

In dem Wohnraum des Schiffes wurde an der einen Querseite ein langer Tisch bereitgestellt. Wir Passagiere hatten uns alle in diesem Raum eingefunden, um auf die deutsche Kommission zu warten. Ein junger schwedischer Seemann erschien plötzlich in großer Eile und entfernte alle Flaggen, die zum Schmucke des Zimmers aufgestellt worden waren. Ernst fragte ihn, warum er dies täte. Da lächelte er und antwortete, daß das Schiff keine Hakenkreuzfahne besäße, und daß man deshalb die Fahnen der anderen Länder verschwinden lassen wollte, ehe die Deutschen an Bord kämen. Wir traten ans Fenster und erblickten in der Ferne ein kleines Boot, das unter norwegischer Flagge segelte. Als es näher kam und die Insassen sichtbar wurden, konnten wir uns des Eindrucks nicht erwehren, daß wir einer Opernaufführung auf einer Schmierenbühne beiwohnten. Die Besatzung des Bootes bestand aus sechs Seeleuten in norwegischer Uniform. In der Mitte unter ihnen aber stand ein Mann aufrecht, der eine so genaue Kopie Hitlers war, daß man sich in ein Wachsfigurenkabinett versetzt glaubte. Zur Linken und Rechten hatte er je einen seiner deutschen Beamten aufgestellt. Diese sonderbare Gesellschaft bestieg bald darauf unsere Bootsbrücke und erschien im Wohnraum.

Eisiges Schweigen begrüßte sie. Keiner der Reisenden konnte sich des Eindrucks erwehren, daß wir von Seeräubern überfallen worden waren.

Die Hitlerkopie setzte sich an den Mittelplatz des Tisches, und die beiden anderen nahmen an seiner Seite Platz. Große Mappen wurden aufgeschlagen, und die Nachprüfung begann. Zuerst wurden die schwedischen Staatsbürger (zu denen wir gehörten), an zweiter Stelle die amerikanischen vernommen, und zuletzt kamen die wenigen staatenlosen Passagiere. Als Professor Jakobson und seine Frau ihre Papiere vorzeigten, hielten wir den Atem an. Nicht weniger als Leben oder Tod hing von diesem Augenblick für die beiden ab. Aber nach einigen groben Zurufen, was Jakobson in Amerika zu suchen hätte und ähnliches, flüsterte der eine der Beamten seinem Kommandanten ins Ohr, daß es sich um einen russischen Flüchtling handle. Damit war das Verhör beendet, und das Boot mit seiner unheimlichen Besatzung verließ unser Schiff und entschwand unseren Blicken kurz danach. Wenn ich an diesen Augenblick zurückdenke, unterliege ich immer wieder der Täuschung, als hätte ich die »Remmaren« mit allen ihren Bewohnern laut aufseufzen gehört. Die deutsche Gefahr war vorbei – nun würden wir es nur noch mit verhältnismäßig harmlosen Gefahren zu tun haben wie dem Auflaufen auf Minen, Unterseebooten, Explosionen, Stürmen und so weiter. Wie geringfügig erschien uns all das nach der soeben durchlebten Stunde!

Wir luden Professor Jakobson und seine Frau in unser Zimmer ein und versuchten sie zu beruhigen. Jakobson, der zuerst unruhig im Zimmer hin und her ging, blieb schließlich an einem der Fenster stehen und blickte in die Nacht hinaus, die unterdessen eingebrochen war. Plötzlich aber drehte er sich um und sagte zu mir, ich solle, da ich so sehr zur Seekrankheit neige, lieber zu Bett gehen, da wir anscheinend schweren Sturm zu erwarten hätten. Kurz nachdem er dies gesagt hatte, verließ er das Zimmer. Mir war durch die Art, in der er diese Äußerung getan hatte, sofort klar, daß mehr hinter ihr verborgen lag, als sie aussagte, und ich trat nun meinerseits ans Fenster. Vor uns lagen fünf große deutsche Kriegsschiffe, die uns Lichtsignale sandten und uns nochmals zu stoppen befahlen. Man konnte nichts anderes annehmen, als daß die Kontrolle des Bootes den Anlaß zu diesem Vorhaben gegeben hatte. Ohne Ernst etwas von dieser Wahrnehmung zu sagen, verließ ich schnell den Raum, um mich genauer zu orientieren, was vorging. Da aber kam mir Jakobson schon sehr wesentlich erleichtert entgegen und sagte mir, daß ich ganz ruhig sein sollte, da die Deutschen in *diesem* Falle als unsere Lebensretter erschienen wären. Die Signale hätten bedeutet, daß wir geradeswegs in ein neugelegtes Minenfeld zu laufen im Begriff gewesen wären und daß die Kriegsschiffe uns so lange begleiten würden, bis wir der Gefahr entgangen sein würden.

Nach einer ruhigen Nacht wurde ich um sechs Uhr morgens durch Kanonenschüsse aus tiefstem Schlaf geweckt. Ich sprang auf, sah hinaus und stellte fest, daß es diesmal ein englisches Boot war, das uns zu stoppen befahl. Beruhigt legte ich mich wieder nieder, und kurz danach fuhr unsere »Remmaren« auch weiter.

Wir saßen mit Jakobsons meist auf Deck und genossen die herrliche Seeluft, obwohl dauernd treibende Minen vor unseren Augen tanzten. Der Mann auf dem Beobachterturm des Schiffes wurde alle zehn Minuten durch ein Glockenzeichen abgelöst. Länger konnte man sich auf eine Beobachtung, die so hochgespannte Konzentration verlangte, nicht verlassen. Manche Passagiere guckten dauernd durch ihre Ferngläser und behaupteten, daß sie U-Boote auf dem Meere erkennen konnten. Uns interessierte dies weniger als das Herannahen des stürmischen Wetters, das auch in der Nacht eintrat. Unser kleines Schiffchen kämpfte tapfer gegen den Anprall der Wellen und schaukelte wie ein Ruderboot. Von Stunde zu Stunde verstärkte sich der Sturm und erreichte schließlich irgendeine Rekordzahl, deren Höhe ich aber vergessen habe. Nun vergaßen wir die Deutschen, die Minen und die U-Boote vollkommen. Seekrank werden oder nicht seekrank werden, das war die bange Frage. Wir hörten, daß in unserem Wohnzimmer ein Stuhl nach dem anderen umfiel, ein Gegenstand nach dem anderen vom Tische rutschte, bis ich schließlich merkte, daß meine Schreibmaschine die regelmäßige Wanderschaft von einer Wand des Zimmers zur gegenüberliegenden angetreten hatte, wo sie jedesmal mit einem Anprall stehenblieb, ehe sie die Rückreise antrat. Nun entstand der Kampf in mir, ob ich mich aus meinem Bette erheben sollte oder nicht, um die arme Maschine, die sich ja nicht zu dieser Reise gedrängt hatte, vor dem Untergange zu bewahren. Daß Ernst aufstehen konnte, kam nicht in Frage. Nachdem ich das siebzehnte Mal den Anprall gehört hatte,

siegte schließlich das Verantwortungsgefühl gegen meinen treuen
Gehilfen, und ich rettete die Maschine. Ich schloß sie in einen
Schrank ein, in dem ungebrauchte Kissen und Decken lagen. Das
Wohnzimmer fand ich in desolatem Zustand wieder. Alles lag auf
dem Fußboden verstreut. Der Inhalt des Schreibtisches mit allen
Notizen, die Ernst zu seiner Arbeit zurechtgelegt hatte, mischte
sich mit meinen Nähutensilien, mit Tischdecken, Blumenvasen
und den Süßigkeiten, die man uns zum Abschied geschenkt hatte.
Wir ließen alles liegen, bis der Sturm sich gelegt hatte, was aber
erst in den Abendstunden des nächsten Tages eintrat.

Auf der vierzehntägigen Reise wiederholte sich das Unwetter
dreimal, und der Kapitän erzählte uns später, daß es absolut unmöglich gewesen wäre, das kleine Schiff bei so hohem Seegang
durch die Minenfelder zu steuern, und daß wir nur unserem
Schicksal, nicht aber seiner Leistung unser Leben zu verdanken
hätten.

Am Morgen des 23. Mai kam die Nachricht durch den Rund-
funk, daß das englische Kriegsschiff »H. M. S. Hood« bei einem
Versuch, die deutsche Flotte, die in Bergen lag, anzugreifen,
versenkt worden war und 3000 junge englische Seeleute mit sich
auf den Meeresgrund genommen hatte. Unser Kapitän, der seit
unserer Abfahrt noch kein persönliches Wort gesprochen hatte,
trat aufgeregt aus seiner Kabine und sagte uns, daß der Krieg
für England jetzt verloren wäre, da durch die Versenkung des
stärksten englischen Kriegsschiffes die deutsche »Bismarck« un-
besiegbar geworden wäre und die See beherrschen würde. Der
Schuß, der die »Hood« getroffen und versenkt hätte, wäre nicht
von den Küstenbatterien abgegeben worden, sondern von der
»Bismarck«, und dies bewiese, daß diese eine so große Reichweite
hätte, daß kein englisches Kriegsschiff sich ihr nähern könnte.
Verwundert sah ich den alten Kapitän an. Da stand ein Mann,
der durch 25–30 Jahre sein Schiff durch Unwetter und Gefahren
gesteuert, der wie wenige Menschen die Gelegenheit gehabt hatte,
die Naturgewalten kennenzulernen. Und dieser Mann glaubte,
daß man mit Bleistift auf einem Papier ausrechnen könne, daß
man der Reichweite einer Kanone wegen ein Land wie England
besiegen könne. Ich war die einzige der Anwesenden, die es wagte, seiner Autorität mit der Frage entgegenzutreten, ob man einer
solchen Sache wirklich so sicher sein könne. Ernst, der neben

mir stand und die Verblüffung des Kapitäns merkte, mischte sich ins Gespräch und sagte mit seinem spitzbübischen Lächeln: »Sie wundern sich sicher über die Zweifel meiner Frau, Herr Kapitän, denn Sie können ja nicht wissen, woher sie kommen. Meine Frau glaubt nämlich nicht an Wahrscheinlichkeit.« Als am 26. Mai, also drei Tage später, die Nachricht uns erreichte, daß der englische Kreuzer »H. M. S. Dorsetshire« mit Hilfe des Flugzeugträgers »Ark Royal« die »Bismarck« angegriffen und mit ihrer Besatzung von ebenfalls 3000 Mann versenkt habe, lächelte der nette Kapitän mir zu, als er mich auf dem Korridor traf. So wurden wir innerhalb weniger Tage von Stimmung zu Stimmung gerissen, und 6000 junge Menschen ertranken genau an der Stelle, die wir durchfuhren, als Opfer des Wahns, der die Welt ergriffen hatte.

Und doch war diese Reise nicht so bedrückend, wie man nach dieser Beschreibung vermuten sollte. Die gute Haltung aller Passagiere allen Gefahren zum Trotz, die Kameradschaft zwischen uns und der Besatzung, das ernste, aber sehr menschliche Verhalten des Kapitäns schufen eine Atmosphäre der Zusammengehörigkeit, die in merkwürdigem Gegensatz zu dem schwankenden Element stand, dem wir uns anvertraut hatten, und geradezu den Gegenpol bildete zu dem Haß und der Verrohung der Welt, die uns umgab.

Am auffallendsten war Ernstens Stimmung. Er freute sich über seine wissenschaftlichen Gespräche mit Jakobson ebensosehr wie über die weniger wissenschaftlichen mit seiner reizenden jungen Frau, und er eignete sich in den wenigen Tagen der Überfahrt eine Unmenge von Kenntnissen an, die er für das neue Land zu brauchen glaubte. Seine Gesundheit besserte sich eher, als daß sie angegriffen wurde, und als wir nach der Landung in New York das Schiff verließen, konnte keiner von uns leugnen, daß wir schweren Herzens voneinander und den gemeinsam verbrachten Wochen Abschied nahmen. Vor unserer Landung schrieb Ernst in das Gästebuch des Schiffes ein Zitat von Stevenson ein: »The surprising thing with miracles is that they sometimes happen.« Das Gästebuch liegt mit allem anderen, was das schöne Boot barg, auf dem Meeresgrund.

Die »Remmaren« fuhr wenige Tage später nach Südamerika, wo unser Kapitän plötzlich an einem Herzschlag starb. Zuvor hatte er der Reederei mitgeteilt, daß unsere Reise so gefährlich

gewesen wäre, daß er den Rat geben müsse, keine Passagiere
mehr auf den Frachtdampfern nach New York zu befördern. Aus
diesem Grunde lief das Schiff, das Georg und die Seinen nach
Amerika bringen sollte, nicht aus, und wir wurden neuerdings
von diesem Teil unserer Familie getrennt. Die »Remmaren«
machte nach ihrer Rückkehr nach Göteborg nochmals eine Fahrt
nach Südamerika und wurde auf der Rückreise nach Schweden
von den Deutschen torpediert und versenkt. Die Besatzung wurde gerettet.

Amerika – 4. Juni 1941 bis 13. April 1945

Als wir am Morgen des 4. Juni in den Hafen von New York
einliefen, goß es in Strömen. Von der schönen Einfahrt, die ja
sagenhafte Gestalt angenommen hat, sahen wir nicht eine Spur.
Die Statue of Liberty war, wie alles andere, in dichten Nebel ge-
hüllt. Wir standen alle eng beisammen, zum Verlassen des Schiffes bereit, jeder wohl mit seinen eigenen Gedanken beschäftigt
über die Zukunft, die dieses Land uns bereiten würde. Ernst sah
betrübt in die graue Nässe, die uns umgab. Plötzlich drehte er
sich zu Frau Jakobson um und sagte: »Nein, hier kann ich nicht
arbeiten.« Darauf sprachen die beiden von dem hellen Norden,
und wie Skandinavien uns empfangen hätte, und wie die Sonne
gestrahlt hätte, als wir abfuhren. Eine nette alte Amerikanerin,
die die Fahrt mit uns gemacht hatte, drängte sich an mich heran
und fragte mich unvermittelt: »How do you like America?« Ich
konnte nur ehrlich antworten, daß ich dies noch nicht genau
sagen könnte.
Die Landung war wegen der geringen Anzahl der Passagiere
sehr vereinfacht, und als wir das Schiff verlassen hatten, liefen wir
mehr als wir gingen unseren Kindern, Geschwistern und Freunden entgegen, die uns, nach einer beängstigenden Wartezeit von
vierzehn Tagen, freudigst begrüßten. Siebzehn Abholende standen
am Pier. Es ist unmöglich, ein solches Wiedersehen zu schildern,
auf das man, aller Wahrscheinlichkeit nach, kein Recht mehr
gehabt hatte zu hoffen. Man spricht in solchen Situationen auch
meist sehr unwesentliche und überflüssige Dinge; denn es kommt
eben einzig und allein darauf an, *daß* man spricht, und nicht, was

man spricht. Aber ich erinnere mich noch sehr wohl eines Satzes, der uns von allen Seiten fast gleichzeitig entgegenkam, und zwar der Satz: »Ihr habt ja unerhörtes Glück mit dem Wetter.« Angesichts des strömenden Regens, der uns umgab, verblüffte uns dieser Satz aufs äußerste. »Wait and see«, antwortete mir Edith auf meine erstaunte Frage, was dies wohl bedeuten mochte.

Wir fuhren mit den Kindern in die Wallersche Wohnung. Das Rad hatte sich wieder gedreht, seitdem sie anderthalb Jahre vor uns Schweden verlassen hatten. Nun hatten sie eine Wohnung, und wir hatten keine mehr. Um ihren Eßzimmertisch saßen die Eltern und die beiden Söhne und eine neue Schwiegertochter, unsere Anne und ihr Mann und Harry Schreiber. Es war ein sonderbarer Eindruck – dieser Wechsel der Umgebung, der sich seit den Jahren der Emigration immer wieder vollzog. Die kleine Wohnung, in der die Geschwister jetzt wohnten, stand in schroffem Gegensatz zu dem schönen Haus in Wien, in dem wir sie im Januar 1938 zum letztenmal besucht hatten. Sie hatte nicht einen einzigen Gegenstand mit sich nehmen können nach Amerika. Aber wie geringfügig war dieser Verlust, wenn man die Familie geschlossen um einen Tisch sitzend vorfand und fühlte, daß das, was wesentlich für Menschen ist, ihnen nicht verlorengegangen war. Mich beglückte es sehr, daß es Edith gelungen war, dem zu entgehen, was zentnerschwer auf mir lastete – der Zerstreuung ihrer Familie.

Wäre es nach mir gegangen, so hätte ich keine Sehnsucht danach empfunden, mich in New York umzusehen, Amerika kennenzulernen und den Versuch zu machen, mich der neuen Welt anzupassen. Ich wäre am liebsten an dem Tisch sitzengeblieben, an dem ich die erste Mahlzeit in Amerika eingenommen hatte, und wäre vollkommen zufrieden gewesen, meine Tage mit Kindern und Geschwistern zuzubringen.

Nicht so aber Ernst. Nachdem wir uns in einem Hotel eingemietet hatten, überkam ihn eine Unruhe, die ich niemals an ihm erlebt hatte. Er schien geradezu elektrisiert und stürzte sich Hals über Kopf in das neue Element. Als wir Schweden verließen, stand es schon lange Zeit unter der Rückwirkung des europäischen Krieges. Alle Lebensmittel waren rationiert und frisches Obst eine Kostbarkeit. Warmes Wasser war seit anderthalb Jahren verschwunden, und der Mangel an Benzin hatte die Straßen fast

autofrei gemacht. Die Absperrung von der übrigen Welt lastete
auf den Gemütern, ohne daß darüber jemals gesprochen worden
war. Als wir in New York das erstemal ans Fenster traten, sahen
wir vier Reihen Autos dicht aufeinanderfolgend vorbeifahren. Aus
der Höhe des neunten Stockwerkes, in dem wir uns befanden,
sahen sie wie Spielzeuge aus. Jedes schien dem letzten Modell
anzugehören; alle Farben frisch, der Lack unbeschädigt. Ebenso
gepflegt waren die Häuser, die wir sahen. Die Eingänge nicht
geschmackvoll, aber mit großem Luxus gebaut und gut gehalten.
Das Leben auf den Straßen zeigte ein buntes Durcheinander. Die
Läden bogen sich voll der herrlichsten Früchte. Alle Lebensmittel
der Welt schienen in dieser Stadt versammelt zu sein, wie auch
alle Völker vertreten zu sein schienen.

Ernst bewunderte alles, was er sah, und kritisierte nichts. Der
berühmte Drugstore nahm in ganz gefangen. Die Tatsache, daß
er für 35 Cent in einer »Apotheke«, wie er es nannte, ein gutes
Lunch einnehmen konnte, amüsierte ihn so sehr, daß er nicht
mehr zu bewegen war, ein Restaurant zu besuchen. In wenigen
Tagen hatte er das Netz all der verschiedenen Untergrundbahnen
studiert und fuhr wie ein Einheimischer in New York herum. Am
dritten Tag nach unserer Ankunft befand er sich bereits auf dem
Wege nach Princeton, um seinen alten Kollegen, den Kunsthisto-
riker Panofsky, den Mathematiker Weyl und vor allem Einstein
wiederzusehen. Kurt Goldstein kam schon am ersten Abend von
Boston nach New York, um uns zu begrüßen. Es wimmelte von
alten Freunden und Kollegen. Richard Hönigswald, durch lange Jahre in wissenschaftlicher Verbindung mit Ernst, erschien
auch plötzlich auf der Bildfläche. Der 65jährige Philosoph hatte
Deutschland erst verlassen, nachdem er einige Wochen im Konzentrationslager zugebracht hatte.

Das bunte Leben, das Ernst plötzlich umgab und das in so
krassem Gegensatz zu den letzten schwedischen Jahren stand,
schien ihn auch körperlich zu beleben. Die ungeheure Hitze, die
gleich nach unserer Ankunft eingesetzt hatte und uns zum Verständnis für die Äußerung über das gute Wetter bei der Landung
verholfen hatte, schien ihm eher gut zu tun als ihn zu belasten.
Daß er sein Annchen wiederhatte, beglückte ihn über alle Maßen
und half den Schmerz lindern, den die Trennung von den Söhnen ihm bereitete. Nun wollte er auch von ihr erfahren, wieso das

Telegramm mit der Einladung nach Yale nicht von dort, sondern von ihr gekommen war.

Anne erzählte lachend die Vorgeschichte der Berufung. Sie berichtete, wie überrascht sie gewesen wäre, eines Tages von dem Head of the Department of Philosophy at Yale University einen Brief zu erhalten, in dem man sie bat, zu einer Besprechung nach New Haven zu kommen. Es bestände, wie Professor Hendel schrieb, der Plan, ihren Vater als Visiting Professor nach Yale einzuladen, und die Universität benötige einige fehlende Auskünfte. »You probably would like to have him coming here«, fügte er hinzu.

Anne erstaunte dieser Brief sehr. Sie hatte sich wohl vielfach darum bemüht, Freunde, die zu den amerikanischen Universitäten Beziehungen hatte, wissen zu lassen, wie wichtig es wäre, dem Vater aus der schwierigen Situation in Schweden herauszuhelfen, und viele waren ihrer Anregung auch gefolgt. So hatte z. B. Thomas Mann den Versuch gemacht, Ernst eine Einladung nach Harvard zu verschaffen, was aber aus den von mir schon mitgeteilten Gründen abgelehnt wurde. Zu Yale hatte niemand, den sie kannte, irgendwelche Beziehungen. Wenn man sich klarmachen will, wie grotesk uns Annes Bericht erschien, muß man versuchen, ihn auf das ehemalige Deutschland, auf Schweden oder gar auf England zu projizieren. Annes noch sehr jugendliches Aussehen und ihr ganz und gar unakademisches Temperament verstärkte die Komik ihrer Erzählung. Mir ist es später immer so erschienen, als hätte ich die kleine, lebhafte Person mit ihrem schelmischen Ausdruck tatsächlich inmitten der Yale-Philosophen sitzen sehen und der Besprechung persönlich beigewohnt. Sie berichtete, daß Professor Hendel sie von der Bahn abgeholt hätte und dann in seinem Office eine lange Unterhaltung mit ihr gehabt hätte, die sie versuchte, uns wörtlich wiederzugeben. Er sagte ihr zuerst, daß er ein großer Bewunderer von Ernstens Schriften sei und sich sehr freue, kurz nach seinem Antritt als Head of the Department die Einladung an ihn ergehen lassen zu können. Der soeben emeritierte Professor Urban hätte viel über Ernstens Sprachphilosophie gearbeitet, und auf seine Anregung wäre der Vorschlag, Ernst nach Yale zu bringen, zurückzuführen. Von einer Rettungsaktion, wie sie angenommen hatte, war nicht die Rede. Professor Hendel wußte gar nicht, in welchem Lande Ernst zu finden sein würde, und hatte deshalb an seinen alten Freund, Professor Norman Kemp Smith, nach Edinburgh geschrieben und ihn gefragt, ob er ihm helfen könne, Ernstens Adresse herauszufinden. Professor Kemp Smith hatte geantwortet, daß Cassirer in Schweden wäre, daß aber, soviel er wüßte, seine Tochter in New York lebte und über alles Auskunft geben könne. Dies war also der Weg, der zu Anne geführt hatte.

»Nach einigen kurzen Fragen« – so erzählte Anne weiter – »führte mich Hendel dann zu Dean Furniss in der Graduate School. Ich kam mir ganz komisch vor, als ich die Fragen beantworten sollte, von denen ich Euch nur einige wiedergebe. Ich hätte ja das Blaue vom Himmel gelogen, wenn ich Euch dadurch aus Schweden hätte holen können. Aber ich brauchte nicht eigentlich zu lügen. Es ging alles soweit gut. Nur als ich sehr genaue Auskunft über Vaters Gesundheitszustand geben sollte, lenkte ich ab und bat, man solle doch lieber bei Professor Kurt Goldstein nachfragen, der über diesen Punkt besser Bescheid wüßte als ich. Aber die Fragen, die mir gestellt wurden, schienen mir höchst sonderbar und nicht ganz adäquat zur Berufung eines Philosophen. ›Is your father easily disturbed?‹ fragte Dean Furniss. ›No‹ antwortete ich ihm, ›because he has been used to his three children.‹ – ›Does he like young folks? – Would you think he fits in the American scene? – What about his English?‹ – ›Excellent‹, antwortete ich auf die letzte Frage, ›especially in Shakespearean style‹ . – ›Was he interested in his children? Did he read stories to you?‹ etc. etc. – Nach dieser Besprechung führte mich Hendel in sein schönes Haus, und ich lernte Mrs. Hendel kennen. Nachmittags wurde ich der ganzen philosophischen Fakultät vorgeführt, lernte Urban und Northrop und all die anderen kennen, und es fiel mir am Ende schwer, meinen Ernst zu bewahren, denn die Fragen verloren durch ihren Zuwachs nicht an Komik. Einer der Professoren fragte mich, ob Vater viel spazieren ginge, was ich verneinen mußte. Zu meinem Erstaunen sagte er daraufhin: ›I like that. The true philosopher can't like walking.‹

Plötzlich, nach all den Fragen about his pension in Sweden, his health, his looks fragte ich die Herren, ob sie vielleicht sein Bild sehen wollten – ich hätte eines mitgebracht. Ich wußte sehr wohl, daß das Aussehen von Mrs. Cassirer in diesem Lande zur Berufung auch nicht unwesentlich wäre, und zog ein Bild hervor, daß Euch und eine sehr dicke Freundin darstellte. Ich ließ eine kurze Zeit vergehen, ehe ich die beruhigende Auskunft gab, daß die dicke Dame nicht meine Mutter wäre. Große Erleichterung folgte. ›Can you tell us something about his habits?‹ ging es weiter. ›Is he sociable? Does he mix with the students? Do you think he might be a primadonna like many European professors?‹ Allmählich befreite die Komik dieser mir ganz ungewohnten Fragen mich von jeder Verlegenheit, und ich rief belustigt aus: ›When I first came to America I was fully prepared to sell stockings; but I was not prepared to sell my father.‹

Diese respektlose Äußerung brach das Eis vollkommen, und ich wurde denkbar freundlich entlassen. Wenige Tage später rief mich Hendel im National Refugee Service an, wo ich damals arbeitete, und sagte mir höchst erfreut: ›I just got the O.K. for your father's appointment, but I would like you to be the first one to bring him the news.‹ Dies ist die Aufklärung meines ersten Telegramms«, schloß Anne ihre Erzählung, und Ernst nahm sie in seine Arme und dankte ihr mit einem festen Kuß.

Am zweiten Tage nach unserer Ankunft besuchte uns Professor Charles Hendel, Head of the Department of Philosophy at Yale University, in unserem Hotel. Er hatte sich für zehn Uhr morgens bei uns angemeldet, und wir berieten mit Anne, die uns mit ihrem Vorsprung von drei Jahren als Autorität für amerikanische Sitten erschien, was wir ihm um diese frühe Stunde wohl vorsetzen könnten. Zu unserem Erstaunen sagte Anne, daß man den Amerikanern zu jeder Zeit Whisky mit Soda offerieren müßte, und wir bestellten dieses Getränk beim Hotelkellner. Professor Hendel nahm es auch freundlich lächelnd an, und Ernst leistete ihm dabei Gesellschaft. Viele Monate später, als wir Hendel schon sehr gut kannten, erzählten wir ihm, wie verwundert wir gewesen wären, als Anne uns geraten hätte, ihm damals um zehn Uhr morgens das schwere alkoholische Getränk vorzusetzen. Hendel brach in sein herzlichstes Lachen aus und sagte uns, daß er sich darüber auch sehr verwundert hätte, aber nichts zu äußern gewagt hätte, weil er angenommen habe, daß diese Gewohnheit zu unseren Sitten gehörte.

Als Hendel damals am 5. Juni bei uns erschien, verhalf er uns sofort dazu, einen grundlegenden Irrtum aufzudecken und die Vorstellung, die wir uns von dem »Amerikaner« gemacht hatten, ein für allemal zu korrigieren. Seine äußere Erscheinung war die eines vornehmen, kultivierten Mannes, der uns genausogut in England wie in Deutschland oder Frankreich hätte begegnen können. Er sprach mit sanfter Stimme in sehr schönem, gepflegten Englisch, und ein leichtes Lächeln, das immer auftrat, wenn einer von uns sich allzu unorientiert zeigte, nahm uns gleich gefangen. Er sagte weder »Take it easy«, noch legte er die Füße auf den Tisch, noch schien er in irgendeiner Beziehung den Überlegenen spielen zu wollen. Ganz im Gegenteil, mit großem Respekt saß er Ernst gegenüber und betonte immer wieder, wie sehr sein Kommen ihn und die ganze Fakultät ehrte. Er selbst war wohl zu Hause in europäischer Philosophie, hatte in Deutschland und England studiert und war vertraut mit einigen von Ernstens Büchern. Es fiel ihm aber keineswegs ein, die Kenntnis aller Schriften vorzutäuschen. Die »Symbolischen Formen« z.B. hatte er niemals zu Gesicht bekommen, was er Ernst sofort berichtete.

Durch den häufigen Wechsel seiner Arbeitsstätte hatte Ernst sich große Freiheit im Verkehr mit neuen Menschen angeeignet, und nach wenigen Minuten befand er sich mit Hendel in freundschaftlichem Gespräch.

Drei Tage später wurden wir in New Haven erwartet. Als wir New York an diesem Morgen verlassen hatten, war die erste Überraschung, die uns erwartete, die Bekanntschaft mit der amerikanischen Landschaft. Wir konnten es niemals ganz begreifen, wie es möglich gewesen war, daß wir Europäer so gar keine Vorstellung von der wunderbaren Bodenbeschaffenheit der westlichen Halbkugel besaßen. Die Beschreibungen der technischen Wunder, wie die der Hochbauten oder Autostraßen, hatten ihren Weg nach Europa viel schneller gefunden als diejenigen der natürlichen Schönheiten und in uns die falsche Vorstellung erweckt, als wäre die Technik das einzig Sehenswerte in Amerika.

In New Haven erwartete uns auch die sehr erfreuliche Überraschung, eine reizend gelegene kleine Stadt zu entdecken, die zwischen zwei großen roten Felsen lag und uns sofort an unser verlassenes Heim in Schweden erinnerte. Hendel holte uns von der Bahn ab und zeigte uns die Stadt und führte uns später in das Universitätsviertel, wo Ernst im Faculty Club zum Lunch eingeladen war, um den Gelehrten vorgestellt zu werden, während ich gleichzeitig von den Damen bewirtet wurde. Ernst befriedigte

dieses erste Treffen sehr, und er kam angeregt und bester Laune
zu mir zurück. Auch ich hatte einen sehr angenehmen Eindruck
von dem geselligen Beisammensein, dem ich beigewohnt hatte.
Alle Damen kamen mir aufs herzlichste entgegen. Mrs. Hendel,
eine schöne, elegante Frau, die die Rolle der Gastgeberin übernommen hatte, führte mich nach Beendigung des geselligen Zusammenseins in ihr Haus, wo wir am Abend allerlei Gäste trafen,
die kennenzulernen für uns Interesse hatte. Auch dieser Abend
verlief sehr gemütlich und erfreulich. Man half uns bei den Überlegungen wegen der Wahl der Wohnung.

Durch einen glücklichen Zufall fanden wir genau das, was wir
suchten. Eine entzückende kleine Wohnung in einem umgebauten Einfamilienhaus, inmitten eines großen alten Gartens und
mit der Aussicht auf den East Rock, einen der beiden Felsen,
die New Haven gegen Osten und Westen abschließen. Ernstens
Arbeitszimmer hatte die Aussicht auf diesen Felsen, der der geringen Entfernung wegen viel höher wirkte, als er in Wirklichkeit
war, und unserer Wohnung großen Reiz verlieh. Es schien so, als
wäre es noch einmal möglich geworden, Ernst eine Umgebung
zu schaffen, in der er in verhältnismäßiger Ruhe seine Arbeit
weiterführen konnte.

Aber dieser Schein trog nur kurze Zeit. Noch ehe wir die
Wohnung bezogen, hatte Deutschland Rußland angegriffen, und
als wir uns im September in New Haven niederließen, hatte der
deutsch-russische Krieg schon ein kritisches Stadium erreicht. Die
Entscheidung, daß Georg mit seiner Familie in Schweden bleiben
mußte, war gefallen; die Bomben fielen weiter über England.

In New York blieben wir nur kurze Zeit. Ich konnte die große
Hitze nicht vertragen, und ich fürchtete auch, daß die merkwürdig
lebhafte Gemütsverfassung, in die Ernst durch das bunte Treiben
dieser unvergleichlichen Stadt geraten war, ihn im Grunde doch
zu sehr anstrengen könnte. Eigentlich gefiel ihm in der ersten Zeit
alles, was er sah, mit einer einzigen Ausnahme – mit Ausnahme
der Mädchen und Frauen, deren Schönheit er so oft hatte preisen
hören. Oft kam er betrübt von seinen Spaziergängen nach Hause
zurück und klagte, daß er nicht einem einzigen hübschen Mädchen begegnet sei und daß er eine von der anderen überhaupt
kaum zu unterscheiden vermochte. Aber an dem ersten Abend in
New Haven hatte er schon zwei hübsche junge Frauen entdeckt,

die eine eine Deutsche, die andere eine Amerikanerin, und mit beiden freundeten wir uns später auch wirklich an.

Eines Tages erzählte uns Anne, daß sie in einer Cafeteria in der Nähe ihrer Wohnung einen Herrn hätte sitzen sehen, den sie, hätte sie glauben können, daß ein Mensch sich in siebzehn Jahren nicht verändert, für Gawronsky gehalten hätte. Die Nachricht erregte Ernst aufs äußerste, denn er hatte den Freund nicht nur viele Jahre nicht gesehen, sondern hatte auch gar nichts von ihm und fast gar nichts über ihn gehört. Es ist viel leichter, in der Achtmillionenstadt New York einen Menschen zu finden als irgendwo anders in der Welt. Man kann immer sicher sein, daß gewisse Kreise über diejenigen orientiert sind, die aus irgendeinem Grunde zu ihnen gehören. Um herauszufinden, ob Gawronsky im Lande war, brauchte man nur dort zu suchen, wo er höchstwahrscheinlich zu finden sein würde. So geschah es, daß wir durch den Zufall, daß Anne ihm beim Vorbeigehen in einer Cafeteria hatte sitzen sehen, die er nur ein einziges Mal besucht hatte, einen unserer ältesten und liebsten Jugendfreunde wiedergefunden haben. Und wir fanden ihn äußerlich und innerlich unverändert, obwohl er ein sehr bewegtes Dasein hinter sich hatte und nun, verarmt wie wir alle, in Amerika unter sehr veränderten Umständen lebte. Wie stets in der Vergangenheit brachte er Anregung, Heiterkeit, Hoffnung mit sich. Der russische Krieg schien uns allen verloren, und nur Gawronsky haben wir es zu verdanken, daß er uns in der dunkelsten Zeit immer wieder Mut einflößte. Seine Kenntnis der russischen Geschichte wie des russischen Volkes machten ihn viel hellsichtiger für das, was vorging. Davon aber ganz abgesehen, war seine Gegenwart so erwärmend für uns, daß wir ihn oft zu sehen versuchten, um nur eine kurze Stunde die Freude zu haben, seinem persönlichen Zauber zu erliegen. Ich glaube, daß es nur sehr wenige Menschen gegeben hat, die Ernst so geliebt haben wie Gawronsky. Und Ernst hat es immer schmerzlich empfunden, daß seine wissenschaftlichen Leistungen weit hinter seiner ungewöhnlichen Begabung zurückblieben. Nach Ernstens Tod ist er mein treuester und zuverlässigster Ratgeber geworden, und die Biographie von Ernst, die er dem Band der »Living Philosophers« beigefügt hat, ist ein menschliches Dokument zur Erhaltung seiner Persönlichkeit nicht weniger als der von Ernst.

Als ich diese Erinnerungen niederzuschreiben begann, legte ich sie ihm von Zeit zu Zeit vor, und wir entwarfen einen Plan für die Zukunft, von dem ich sehr wohl wußte, daß er unerfüllt bleiben würde. Denn Gawronsky erkrankte im Jahre 1947 an einer schweren Leukämie, die selbst sein Lebensmut und seine Energie nicht besiegen konnte. Er starb vor ein paar Monaten, im Juni 1949.

Unser Plan war, Gawronskys wissenschaftliche Erkenntnisse mit meinen persönlichen Notizen zu einer erweiterten deutschen Biographie zusammenzufassen. In der von uns gemeinsam geplanten Form wird dies nun nicht mehr durchführbar sein.

Den Juli 1941 verbrachten wir in einer Pension in einem der vielen kleinen Städtchen am Long Island Sound. Dort lernten wir zum ersten Male etwas vom amerikanischen Leben kennen; aber die Zeit war zu kurz, um uns wirkliche Einsichten zu verschaffen. Ich erinnere mich nur noch an zwei Dinge sehr genau, die ich damals erlebt habe. Ich hörte zum ersten Male, was das Wort »restricted« bedeutet. Viele Hotels in dieser Gegend waren »restricted«. Wie sehr uns die Bekanntschaft mit diesem sonderbaren Wörtchen erschreckte, konnte keiner unserer amerikanischen Freunde so recht begreifen. Wir kamen aus Deutschland, dem Land der grausamsten Judenverfolgungen, und beanstandeten die Tatsache, daß es in Amerika Hotelbesitzer gab, die sich weigerten, Juden aufzunehmen, worunter sie, wie uns immer versichert wurden, nicht etwa Menschen wie uns verstanden. Wir aber kannten Deutschland länger als seit 1933, und wir wußten, daß es, mit ganz geringen Ausnahmen in unbedeutenden kleinen Ostseebädern, solche Beschränkungen niemals gegeben hatte. Nun befanden wir uns in Amerika, dem Land der Freiheit, das jedem versprach, daß er seine Überzeugungen wo immer und wie immer auszusprechen berechtigt war – und das erste, was uns entgegentrat, war eine uns sehr einschneidend erscheinende Bestimmung. Ich will mich mit diesem in den letzten Jahren so vielseitig behandelten Kapitel nicht weiter auseinandersetzen. Ernst sagte mir später, daß er erst in Amerika entdeckt hätte, daß es ein wirkliches Judenproblem gäbe, das Cohen noch sehr gut gekannt hätte, das uns aber fremd geworden war, das Problem derjenigen Juden, deren Bestreben es war, die Eigenheit ihrer Vergangenheit zu bewahren und die gar nicht daran dachten, die neue Kultur, in der sie lebten, voll und ganz anzunehmen. Hier in Amerika, ganz anders als in Westeuropa, wurde von den Juden sogar die Landessprache erst an zweite Stelle gerückt. Rein religiöser Natur ist diese Einstellung nicht, und es wurde uns schwer, sie ganz zu erfassen.

Der zweite Eindruck, an den ich mich erinnere, kam aus einem ganz anderen Lager und erschien uns mehr humoristisch bedingt.

Ein österreichischer Emigrant, der mit uns in derselben Pension wohnte, erzählte uns eines Tages, daß er bei dem berühmten Schriftsteller van Loon als Bibliothekar angestellt wäre und daß dieser sehr originelle Mann Ernst und mich kennenzulernen wünschte, da er erfahren hatte, daß wir in der Nähe seiner Villa wohnten. Ernst gestand sofort, daß er niemals von diesem Manne gehört hätte, aber wir erfuhren sehr bald, daß er tatsächlich einen ungewöhnlichen Namen als Schriftsteller besaß und eigentlich schon über so ziemlich alle Themen der Menschheit geschrieben hätte. Außerdem berichtete man uns, daß er uns wie kein anderer zum Verständnis des »Amerikanertums« verhelfen könnte. Hendrik van Loon war damals, obwohl erst Ende der Fünfzig, schon ein sehr kranker Mann. Er empfing uns im oberen Stockwerk seiner hocheleganten Villa, da er die Treppen nicht benutzen durfte. Als wir ihn erblickten, verwunderte ich mich nicht wenig über seine Statur sowohl wie über seine Bekleidung oder vielmehr den Mangel seiner Bekleidung. Er war ein ungeheuer dicker Mann, riesengroß und unverkennbar von niederländischem Typus. Sein Oberkörper war unbekleidet, und seine sehr schönen, wohlgepflegten Füße steckten in Sandalen und befanden sich nicht unter, sondern auf dem Tische, an dem er saß.

Er begrüßte uns in fließendem Deutsch, und die Unterhaltung wurde auch in dieser Sprache weitergeführt. Nur hie und da mischte er einige zur Charakterisierung unentbehrlich gewordene Amerikanismen ein. Erst zeigte er uns seine wahrhaft imponierende Produktion. Bildende Kunst, Wissenschaft, Geographie, Literatur, Musik – alles war behandelt und jedes seiner Bücher von ihm selbst illustriert und später in viele Sprachen übersetzt, deren Existenz ich nicht einmal ahnte. Sein Stolz über seine eigene Leistung hingegen schien nicht ganz überzeugend, und der Grund hierzu wurde uns im Laufe seiner Erzählung auch bald klar. Er berichtete, daß er in Holland geboren war und schon in

früher Jugend eine ausgesprochene Begabung für ernste Literatur
gehabt habe. Er war, da der Erfolg ausblieb, nach Amerika ausgewandert, wo er aber, da er auf demselben Wege versucht habe
weiterzuarbeiten, fast verhungert wäre. Nachdem er die amerikanische Mentalität eine Zeitlang studiert hatte, entschloß er sich
eines Tages, sich ihr anzugleichen, und fand denjenigen Stil, den
er seitdem in all seinen Büchern beibehalten hatte. Dieser Stil
bestand darin, die wichtigen Erscheinungen auf allen Gebieten
des Lebens, der Kunst und der Wissenschaft zu popularisieren
und einem großen Publikum zugänglich zu machen. Seine große
Begabung für diese Art der Mitteilung brachte ihm ungeheuren
Erfolg und ebensoviele Dollars ein. Später schien er dieser anfänglich aus praktischen Gründen erwählten Produktionsart aus
Selbsterhaltungstrieb große Wichtigkeit beigemessen zu haben
und hatte sie schließlich zur überlegenen Kunstgattung gestem-
pelt. Er wollte uns erklären, wie Ernst es in Amerika am besten
anstellen könnte, um schnell zu großem Ruhm zu gelangen. Ernst
hörte den sehr reizvollen, immer etwas doppelzüngig klingenden
Erzählungen verlegen schmunzelnd zu, während ich van Loon
öfters durch kritische Zwischenrufe unterbrach, die er sehr geschickt parierte. Am Ende des Berichtes, der unsere Zukunft in
ziemlich trübem Lichte erscheinen ließ, rief ich schließlich aus:
»Aber Herr van Loon, was soll denn aus so hoffnungslos ernsten
Menschen, wir wir es beide sind, in diesem Lande werden?«, worauf er kurz und bündig antwortete: »You will have to die – so
what!« Ich habe niemals vergessen, wo ich diese mir seit damals
unentbehrlich gewordene Redensart des »so what« zum erstenmal
gehört hatte.

Später entdeckten wir, daß alles, was van Loon uns berichtet
hatte, natürlich genausowenig allgemeine Geltung hatte wie jede
der anderen Unterweisungen, die uns zuteil wurden. Daß er Ernst
hatte sehen und sprechen wollen, hatte im übrigen einen ganz anderen Grund gehabt als den, uns auf Amerika vorzubereiten. Er
quälte sich seit langem mit einem Buch über Plato und Sokrates
ab und wollte Ernst in ein dialogartiges Gespräch über diesen
Gegenstand verwickeln, dessen Resultat er später in seinem Buche
verwenden wollte. Daß dieser Plan mißlang, änderte nichts an van
Loons sehr freundschaftlicher Haltung Ernst gegenüber.

Die ersten Monate in Yale verliefen sehr zufriedenstellend. Ernst hatte ein gemeinsames Seminar mit Hendel, dem anderen Philosophen Northrop, den jüngeren Stevenson, Beardsley etc. etc., an dem der Historiker Hajo Holborn und noch verschiedene andere Gelehrte anderer Fakultäten teilnahmen. Das war ganz nach Ernstens Sinn, dessen Wunsch es von jeher gewesen ist, die Philosophie mit den Spezialwissenschaften zu vereinen. Seine Beherrschung der englischen Sprache hatte sich, trotz der langen Unterbrechung während der schwedischen Jahre, eher gefestigt als abgeschwächt, und er begann in Amerika seine neuen Arbeiten direkt in englischer Sprache abzufassen. Da ihm nur die fortgeschrittenen Studenten der Graduate School zugewiesen wurden, hatte er niemals eine große Anzahl Hörer; aber das Zusammenarbeiten mit den Studenten machte ihm sehr viel Freude. Im Gegensatz zu den Jahren in England, in denen er sich nur mühsam und unsicher in der Fremde bewegt hatte, schien ihn das amerikanische Lehrsystem zur Stellungnahme anzuregen. Allmählich hatte er sich an so verschiedenartige Lehrmethoden gewöhnt, daß er nicht wie anfangs scheu mit seiner eigenen Anschauung zurückhielt. Er übte oft scharfe Kritik an der schulmäßigen Art des Universitätsstudiums in Amerika und erzählte uns von der ihm sonderbar erscheinenden Sitte, daß zu Anfang jedes Kurses lange Bücherreihen von den Professoren zurechtgestellt wurden und von den Studenten zu den allzu häufigen Examina durchgelesen werden müßten. »Auf diese Weise«, sagte er zu mir, »hätte ich niemals im Leben ein Examen gemacht. Die jungen Leute lernen hier ungeheuer viel und gründlich, aber sie lernen das Wichtigste nicht – das selbständige Denken. In der Bibliothek«, so fuhr er fort, »muß der Student an die Regale herantreten können, seine Bücher selbst herausfinden und dabei von einem zum andern gelangen, das er gar nicht zu suchen beabsichtigt hatte.« Ernst hatte überhaupt die merkwürdige Eigenschaft, niemals ein Buch zu lesen, das er nicht selbst entdeckt hatte. Oft versuchte ich ihn zu überreden, irgend etwas zu lesen, was mich interessiert hatte; aber er tat es nur sehr selten und gegen inneren Widerstand.

Als er mit den amerikanischen Studenten der ersten Semester, den Undergraduates, später in nähere Berührung kam, fing er an, seine anfänglichen Einwände einzuschränken. Er sah ein, welche ungeheuren Vorzüge die persönliche Verbindung zwischen dem jungen Studenten und seinem Professor mit sich führte, wie frei und gerade die Menschen sich entwickelten. Die Undergraduates sind in Amerika noch halbe Kinder – zwischen sechzehn und zwanzig Jahre alt – und bedürfen einer Leitung noch viel dringender als der europäische Student, der erst mit achtzehn oder neunzehn Jahren sein Studium beginnt. Der Professor darf es sich nicht erlauben, seinen eigenen Studien nachzugehen und die Vorlesungen als eine Art notwendige Bürde zu betrachten. Er ist erst und vor allem Lehrer, und die ihm anvertrauten Schüler haben ein Recht auf seine Zeit und seine persönliche Anteilnahme. Daher kommt es auch, daß die Professoren am Ende jedes Terms völlig erschöpft und überarbeitet sind, ohne eigentlich viel zu eigener Arbeit gelangt zu sein. Alle sieben Jahre aber sind sie ein halbes oder ein volles Jahr lang von jeder Universitätsverpflichtung befreit, und auch die Sommerferien dauern fast drei Monate lang.

Professor Hendel bewohnte mit seiner Frau und zwei erwachsenen Söhnen ein sehr geschmackvolles Haus in derselben Straße, in der wir wohnten, und wir verbrachten viele Stunden dort. Der Einblick in das Gefüge dieser begabten, wohlhabenden, schönen Familie berührte mich anfangs sonderbar. Ich hatte es schon weitgehend vergessen, wie sich das Leben unter solchen Umständen abspielt. Alle vier Hendels waren fleißige, pflichtbewußte Menschen. Es war keine Rede davon, daß mich irgendein außergewöhnlicher Luxus oder eine übertriebene Eleganz überraschten. Aber die Tatsache allein, daß es noch irgendwo auf der Welt ein solch ungestörtes Familienleben gab, beeindruckte mich mehr, als ich mir selbst zugeben mochte. Wäre ich überhaupt imstande gewesen, jemals Neid zu empfinden, so wäre dies der Platz gewesen.

Ich fand das gleiche Bild mit einigen Variationen auch in anderen amerikanischen Familien vor. Als ich das erstemal mit Ernst von dem Eindruck sprach, den dieses für uns endgültig verlorene Paradies auf mich machte, gestand er mir, daß er genau dasselbe empfunden habe. Selbst in Schweden hatte es ja schon lange kein Familienleben mehr gegeben, das nicht von einer oder der anderen Seite aus bedroht schien. Für uns Wanderer schien es der entlegensten Vergangenheit anzugehören; aber dieser Verlust hatte niemals aufgehört zu schmerzen.

Ernstens Gesundheit hielt in den ersten New Havener Monaten gut stand; die meine machte ihm hingegen viel Sorgen. Dadurch, daß ich das erstemal im Leben ohne jede Hilfe die ganze Haushaltsarbeit, inklusive des Kochens, zu leisten hatte, schien es ihm so, als hätten meine Kräfte sehr nachgelassen. Dies war aber nicht der Fall. Der Unterschied gegen Europa war nur der, daß wir in der sehr kleinen Wohnung noch viel enger zusammenwohnten als vorher und daß er infolgedessen immer beobachten konnte, wie schnell und häufig ich ermüdete. Meine schwachen Kochkünste erschienen ihm aber unübertrefflich, und er weigerte sich, eine einzige Mahlzeit außerhalb des Hauses einzunehmen, was mich sehr ehrte, aber doch auch belastete. Ich bat ihn oft, mir bei der sehr langweiligen Beschäftigung des Geschirrwaschens Gesellschaft zu leisten, da unsere kleine Küche sich inmitten der Wohnung befand und er sehr gut auf einem Stuhl neben dem Eingang sitzen und sich mit mir unterhalten konnte, während ich diese langweilige Arbeit verrichtete. Dies schien ihm eines Tages, als er schon genügend Einblick in die Funktionen des amerikanischen Hausherrn gewonnen hatte, nicht mehr ausreichend, und er bot sich an, wie all die anderen Familienväter, bei der Arbeit zu helfen. Ich zeigte ihm etwas zögernd, wie er Glas und Silber abtrocknen sollte, und von da ab vergaß er niemals, nach dem Essen in die Küche zu kommen und, mit dem Geschirrtuch unter dem Arm, geduldig zu warten, bis die Zeit für seine Arbeitsleistung gekommen war. Von den vielen weiblichen und männlichen Kräften, die mir im Laufe der Jahre ihre Hilfe angeboten haben, habe ich nicht eine gefunden, die diese Leistung so vollkommen vollbracht hätte wie der 67jährige Philosoph, der mit seinen ungeschickten Händen noch niemals eine praktische Arbeit geleistet hatte. Wenn er mir das Silber übergab, lag kein Löffel, kein Messer und keine Gabel außerhalb der korrektesten Ordnung, und keines der Gläser zeigte Unklarheiten. Oft im Leben vertrat er die Überzeugung, daß Begabung nichts wäre ohne Interesse, Fleiß und Ausdauer. Als Hausgehilfe bewies er sogar, daß Interesse, Fleiß und Ausdauer die Begabung ersetzen kann. Sein Stolz und seine Freude nach vollendeter Arbeit waren täglich dieselben, und ich hätte diese kurze Stunde gegen kein Königreich vertauschen mögen.

Womit er aber niemals vertraut geworden war, war der Küchenherd. In Schweden hatte ich oft versucht, ihm zu zeigen,

wie er den Gasbrenner zu öffnen hätte, wenn er sich einmal sein
Rasierwasser selbst heiß machen wollte. Aber er hatte irgendeine Aversion gegen diesen Vorgang, und unsere Unterhaltungen
schlossen immer wieder mit den Worten: »Ich kann mit dem
Rasieren ja warten, bis du Zeit hast, mir das Wasser warmzuma-
chen.« In New Haven hatten wir einen elektrischen Herd, und
ich bat ihn, doch zu versuchen, diesen einfachen Mechanismus
zu bedienen. Da wir nun wirklich ganz auf uns selbst angewiesen
waren, konnte es doch eines Tages notwendig werden, daß er für
mich etwas zu wärmen haben würde. Dies geschah auch wirklich
wenige Wochen später. Ich hatte einen schweren Migräneanfall
und lag stundenlang im dunklen Zimmer und wartete auf Ernst,
den ich nach seiner Rückkunft bat, mir den Kaffee, der fertig in
einer Metallkanne bereitstand, auf dem Herd zu wärmen. Die
Milch, sagte ich ihm, befände sich im Eisschrank. Nach wenigen
Minuten hörte ich einen furchtbaren Knall, der augenscheinlich
aus der Küche kam, und ich vergaß die Migräne und alles, was
mit ihr zusammenhing, und stürzte hinaus, um zu sehen, was den
Knall verursacht hatte. Was ich fand, war eine in Milch getauchte
Küche, die Ernst verzweifelt trockenzulegen versuchte. Der Philosoph, der einen großen Teil seiner Arbeit der Physik gewidmet
hatte, hatte, da er fand, daß die Milch, die er aus dem Eisschrank
genommen hatte, für den Kaffee zu kalt war, die ganze, noch
geschlossene Milchflasche auf die glühende Heizplatte gestellt.

Es war sehr drollig zu beobachten, wie ihn, was er damals
»unsere Wirtschaft« zu benennen anfing, zu interessieren begann
und wie er auch für diesen Teil des Lebens Verständnis zeigte.
Eines Tages bot er sich an, den Tisch zu decken, und tat dies
auch sehr gewissenhaft; aber er hatte nicht gemerkt, daß unser
Eßgeschirr mit einer Landschaft geschmückt war, und hatte die
Teller, ohne dies zu beachten, auf den Tisch gestellt. Ich zeigte
ihm nachher, daß der Eindruck des ganzen Tisches durch diese
Unsymmetrie gestört wurde, und er hat danach niemals einen
Teller auf den Tisch gestellt, ohne seine Lage vorher sorgfältig
zu prüfen. All dies war für ihn natürlich eine Art Spielerei, die er
immer mit vergnügtem Schmunzeln ausführte, und wenn er sah,
daß irgend jemand, der mir beim Tischdecken half, in denselben
Fehler verfallen war wie er, rief er ihm zu: »Um Gottes Willen,
stellen Sie die Teller nicht auf den Kopf, so kann doch kein

Mensch essen.« Dann drehte er sich immer lächelnd zu mir, um
zu sehen, ob ich ihm diese Ironie verübelte. Es wäre ihm niemals
eingefallen, mir zu sagen, was ja sehr nahegelegen hätte, daß es
doch reiner Unsinn wäre, in der so aufgewühlten Welt, in der
wir lebten, an die Landschaft auf unseren Tellern zu denken. Er
wußte, daß mein Bestreben, dem ästhetischen Moment Geltung
zu verschaffen, keiner pedantischen Veranlagung entsprang, sondern nur bedeutete, daß ich das letzte Zipfelchen, das sich noch in
meiner Gewalt befand, davor bewahren wollte, der allgemeinen
Zerstörung zu folgen. Je wilder es um uns herum wurde, um so
mehr genoß auch Ernst unser stilles Leben hinter geschlossenen
Türen. Unsere kleine Wohnung machte ihn so stolz und glücklich,
wie keine frühere Behausung ihn gemacht hatte.

Hätte ich seine Kraft gehabt und eine Mission wie die seine,
wären es auch für mich sehr glückliche Zeiten gewesen. Aber ich
wurde zermalmt und zerrissen zwischen Angst um sein Leben und
um das Schicksal der fernen Kinder und Freunde.

Im Herbst 1941 erhielt Ernst die Nachricht, daß die Universität Göteborg ihn zum Ehrendoktor ernannt hatte. Dies bedeutete
eine große Freude für ihn. Er hing sehr an Schweden und war
stolz auf jede Anerkennung, die von dort kam. Das Doktordiplom
und den kleinen Lorbeerkranz, der bei solchen Gelegenheiten
vergeben wurde, nahm Georg in Empfang, und ich fand beides
vor, als ich im Jahre 1946 das erstemal allein nach Schweden
gereist war.

Am 7. Dezember 1941, also kaum drei Monate nach unserer
Ankunft in New Haven, brach, nach dem Überfall auf Pearl Har-
bor, der amerikanische Krieg aus. Ein vollkommener Wechsel
der Szenerie folgte. Am krassesten erschien er uns dort, wo wir
die bürgerliche Geborgenheit eben noch bewundert hatten. Beide
Söhne von Hendels rückten – der älteste sofort, später der jüngere –
als Kampfflieger ein. Das schöne, gepflegte Haus war in seinen
Grundmauern erschüttert. Aber weder dort noch irgendwo sonst
hörte ich eine persönlich gefärbte Klage über das Unglück, das
über das Land gekommen war. Jeder tat ohne viele Worte seine
Pflicht. Die verwöhnte amerikanische Jugend, der das Auto und
der Frigidaire bis dahin die höchsten Güter des Lebens schienen,
ließen alles stehen und liegen und gingen in einen Krieg, dessen Ursache sie eigentlich kaum erkennen konnten. Das ewige

große Problem stand wieder vor mir: Warum konnten in allen
Ländern Millionen von jungen Menschen ihr Leben opfern, als
ob dies das Selbstverständlichste von der Welt wäre, sowie der
Kampfruf ertönte, daß das Vaterland angegriffen und in Gefahr
sei? Warum war es soviel schwieriger, sich zu opfern, wenn man
von sich aus und ohne Befehl erkannt hatte, daß das Vaterland
im Begriffe war, sich *selbst* aufs schändlichste anzugreifen und zu
vernichten? Gab es in Deutschland nicht genügend Menschen,
die bereit waren, für das wahre Deutschland, ungerufen, das zu
vollbringen, was unter der Massensuggestion fast automatisch erfolgte? Von Jahr zu Jahr wurde die Hoffnung geringer, daß eine
Gegenbewegung von nennenswertem Umfang das Land befreien
würde. Um sich einen Begriff davon zu machen, unter welchem
Druck jeder von uns damals lebte, müßte man die Geschichte des
zweiten Weltkriegs zur Hand nehmen und den dort verzeichneten
Kriegsereignissen die Nachrichten zufügen, die immer zahlreicher,
immer deutlicher das Schicksal der Juden kennzeichneten. Nahe
Verwandte und Freunde auf so gemeine, grausige Art vernichtet,
daß man, um selbst weiter existieren zu können, sich ein kompli-
ziertes System des Wegdenkens zurechtlegen mußte. In unserem
speziellen Fall war das Schicksal der Kinder in England und in
Schweden eine so schwere, drückende Last, daß auch in dieser
Richtung die Gedanken geknebelt werden mußten. Die künstlerische Zukunft unseres Schwiegersohns wurde durch den Eintritt
Amerikas in den Krieg wesentlich gehemmt und damit auch Annes Leben sehr erschwert.

Bis zu Mussolinis Fall im Frühjahr 1943 schien der Krieg end-
los, oft ganz hoffnungslos. Wie können Menschen leben, wenn
ihre Gedanken in allen Richtungen vor einer unübersehbaren
Mauer haltmachen müssen? Und mit dem »Leben« allein war es
ja nicht getan. Man mußte eine wichtige Aufgabe erfüllen, von
deren Erfolg weitere Entscheidungen abhingen. Man durfte sein
eigenes Schicksal nicht mehr wichtig nehmen im Augenblick, in
dem das Land, in dem man so freundliche Aufnahme gefunden
hatte, sich im Krieg befand. Rückblickend erscheint mir die Leistung, die Ernst in dieser Lage vollbracht hat, immer wieder so
bewunderungswert wie nichts, was ich sonst an ihm erlebt habe.
Ihn damals zu beobachten hieß den Menschen nahe seiner Vollendung zu erblicken.

Ende 1941 starb unser Vetter – Ernstens Verleger Bruno
Cassirer – ganz unerwartet in Oxford. Seine Frau folgte ein Jahr
später. Die beiden sehr ungewöhnlichen Menschen hatten uns
sehr nahegestanden. Als Ernst dem Verlag im Jahre 1904 das
Manuskript des ersten Bandes des »Erkenntnisproblems« übergab,
sagte er zu Bruno: »Einmal in der Literatur gibt es ein Vorbild für
unsere Beziehung – ›Fontane bei Fontane‹. Nun wird es heißen:
›Cassirer bei Cassirer‹.«

Was hätte Brunos Tod in unserer früheren Welt bedeutet? Jetzt
dankte man dem Schicksal, wenn es einem Juden gegönnt war,
eines natürlichen Todes zu sterben, umgeben von Kindern und
Freunden. Es war uns, als hätte ein Kapitel unseres Lebens ein
friedliches Ende gefunden.

Die neuen Freunde, die Ernst in den amerikanischen Jahren
kennenlernte, glaubten mir kaum, wenn ich ihnen erzählte, daß
er früher ein stiller Gelehrter gewesen wäre. Sie konnten es sich
nicht denken, daß er Diskussionen niemals gesucht oder gar geliebt hatte; daß er kein geselliges Leben geführt hatte; daß er seine
Tage in möglichster Abgeschlossenheit mit mir und den Kindern
verbracht hatte. Jetzt war er sehr lebhaft geworden, nahm Anteil
an allem und jedem, was um ihn vorging, interessierte sich für die
jungen Menschen, die ihm begegneten, in ganz anderer Weise als
früher. Und trotzdem vergaß er die Tragödie, die sich in der Welt
abspielte, nicht einen Augenblick. Ein Blick in seine Bibliographie
wird den Beweis erbringen, wie ungebrochen seine Arbeitskraft
trotz allem blieb. Oft, wenn ich ihn auf einige Stunden verließ,
fand ich ihn bei der Rückkehr in unsere Wohnung genau an
derselben Stelle sitzend, an der ich ihn verlassen hatte. An der
Haltung seines Körpers konnte ich feststellen, daß er sich nicht
vom Fleck gerührt hatte. Lediglich seine linke Schulter zeigte eine
veränderte Haltung. Sie senkte sich nach einiger Zeit, und seine
Anspannung war so groß, daß er nicht einmal Zeit fand, dies zu
beobachten und zu korrigieren. Unglücklicherweise wurde seine
Gesundheit in den ersten Januartagen des Jahres 1942 neuerdings wesentlich erschüttert. Er kam von einer philosophischen
Tagung aus Poughkeepsie in bester Stimmung zurück und holte
mich in New York ab, um nach New Haven zurückzukehren. Er
gestand mir unterwegs, daß er sich nicht wohl fühlte, aber unter
allen Umständen noch zur Bibliothek fahren wollte, ehe er in

die Wohnung zurückkehrte. Ich riet ihm dringend davon ab, da ich ihn sehr angegriffen aussehend fand, konnte ihn aber nicht überzeugen. Als ich in New Haven unser Gepäck herausholen wollte und er in der Bahnhofshalle auf mich wartete, sah ich ihn plötzlich schwanken. Ich stürzte ihm entgegen und konnte es im allerletzten Augenblick verhindern, daß er zu Boden fiel. Er hatte das Bewußtsein verloren, und seine Gesichtszüge waren bis zur Unkenntlichkeit verändert. Seine sonst blühende Gesichtshaut hatte sich gelblich gefärbt, und man sah in diesem Augenblick erst deutlich, wie zart und gebrechlich er geworden war. Solange sein geistiger Apparat arbeitete, verdeckte die Lebendigkeit seines Ausdrucks diese Veränderung. Merkwürdigerweise kam mir die Erinnerung an die Wiener Erkrankung im Winter 1936 nicht zurück, sondern ich dachte, daß er einen Schlaganfall erlitten hätte. Es ist überflüssig zu schildern, was in mir vorging. Noch war mir Amerika fremd, die Sprache noch nicht selbstverständlich geworden. Ich hatte keinen meiner Angehörigen um mich und kannte keinen Arzt.

Als Ernst wenige Minuten später die Augen öffnete, versuchte er, wie immer, wenn es sich um seine körperlichen Leiden handelte, diese zu bagatellisieren. Ich bat ihn dringend, mir zu erlauben, ihn in ein Krankenhaus zu bringen, da ich mich der Situation nicht gewachsen fühlte. Ich bat ihn, doch zu verstehen, daß schon meine körperlichen Kräfte nicht ausreichen würden, ihn zu stützen, wenn es wieder geschehen sollte, daß er das Bewußtsein verlöre. Aber er wollte nichts von einem Krankenhaus wissen und mich nicht von seiner Seite lassen. »Morgen bin ich gesund«, sagte er, »und du wirst schon alles schaffen.« Es blieb mir nichts anderes übrig, als ihm nachzugeben. Ein junger österreichischer Arzt, der sich kurz zuvor in New Haven niedergelassen hatte, half mir dann nach besten Kräften, ihn über die schweren Folgen der Krankheit hinüberzubringen. Er verbrachte viele Stunden bei uns, und in wenigen Tagen war Ernst tatsächlich genesen. Es hatte sich wohl um irgendeine Art Darmgrippe oder um eine Fleischvergiftung gehandelt, und als der neue Term begann, war er zur Stelle, ohne eine einzige Unterrichtsstunde versäumt zu haben. Alle anderen Kollegen hatten im Winter einige Tage aussetzen müssen, und einer von ihnen war ernstlich erkrankt. Da bat man Ernst, den Kurs über griechische Philosophie für ihn zu übernehmen, da sich kein Amerikaner so unvorbereitet dazu verstehen konnte.

Das wurde die erste Bekanntschaft zwischen Ernst und den jungen Undergraduates, die ihn schließlich sehr erfreute. Er sprang ein, ohne eine einzige Notiz über das Thema zu besitzen. In der fremden Sprache eine gesteigerte Leistung. Am Ende des Jahres hatte er sich bereits einen vielseitigen Ruhm in Yale erworben. Unter anderem hieß es von ihm, daß er, »the healthies man of the department« wäre. Hätte ich mich nur davon überzeugen lassen können, daß dieses Lob sich ebensosehr auf Tatsachen stützte wie die Erzählungen der anderen Heldentaten, die man ihm nachsagte!

Die letzte heftige Erkrankung hatte anscheinend keine bösen Folgen für seinen Allgemeinzustand gehabt. Dieser veränderte sich nur sehr wenig, und manches Mal schien er mir sogar gebessert. Aber mich verfolgte die Sorge um ihn Tag und Nacht, und ich kann die Stunden nicht zählen, die ich damit zugebracht habe, in banger Angst am Fenster zu stehen, wenn ich ihn aus der Universität zurückerwartete.

Meine eigene Gesundheit ließ in den Jahren, die nun folgten, bedenklich nach. Immer wieder quälte ich mich mit der Vorstellung, was wohl geschehen würde, wenn ich eines Tages versagen würde. Ernst war ganz auf mich angewiesen. Auch er blickte oft sorgenvoll auf mich und überlegte seinerseits, was wohl ohne ihn aus mir werden würde. Ich bat ihn, sich mit dieser Möglichkeit nicht ernsthaft zu beschäftigen, da ich fest entschlossen sei, ihm, wenn er der erste sein würde, sofort freiwillig zu folgen. Dieser Gedanke war ihm schließlich so vertraut, daß er ihm die Sorge um meine Zukunft wesentlich erleichterte, und er hat ihm niemals widersprochen. Die Gründe, aus denen ich schon ein Jahr vor seinem Tode diesen Vorsatz aufgegeben habe, will ich nicht weiter erörtern. Ich glaubte angesichts der Katastrophe, die wir erlebten, kein Anrecht mehr darauf zu haben.

Yale veränderte sich durch den Krieg sehr wesentlich. Die älteren Studenten rückten alle zum Militär ein, und das gesellschaftliche Leben stand still. Für Ernst, den jede Bewegung anstrengte, war es eher vorteilhaft, daß er, wenn er mit der Arbeit an der Graduate School fertig war, des Abends ruhig zu Hause bleiben konnte. Aber wir haben von amerikanischem College-Leben viel weniger kennengelernt, als es unter normalen Umständen der Fall gewesen wäre.

Wir freundeten uns mit verschiedenen deutschen Familien an, vor allem mit dem Historiker Holborn und seiner Frau, denen Ernst sehr nahestand. Die jüngeren amerikanischen Philosophen schlossen sich uns mit großer Herzlichkeit an, und wir hatten schließlich einen sehr netten Kreis junger Menschen um uns.

Hendel erwies sich vom ersten Tage an als wahrer Freund, und sein Interesse ließ auch nicht nach, als sein eigenes Leben durch den Krieg in seinen Fundamenten erschüttert wurde. Was Hendel nach Ernstens Tod zur Verbreitung seiner Schriften getan hat und was er für mich seit diesem Tage geleistet hat, kann ich ihm niemals genug danken. In einer Ansprache zur Eröffnung einer Tagung, deren Vorsitz er führte, hatte der Sprecher einmal die Formel geprägt, daß Hendel »a mixture of iron and honey« wäre, aber Ernst sagte immer, daß er niemals etwas anderes als den honey an ihm kennengelernt hätte. Ich kann diesen Eindruck nur bestätigen.

Unsere alte Gewohnheit des Vorlesens hatten wir damals aufgegeben, weil ich niemals Freude daran hatte, wenn Ernst mir Englisch vorlas, und das wäre zur Festigung der Sprache notwendig gewesen. Ich wollte ihn auch nicht anstrengen, wenn es für seinen Beruf nicht unbedingt notwendig schien, und so geschah es oft, daß wir gemeinsam den Radiosendungen zuhörten, etwas, was er in Deutschland, England und Schweden nur sehr unwillig getan hatte. Aber wie alles andere ist ja auch das amerikanische Radio eine ganz neue und sonderbare Erfahrung gewesen, und Ernst interessierte sich sehr für die Phänomene, die es erzeugt hatten und die es andererseits erzeugte. Ich hörte ihn oft laut lachen, wenn er auf eine besonders originelle Art des sogenannten »commercial« gestoßen war. Besonders das Anpreisen der Schönheitsmittel, die einem unversiegbaren Quell glichen, machte ihm Spaß. Eines Tages rief er mich mitten von einer wichtigen Arbeit fort und fragte mich, ob ich wüßte, was die Powers Girls wären. Ich war meiner Sache nicht ganz sicher und fragte ihn, wozu er dies denn wissen wolle. Da antwortete er mir, daß er schon seit vielen Wochen am Radio hörte, daß Kreml's Hair Tonic so ausgezeichnet auf die Haare wirkt, daß jeder, der etwas auf sich hält, verpflichtet wäre, es zu verwenden, und daß die Powers

Girls ihre schönen Haare hauptsächlich dem Kreml Hair Tonic zu verdanken hätten. Er hätte sich nun auch entschlossen, dies Haarwasser zu kaufen, aber er wollte doch vorher wissen, wer denn diese ausschlaggebenden Powers Girls wären. Ich sagte ihm, daß ich glaubte, daß es besonders schöne Show Girls wären, die wohl von einem Mr. Power ausgewählt würden. Da sagte Ernst, daß er ja nun keine Wahl mehr hätte und das einzig Peinliche an der Sache wäre, daß der Ansager soeben gesagt hätte, daß er sich sofort in Bewegung setzen müsse: »Go to your drugstore tonight!« und daß er doch etwas müde wäre. Den nächsten Tag brachte er tatsächlich eine Flasche Kreml's Hair Tonic an und hat dieses Haarwasser bis zu seinem Tode benutzt. Als er im Januar 1945, an einer Lungenentzündung erkrankt, hoch fiebernd im Bette lag und Radio hörte, rief er mich wieder zu sich. Tief besorgt erzählte er mir, daß er soeben im Radio gehört hätte, daß das Kreml Hair Tonic manche Haare verfärbe, und daß man vorsichtig mit der Anwendung sein sollte. Ich antwortete ihm, daß ihn das ja nicht zu besorgen brauche, da er ja schon erfahren hätte, daß das bei ihm nicht der Fall wäre. Voller Verachtung für meine Leichtfertigkeit rief er aus: »Du denkst natürlich nicht an die Powers Girls.«

Der ersten positiven Einstellung Amerika gegenüber folgte später eine viel skeptischere. Die geradezu zur Lebensauffassung erhobene Jagd nach dem Glück stimmte ihn bedenklich. »Sie haben ihre Constitution falsch verstanden«, sagte er mir, »aber wir wollen es ihnen nicht sagen, und so werden sie nie erfahren, daß sie das unglücklichste Volk der Erde sind.« Was er unter Glück verstand, sah freilich anders aus als das, was hier erstrebt wurde. Bald aber erfuhr er wiederum, daß es ein Amerika schlechthin gar nicht gab und daß gerade diese Tatsache das Reizvolle der neuen Welt war. Zwar gibt es in jedem kleinen Städtchen dieselben Läden, und man könnte mit verbundenen Augen alle Waren finden, die man in diesen Läden zu kaufen beabsichtigt, weil sie in jedem Laden genau an der gleichen Stelle liegen. Aber die Menschen, die in diesen Läden einkaufen, sind sehr verschieden. Wir haben nur den Osten von Amerika kennengelernt; aber auch innerhalb dieser Grenzen gibt es keine Möglichkeit, ein allgemeines Urteil zu fällen. Was an einer Straßenecke stimmt, stimmt an der nächsten nicht mehr, trotz der so stark in Erscheinung tretenden Nivellierung. Auf alle Klagen, die die Ausländer Ernst vortrugen, hatte er immer nur die eine Antwort: »Und doch stimmt das nicht ganz«, und: »Bedenken Sie, daß das jetzige Amerika kaum doppelt so alt ist wie ich.«

Am Radio machte er sehr wichtige Studien über die Wirkung der Propaganda. Er machte mich darauf aufmerksam, wie selbst ich, die jeder Beeinflussung sehr mißtrauisch gegenüberstand, allmählich doch die Seifen kaufte, die das Radio am häufigsten und intensivsten anzeigte. Seife oder »master race«, Scheuerpulver oder »Judenhaß«, sagte er, alles kann auf diese Weise den Markt erobern.

Anne hatte im Jahre 1943 eine Stellung im American Jewish Committee angetreten, und sie war die erste unter uns, die Einblick in das bekam, was in Deutschland wirklich vor sich ging. Sie bekam alle deutschen Zeitungen zu lesen, hatte alle Statistiken über die Judenverfolgungen zur Verfügung. Es war uns schwer, alles zu glauben, was sie uns erzählte, und Ernst konnte es nicht ertragen, die Berichte zu hören; sie den Amerikanern zu erklären aber war unmöglich. Oft merkten wir, wie mitleidig sie uns zuhörten, ganz im Gefühl, daß so schwer Betroffene, wie wir es waren, doch allmählich den Maßstab des Möglichen einbüßen und der Greuelpropaganda unterliegen. Allmählich vermieden wir es, über diese Dinge zu sprechen. Ernst verstand es sehr gut, daß man solchen Berichten keinen Glauben schenken konnte, wenn man sein Leben lang an Deutschland geglaubt hatte. Schließlich verschloß er den Schmerz über die ungeheuerlichen Vorgänge sogar vor sich selbst, weil er sie nicht mehr in Einklang mit seiner Vorstellung von Deutschland bringen konnte. Es wurde immer schwieriger, den Zusammenhang mit dem Vaterland zu bewahren, für dessen Taten man sich so tief zu schämen hatte. Die gefühlsmäßige Spaltung, in die wir alle bis zu einem gewissen Grade gedrängt wurden, ist schwer nachzufühlen. Am besten wird man sie verstehen können, wenn man sich vorzustellen versucht, daß innerhalb einer festgefügten, kultivierten Familie ein Mitglied ganz unerwartet zum Verbrecher wird und allen anderen nach dem Leben trachtet. Man wird dann einerseits die Familie zu decken versuchen, sich aber andererseits in den Abgrund mit hineingerissen fühlen und schließlich verzweifeln.

Ernstens Urteil wurde in zunehmendem Maße schärfer. Ich staunte oft über diese Veränderung in ihm. Gleichzeitig nahm

der Krieg immer bedrohlichere Formen an. Das war die Zeit, in
der so viele von uns nicht verstehen konnten, was in der Welt eigentlich vor sich ging. Freunde, Schüler, Kollegen und schließlich
ich selbst – wir alle baten Ernst um *seine* Erklärung, wie so etwas
überhaupt möglich geworden war. In Stalingrad ließ man die To-
ten in ihren Betten liegen, um der Familie die ihnen zustehenden
Lebensmittelrationen zu erhalten; Städte wurden dem Erdboden
gleichgemacht, Feuer versengte ganze Landstriche. Unterdessen
sammelte man in Deutschland die Goldfüllungen der Ermordeten,
machte Seife aus ihrem Fett, zog den kleinen jüdischen Kindern,
ehe man sie vergaste, ihre Schuhe aus und verkaufte sie dann,
fein säuberlich etikettiert, an die Bevölkerung. Ernst gab uns keine
Erklärung für diese Ungeheuerlichkeiten. Er schob es für später
auf, bis er mehr Distanz zu ihnen gewonnen haben würde. Was
er litt, war unschwer von seinem Gesicht abzulesen, wenn man
dieses Gesicht so bis ins Innerste kannte wie ich. Aber äußerlich
blieb er ruhig und heiter, nahm Anteil an den Erziehungspro-
blemen Amerikas, die ihm entgegentraten, und tat seine Arbeit.
Aber diese Arbeit schien nicht mehr so natürlich zu wachsen wie
in früheren Jahren. Es war etwas wie Flucht vor der Gegenwart
in sie gedrungen.

Die »Symbolischen Formen« blieben der Sprache wegen und
später auch der Schwierigkeiten wegen, die deutsche Ausgabe
in Amerika zu erwerben, unbekannt. Ernst entschloß sich daher,
eine Zusammenfassung der wesentlichen Teile des Werkes in englischer Sprache zu publizieren. Er schrieb dieses Buch, das später
unter dem Titel »An Essay on Man« bei der Yale University Press
erschien, in englischer Sprache und erreicht nach kurzer Zeit eine
so große Fertigkeit, daß er sich in dem neuen Ausdrucksmittel fast
ungehemmt bewegen konnte. Er legte die Kapitel in der Reihen-
folge, in der er sie schrieb, Hendel zur Begutachtung vor, eine für
ihn bis dahin ganz ungewohnte Arbeitsweise. Ebenso ungewohnt
war es ihm, daß Hendel ihm verschiedene Änderungen vorschlug,
deren Berechtigung Ernst zwar einsah, die er aber unwillig ausführte. Er kannte das in Amerika ganz allgemein gebräuchliche
»rewriting« noch nicht, und es langweilte ihn, an seinen Arbeiten zu feilen. Sein ganzes Leben war er gewohnt gewesen, seine
erste Niederschrift im Original zum Drucker zu schicken und
sich außer mit den Korrekturbogen mit dem Buch nicht mehr

zu beschäftigen, weil er fast immer einen neuen Plan im Kopfe
fertig hatte. Aber seine große Sympathie für Hendel und dessen
feinfühlige, liebevolle Art der Kritik brachten es schließlich fertig,
daß das Buch mit den Hendelschen Vorschlägen zu Ende geführt
wurde. Später sagte mir Ernst, daß Hendel ihn außerordentlich
gut beraten hätte und daß er sich seinetwegen unglaublich viel
Mühe gemacht hätte. Gleichzeitig aber sagte er mir, daß dies das
letzte Mal gewesen wäre, daß er ein Buch so oft umgeschrieben
hätte. Das nächste würde er entweder in der ersten Fassung oder
gar nicht drucken lassen. Er ahnte damals nicht, daß das wirklich
der Fall sein würde, denn als er das Manuskript des »Myth of the
State« abgeliefert hatte, war sein Leben zu Ende.

Eines Tages wurden wir aus New York von einem Mr. Wood
angerufen, der Ernst um eine Unterredung bat, da das Blatt, bei
dem er als wissenschaftlicher Redakteur tätig war, einen Aufsatz
von Ernst veröffentlichen wollte. Mr. Wood wurde am nächsten
Mittag von uns erwartet, und ich schlug Ernst vor, mich in meinem Zimmer aufhalten zu wollen, da ich sehr abgespannt war und
die Unterredung mich ja nicht direkt anging. Mr. Wood erschien
um ein Uhr, und Ernst öffnete ihm die Türe. Fast zwei Stunden
hörte ich die beiden sich sehr lebhaft unterhalten; ich konnte
in meinem Versteck aber nicht verstehen, worüber sie sprachen.
Gegen drei Uhr kam Ernst in mein Zimmer. Er sah sehr angeregt
aus, hatte rote Wangen, und das sonderbare Lächeln, das immer
auftrat, wenn ihn etwas sehr verwunderte und amüsierte, spielte
um seinen Mund. Er bat mich, mich doch anzuziehen und mit
Mr. Wood zu sprechen, da er absolut nicht wüßte, was er auf den
Vorschlag, den dieser ihm gemacht hätte, antworten solle. Erstaunt fragte ich ihn, worum es sich denn handle, und er erzählte
mir, daß die Zeitschrift, die seinen Artikel drucken wollte, nicht
etwa ein wissenschaftliches Blatt, sondern ein sogenanntes Magazin wäre, und zwar ein Magazin für den Großhandel und die
Großindustrie Amerikas. Das erste, was ich erwiderte, war, daß
ich nicht verstände, weshalb ihm die Entscheidung so schwierig
wäre, da er doch unmöglich für so ein Magazin schreiben könne.
»Das ist es ja gerade«, sagte Ernst, »was die Sache so kompliziert
macht. Hendel und Susan Langer haben Mr. Wood geraten,
sich an mich zu wenden, und sie haben beide in dem Magazin
Artikel veröffentlicht. Und dann«, fügte er schmunzelnd hinzu,

»wollen diese Leute eine Riesensumme für einen Aufsatz von mir bezahlen!« Nun fing die Sache an mich zu interessieren. Unsere pekuniäre Lage bedurfte dringend einer Aufbesserung, und die Empfehlung von Hendel und Susan Langer schien doch darauf hinzuweisen, daß die Mitarbeit an dem Magazin nicht so absurd war, wie sie uns erschien. Susan Langer, eine amerikanische Philosophin deutscher Abstammung, hatte Ernst schon im ersten Winter bei einem Kongreß getroffen, und ihre Arbeiten interessierten ihn sehr. Sie war eine Frau von großem wissenschaftlichen Ernst, und ihre Schriften berührten sich in auffallender Weise mit Ernstens Ideen. Ihr Name mit dem Hendels zusammen zeugte eigentlich dafür, daß wir mit unseren europäischen Vorstellungen nicht ganz im Bilde waren. Schweren Herzens mußte ich also an der Beratung über die Möglichkeit einer Zusage teilnehmen, und ich begleitete Ernst in sein Zimmer, um den Gast zu begrüßen.

Mr. Wood war ein klug aussehender Mann Anfang der Vierzig, und er kam mir sehr liebenswürdig und gutgelaunt entgegen und fragte mich, was ich über seinen Vorschlag dächte. Er zeigte mir ein Probeheft des Magazins, das den Namen »Fortune Magazine« führt und von dem er annahm, daß es uns selbstverständlich bekannt sein müsse. Ich gestand ihm sofort, daß keiner von uns beiden jemals die Zeitschrift gesehen noch ihren Namen nennen gehört hätte, was, wie ich später feststellte, eine arge Blamage war. Denn dieses vornehmste aller Magazine, das sich schon im Format wesentlich von den anderen »periodicals« unterschied, durfte in keinem »besseren« Hause fehlen. Mr. Wood nahm unsere Unbildung sehr nachsichtig lächelnd auf und blätterte das Heft mit mir durch. Es war ein sonderbares Gemisch, in einer sonderbaren Anordnung: Allerhand wirtschaftliche Themen wurden besprochen, und wundervolle Farbbilder schmückten die Blätter. Die neuesten Autotypen, Traktoren, Flugzeuge waren abgebildet, ebenso wie klassische Gemälde aller Epochen. Meist füllten die Reklamebilder die ganzen Seiten, oft aber traten sie mitten in einem ganz und gar nicht mit ihnen in Verbindung stehenden Text halbseitig auf. Die Artikel zeigten keinerlei Harmonie. Es wurde über Biologie berichtet, über religiöse Strömungen, über neue Erfindungen, über volkswirtschaftliche Bewegungen. Mr. Wood hatte, seitdem er als Redakteur beim Fortune Magazine arbeitete, den Versuch gemacht, auch philosophische Themen einzustreuen, von denen er selbst nicht annahm, daß sie etwa von einem der Abonnenten gelesen werden würden. Aber er wollte das Niveau der Zeitschrift heben, wie er sagte.

Ich hörte ihm erstaunt zu und sagte ihm schließlich, daß ich seine Pläne sehr lobenswert fände, daß ich mir aber absolut nicht vorstellen könne, was für ein Thema Ernst in diesem Blatte behandeln sollte, da er ja niemals irgend etwas Ähnliches unternommen habe. Ernst wurde in diesem Augenblick ans Telefon gerufen, und es überraschte mich aufs höchste, als Mr. Wood mir zur Antwort gab, daß dieses Problem schon gelöst wäre. Darauf zog er einen Zettel aus der Westentasche, auf dem er sich anscheinend während der wenigen Minuten, in denen Ernst mich herangeholt hatte, Notizen über das vorangegangene Gespräch gemacht hatte, und begann mir den Inhalt des Artikels, den Ernst schreiben würde, höchst anschaulich und fließend vorzutragen.

Während er sprach, kam Ernst vom Telefon zurück und lauschte ebenso erstaunt wie ich, bis Mr. Wood geendet hatte. Dann erfuhr ich, daß Ernst all das, was ich soeben gehört hatte, kurz zuvor Mr. Wood bruchstückweise vorgetragen hatte. Es war nichts anderes als der Plan zu seinem letzten Buch, dem »Myth of the State«. Bei dieser Gelegenheit fiel Ernst zum erstenmal der Unterschied auf, der zwischen der deutschen und der amerikanischen Journalistik besteht. Mr. Wood war ein vielseitig und äußerst gründlich gebildeter Mann. Er hatte in Cambridge (England) Philosophie studiert, nachdem er sein amerikanisches Studium beendet hatte – immer mit dem Plan, Journalist, nicht etwa Gelehrter zu werden. In Deutschland hatte das Wort »Journalist« stets einen leichten Beigeschmack; nicht so in Amerika. Journalistik ist ein ernster Beruf, von dessen Verantwortung der Ausübende überzeugt ist – er ist nicht der Lückenbüßer für unzureichende künstlerische oder wissenschaftliche Produktivität. Den Entwurf des »Myth of the State« nach kurzen Andeutungen zu verstehen und zusammenzufassen setzte die Kenntnis der in ihm behandelten Perioden und Autoren voraus. Es war eine erstaunliche Leistung, die Mr. Wood vollbrachte, indem er den komplizierten Aufbau des Buches so knapp zusammenfaßte.

Ernst versprach, den Artikel für »Fortune Magazine« in zwei bis drei Wochen abzuliefern, und begann sofort mit der Niederschrift. Zu meiner Verwunderung aber arbeitete er Tag auf

Tag viele Stunden an dem Aufsatz, und das Manuskript wuchs
zusehends. Eines Tages fragte ich ihn, was er eigentlich schriebe,
da es mir schien, als wäre der Umfang eines Aufsatzes längst
überschritten. Ernst sah mich lächelnd an und sagte mir, daß er
ein Buch schriebe und Mr. Wood sich dann entscheiden könne,
welchen Teil er als Artikel zu verwenden wünschte. Ich erwiderte ihm, daß Mr. Wood nicht ein Kapitel eines philosophischen
Buches erwartete, sondern einen geschlossenen Artikel, und daß
er selbst sehr wohl wüßte, daß dies zwei sehr verschiedene Dinge
wären. Er aber schrieb munter weiter, bis er ein dickes Manuskript, ungefähr ein Drittel des späteren Buches, fertig hatte, und
schickte es an Mr. Wood.

Viele Wochen hörten wir nichts von dem Schicksal des sogenannten Aufsatzes. Ernst schrieb immer weiter an seinem Buch
und kümmerte sich wenig um Fortune Magazine. Ich bat ihn
öfter, doch nach New York zu schreiben und Mr. Wood um Aufklärung der Verzögerung zu bitten, die mir im übrigen gar nicht
zweifelhaft war. Ernst tat nichts dergleichen. Als wir später einmal
ein paar Tage in New York waren, zwang ich ihn förmlich, bei
Fortune Magazine anzurufen, was er dann auch tat. Mr. Wood
sagte ihm, daß er das Manuskript der Redaktion vorgelegt hätte,
daß man aber in großer Verlegenheit wäre, wie man den historischen Teil, der den Anfang des Buches bildet, zu einem lesbaren
Aufsatz umarbeiten sollte. Ernst antwortete sofort sehr liebenswürdig, daß er gerne einen anderen Teil des Buches, z. B. das Kapitel
über Hegel, Mr. Wood abliefern könnte, da er es soeben beendet
hätte. Mr. Wood war sehr einverstanden, da er meinte, daß das
Interesse an Hegel im Augenblick besonders lebhaft wäre.

Für Ernst schien die Sache nun sehr gut erledigt, und er schickte sein Kapitel über Hegel an Fortune Magazine und schrieb
weiter an seinem Buch. Als wieder ein paar Wochen vergangen
waren und kein Wort von Fortune uns erreichte, fing ich an, den
Artikel mit dem hohen Honorar im stillen zu begraben. Es war
ein trauriges Begräbnis; denn die versprochene Summe war das
einzig Amerikanische gewesen, was uns in dieser Richtung jemals
begegnet war. Denn Philosophie gehört auch auf der westlichen
Halbkugel nicht zu den hochbewerteten Dingen.

Eines Tages verlangte jemand aus New York Ernst am Telefon zu sprechen. Ich holte ihn heran und hörte sein Gespräch

mit Mr. Wood – denn dieser war es, der die Voranmeldung machte – an unserem zweiten Apparat mit. Es war kein langes Gespräch. Mr. Wood fragte Ernst, ob es ihm recht wäre, wenn er den Photographen des Magazins am Nachmittag nach New Haven schicken würde, um eine Aufnahme von Ernst zu machen. »What for?« fragte Ernst erstaunt. Mr. Wood erklärte ihm, daß sein Bild doch neben dem Artikel erscheinen sollte. »Which article are you talking about?« fragte Ernst. »I have not yet heard a single word about your decision.« – »You will have a copy of the printed article tomorrow morning with the first mail«, antwortete Mr. Wood. Ernst setzte sein erstauntestes Gesicht auf. Keine Umarbeitungsprobe, kein Korrekturbogen – es wurde ihm angst und bange zumute.

Die Bekanntschaft mit dem Fotografen versetzte ihn aber sehr bald wieder in seine alte gute Laune. Es zeigte sich, daß er ein deutscher Jude war, der genau wie unser Sohn erst kurze Zeit diesen Beruf ausübte und ihn ebenso leidenschaftlich liebte. Ernst war so glücklich, als er mir sein Gespräch mit dem Fotografen erzählte, als habe er es mit Georg selbst geführt.

Am nächsten Morgen um 8 Uhr klingelte der Postbote und übergab mir ein großes Couvert. Ich öffnete es, während Ernst noch schlief, und als ich kurz darauf das Schlafzimmer betrat, war Ernst erwacht. Ich fragte ihn, ob es ihm recht wäre, wenn ich ihm etwas vorläse, das ihn vielleicht interessieren würde. Nur zögernd willigte er ein, und ich begann ihm seinen eigenen Artikel vorzulesen, der schon mit dem Titel des späteren Buches »The Myth of the State« ausgedruckt vor mir lag. Noch etwas schlaftrunken und gelangweilt hörte Ernst mir zu. Plötzlich merkte ich, daß sein Interesse erwacht war, und er folgte meiner Vorlesung mit zunehmender Spannung bis zum Schluß. Dann sagte er lachend: »Ein guter Artikel, aber kein Wort ist von mir geschrieben.« Ich bat ihn, doch nicht zu scherzen, denn der Artikel wäre bereits ausgedruckt, und wenn es wahr wäre, daß er bis zur Unkenntlichkeit verändert wäre, könnte er doch nicht unter seinem Namen erscheinen. Belustigt meinte Ernst: »Warum nicht – er ist ja sehr gut!« Dann stand er auf und holte sein Manuskript aus dem Schreibtisch. Daß von Hegel, für den Mr. Wood große Vorliebe gezeigt hatte, kein Wort in dem Artikel vorkam, sondern daß die zuerst eingereichte historische Einleitung benutzt worden war, brauchte nicht erst nachgeprüft zu werden. Nach kurzer Zeit aber hatte Ernst an Hand seines Manuskripts festgestellt, daß Mr. Wood nicht einen einzigen Satz verändert und kein Wort hinzugefügt hatte. Er hatte in geschicktester Weise das Manuskript lediglich zusammengestrichen. Sehr erfreut, sich mit der Sache nun nicht mehr abgeben zu müssen, schickte Ernst den Artikel mit seinem O. K. und bestem Dank an Mr. Wood zurück, setzte sich an seinen Schreibtisch und war fünf Minuten später an der Arbeit.

Im Juni 1944 erschien endlich dieser erste und einzige Magazin-Artikel, den Ernst je geschrieben hat, mit der Aufnahme des deutschen Fotografen, die sein letztes Bild geblieben ist. Viele Freunde bewunderten das Bild sehr; ich selbst finde es irreführend. Es ist viel mehr das Portrait dessen, was sich der nette Fotograf unter einem bedeutenden Mann vorgestellt hat, als das Bild des Menschen selbst; aber es hält etwas sehr Wesentliches fest, was auf allen anderen Bildern fehlt – Ernstens eigenartige Handhaltung beim Schreiben – und ist mir dadurch sehr lieb geworden.

Während die soeben berichtete Anekdote vor sich ging, veränderte sich die Welt und unser Leben wesentlich. Im Herbst 1943 war Ernstens Stellung in Yale abgelaufen, und sie wurde nicht verlängert. Hendel ist es zu verdanken, daß von anderer Seite die Mittel zur Verfügung gestellt wurden, damit er dieselbe Stellung unter einem anderen Titel noch ein Jahr behalten konnte. Ich möchte dieses Kapitel hier nur streifen, weil ich nicht gerne über Dinge spreche, die ich nicht verstehe. Und ich habe es niemals verstanden, warum man Ernst, den man sehr anerkannte und der sich die Liebe und Freundschaft der Kollegen und Studenten erworben hatte und der großes Interesse an der Arbeit der Universität zeigte, nicht einfach solange einen Arbeitsplatz zur Verfügung stellte, wie es die Zwangslage, in der er sich befand, erforderte. Da sich kurz vor seinem Tode an der Columbia University in New York genau das gleiche abspielte wie ein Jahr zuvor in Yale, will ich über dieses Kapitel so wenig reden als nur möglich. Es wäre aber eine Verfälschung, wenn ich es nicht erwähnte.

Im Juli 1943 wurde Mussolini gestürzt. Der erste Hoffnungsschimmer, daß der Krieg gewonnen werden würde, erschien am Firmament. Aber wie lange dauerte es noch, bis der Krieg wirklich beendet war? Und bis zum letzten Augenblick flogen Bomben über England, lag Schweden in der eisernen Klammer. Bis zum letzten Tag wurden Juden verschleppt, gemartert, getötet. Meine Widerstandskraft war längst verbraucht. Zu meinem alten Leiden gesellten sich neue, sehr quälende. Aber Ernstens Gesundheitszustand zeigte die entgegengesetzte Kurve. Die Ruhe der kleinen Stadt, die schöne Lage unserer Wohnung und die ungestörte Arbeit brachten eher eine Besserung mit sich. Hätte er bis Ende des Krieges diese wohltuenden Bedingungen behalten können, wäre vielleicht manches anders verlaufen.

Im Herbst 1943 wurde ich 60 Jahre alt. Als ich des Morgens erwachte, fand ich einen Brief von Ernst an mich auf meinem Kopfkissen liegen. Er war nicht wie ein Brief gefaltet. Die Bogen, auf denen er geschrieben ist, lagen in einer Schutzhülle, an der sie mit einer Klammer befestigt waren. Ernst selber hatte das Zimmer verlassen, wahrscheinlich um Anne zu begrüßen, die bei uns übernachtet hatte. Sobald ich den Brief gelesen hatte, stand ich auf und verschloß ihn in meinem Schreibtisch. Ich habe ihn erst im April 1945 zum zweitenmal gelesen. Als Ernst mit Anne zurückkam, um mir zu gratulieren, drückte ich ihm die Hand und dankte ihm. Niemals habe ich mit ihm über den Brief und seinen Inhalt gesprochen, und er hat mich nie nach ihm gefragt. Was er bewies, war mir nur allzu klar. Ernst wußte sehr wohl, daß er mich allein lassen würde, und er wußte auch, wie sehr ich gerade dann seines Schutzes bedürfen würde. Es war mir unmöglich, dieser Tatsache ins Gesicht zu sehen und unser tägliches Leben weiterzuleben. Angst beherrschte mich seit vielen, vielen Jahren; aber die Vorstellung, was eintreten würde, wenn diese Angst sich als begründet erwiese, konnte ich nicht ertragen. Der Brief und sein Inhalt mußte fest verschlossen werden. Hier lasse ich ihn folgen:

14. Oktober 1943

Mein lieber Alldi!

Daß ein Mann seiner Frau einen Geburtstagsbrief schreibt, wenn er mit ihr unter demselben Dache lebt, mag seltsam und ungewöhnlich erscheinen. Aber dieser Brief soll Dir nicht nur meine Geburtstagswünsche bringen − er muß eine Art Liebesbrief werden. Und Liebeserklärungen hast Du niemals besonders ermutigt. Wenn ich Dir heute eine solche Erklärung mache − so fühle ich mich fast so schüchtern und befangen, wie damals am 11.Dezember 1901 im Prater. Das Merkwürdigste ist und bleibt, daß sich auch mein Gefühl Dir gegenüber seit jenem denkwürdigen Tage so wenig verändert hat. Es hat sich nicht wesentlich gewandelt, es ist nur sicherer und reifer geworden. Denn was ich vor 40 Jahren gefühlt und geglaubt habe, das weiß ich nun: Ich weiß, daß zwischen uns eine innere Zusammengehörigkeit besteht, wie sie nur wenigen Menschen beschieden ist.

In den ersten Jahren unserer Ehe hast Du oft darüber geklagt, daß ich Dich so wenig »brauche«. Das hat mich oft betrübt – aber manchesmal habe ich auch heimlich darüber gelächelt. Denn dieses psychologische Mißverständnis beruht auf einer Selbstunterschätzung, die Dir sonst gar nicht eigen ist. Der Grund der Täuschung ist freilich klar. In diesen ersten Jahren lebten wir in einer Zeit, die, mit der jetzigen verglichen, als ein wahres Idyll, als eine Zeit paradiesischer Ruhe erscheinen mag. Aber innerlich hatte ich es damals nicht leicht. Meinen wissenschaftlichen Weg mußte ich mir mühsam und einigermaßen einsam suchen. Niemand konnte mir dabei helfen – auch meine früheren Lehrer nicht –, denn mein Weg führte mich weit von dem ihren ab. Für all das bedurfte es einer so gewaltsamen Konzentration, daß ich vielleicht für vieles, was sich vor meinen Augen abspielte, nicht den rechten Blick hatte. Aber Dich habe ich immer richtig gesehen. Und ich habe Dich merkwürdigerweise auch in meiner Arbeit gebraucht, an deren Einzelheiten Du doch nicht interessiert warst. Ich habe Dich als 17jähriges Mädchen, fast noch ein Kind, gefragt, wie ich es mit dem Erkenntnisproblem halten sollte – und bin Deinem Rat sofort gefolgt. Und das letzte Buch, an dem ich jetzt arbeite, hast Du mir förmlich anbefohlen – ohne Dein ständiges Drängen wäre es vielleicht nie in Angriff genommen worden.

Aber die wissenschaftlichen Dinge sind ja nicht das Wesentliche. Das Entscheidende in einer Ehe sind die menschlichen Dinge. Ich will nicht leugnen, daß es in diesen Dingen bisweilen Meinungsverschiedenheiten gegeben hat – insbesondere wenn es sich um die Behandlung der Kinder handelte. Das konnte kaum anders sein, da zwar nicht unsere Charaktere, wohl aber unsere Temperamente grundverschieden sind und ich stets geneigt war, vieles leicht zu nehmen, was Du sehr

schwer genommen hast. Das hast Du mir oft verübelt, aber zu
einer wirklichen Zwistigkeit hat es nie geführt. Wir waren auch
hier sicher, daß wir in unserer Gesinnung und in unserem Urteil übereinstimmten.

In den letzten schweren Jahren bist auch Du wohl über die
Illusion hinweggekommen, daß ich Dich nicht »brauche«. Wie
sich mein Leben in dieser Zeit ohne Dich gestaltet hätte, läßt
sich ja nicht ausdenken. Meine Freunde und Schüler haben
mich, mit wenigen Ausnahmen, verlassen. Die Kinder haben
ihr eigenes Leben geführt und sind ihrer eigenen Wege gegangen. Das mußte so sein, und ich habe sie deswegen nicht
getadelt und mich nicht beklagt. Was mich oft tief geschmerzt
hat, war, daß sie mit ihrem eigenen Leben so belastet waren,
daß sie an dem unseren nicht mehr in der rechten Weise teilnehmen konnten. – – – Die Hauptsorge ist und bleibt Deine
Gesundheit, und ich habe Zeit meines Lebens darunter gelitten, daß ich Dir in dieser Hinsicht so gar nicht helfen und Dir
Dein Leiden nicht erleichtern konnte. Aber Du hast ja trotz
allem tapfer ausgehalten und wirst es auch in Zukunft tun.

Deinen Wunsch, Deinen 60sten Geburtstag nicht zu feiern,
habe ich verstanden und mich ihm gefügt. An äußere Feiern
kann man in diesen furchtbaren Zeiten wirklich nicht denken. Aber die innere Feier wollen wir beide uns nicht stören
und verkümmern lassen. Daß ich, nach all dem, was wir in
den zehn Jahren erlebt haben, und nach all dem, was wir
befürchtet haben, diesen Tag in Ruhe und Sicherheit mit Dir
verbringen darf, empfinde ich als ein wahres Geschenk des
Himmels, das mich mit Dankbarkeit und tiefer Freude erfüllt.
Du wirst diese Freude teilen – wenn nicht um Deinetwillen, so
um meinetwillen.

In alter Liebe   Dein Ernst

Als das Manuskript des »Essay on Man« in seiner ersten Fassung
beendet war, verabredete Hendel ein Treffen zwischen Ernst und
den beiden Direktoren der Yale Press, bei der das Buch erscheinen sollte. Von dieser Zusammenkunft kam Ernst sehr gut gestimmt zurück. Er erzählte mir, wie freundschaftlich man mit ihm
verhandelt hätte und wie leicht es gewesen wäre, den Kontakt mit
den beiden Leitern der Presse herzustellen. Nichts erinnerte an

324

das, was man ihm früher von dem kommerziellen Geist der amerikanischen Verleger erzählt hatte. »Es ist ein wirklicher Genuß, mit solchen Menschen zu tun zu haben«, sagte er zu mir. Bis zu seinem Tode dauerte das gute Einvernehmen zwischen dem Autor und dem Verleger an. Als ich dann als Nachlaßverwalterin mit der Yale Press zu tun bekam, konnte ich Ernstens Eindruck erst ganz nachempfinden. Die Art, wie man sein Andenken ehrt, erfüllt mich immer wieder mit Dankbarkeit und Rührung.

Von England und Schweden wurden wir in zunehmendem Maß abgeschnitten. Heinz hörte auf zu schreiben, und das einzige, was uns von dort erreichte, waren hier und da Bildchen von Irene und ihre kleinen literarischen Versuche. Ernst hatte große Sehnsucht nach der Kleinen, und oft fiel sein Blick voller Liebe und Trauer auf die reizende Fotografie, die auf seinem Schreibtisch stand. Die Briefe aus Schweden wurden spärlich, da die schwedische Post immer wieder durch den Krieg vernichtet wurde. Zwei Exemplare des nach unserer Abreise ausgedruckten Buches »Zur Logik der Kulturwissenschaften« erreichten Ernst durch die schwedische Gesandtschaft; das Manuskript des vierten Bandes des »Erkenntnisproblems« jedoch mußte bis nach Beendigung des Krieges in Schweden bleiben.

Um die Wende des Jahres 1943–44 zeigte der Krieg eine neue, die endgültige Wendung zum Guten. Optimistische Geister sahen das Ende bereits in nächster Nähe. Die Frage: »What shall we do with Germany after the war?« wurde zum Schlagwort. Ernst wurde verschiedentlich vom Radio aufgefordert, sich zu dieser Frage zu äußern. Viele ernste Diskussionen wurden geführt; aber Ernst nahm niemals an irgendeiner teil. »Wie kann ich über das heutige Deutschland diskutieren?« gab er stets zur Antwort, »ich kenne es doch gar nicht«. Um diese Zeit wurde unter der Leitung von Paul Tillich, dem Professor für protestantische Theologie, der seit vielen Jahren in New York lehrte, eine Art Gesellschaft gegründet, die sich mit demselben Thema befaßte. In dem Brief, der die offizielle Einladung zum Beitritt in das Komitee enthielt, hieß es unter anderem, daß man den Wiederaufbau von Deutschland nicht fremden Elementen überlassen sollte und daß die im Ausland lebenden deutschen Gelehrten die Führung übernehmen und sich der starken demokratischen Bewegung innerhalb Deutschlands zur Verfügung stellen sollten. In einem langen persönlichen

Brief an Paul Tillich legte Ernst die Gründe seiner Ablehnung
zum Beitritt in das Komitee klar. Es war mir leider nicht möglich, diesen wichtigen Brief zurückzuerhalten, und da Ernst alles
handschriftlich schrieb, besitze ich keine Kopie. Der Inhalt war
ungefähr folgender: Vor allem, so schrieb er, würde er als Jude im
jetzigen Augenblick keinesfalls an einem Plan zum Wiederaufbau
von Deutschland mitarbeiten. Aber ganz abgesehen von diesem
Punkte, der für Tillich und viele andere keine Geltung hätte,
sollten sie sich klar darüber werden, daß sie alle, die die letzten
Jahre außerhalb von Deutschland zugebracht hätten, genauso zu
den »fremden Elementen« gehörten wie diejenigen, die ihr Aufruf
auszuschalten wünschte. Keiner, der nicht im Lande geblieben
war, könnte sich ein Bild davon machen, in welcher geistigen
Verfassung das Volk sich befände. Nur den zu Hause Gebliebenen müßte die Entscheidung überlassen bleiben, in welcher Form
der Wiederaufbau vor sich gehen sollte. Was die starken demokratischen Strömungen anbelangt, die der Aufruf voraussetzt, so
müsse er, Ernst, doch sagen, daß ihm von einem nennenswerten
Ausmaß dieser Bewegung bisher nichts bekannt geworden wäre,
und daß er Tillichs Optimismus in dieser Beziehung ganz und gar
nicht teilen könnte. Er sähe nirgends einen Anhaltspunkt für die
Annahme, daß Deutschland an einem innerlichen Wendepunkt
stände, lediglich, daß man an dem endgültigen Sieg zu zweifeln
begann.

Auch in Privatgesprächen lehnte Ernst es ab, einen Plan für
Deutschlands »Rettung« aufzustellen. Er war zu sehr durchdrun-
gen von der verheerenden Wirkung der Gewalt, unter der das
Land so viele Jahre gestanden hatte, um sich optimistischen Träu-
men über ein plötzliches »Erwachen« hinzugeben. Die einzige
ratgebende Äußerung, die ich von ihm gehört habe, war folgende:
»Ich bin überzeugt davon«, so sagte er, »daß man an der Wurzel
ansetzen muß, wenn man etwas erreichen will. Die Erziehung der
Jugend ist das Wesentliche. Alle Universitäten sollten auf mindestens zehn Jahre geschlossen und ihre politisch einwandfreien
Lehrkräfte zur Beaufsichtigung der Schulen verwendet werden. Es
kommt gar nicht darauf an, daß die Deutschen jetzt viel lernen; es
kommt darauf an, daß sie viel verlernen. Die paar ungebrochenen
Männer reichen nicht zur Aufrechterhaltung der Universitäten;
aber sie reichen zur Oberaufsicht der Schulen. Das medizinische

Studium könnte in der Schweiz weitergeführt werden, und alles andere kann warten.« Wie wenig diese Gedanken verwirklicht wurden, hat er nicht mehr erlebt.

Im Januar 1944 erhielt Ernst von der Columbia University eine Einladung, eine Gastprofessur zu übernehmen. So verlokkend der Gedanke auch war, sich einen neuen Wirkungskreis zu schaffen, so kompliziert und anstrengend schien es ihm und auch mir, eine neuerliche Umstellung zu bewältigen. Ernst hoffte daher, daß Yale ihn nicht würde gehen lassen. Die Kollegen, Hendel an der Spitze, setzen es als selbstverständlich voraus, daß man ihn halten würde. Das aber geschah nicht, und wir vertauschten im Juli 1944 New Haven mit New York. Die Nähe der Kinder und Geschwister war ein großer Gewinn, und Ernst fühlte sich an der neuen Universität sehr wohl; aber die Umstellung mitten im Kriege, die unsagbaren Schwierigkeiten, sich gerade in diesen Jahren in der lärmenden, schmutzigen Großstadt einzuleben, mitten in der Gluthitze der Sommermonate, war zu viel für uns.

New York – Juli 1944 bis April 1945

Ich wünschte, es würde mir erlassen, diese letzten Monate hier wiederzugeben. Aber da nur ich selbst mir diese Erleichterung verschaffen könnte, muß ich auf sie verzichten. Ernstens siebzigster Geburtstag, den wir wenige Tage nach unserer Übersiedlung nach New York feierten, bildet die einzige Ausnahme in einer langen Kette schwerer Sorgen. Mir erschien es fast unerträglich, diesen Tag ohne die Söhne und ihre Familien zu feiern; aber ich entschloß mich doch dazu, da ich fühlte, daß Ernst vielleicht Freude daran haben könnte. Den 65. hatten wir in Schweden mit Georg und seiner Familie zusammen gefeiert, und Heinz hatte seinem Vater an diesem Tag sein erstes englisch geschriebenes Buch, einen Kommentar zur »Kritik der Urteilskraft«, gewidmet, was ihn mit großem Stolz erfüllte. Nun war Anne um uns, die Söhne jedoch weit weg. Als aber zwei Tage vor dem 28. Juli die Briefe aus England und Schweden mit den Glückwünschen zum Geburtstag ankamen, sagte Ernst glücklich lächelnd zu mir: »Nun brauchst du dir keine Gedanken zu machen, wie der Siebzigste verlaufen wird – die Feier ist schon gelungen, da ich die Briefe der Kinder in der Hand habe.«

Dann kamen noch viele, viele Glückwünsche von Freunden und Gelehrten aus Amerika, Schweden und England. Kein Gruß aus Deutschland konnte Ernst erreichen; aber es ist auch sehr zweifelhaft, ob irgend jemand, mit Ausnahme unseres alten »Fräuleins«, des Tages gedacht hatte.

Kurz nach dem siebzigsten Geburtstag erkrankte ich an einem peinigenden Schwindel, und das Gefühl, Ernst zu belasten, anstatt ihn zu entlasten, bedrückte mich aufs äußerste. Am letzten Tage des Jahres 1944 kam Ernst fiebernd nach Hause, und der Arzt stellte fest, daß er eine doppelseitige Lungenentzündung hatte. Obwohl er sich sehr schwach fühlte und mir sagte, daß er glaube, niemals zuvor so krank gewesen zu sein, verschwiegen wir ihm mit Erfolg die Art seiner Krankheit. Durch das damals gerade in Anwendung gekommene Penicillin überwand er die Krankheit auch erstaunlich rasch, und sein Herz schien unberührt geblieben.

Am 18. Januar hatte er einen Vortrag in Princeton angenommen, auf den er sich sehr freute. Er hatte eine kurze Zusammenfassung seines Buches über den Staatsmythos geschrieben und wollte, um das Buch schnell bekannt zu machen, in verschiedenen Universitäten über seinen Inhalt sprechen, noch ehe es erschien. Ich bat ihn dringend, die Reise zu unterlassen – neunzehn Tage nach Beginn der Krankheit, mitten im Winter, in tiefem Schnee, erschien sie mir unmöglich. Er aber fühlte sich ganz frisch, und der Arzt willigte ein. Das einzige, was wir tun konnten, war, Freunde in Princeton zu bitten, ihn im Auto von der Bahn zu holen und ja keinen Schritt zu Fuß gehen zu lassen. Dies glückte aber nur teilweise, weil er sich bei Einstein zu lange aufhielt und dann mit dem Bus zur Bahn fahren mußte.

Ich erwartete ihn voller Sorge. Ich wußte, daß es seit vielen Monaten zu den schwierigsten Dingen gehörte, in New York bei der Ankunft auf dem Bahnhof einen Wagen zu bekommen. Die Benzinknappheit machte sich gerade auf diesem Gebiete unangenehm fühlbar. Zu meinem Erstaunen aber erschien Ernst kaum eine halbe Stunde nach Ankunft des Zuges in höchst angeregter Stimmung, und bevor er noch seinen Mantel abgelegt hatte, erzählte er mir, wie das möglich gewesen sei. »Als ich aus der Bahnhofshalle heraustrat«, berichtete er, »sah ich voller Sorge eine große Ansammlung von Wartenden stehen, und es war eisig kalt, und es schneite. Ich hatte schon große Angst vor dir«, sagte er, indem er mich lachend ansah, »als plötzlich ein Auto direkt vor mir hielt, sich gar nicht um die Reihe der frierenden Fahrgäste kümmerte und mich bat, schnell einzusteigen. Ich verwunderte mich sehr und vermutete schon, daß irgend jemand von Euch das Auto für mich bestellt hatte. Als wir wenige Minuten vom Bahnhof entfernt waren, fragte ich den Fahrer, wieso er mich denn abgeholt hätte. Da sagte er: ›Als ich Sie so stehen sah, dachte ich, das ist sicher so was wie Einstein, den kann ich nicht frieren lassen.‹ – ›Danke für das Kompliment‹, sagte ich ihm. ›Aber wissen Sie, daß ich eben von Einstein komme und daß ich zwar kein zweiter Einstein, aber doch immerhin auch ein Gelehrter bin.‹ – ›Das ist gut‹, sagte der Chauffeur, ›dann können sie mir endlich erklären, was diese Relativitätstheorie eigentlich bedeutet.‹ Nun«, schloß Ernst seine Erzählung, »diese Bitte konnte ich ja in den überfüllten Straßen von New York am späten Abend leider nicht erfüllen. Aber das Trinkgeld hat den netten Mann gewiß für diesen Ausfall entschädigt.«

Der »Essay on Man« hatte schon wenige Wochen nach seinem Erscheinen eine zweite Auflage erreicht, und Ernst schmiedete große, neue Pläne. Er wollte die drei ersten Bände des »Erkenntnisproblems« ins Englische übersetzen lassen und den vierten Band sofort nach Kriegsende herüberkommen lassen und unbedingt zuerst in englischer Sprache veröffentlichen. Er hatte ein Angebot von einem New Yorker Verleger für diesen Plan und war nicht zu überzeugen, daß der vierte Band, wofür ich unbedingt plädierte, zuerst einmal in deutscher Sprache erscheinen müsse. (Daß der New Yorker Verleger sofort nach Ernstens Tod dieses Angebot zurückgezogen hat, will ich hier noch erwähnen.)

In den ersten Wochen des Jahres 1945 wurde Ernst von der University of Los Angeles neuerdings auf ein Jahr eingeladen. Wir hatten uns gerade in New York etwas häuslich eingerichtet, und Ernst verspürte keine Lust, die Einladung anzunehmen, da er nun zu fühlen begann, daß dies seine Kräfte übersteigen würde. Eines Tages kam er von Columbia zurück und sagte mir: »Weißt du, jetzt glaube ich, daß mein Herz wirklich nachläßt – wir beide werden das schwierige Leben nicht mehr schaffen.« Als er dem Head of the Department of Philosophy in Columbia die Einladung nach Kalifornien vorlegte, ereignete sich genau das gleiche wie ein Jahr zuvor in Yale. Die Kollegen wollten ihn selbstverständlich behalten – er hatte ja kaum begonnen, seinen Lehrplan zu verwirklichen –, die Verwaltung aber verlängerte seine Anstellung nicht. Das war eine wirkliche Enttäuschung für ihn; aber er verbarg sie wie alle vorangegangenen vor der Außenwelt und schließlich vor sich selbst. Ich hingegen konnte diese Großzügigkeit nicht aufbringen. Ich fühlte die Diskrepanz zwischen dem angeblich leichten Weg, der einem »outstanding man« in Amerika beschieden ist, und der tatsächlichen Situation, in der sich der fast 71jährige, leidende Wanderer befand, allzu deutlich.

Wenige Tage vor dem 13. April besuchte uns unsere Freundin, die Sängerin Lotte Leonard. Wir hatten sie seit England nicht wiedergesehen. Die gegenseitige Freude war groß. Damals erzählte sie uns erst, wie sehr sie Ernstens Anblick in London erschüttert hatte. Der Brief, den sie uns drei Tage später schrieb, schilderte, wie glücklich sie gewesen wäre, Ernst in so guter Verfassung wiederzufinden, und wie gestärkt und beruhigt sie, im Gegensatz zu dem Abschied vor zwölf Jahren, von uns gegangen wäre. Als dieser Brief mich erreichte, mußte ich ihn allein lesen.

Am Dienstag vor Ernstens Tod waren wir bei einem Verleger eingeladen und trafen dort Gäste aus aller Welt, unter anderem eine französische Dame. Das Gespräch kam auf Deutschland und seine viel besprochenen Charaktereigenschaften. Ernst schwieg wie immer, wenn Dinge an einem Kaffeetisch besprochen wurden, die ihm sehr ernst und fragwürdig erschienen. Nachdem die Dame allerhand Belege aus der Vergangenheit beigebracht hatte, die ihre These beweisen sollten, wandte sie sich mit der Frage an Ernst, ob er nicht auch der Meinung sei, daß die Eigenschaften, die jetzt hervorgetreten seien, von jeher im *deutschen* Geiste gelegen hätten. Ernst antwortete ihr nur wenige Worte. »Es gibt gar nicht so etwas wie *deutschen* Geist«, sagte er, »es gibt nur Geist oder Ungeist.« Ob die Dame ihn nach dieser Äußerung für einen Nazi gehalten hat, weiß ich nicht; sie sah jedenfalls nicht so aus, als habe sie sie verstanden.

Ich habe es in diesen Erinnerungen absichtlich vermieden, Ernstens Einstellung zur amerikanischen Politik zu erwähnen. Er war in einem so verwirrenden Augenblick der Weltgeschichte in die Vereinigten Staaten gekommen, daß er sich ein klares Urteil nicht bilden konnte. Die amerikanische Verfassung hatte er im-

mer schon als das verheißungsvollste Wahrzeichen der jungen
Nation empfunden, und es fiel ihm gar nicht ein, zu erwarten,
daß 140 Millionen bunt durcheinandergewürfelter Menschen
verschiedenartiger Herkunft, Rasse und Religion diese Verfassung
wirklich in jedem Augenblick erfüllen könnten. Die Tatsache allein, daß sie hier entstanden war, schien ihm symptomatisch von
größter Bedeutung. Schon als wir noch in Schweden lebten und
die amerikanischen Nachrichten durch das stets von den Deutschen gestörte Radio hörten, beeindruckten ihn Roosevelts Reden
mehr als die der anderen, Churchills inbegriffen. Wohl hielt er
diesen für den größeren Staatsmann von den beiden, bewunderte seine Kühnheit und seine geniale Begabung; aber Roosevelts
menschliche Wärme, seine schöne, klingende Stimme und die
Fähigkeit, große Worte durch natürlichen Anstand zu ersetzen,
trafen auf verwandte Züge in seinem eigenen Innern. Inmitten
konzentriertester Arbeit verließ er diese augenblicklich, wenn am
Radio Roosevelts Stimme ertönte. Wie ein Kind, das sich Trost
und Stärkung bei einem Gleichgesinnten holt, lauschte er dem,
was Roosevelt zu sagen hatte. Was er von seinen Äußerungen für
richtig, was für falsch hielt, weiß ich nicht. Aber ich weiß, daß er
an Roosevelt und seine Mission für die Welt glaubte.

Zum 70. Geburtstag von Thomas Mann im Juni 1945 hatte
Ernst einen Vortrag für den Germanic Club in der Columbia
University übernommen. Als Thema wählte er seinen Aufsatz
über Thomas Manns »Lotte in Weimar«, den er Mann schon
fünf Jahre zuvor aus Schweden zugeschickt hatte. Am Mittwoch
vor seinem Tode hatten wir eine der Töchter Manns, Monika,
und die Tochter des deutschen Dichters Frank Wedekind zu Gast.
Die beiden jungen Frauen wollten sich von Ernst in den geplanten
Vortrag einführen lassen. Aber bald erzählte Ernst, durch die Anwesenheit von Wedekinds Tochter Kadidja angeregt, von seiner
Studentenzeit in München und von dem von Wedekind gegründeten Kabarett »Die sieben Scharfrichter«, dessen Entstehen und
Gedeihen er mit angesehen hatte. Er sang zur größten Freude der
jungen Frauen die alten Couplets, die sie wohl kannten, deren
Aufführung sie aber nicht miterlebt hatten, mit heller Stimme und
vollständigem Text. Als ich nach München kam, also fast 43 Jahre
vor diesem Abend, existierte das Kabarett nicht mehr. Aber die
Erinnerung brachte ihm sofort alles lückenlos zurück.

Am 12. April morgens trat, wie das in diesem Lande zu sein
pflegt, ein plötzlicher Wechsel des Wetters – ja der Jahreszeit ein.
Große Schneehaufen bedeckten die Straßen New Yorks, als die
erste Hitzewelle des Jahres anbrach. Ich litt damals an einer leichten Verletzung der Wirbelsäule und wurde am Nachmittag beim
Arzt erwartet. Ich bat Ernst, mich zu begleiten – nicht weil ich seine Begleitung benötigte, sondern weil ich ihn bei dieser Gelegenheit unserem Arzt zuführen wollte, um ihn untersuchen zu lassen.
Unser Neffe Walter Loewenberg behandelte Ernst, seitdem wir
in New York ansässig waren. Nach einer kurzen Untersuchung
erklärte er Ernstens Zustand als durchaus zufriedenstellend, sagte
ihm aber, daß sein Herz schonungsbedürftig sei und daß er ein
für alle Male einmal die Woche einen Ruhetag einschalten müsse.
»Dazu habe ich keine Zeit«, antwortete Ernst, schroff ablehnend.
»Ich habe zu viel zu arbeiten.«

In diesem Augenblick klingelte das Telefon. Walter nahm
den Hörer ab und erhielt die Nachricht, daß Präsident Roosevelt soeben an einem Gehirnschlag gestorben wäre. Walter und
ich erschraken selbstverständlich sehr über diese Nachricht, die
uns vollkommen unerwartet traf. Ernst jedoch war ganz anders
berührt, als wir es waren. Er schien aufs tiefste erschüttert, wurde
leichenblaß und sagte nur leise vor sich hin: »Und ich soll mich in
solchen Zeiten schonen.« Dann stand er auf, und wir verabschiedeten uns von Walter und betraten die Straße und bald darauf
den Omnibus, der uns von der Ost- zur Westseite bringen sollte.
Es war unheimlich zu beobachten, wie all die Mitfahrenden ihrem
jeweiligen Ziel zustrebten, ohne zu ahnen, daß das Land, in dem
sie sich befanden, einen unersetzlichen Verlust erlitten hatte, der
die schwersten Folgen haben konnte. Erst als wir in die Nähe
der Wohnung der Geschwister, bei denen wir erwartet wurden,
kamen, begann die Schreckensnachricht sich langsam zu verbreiten. Es wurde unheimlich still in den Straßen, und viele Tränen
zeigten sich auf den Gesichtern. Ernst schwieg vollkommen. Bei
den Geschwistern herrschte größte Bestürzung. Man setzte sich
um das Radio herum und versuchte Einzelheiten zu erfahren.
Persönliche und politische Nachrufe lösten einander ab, und man
verstand allmählich die ganze Schwere dessen, was geschehen
war. Ernst wollte nichts hören. Er zog sich allein in ein Zimmer
zurück, und als ich kurze Zeit danach nach ihm sah, war er ein-

geschlafen. Ich atmete auf, denn seine Reaktion auf Roosevelts Tod erschien mir besorgniserregend, und ich hoffte, daß ihm der Schlaf seine Ruhe teilweise zurückgeben würde. Als ich eine halbe Stunde später wieder die Türe zu dem Zimmer öffnete, in das er sich zurückgezogen hatte, lag er mit offenen, traurigen Augen auf dem Sofa und sagte zu wiederholten Malen: »Es ist doch zu schrecklich.« Ich setzte mich zu ihm und rang nach einem Wort, das ihm Beruhigung bringen könnte. Aber mein Herz war wie mit eisernen Klammern zugeschnürt, und keine fromme Lüge kam über meine Lippen. Und so sagte ich das, was ich wirklich dachte und fühlte. »Was ist an diesem Tode so schrecklich?« sagte ich. »Daß der Krieg gewonnen ist, wußte Roosevelt. Und was gibt es Beneidenswerteres, als eine große Aufgabe erfüllt zu haben und dann einen so herrlichen Tod sterben zu dürfen? Wenn du mir versprichst, so zu sterben«, fügte ich hinzu, »darfst du morgen sterben.« Ernst sah mich zuerst verwundert an; dann aber spielte ein Lächeln um seinen Mund, und er stand auf, und wir gingen nach Hause.

In unserer Wohnung angelangt, legte ich mich sofort zu Bett. Ernst wollte noch aufbleiben. Er setzte sich zu mir, und wir drehten das Radio an, und nun, mit mir allein geblieben, konnte er all das mit anhören, was ihm eine Stunde zuvor noch ganz unerträglich schien. Dann ging auch er zu Bett.

Durch ruhigen und langen Schlaf erfrischt, stand Ernst am Morgen des 13. April auf. Es war unmöglich, auch nur eine Spur der vorangegangenen Erschütterung an ihm zu entdecken. Nach dem Frühstück setzte er sich augenblicklich an den Schreibtisch und schrieb sieben Folioseiten als Einleitung für seinen in dem Philosophy Club geplanten Vortrag über »The Concept of Group and the Theory of Perception«.

Von elf bis ein Uhr hatte er Seminar in Columbia, und ich mußte ihn ermahnen, die Arbeit zu unterbrechen, als die Zeit herankam. Jeden Freitag um ein Uhr nahm er den Lunch in Columbia's Faculty Club ein, gemeinsam mit den Kollegen des Departments, und um drei Uhr versprach er mir zu Haus zu sein. Wie immer, wenn er von zu Hause abwesend war, erwartete ich ihn schon vor der angegebenen Zeit voll banger Sorge. Aber es wurde drei und wurde vier Uhr, und er erschien nicht. Um vier Uhr kamen Kurt und Anne ganz gegen ihre Gewohnheit, um uns zu besuchen. Sie waren beide durch Roosevelts Tod sehr erschreckt und wollten uns gerne sprechen. Ich weiß nicht, wie ich die beiden Stunden, die danach folgten, ertragen hätte, wenn Anne nicht um mich gewesen wäre. Vergeblich suchten wir in Columbia etwas über Ernstens Verbleib zu erfahren. Als es um sechs Uhr an unserer Wohnungstür klingelte und Professor Randall, Gutmann, Nagel und Schneider vor mir standen, bedurfte es keiner Frage mehr.

Als ich die näheren Umstände des Todes erfuhr, war es mir, als hätte das Schicksal Ernst nun erst die größte Gnade erwiesen. Der Tod schloß den Kreis seines Lebens, dessen Harmonie auch er nicht zerstören mochte.

Als das gemeinsame Lunch in Columbia beendet gewesen war, forderte Professor Montague, mit dem Ernst schon verschiedentlich gespielt hatte, ihn zu einer Partie Schach auf. Ernst willigte freudigst ein und vergaß Zeit und Ort und daß er mir versprochen hatte, um drei Uhr zu Hause zu sein. Als er dann kurz vor fünf Uhr bemerkte, wie sehr er sich verspätet hatte, versuchte er ein Auto zu bekommen, einen Luxus, den er sich nicht oft zugestand. Einer seiner Studenten, der, wie er mir später berichtete, niemals zuvor den Ausgang aus der Universität gewählt hatte, den er an diesem Tage benützte, sah Ernst vergeblich einem Wagen winken. Er trat an ihn heran und fragte ihn, ob er ihm ein Auto besorgen sollte. Ernst bejahte diese Frage mit einem strahlend glücklichen Lächeln, schwankte ein wenig und sank langsam in die Arme des Studenten. Wer konnte sich dem Eindruck entziehen, daß ein Schutzengel ihm auch in diesem letzten Augenblick zur Seite stand? Keine Minute körperlichen Leidens ging seinem Ende voraus. Ihm war es erspart geblieben, den geistigen Abstieg zu erleiden, der jedes Alter drohend überschattet. Er hatte nicht einen einzigen Augenblick geistigen Nachlassens verspürt. Und ich, die ich auserwählt war, dieses Leben zu teilen, traf nicht auch mich der Segen dieses Todes? Dankbarkeit gegen das Schicksal überschattete in diesem Augenblick die Tragik des Geschehens, das mein Leben in Trümmer legte.

Als ich ihn wiedersah, lag er vollkommen bekleidet in einem der »Funeral Parlors«, in einem eleganten, konventionell möblierten Wohnraum, und schien zu schlafen. Als ich dieser schrecklichen amerikanischen Sitte, die sich bemüht, dem Leben noch bis

zuletzt eine scheinbare Geborgenheit abzuschwindeln, hier zum
erstenmal begegnete, hätte ich fast laut aufgeschrien. Aber ich
sah auf ihn, und es schien mir, als hörte ich ihn sagen: »Ach, laß
sie doch – darauf kommt es doch gar nicht an.« So trat ich denn
näher und versuchte ihn zu betrachten und zu verstehen, was
geschehen war. Er schien völlig unverändert und gleichzeitig in
unendlicher Ferne.

Nun galt es, das Unbegreifliche zu begreifen. Und wieder hörte
ich ihn sagen: »Menschliche Schicksale lassen sich nicht durch
Willkür bestimmen, sich nicht von außen kommandieren. Man
muß sie nehmen, wie sie kommen, und alles, was man tun kann,
besteht darin, daß man sich ihnen innerlich gewachsen zeigt.«
– Das war die Aufgabe, die mir zu erfüllen aufgegeben war.

New York, 1. Dezember 1949

Toni Cassirer mit Enkelsohn Peter, Göteborg 1935 (Foto: Georg Cassirer)

Ernst und Toni Cassirer und Malte Jacobsson, Göteborg 1936 (Foto: Georg Cassirer)

Ernst Cassirer mit Sohn Georg und Enkelsohn Peter, Göteborg 1936 (Foto: Toni Cassirer)

Ernst Cassirer mit seinen Enkelkindern Irene (geb. 1930) und Peter (geb. 1933),
Göteborg 1938

Anne Appelbaum, geb. Cassirer

Heinz Cassirer mit seiner Tochter Irene

NACHWORT

Als ich vor drei Jahren den Plan zu diesen Aufzeichnungen entwarf,
konnte ich nicht hoffen, ihn jemals zu Ende zu führen. Ohne jede
Notiz, schriftstellerisch unerfahren, durch mein Leiden extrem er-
müdbar geworden, erschien es mir nicht sehr wahrscheinlich. Aber
eines war mir von Anfang an klar: Ich mußte sofort beginnen oder
den Plan ganz aufgeben. Ich wußte sehr wohl, daß größere Distanz, besonders zu den Erlebnissen der letzten 12 Jahre, zur Gestaltung günstiger gewesen wäre, aber meine Kräfte erlaubten es
mir nicht zu warten. Schon heute wäre es mir nicht mehr möglich,
an eine Umarbeitung zu denken, geschweige denn, die ursprüng-
liche Arbeit zu leisten. So geht sie denn in erster Fassung ihren
Weg. Die Zweifel, die mir vor Beginn kamen, sind bis heute nicht
gewichen. Im Gegenteil. Ich fühle das Mißverhältnis zwischen
dem Objekt und meiner Fähigkeit, es darzustellen, krasser denn je,
und ich muß um Nachsicht bitten. Hätte ich während der Arbeit
nicht so viel Ermunterung von allen Seiten erfahren, hätte meine
Spannkraft nicht durchgehalten. Aber Mut war nicht das einzig
Wichtige. Ich brauchte tatkräftige Hilfe, um die *technischen* Schwierigkeiten zu überwinden, die sich mir in den Weg stellten. Ich
konnte nur mit Bleistift und liegend schreiben, und wäre mir nicht
ein rettender Engel in Gestalt von Hedwig Pächter erschienen,
wäre mein fast unleserliches Manuskript wohl verloren gewesen.
Sie aber vermochte es zu entziffern, schrieb es fortlaufend ab und
ermöglichte mir, die Arbeit zu Ende zu führen. Ich schulde ihr für
ihre nie versagende Hilfsbereitschaft ebensoviel Dank wie für die
geradezu hellseherischen Fähigkeiten, die sie bewiesen hat.

Meine Leistungsfähigkeit aber blieb der Aufgabe, die ich
mir gestellt hatte, dennoch nicht gewachsen. In der lärmenden, schmutzigen Großstadt New York, mit praktischer Arbeit
überhäuft, konnte ich nur schrittweise vorwärtskommen. Meiner
jungen Freundin Trude Portheim und ihrem Gatten Alexander
Portheim habe ich es zu danken, daß ich, da ich in ihrem schönen
Virginia Heim Aufnahme fand, in paradiesischer Ruhe, von aller
Sorge ums tägliche Einerlei befreit, von Freundschaft und Güte
umgeben, meinen Gedanken freien Lauf lassen konnte.

Vor einem Jahr hatte ich diese Memoiren beendet. Freunde verschiedenster Geistesart haben sie seither gelesen; viele Urteile, die mich erfreuten, wurden mir zuteil, und ich wurde in dem Gefühl bestärkt, daß ich einiges von dem, was ich erreichen wollte, wirklich erreicht habe. Andererseits aber wurden mir die Mängel meiner Arbeit sichtbarer. Ich kann diese Mängel heute nicht mehr beseitigen. Nur auf eines möchte ich noch hinweisen, was mir nicht gelungen ist, klar darzustellen. Dadurch, daß ich Ernstens Briefe – besonders die Briefe der ersten Periode unseres Lebens – gekürzt wiedergegeben habe, erhält der Leser den Eindruck, als hätte ich die »intimen« Stellen herausgestrichen, weil ich sie zur Veröffentlichung nicht für geeignet hielt. Dieser Eindruck ist irrig, und ich hätte das, was ich aufzeigen wollte, besser erreicht, wenn ich den ganzen Text der Briefe aufgenommen hätte. Denn es erscheint mir sehr wichtig für die Schilderung von Ernstens Wesensart, daß er diese sogenannten »intimen« Worte eben niemals gebraucht, sie weder gesprochen noch geschrieben hat. Was ich weggelassen habe, sind lediglich Anspielungen auf Dinge des täglichen Lebens, die heute kein Interesse mehr haben konnten und zu viel Platz beansprucht hätten.

Als ich diese Niederschrift begann, versuchte die Welt sich von dem Alpdruck zu befreien, der jahrelang auf ihr gelastet hatte. Heute – drei Jahre später – drohen ihr neue Erschütterungen, die vielleicht alles bisher Geschehene übertreffen werden. Fast scheint der Augenblick verpaßt, in dem es sinnvoll gewesen wäre, eine Brücke zu schlagen von der Vergangenheit zur Gegenwart; Verständnis zu wecken für die Art, in der ewige Werte sich im Leben eines großen Menschen widerspiegeln.

Wo ist die Gegenwart hingekommen, an die ich mich während des Schreibens gerichtet habe? Schweres Gewölk läßt sie verschwinden und setzt Furcht vor der Zukunft an ihre Stelle. Aber haben wir alle dieses verzweiflungsvolle Katastrophengefühl nicht schon zu wiederholten Malen erfahren? Der Glaube an eine Rettung aus dem Chaos, in das wir geraten sind, darf uns auch heute nicht verlassen. Wir dürfen dem Verfall nicht durch Hoffnungslosigkeit Vorschub leisten, wo wir noch vor wenigen Wochen glaubten, mit dem Wiederaufbau beginnen zu können. Vielleicht kommt doch noch einmal der Tag, an dem der Welt die Gegenwart zurückgegeben wird, auf die sie ein Anrecht hat.

Dann mag auch der Augenblick gekommen sein, in dem Kinder,
Enkel, Freunde und Schüler zu diesen Blättern greifen und den
Weg nochmals mit mir durchwandern wollen, den ich für sie zu
bewahren hoffte.

Dank allen, die sich meiner Führung anvertrauen.

New York, im Dezember 1950   *Toni Cassirer*

SCHRIFTEN VON ERNST CASSIRER

ERNST CASSIRER

GESAMMELTE WERKE

HAMBURGER AUSGABE

Die im Felix Meiner Verlag erscheinende Hamburger Ausgabe umfaßt alle von Cassirer veröffentlichten oder für eine Veröffentlichung vorbereiteten Texte und Schriften, d. h. 20 Monographien und gesondert publizierte Aufsatzbände, rund 100 Aufsätze, Artikel, Reden, Vorträge und Rezensionen in chronologischer Folge, jedoch stets nach Maßgabe der jeweils letzten vom Autor autorisierten Auflage.

Die Ausgabe wird wissenschaftlich betreut von Birgit Recki, Professorin für Philosophie an der Universität Hamburg. Mit der redaktionellen Bearbeitung einzelner Bände sind Ralf Becker, Tobias Berben, Julia Clemens, Friederike Plaga, Claus Rosenkranz, Reinold Schmücker, Marcel Simon und Dagmar Vogel betraut.

BAND 1

Leibniz' System in seinen wissenschaftlichen Grundlagen [1902]
1998.

Inhalt: Descartes' Kritik der mathematischen und naturwissenschaftlichen Erkenntnis [1899]; Leibniz' System in seinen wissenschaftlichen Grundlagen [1902]; Kritischer Nachtrag: Rezension von Bertrand Russell, A Critical Exposition of the Philosophy of Leibniz; Rezension von Louis Couturat, La logique de Leibniz d'après des documents inédits [1902]

BAND 2

Das Erkenntnisproblem in der Philosophie und Wissenschaft der neueren Zeit.
Erster Band [1906; 1911; 1922]
1999.

Inhalt: Das Erkenntnisproblem in der Philosophie und Wissenschaft der neueren Zeit. Erster Band [1922]; Vorworte der ersten und zweiten Auflage; Zweiter Teil der Einleitung der ersten Auflage über das Erkenntnisproblem in der griechischen Philosophie

345

BAND 3
Das Erkenntnisproblem in der Philosophie und Wissenschaft der neueren Zeit.
Zweiter Band [1907; 1911; 1922]
1999.

BAND 4
Das Erkenntnisproblem in der Philosophie und Wissenschaft der neueren Zeit.
Dritter Band: Die nachkantischen Systeme [1920; 1923]
2000.

BAND 5
Das Erkenntnisproblem in der Philosophie und Wissenschaft der neueren Zeit.
Vierter Band: Von Hegels Tod bis zur Gegenwart (1832–1932) [1957]
2000.

BAND 6
Substanzbegriff und Funktionsbegriff.
Untersuchungen über die Grundfragen der Erkenntniskritik [1910; 1923]
2000.

BAND 7
Freiheit und Form.
Studien zur deutschen Geistesgeschichte [1916; 1918; 1922]
2001.
Inhalt: Freiheit und Form. Studien zur deutschen Geistesgeschichte
[1922]; Vorworte zur ersten und zweiten Auflage [1916; 1918]

BAND 8
Kants Leben und Lehre [1918; 1921]
2001.

BAND 9
Aufsätze und kleine Schriften [1902–1921]
2001.
Inhalt: Aufsätze und Abhandlungen: Der kritische Idealismus und die
Philosophie des »gesunden Menschenverstandes« [1906]; Kant und die
moderne Mathematik [1907]; Zur Frage nach der Methode der Er-

kenntniskritik. Eine Entgegnung [1907]; Das Problem des Unendlichen
und Renouviers »Gesetz der Zahl« [1912]; Hermann Cohen und die
Erneuerung der Kantischen Philosophie [1912]; Erkenntnistheorie nebst
den Grenzfragen der Logik [1913]; Die Grundprobleme der Kantischen
Methodik und ihr Verhältnis zur nachkantischen Spekulation [1914];
Philosophische Probleme der Relativitätstheorie [1920]; Idee und Gestalt.
Goethe – Schiller – Hölderlin – Kleist [1921; 1924]: Goethes »Pando-
ra«; Goethe und die mathematische Physik. Eine erkenntnistheoretische
Betrachtung; Die Methodik des Idealismus in Schillers philosophischen
Schriften; Hölderlin und der deutsche Idealismus; Heinrich von Kleist
und die Kantische Philosophie

Rezensionen, Selbstanzeigen und kleine Schriften: Leibniz' System in
seinen wissenschaftlichen Grundlagen [1902]; Rudolf Keussen, Bewusst-
sein und Erkenntnis bei Descartes [1906]; »Persönliche« und »sachliche«
Polemik. Ein Schlußwort [1909]; Richard Hönigswald, Beitraege zur Erkenntnistheorie und Methodenlehre [1909]; Voraussetzungen und Ziele
des Erkennens [1910]; Aristoteles und Kant [1911]; Charles Renouvier,
Traité de logique générale et de logique formelle [1914]; Hermann
Cohen. Worte gesprochen an seinem Grabe am 7. April 1918 [1918];
Zur Lehre Hermann Cohens († 4. April 1918) [1918]; Hermann Cohen
[1920]; Zum Plan einer neuen Fichte-Ausgabe [1920]

Anhang: Vorrede und Einleitungen zu: Gottfried Wilhelm Leibniz,
Hauptschriften zur Grundlegung der Philosophie [1904/1916; 1924];
Einleitung in: Leibniz, Neue Abhandlungen über den menschlichen Verstand [1915/1926]; Vorwort zur ersten Auflage von »Idee und Gestalt«
[1921]

BAND 10
Zur Einsteinschen Relativitätstheorie.
Erkenntnistheoretische Betrachtungen [1921]
2001.

BAND 11
Philosophie der symbolischen Formen.
Erster Teil. Die Sprache [1921]
2001.

BAND 12
Philosophie der symbolischen Formen.
Zweiter Teil. Das mythische Denken [1925]
2002.

BAND 13
Philosophie der symbolischen Formen.
Dritter Teil. Phänomenologie der Erkenntnis [1929]
2002.

BAND 14
Individuum und Kosmos in der Philosophie der Renaissance [1927] *Die Platonische Renaissance in England und die Schule von Cambridge* [1932]
2002.

BAND 15
Die Philosophie der Aufklärung [1932]
2003.

BAND 16
Aufsätze und kleine Schriften [1922–1926]
2003.
Inhalt: Die Begriffsform im mythischen Denken [1922]; Goethe und Platon [1922]; Der Begriff der symbolischen Form im Aufbau der Geisteswissenschaften [1923]; Die Kantischen Elemente in Wilhelm von Humboldts Sprachphilosophie [1923]; Eidos und Eidolon. Das Problem des Schönen und der Kunst in Platons Dialogen [1924]; Zur »Philosophie der Mythologie« [1924]; Kant und Goethe [1924]; Vorwort zur Festschrift für Paul Natorp [1924]; Sprache und Mythos. Ein Beitrag zum Problem der Götternamen [1925]; Die Philosophie der Griechen von den Anfängen bis Platon [1925]; Paul Natorp [1925]; Von Hermann Cohens geistigem Erbe [1926]

BAND 17
Aufsätze und kleine Schriften [1927–1931]
2003.
Inhalt: Erkenntnistheorie nebst den Grenzfragen der Logik und Denkpsychologie [1927]; Das Symbolproblem und seine Stellung im System

348

der Philosophie [1927]; Die Bedeutung des Sprachproblems für die Entstehung der neueren Philosophie [1927]; Zur Theorie des Begriffs. Bemerkungen zum Aufsatz von G. Heymanns [1928]; Vorrede zu Cohen, Schriften zur Philosophie und Zeitgeschichte [1928]; Die Idee der Republikanischen Verfassung: Rede zur Verfassungsfeier am 11. August 1928 [1929]; Formen und Formwandlungen des philosophischen Wahrheitsbegriffs [1929]; Die Idee der Religion bei Lessing und Moses Mendelssohn [1929]; Die Philosophie Moses Mendelssohns [1929]; Leibniz und Jungius [1929]; Beiträge für die Encyclopedia Britannica: – Neokantianism; – Rationalism; – Substance; – Transcendentalism; – Truth [1929]; Études sur la pathologie de la conscience symbolique [1929]; Nachruf auf Aby Warburg [1929]; Bericht über das Geschäftsjahr 1929/30, erstattet von dem Prorektor Prof. Dr. Ernst Cassirer [1930]; Keplers philosophische Tat [1930]; »Geist« und »Leben« in der Philosophie der Gegenwart [1930]; Form und Technik [1930]; Keplers Stellung in der europäischen Geistesgeschichte [1930]; Kants Stellung in der deutschen Geistesgeschichte [1930]; Deutschland und Westeuropa im Spiegel der Geistesgeschichte [1931]; Enlightenment. Beitrag in: Encyclopedia of the Social Sciences [1931]; Kant und das Problem der Metaphysik. Bemerkungen zu Martin Heideggers Kantinterpretation [1931]; Mythischer, ästhetischer und theoretischer Raum [1931]

BAND 18
Aufsätze und kleine Schriften [1932–1935]
2004.
Inhalt: Goethe und die geschichtliche Welt [1932]; Goethes Idee der Bildung und Erziehung [1932]; Kant. Beitrag in: Encyclopedia of the Social Sciences [1932]; Lieber Bruno. In: Vom Beruf des Verlegers [1932]; Das Problem Jean-Jacques Rousseau [1932]; Spinozas Stellung in der allgemeinen Geistesgeschichte [1932]; Shaftesbury und die Renaissance des Platonismus in England [1932]; Die Sprache und der Aufbau der Gegenstandswelt [1932]; Die Antike und die Entstehung der exakten Wissenschaften [1932]; Vom Wesen und Werden des Naturrechts [1932]; Psychologie und Philosophie [1932]; Hermann Cohens Philosophie der Religion und ihr Verhältnis zum Judentum [1933]; Le langage et la construction du monde des objets [1933]; Henri Bergsons Ethik und Religionsphilosophie [1933]; Leibniz. Beitrag zur Encyclopedia of the Social Sciences [1933]; L'unité dans l'œuvre de J. J. Rousseau [1933]; Rezension von: Bernhard Groethuysen, Philosophische Anthropologie [1934]; Rezension von: John Henry Muirhead, The Platonic Tradition in Anglo-Saxon Philosophy [1934]; Schiller und Shaftesbury [1935]

349

BAND 19

Determinismus und Indeterminismus in der modernen Physik. Historische und systematische Studien zum Kausalproblem [1937]
2004.

BAND 20

Descartes. Lehre – Persönlichkeit – Wirkung [1939]
2004.
Inhalt: Descartes' Wahrheitsbegriff [1937]; Die Idee der »Einheit der Wissenschaft« in der Philosophie Descartes' [1937]; Descartes und Corneille [1939]; Descartes' Dialog »Recherche de la verité par la lumière naturelle« und seine Stellung im Ganzen der Cartesischen Philosophie [1938]; Descartes und die Königin Christina von Schweden. Eine Studie zur Geistesgeschichte des 17. Jahrhunderts [1939]

BAND 21

Axel Hägerström. Eine Studie zur schwedischen Philosophie der Gegenwart [1939]; *Thorilds Stellung in der Geistesgeschichte des 18. Jahrhunderts* [1941]
2005.

BAND 22

Aufsätze und kleine Schriften [1936–1940]
2005.
Inhalt: Inhalt und Umfang des Begriffs. Bemerkungen zu Konrad Marc-Wogaus gleichnamiger Schrift [1936]; Wahrheitsbegriff und Wahrheitsproblem bei Galilei [1937]; Zur Logik des Symbolbegriffs [1938]; Le concept de groupe et la théorie de la perception [1938]; Über Bedeutung und Abfassungszeit von Descartes' »Recherche de la vérité par la lumière naturelle« [1938]; Rezension von: Benjamin, An Introduction to the Philosophy of Science [1938]; Rezension von: Dannenberg, Das Erbe Platons in England bis zur Bildung Lylys. Studien einer Spiegelung [1938]; Rezension von: Œuvres complètes de Malebranche [1938]; Naturalistische und humanistische Begründung der Kulturphilosophie [1939]; Was ist »Subjektivismus«? [1939]; Die Philosophie im 17. und 18. Jahrhundert [1939]; Tal till Studenterna [1939]; Mathematische Mystik und mathematische Naturwissenschaft. Betrachtungen zur Entstehungsgeschichte der exakten Wissenschaft [1940]; Neuere Kant-Literatur [1940]

350

ERNST CASSIRER

NACHGELASSENE MANUSKRIPTE

UND SCHRIFTEN

Die nachgelassenen Aufzeichnungen und Papiere Ernst Cassirers sind seit Anfang der sechziger Jahre im Besitz der *Beinecke Rare Book and Manuscript Library* an der *Yale University* (New Haven, Conn.) und vollständig erhalten. Der umfangreiche, für diese Ausgabe erstmals systematisch gesichtete und durchgängig erschlossene Nachlaß umfaßt neben den Reinschriften der von Cassirer selbst zur Veröffentlichung gebrachten Werke und Schriften eine große Anzahl unveröffentlichter Manuskripte aus allen Bereichen seines wissenschaftlichen und philosophischen Lebenswerks.

Die Leitung der Ausgabe liegt in den Händen von John Michael Krois und Oswald Schwemmer am Institut für Philosophie der Humboldt-Universität zu Berlin, Lehrstuhl für philosophische Anthropologie und Kulturphilosophie, sowie Klaus Christian Köhnke, Lehrstuhl für Kulturwissenschaft der Universität Leipzig.

BAND 1 *Zur Metaphysik der symbolischen Formen* (erschienen 1995) · BAND 2 *Ziele und Wege der Wirklichkeitserkenntnis* (erschienen 1999) · BAND 3 *Geschichte. Mythos* (erschienen 2002).

In Vorbereitung: BAND 4 *Zur Sprache und zum Begriff der symbolischen Form* · BAND 5 *Zur Kulturphilosophie und zum Problem des Ausdrucks* · BAND 6 *Zur philosophischen Anthropologie* · BAND 7 *Zu Mythos, Sprache und Kunst* · BAND 8 *Philosophische Probleme der Wissenschaften. Vorlesungen und Vorträge 1907–1915* · BAND 9 *Zu Philosophie und Politik* · BAND 10 *Kleinere Schriften zu Goethe und zur Geistesgeschichte* · BAND 11 *Goethes geistige Leistung* · BAND 12 *Schillers philosophische Weltansicht* · BAND 13 *Lectures on Greek Philosophy* · BAND 14 *Zur Philosophie der Renaissance* · BAND 15 *Zu Descartes, Leibniz, Spinoza* · BAND 16 *Courses and Lectures on Kant's Philosophy* · BAND 17 *Zur Philosophie Kants* · BAND 18 *Lectures on Hegel and the Philosophy of History* · BAND 19 *Zur Philosophie im 20. Jahrhundert* · BAND 20 *Ausgewählter wissenschaftlicher Briefwechsel* · ERGÄNZUNGSBAND *Forschungsgrundlagen und Gesamtregister*.

PERSONEN- UND SACHREGISTER

354

358